Stephan Hau, Wolfgang Leuschner und Heinrich Deserno (Hrsg.)
Traum-Expeditionen

Psychoanalytische Beiträge
aus dem Sigmund-Freud-Institut

Band 8

Herausgegeben von

Herbert Bareuther
Karola Brede
Marion Ebert-Saleh
Kurt Grünberg
Stephan Hau

Traum-Expeditionen

Herausgegeben von

Stephan Hau
Wolfgang Leuschner
Heinrich Deserno

edition diskord

Die Deutsche Bibliothek – CIP-Einheitsaufnahme

Ein Titeldatensatz für diese Publikation ist bei
Der Deutschen Bibliothek erhältlich

© 2002 edition diskord, Tübingen
Druck: Fuldaer Verlagsanstalt
ISBN 3-89295-719-3

Inhalt

STEPHAN HAU
Einleitung: Von Königswegen und steinigen Pfaden
7

MILTON KRAMER
Überlegungen zur Zukunft der Traumforschung
25

HEINRICH DESERNO
Freuds *Traumdeutung* und spätere Traumauffassungen
47

HARRY FISS
Traumforschung nach Hobson und Solms
71

HOWARD SHEVRIN
Der Stellenwert des Traumes in
der psychoanalytischen Forschung
91

BENJAMIN BARDÉ
Traumatischer Prozeß, unbewußte Phantasie
und Traumarbeit
115

BRIGITTE HOLZINGER
Der luzide Traum
135

INGE STRAUCH
Traum und Phantasie
im Übergang von der Kindheit zur Adoleszenz
147

MARIANNE LEUZINGER-BOHLEBER
Traum und Gedächtnis – Psychoanalyse
und Cognitive Science im Dialog
165

STEPHAN HAU
Vom Traum zum Traumbild
Über das Zeichnen von Träumen
183

WOLFGANG LEUSCHNER
Tagesgedanken als Traumerreger
201

MANFRED SAUER
Traum und Koma
219

TAMARA FISCHMANN
Verarbeitungsprozesse im „Vorbewußten Processing System"
235

CYBÈLE DE SILVEIRA
Affektive und kognitive Aspekte der Traumberichte
schizophrener Patienten
249

TIRMIZIOU DIALLO
Traum und Traumdeutung in Afrika
265

GERTRUD KOCH
Traumleinwand – filmtheoretische Ausdeutungen eines
psychoanalytischen Konzepts
277

EDDA HEVERS
Vom Traumtheater zum Gruselkabinett
Schicksale des *Bildes* in der Theorieentwicklung
Sigmund Freuds
289

JOACHIM CARLOS MARTINI
Der Traum in der Musik
309

Autorenverzeichnis
315

STEPHAN HAU

Von Königswegen und steinigen Pfaden

Wissenschaftliche Traumforschung 100 Jahre nach Freud

Eine breite Öffentlichkeit für psychoanalytische Forschung zu interessieren ist nicht immer einfach. Gerade in letzter Zeit ist deutlich geworden, wieviel leichter es ist, Psychoanalytikern das Veralten ihrer Methoden und Theorien zu bescheinigen und den bevorstehenden Untergang bzw. die Marginalisierung der Psychoanalyse zu prophezeien. Dabei wird gerne übersehen, daß es vielfältige Forschungsaktivitäten von Psychoanalytikern gibt, etwa in der Psychotherapieprozeß- oder der Katamneseforschung, aber auch in der Traumforschung. Gerade wegen solcher Angriffe und öffentlichen Kritik bedeutet dies für die Psychoanalyse, nicht nachzulassen in den Bemühungen, die eigenen Forschungsergebnisse bekannt zu machen und die Diskussion mit anderen Wissenschaften zu suchen. Neben der Rückbesinnung auf die Stärken der eigenen psychoanalytischen Methode ist es deshalb unumgänglich, das eigene „Terrain" zu verlassen, um sich in andere Diskurse einzumischen, aber auch um andere Methoden für die Untersuchung psychoanalytischer Fragestellungen zu erproben. Mit der Traumforschung am Sigmund-Freud-Institut und mit dem Schwerpunkt „Psychoanalytische Grundlagenforschung" ist ein solcher Ansatz verbunden, die Couch-Situation zu ergänzen und weitere, neue Forschungsinstrumente zu entwickeln.

Der Traum eignet sich wie kein anderes psychisches Phänomen, um aus verschiedenen Perspektiven betrachtet und mit unterschiedlichen Methoden beforscht zu werden. Die erste Traumtagung des Sigmund-Freud-Instituts fragte bereits in ihrem Titel, ob es dabei um eine „Unterwerfung des Traumes unter die Methoden?" gehe und kam u.a. zu dem Ergebnis, daß sich der Traum zwar erforschen läßt, letztendlich aber immer auch rätselhaft bleibt und sich einer endgültigen Klärung entzieht. Die Frage, welche die Menschen seit 2000

Jahren beschäftigt – warum träumen wir bzw. wieso träumen wir so, wie wir träumen – ist bis heute nicht vollständig beantwortet.

In letzter Zeit haben sich, anläßlich des 100. Jahrestages der Veröffentlichung der *Traumdeutung* Freuds, zahlreiche Veröffentlichungen mit dem Thema Traum befaßt. Rückblickend auf ein Jahrhundert der Traumforschung und Traumdeutung wurden dabei die verschiedensten Entwicklungslinien und Erkenntnisfortschritte nachgezeichnet. Mit diesem Buch soll ein anderer Weg beschritten werden. Zu Beginn des 21. Jahrhunderts erscheint es folgerichtig, nach neuesten Erkenntnissen aktueller Traumforschung und wichtigen zukünftigen Entwicklungslinien zu fragen.

Aus diesem Anlaß veranstaltete der Schwerpunkt „Psychoanalytische Grundlagenforschung" des Sigmund-Freud-Instituts, in Zusammenarbeit mit dem Institut für Psychoanalyse der Fachbereiche 01 und 04 der Universität Kassel, dem Museum für Moderne Kunst und unter der Schirmherrschaft der hessischen Ministerin für Wissenschaft und Kunst, Frau Ruth Wagner, vom 2. bis 5. November 2000 die 5. Internationale Traumtagung mit dem Titel: „Wissenschaftliche Traumforschung 100 Jahre nach Freud – Aktueller Stand und zukünftige Aufgaben.

Die Tagung fand im Museum für Moderne Kunst/Altes Hauptzollamt in Frankfurt a.M. statt und stellte den Auftakt zu einer Reihe weiterer Veranstaltungen des Museums für Moderne Kunst dar, bei denen Wissenschaftler verschiedenster Disziplinen und Künstler gemeinsam diskutieren. Für die freundliche Unterstützung der Tagung durch das Museum für Moderne Kunst bedanken wir uns recht herzlich. Außerdem bedanken wir uns für die großzügige finanzielle Unterstützung durch die Hessische Kulturstiftung, Wiesbaden.

Gerade die Diskussion, ob die Ergebnisse neurophysiologischer Forschungen für psychoanalytische Theorien und Konzepte von Relevanz sein könnten, etwa zum Zusammenhang von Traum und Gedächtnis, macht die Auseinandersetzung mit aktueller Traumforschung besonders brisant. In der Hirnforschung z.B. werden, mit nie dagewesener Präzision und zeitlicher Auflösung, neurophysiologische Prozesse im Gehirn sichtbar gemacht. Eine Verknüpfung dieser Befunde mit psychologischen Erlebnisdaten bleibt jedoch umstritten. Das Problem der Ineinssetzung von Psyche und Soma scheint aus neurophysiologischer Sicht „gelöst" und zwar durch die Eliminierung des Psychischen, wie die Neue Züricher Zeitung schrieb, durch die Beseitigung der Dimensionen von Erleben und Bedeutung. Statt dessen werden oft bedenkenlos Begriffe psychologischer Theorien ausgebeutet, um neurophysiologischen Befunden, wie es Wolfgang Leuschner (1997) formulierte, ein Leben zu verschaffen, das sie per se nicht haben.

Das Forschungsfeld sollte der Biologie jedoch nicht überlassen werden. Psychoanalytiker verfügen über eine Tradition von mehr als 100 Jahren klinischer Erfahrung im Umgang mit Träumen, 100 Jahre, in denen die von Freud begründete Traumtheorie differenziert und weiterentwickelt wurde, so daß der klinische Umgang mit Träumen als gut funktionierender Teil der psychoanalytischen Behandlung gelten kann. So ist denn auch neuerdings viel vom „Interdisziplinärem Dialog" die Rede. Hier bietet wieder die Traumforschung ein gutes Beispiel, denn es lassen sich psychoanalytische mit neurophysiologischen Erkenntnissen und mit kognitionspsychologischen Forschungen ins Gespräch bringen. Für die psychoanalytische Traumforschung heißt das, den psychoanalytischen Erkenntnissen im klinischen Umgang mit Träumen werden die seit mehr als 40 Jahren in psychologischen Labors über den Traum und das Träumen gewonnenen Forschungsergebnisse und die Ergebnisse aktueller neurophysiologischer Forschungen ergänzend zur Seite gestellt. Hierdurch ist ein fruchtbares Spannungsfeld für Diskussionen und Forschungen entstanden. In zahllosen Untersuchungen experimenteller Traumforschung wurde mittlerweile ein beeindruckendes Wissen über Merkmale, Wesen und Eigenschaften des Traums und über Traumprozesse zusammengetragen. So wurde z.B. der Befund (der neuerdings aufgrund der neurophysiologischen Arbeiten von Solms wieder debattiert wird), daß Traum und REM-Schlaf zwei unterschiedliche Phänomene sind, die sich nicht als kausal miteinander verknüpft beschreiben lassen, bereits in den sechziger Jahren z.B. von David Foulkes oder Inge Strauch in ihren psychologisch-experimentellen Studien nachgewiesen. Es mag erstaunen, daß diese Erkenntnis erst jetzt ausführlicher diskutiert wird.

Für Psychoanalytiker bietet die Traumforschung noch eine weitere Chance: In diesem Forschungsfeld können sie selbst eigene, neue Methoden entwickeln, mit denen sich unbewußte Prozesse erforschen lassen. Damit hat sich, wie aus mehreren Beiträgen in diesem Buch ersichtlich wird, seit vielen Jahren nicht nur am Sigmund-Freud-Institut im Zusammenhang mit Laboruntersuchungen als eigener Zweig eine „experimenteller Psychoanalyse" etabliert.

Das beinhaltet, daß sich die Psychoanalyse, um ihrem Forschungsgegenstand gerecht zu werden, aber auch davor hüten muß, sich einseitig wissenschaftstheoretisch und forschungsmethodologisch festzulegen. Sie muß das Spannungsmoment aushalten und in der vielzitierten Zwischenstellung als „Wissenschaft zwischen den Wissenschaften" verbleiben, was nicht heißt, unbeweglich zu erstarren, sich vielmehr mit den unterschiedlichsten Perspektiven auseinandersetzen. Deshalb soll in diesem Buch auch das breite Spektrum aktueller Traumforschung zur Diskussion vorgelegt werden, um dem Leser die Gelegenheit zu geben, an verschiedenen Expeditionen in noch unentdeckte Bereiche (psychoanalytischer) Traumforschung teilzunehmen. Dabei lassen sich inhaltlich drei Buchabschnitte unterscheiden: im ersten Teil werden wichtige aktuelle Forschungslinien aufgezeichnet werden. Dabei geht es v.a. um die Auseinandersetzung zwischen Psychoanalyse und Neurophysiologie bzw. Hirnforschung. Auch die Verbindungen zu im Laufe der letzten Jahrzehnte entwickelten Traumtheorien wird nachgezeichnet. Anhand einiger ausgewählter Beispiele werden die Unterschiede sichtbar, die zwischen klinischer Traumforschung in bezug auf den Umgang mit Träumen im Hier und Jetzt einer Behandlung und kontrollierten Experimenten unter Laborbedingungen bestehen. Die Schwierigkeiten, die so gewonnenen Erkenntnisse auf die Praxis rückzubeziehen, werden ebenso untersucht wie die Probleme, individuelle Deutungsversuche in allgemeine theoretische Konzepte einzubetten.

Milton Kramer, Professor für Psychiatrie an der New York University School of Medicine, jahrelanger Leiter des Schlaflabors der Universität Cincinnati, Ohio, und einer der bedeutendsten Traumforscher in den USA, fragt zu Beginn nach den Perspektiven zukünftiger Traumforschung. Seinen weitgespannten Bogen beginnt er bei Freud und den durchaus nicht nur negativen ersten Rezensionen der *Traumdeutung*. Anhand von erneuten Rezensionen durch heutige Traumforscher und vor dem Hintergrund des aktuellen Forschungsstands zeigt Kramer, daß viele Erkenntnisse und Überlegungen Freuds auch heute noch ihre Gültigkeit haben, so etwa die Auffassung, der Traum sei ein sinnhaftes Geschehen, oder die Differenzierung verschiedener Denkmodi, die der von Freud getroffenen Unterscheidung in primärprozeßhaftes und sekundärprozeßhaftes Denken entsprächen. Daneben gebe es aber auch Auffassungen, die Freuds Annahmen z.T. vehement widersprächen, etwa in bezug auf die Hypothese, Träume stellten unbewußte Wunscherfüllungen dar, der manifeste Traum sei ein entstelltes Abbild latenter Traumgedanken oder der Traum wäre als der Hüter des Schlafes aufzufassen. Auch die freie Assoziation als einzige Zugangsmöglichkeit, die Bedeutung eines Traumes zu erkennen, werde heute infragegestellt.

Kramer sieht fünf Hauptrichtungen, in die sich zukünftige Traumforschung orientieren müsse. So gehe es um die Verknüpfung und Integration neurowissenschaftlicher Daten mit den Annahmen der Freudschen Traumtheorie, um die Erforschung der Funktionsweisen neuronaler Netze, die nachweislich die Freudsche Dynamik des Traumprozesses umfaßten. Durch die Suche nach Techniken, die klären könnten, wie visuelle Bilder während des Traumvorganges ausgewählt und aneinandergereiht werden, ließen sich wichtige Fragen hinsichtlich der Produktions- und Entstehungsprozesse von Träumen klären, wobei sich die Untersuchungen v.a. auf den manifesten Traum konzentrieren müßten. Schließlich dürfe auch die fortgesetzte Suche nach der persönlichen Bedeutung in Träumen und die Spezifizierung der Regeln einer auf freien Assoziationen beruhenden Deutungsmethode nicht vernachlässigt werden.

In seinen Ausführungen widmet sich Kramer schließlich ausführlich der Diskussion der beiden z.Z. führenden, miteinander rivalisierenden biologischen Traumtheorien (von Solms bzw. Hobson) und plädiert dafür, sich von der „sterilen Abklärung anatomisch-physiologischer Begleiterscheinungen des Träumens zu lösen", vielmehr die Forschungsanstrengungen auf mögliche Regeln bei der

Auswahl von Themen, auf den Prozeß der Traumkonstruktion und auf die Funktion des Träumens zu verwenden, i.a.W., die Forschungsbemühungen darauf zu konzentrieren, den Traum als geistiges, psychisches Phänomen zu verstehen und sich „gegen die Verleugnung des Psychischen, die dem biologischen Verständnis des Träumens inhärent ist, zu wappnen".

Heinrich Deserno, wissenschaftlicher Mitarbeiter des Sigmund-Freud-Instituts im Schwerpunkt Grundlagenforschung, resümiert zunächst die Erkenntnislogik der Freudschen Traumdeutung. Die dazu einbezogene Selbstanalyse Freuds am Beispiel des Traumes vom Abort im Freien verwendet er anschließend für das Gedankenexperiment, sich Freud in Analyse beim älteren Freud, bei Bertram Lewin, Fritz Morgenthaler, Jean-Bertrand Pontalis, Heinz Kohut, Donald Meltzer und Christopher Bollas vorzustellen, um deren spezifische neue Traumauffassungen zunächst zu illustrieren. Er bringt diese Auffassungen dann in eine Übersicht, die sich an den Kriterien neues Konzept, Ort und Funktion des Traumes, Bedeutung für die psychoanalytische Situation (oder Technik) und für die Symptombildung orientiert. Von konzeptuellen Unklarheiten und Lücken ausgehend, skizziert er sein symboltheoretisch fundiertes Modell der für die Analyse entscheidenden psychischen Realitäten des intrasubjektiven Träumens, des intersubjektiven Übertragens und des intersubjektiven Erinnerns und kann damit die Wechselwirkungen darstellen, die zwischen dem Traumerlebnis oder geträumten Traum, dem erinnerten Traum, dem Traum in der Übertragung und traumähnlichem Handeln (enactment) bestehen. Für die Prozeßforschung übernimmt das Modell verschiedener symbolischer Modi und Realitäten eine vermittelnde Funktion zwischen traditioneller, hypothesengenerierender klinischer Forschung („on-line"-Forschung) und den methodischen Möglichkeiten nachträglicher, an Protokollen, Transkripten und Videoaufnahmen durchgeführter Auswertungen („off-line"-Forschung).

In einem leidenschaftlichen Plädoyer für eine psychologisch orientierte Traumforschung setzt sich auch Harry Fiss in seinem Beitrag mit der aktuellen Debatte um die konträren neurophysiologischen

Forschungen zum Traum auseinander, die z.Z. von zwei Protagonisten bestimmt wird: Allan Hobson und Mark Solms. Vor allem Hobsons Aktivierungs-Synthese-Modell der Traumgenerierung dominierte lange Zeit die Diskussion, wobei der Traum als Zufallsprodukt neuronaler und neurochemischer Aktivität verstanden wurde. Die Debatte gewann beträchtlich an Schärfe, als Solms, ausgehend von neurophysiologischen Befunden hirngeschädigter Patienten die Meinung vertrat, daß Träumen und REM-Aktivität zwei unterschiedliche, nicht kausal zusammenhängende Prozesse darstellten und die Befunde aktueller neurophysiologischer Untersuchungen erstaunlich gut Freuds Modell der Traumgenerierung zu bestätigen schienen. Fiss zeichnet die Hauptstreitpunkte der Debatte nach und skizziert gut verständlich die Theorien von Hobson und Solms. Er warnt eindringlich davor zu glauben, „daß die Validität von Daten nicht durch die Art ... der Beobachtungsmethode determiniert wird". Hobson wie Solms begingen den Fehler, Freuds Theorie mit den jeweils von ihnen verwendeten Methoden bestätigen oder widerlegen zu wollen, obwohl Freud seinen *Entwurf einer wissenschaftlichen Psychologie* letztlich aufgegeben habe, weil ihm klar geworden sei, „daß eine wirklich tragfähige Traumtheorie unmöglich eine biologische Theorie sein kann, sondern eine psychologische sein *muß*". So wendet sich Fiss letztlich vehement gegen einen biologischen Determinismus in der Traumforschung und plädiert für eine Gleichberechtigung der Geisteswissenschaften.

Der Psychoanalytiker Howard Shevrin, Professor an der University of Michigan, versucht seit vielen Jahren, unterschiedliche Forschungsansätze zu einer empirisch/experimentellen psychoanalytischen Traumforschung zu verbinden. Sein Forschungsansatz, der kognitionspsychologische und neurophysiologische Forschungsmethoden mit psychoanalytischen zu verbinden sucht, zeichnet sich v.a. durch methodische Präzision und Sorgfalt in der Konzeption der Untersuchungen aus. In seinem Beitrag gibt Shevrin einen Einblick, wie es mit Hilfe präzise geplanter experimenteller Untersuchungen gelingt, Antworten auf Fragen hinsichtlich psychoanalytischer Konzeptionen und Theorien über den Traum zu bekommen. Er zeigt auch, wie gut Psychoanalytiker in der Lage sind, wenn sie den klinischen Forschungskontext verlassen, Affektivität und Motivation mit Hilfe kognitionspsychologischer Experimente zu untersuchen. Dabei kann Shevrin, aufgrund seiner empirischen Befunde, zwei völlig unterschiedliche Funktionsweisen des Unbewußten und deren Auswirkungen in den Träumen beschreiben, ein „dispositionelles" und ein „interaktives" Unbewußtes. Ersteres läßt sich am besten mit dem Vorbewußten vergleichen, bzw. damit, wie Nicht-Bewußtes in der aktuellen Kognitionspsychologie konzeptualisiert wird, bei letzterem kann ein „dynamischer Bestandteil" angenommen werden, in dem Abwehrprozesse und Befriedigungsbestrebungen eine Rolle spielen. Hier muß auch, im Gegensatz zum dispositionellen Unbewußten, zwischen latenten und manifesten Inhalten (z.B. in Träumen) unterschieden werden. Shevrin zeigt auf, mit welchen Experimenten die aus klinischem Kontext gewonnenen psychoanalytischen Aussagen überprüft werden können. Es genüge dabei nicht, diese Aussagen mit klinischem Fallmaterial zu „belegen", sondern es bedürfe externer, außerhalb der Psychoanalyse entwickelter Forschungsmethoden, um eine Entscheidung über die Gültigkeit psychoanalytischer Aussagen letztlich treffen zu können. In zahlreichen Beispielen, v.a. aus der Subliminalitätsforschung, entfaltet Shevrin nach und nach immer komplexere, auf das interaktive, das dynamische Unbewußte und seine Funktionsweisen (die z.B. in Träumen sichtbar gemacht werden können) hinzielende Experimente und belegt überzeugend, wie mit Hilfe dieser Forschungen Psychoanalytiker in Austausch mit anderen Wissenschaften gelangen können und wie viel sie z.B. der Kognitionspsychologie aber auch der Neurophysiologie an Wissen und Erkenntnis zu bieten haben.

Ein hochaktuelles klinisches Thema behandelt Benjamin Bardé in seinem Beitrag. Ausgehend von umfangreichen Erfahrungen in der Behandlung traumatisierter Schienenbahnfahrer zeigt er auf, welche Bedeutung die Träume bei der Traumaverarbeitung spielen. In einer detaillierten, v.a. durch die Untersuchung von Traumzeichnungen imponierenden Fallstudie wird für den Leser der schwierige Umgang mit dem Trauma in der Behandlung nachvollziehbar. Bardé gelingt es zu veranschaulichen, wie eine erste Verständigung über das Unfallgeschehen und eine Annäherung an das traumatische Erlebnis über den Weg der zeichnerischen Darstellung möglich wird. Zentral ist die These einer unbewußten Phantasie, die mit dem traumatischen Ereignis Anschluß an eine Szene in der äußeren Realität gewinnt und deren Bearbeitung im Rahmen der Behandlung das Gelingen oder Nichtgelingen einer Verarbeitung entscheidend beeinflußt. Mit der Bedeutung der unbewußten Phantasie für die Ausbildung einer posttraumatischen Belastungsstörung wird in dieser Fallskizze ein v.a. in klinischer Hinsicht relevanter Befund berichtet, der dringend weiterer Erforschung bedarf. Die besondere Relevanz der klinischen Konzepte für die therapeutische Arbeit mit Trauma-Opfern liegt dabei auf der Hand.

Im zweiten Teil des Buches stehen die experimentelle Traumforschung sowie ihre Übergänge und Verbindungen zur Neurophysiologie und zur Cognitive Science im Mittelpunkt. Hier werden sowohl Ergebnisse und Perspektiven aktueller psychologischer Traumforschung dokumentiert als auch seltener behandelte Phänomene wie z.B. der Klartraum oder die mögliche Verbindung zwischen Traum und Koma besprochen.

Ein bisher wenig beachtetes Traumphänomen steht im Mittelpunkt der Forschungen von Brigitte Holzinger: der Klartraum bzw. das luzide Träumen. Dieses Phänomen, sich des Träumens bewußt zu sein und aktiv in das Traumgeschehen eingreifen zu können, ist allgemein wenig bekannt. Doch gibt es eine lange Forschungstradition, die Holzinger skizziert und dabei das Phänomen des Klarträumens genauer herausarbeitet. Sie plädiert dafür, die Klartraumtechnik im klinischen Kontext auch therapeutisch zu nutzen, und beschreibt theoretische Parallelen und Verbindungen zur Verhaltenstherapie, zur Psychoanalyse und zum Katathymen Bilderleben. Unter Rückgriff auf Konzepte aus der Gestalttheorie entwickelt Holzinger ihren Ansatz, um mit Hilfe des luziden Träumens eine Verbesserung des seelischen Gesundheitszustandes zu erreichen.

Inge Strauch ist eine Traumforscherin, deren Arbeiten sich schon immer durch präzise Beschreibungen sorgfältig erhobener Befunde phänomenologischer Traumforschung ausgezeichnet haben. Über viele Jahre intensiver Forschungstätigkeit am Institut für klinische

Psychologie der Universität Zürich hat sie einen beeindruckenden Wissensbestand über Träume, deren Merkmale und Eigenschaften erarbeitet. Einen guten Einblick in ihre Arbeit ermöglicht auch die Langzeitstudie über formale und inhaltliche Veränderungen von Träumen bei Kindern während des Übergangs zur Adoleszenz. Wie sich die kognitive und emotionale Reifung in den Träumen widerspiegelt, wird ebenso untersucht wie die Frage, welche Gemeinsamkeiten und Unterschiede es zwischen Träumen und Wachphantasien bei Kindern und Jugendlichen gibt. Erstaunlicherweise blieben alle 24 Probanden über die gesamte Laufzeit der Studie dabei, was nicht zuletzt auch für die Güte und Sorgfalt der Studie spricht. Strauch orientiert sich dabei auch an den Untersuchungen von Foulkes über Kinderträume und kann dessen Befunde größtenteils bestätigen. So erinnern sich Kinder im Vergleich zu Erwachsenen weniger häufig an ihre Träume. Der Anteil phantastischer Träume nimmt im Laufe des Untersuchungszeitraums ab, hingegen bleibt der Anteil realistischer Träume stabil. Mit dem Alter von 14 Jahren ist die Verteilung der unterschiedlichen Traumtypen derjenigen bei Erwachsenen angeglichen. Dies sind nur einige wenige Beispiele der interessanten Befunde, die Strauch dokumentiert, wobei die immer auch selbstkritischen Schlußfolgerungen nahelegen, daß in den Träumen eher die gegenwärtige Selbsteinschätzung der Kinder, in den Wachphantasien hingegen eher die auf die Zukunft bezogene Wunschseite dominiert. Wer einen Eindruck von der Reichhaltigkeit empirisch-phänomenologischer Traumforschung gewinnen möchte und sich von den vielfältigen Fragestellungen, die sich aus diesen Untersuchungen ergeben, anregen lassen möchte, der wird bei Strauch fündig.

Wie Psychoanalytiker mit anderen Wissenschaften in Dialog kommen können, demonstriert Marianne Leuzinger-Bohleber anhand des interdisziplinären Austausches zwischen Psychoanalyse und Cognitive Science zum Thema Traum und Gedächtnis. Mit Hilfe eines der komplexesten Modelle aktueller Traumforschung, dem Traumgenerierungsmodells von Moser und v. Zeppelin (1996) zeigt sie, wie sich klinisches Material, das im Rahmen von Übertragungs- und Gegenübertragungsprozessen im Laufe von z.T. langwierigen psychoanalytischen Behandlungen gewonnen wurde und zu Beginn der Behandlungen nicht bewußt zugänglich war, mit aktuellen Gedächtnismodellen der „Klassischen" und der „Embodied" Cognitive Science in Verbindung bringen und konzeptualisieren läßt. Dabei gelingt es ihr, die zunächst so weit auseinander liegenden Forschungsansätze in Verbindung zu bringen und gewinnbringend für die Erklärung von Gedächtnisprozessen zu nutzen. Der Dialog wird dabei keineswegs abstrakt geführt, sondern ist eng am klinischen Material orientiert. In diesem Fall handelt es sich um Beobachtungen aus psychoanalytischen Langzeitbehandlungen von Frauen mit psychogener Sterilität, deren unbewußte Phantasien eine Gemeinsamkeit aufwiesen, nämlich die Belebung „unkontrollierbarer zerstörerischer Impulse" im Rahmen von Beziehungen, „die sich gegen das autonome Selbst, den Liebespartner und vor allem ... gegen die eigenen Kinder richten". Leuzinger-Bohleber läßt den Leser anhand eines ausführlich dokumentierten Einzelfalles nachvollziehen, wie diese Erinnerungen im Laufe der Behandlung auftauchen, erkannt und bearbeitet werden können. Sie macht dabei plausibel, wie das klinisch-psychoanalytische Material, v.a. aber auch die Traumerzählungen in bezug gesetzt werden, und zwar sowohl zu Adaptations- und Simulationsprozessen, wie sie in Moser und v. Zeppelins Traumgenerierungsmodell beschrieben werden, und zu psychoanalytischen Theorien als auch zu den Gedächtnismodellen der Cognitive Science.

Mit der Untersuchung von Traumzeichnungen gehe ich in meinem Beitrag einen wenig beschrittenen Weg, Traumerlebnisse zu untersuchen. Zwar wurde in Einzelfällen von Psychoanalytikern in Fallberichten auf Traumzeichnungen eingegangen – man denke etwa an die von Freud veröffentlichte Zeichnung des Wolfsmannes (Freud 1918b) –, Traumzeichnungen selbst wurden jedoch noch nicht systematisch dahingehend untersucht, auf welche Art und Weise in ihnen Trauminhalte enthalten und dargestellt sind, die u.U. auch über die erzählten Trauminhalte hinausgehen. Dabei wird deutlich, welche formalen Eigenschaften Traumzeichnungen aufweisen, welche Unterschiede es zu den Zeichnungen Freier Imaginationen Erwachsener gibt und auf welche Probleme und Schwierigkeiten man generell bei der Untersuchung von Traumzeichnungen stößt. Mit der systematischen Untersuchung von Traumzeichnungen lassen sich z.B. Fragen nach Verarbeitungsprozessen bzw. nach der Regressivität der dargestellten Trauminhalte beantworten. Die Traumzeichnungen stellen somit eine wichtige Ergänzung zu den sonst üblicherweise verwendeten Traumerzählungen dar.

Wolfgang Leuschner fragt in seiner Arbeit über „Tagesgedanken als Traumerreger", in welcher Form und auf welchen Wegen sogenannte „Tagesreste" und Wahrnehmungen oder auch „Nebengedanken" in den Traum gelangen können. Zentral erscheint dabei der Widerspruch zu Freuds Auffassung, der Trauminhalt könne nur verstanden werden, wenn, abgeleitet über die Traumdeutung und die Assoziationen zum Traum, der latente, letztlich anstößige infantil-sexuelle Wunsch aufgedeckt und verstanden würde. Leuschner ist anderer Auffassung. Für ihn wird der verdeckte Wunsch mit Hilfe der Traumarbeit nicht direkt und nachts in den manifesten Traum umgearbeitet, sondern schon in seiner Entstehung und Darstellung in den Tagesgedanken (das sind Besorgnisse, Unerledigtes, nicht verstandene Wahrnehmungen, „Randgedanken") in den Traum eingebaut, so daß sie diesen gestalten. Leuschner führt hierfür zahlreiche Belege an, besonders aus experimentellen Studien, in denen es gelang, Traumerlebnisse durch die Präsentation „künstlicher" Tagesreste zu beeinflussen. Ausführlich beschreibt Leuschner die „Randgedanken" als von Bildern durchsetzte Strukturen der Gedankenketten, die in Randbereichen der bewußten Aufmerksamkeit stattfinden. Er bewertet, aufgrund der vorhandenen Ergebnisse, die metapsychologische Perspektive auf den Traum neu. Die Umarbeitungsmechanismen und Entstellungsprozesse, denen das Traummaterial unterworfen sei, können als autonome Leistungen eines Vorbewußten Verarbeitungssystems verstanden werden, dessen sich die Verdrängung sekundär bedient. Die Triebwünsche, sollen sie im Traum erfüllt werden, müssen sich also gegen komplexere Verdrängungsoperationen durchsetzen als früher angenommen.

Über phänomenologische Ähnlichkeiten zwischen Traum und Koma berichtet Manfred Sauer. Zwar scheint es sich auf den ersten

Blick auszuschließen, Traum und Koma miteinander zu vergleichen, ist doch Koma medizinisch gesehen als Zustand der Bewußtlosigkeit bzw. als Zustand des Verlustes der Reagibilität definiert. Dennoch kann Sauer überzeugend darlegen, daß auch während des komatösen Zustandes psychische Verarbeitungsprozesse stattfinden, wobei die Mechanismen eines vorbewußten Prozessierens von Wahrnehmungen denen des Traumes vergleichbar sind. Anhand eindruckvoller Fallbeispiele werden Phänomene vorbewußter Wahrnehmung im Koma plausibel gemacht. Dabei wird v.a. deutlich, wie die physiologischen Phänomene des Komazustandes paradoxerweise auch als Zeichen für Prozesse zur Aufrechterhaltung der Beziehung zur Umwelt verstanden werden können. Somit bekommen die physiologischen Prozesse auch Mitteilungs- bzw. Zeichencharakter. Daß es sich hierbei nicht um willkürliche Interpretationen handelt, sondern vielmehr um die Kunst, die verschiedenen physiologischen Parameter als Zeichen zu lesen und zu verstehen, demonstriert Sauer am Beispiel des Hirndruckverlaufs während des Komas oder am Beispiel circadianer Synchronisation von Wach- und Schlaf-Zustand, beobachtet und dargestellt anhand von zyklisch aktivierten Mustern im EEG, einer sich allmählich herausbildenden Mikrostruktur im NREM-Schlaf.

Sauer versteht Koma auch von einer „konstruktiven" Seite als „reaktiven Schutz" im Rahmen einer umfassenden Regression auf frühe Entwicklungsstufen psychischen Erlebens.

Wie experimentelle Traumforschung dazu beitragen kann, neue Erkenntnisse über die Verarbeitungsmechanismen unbewußter Wahrnehmungen zu gewinnen, zeigt Tamara Fischmann in ihrem Beitrag über die Verarbeitungsprozesse im „Vorbewußten Processing System" bei Träumen, Freien Imaginationen und Wachphantasien. Nach einer Beschreibung des Stellenwertes der experimentellen Erforschung unbewußter Prozesse am Beispiel des manifesten Traumes wird anhand einer eigenen Untersuchung amblyoper Probanden mit einer Variation der subliminalen Stimulationsmethode dargestellt, wie sich Träume gezielt beeinflussen lassen und die Ergebnisse dieser Beeinflussung Rückschlüsse auf die Art der psychischen Verarbeitung erlauben. Dabei wird deutlich, wie umfassend das Stimulusmaterial in seine Bestandteile zerlegt und wieder neu, allerdings nun in individuell spezifischen Kontexten, eingebaut und zusammengesetzt wird. Fischmann kann auch zeigen, wie es, trotz Präsentation des Stimulusmaterials, auf ein schielblindes Auge zu unbewußten Wahrnehmungsleistungen kommt, die in den Zeichnungen von Träumen und Freien Imaginationen sichtbar gemacht werden können, woraus sich weitere Rückschlüsse auf die Beschaffenheit des Vorbewußten ziehen lassen. Fischmann zeigt, wie ergiebig und anregend experimentelle Traumforschung bei sorgfältigem Design und einer originellen Operationalisierung sein kann.

Wenige systematische Untersuchungen gibt es hinsichtlich der Merkmale und Eigenschaften von Träumen schizophrener Patienten. Dies ist besonders verwunderlich, müßten doch gerade Träume Aufschlüsse über emotionale und kognitive Verarbeitungsprozesse bei schizophrenen Erkrankungen liefern können, wie dies zahlreiche klinische Einzelfalldarstellungen belegen. Cybèle de Silveira untersucht in ihrer sorgfältig kontrollierten Studie Träume von schizophrenen Patienten hinsichtlich kognitiver Merkmale und der Affektivität. Zunächst einmal erstaunt, daß es überhaupt möglich war, Traumberichte bei dieser Patientengruppe systematisch zu erheben. Einer der wichtigsten Befunde, daß schizophrene Patienten in ihren Träumen weniger Emotionen berichten als Gesunde, also eine reduzierte Affektivität aufweisen, kann de Silveira schlüssig mit einer grundsätzlichen Einschränkung der expressiven Fähigkeiten und der interaktiven Affekte erklären. Sie bringt dies mit Befunden der affektiven mimischen Reduktion bei schizophrenen Patienten (Krause 1992) in Verbindung und zeigt somit, wie die Ergebnisse systematisch-kontrollierter Traumforschung sich mit klinischen Befunden und anderen empirisch-experimentell gewonnen Ergebnissen verbinden lassen und wie so weitreichende Rückschlüsse auf Störungen und Defizite bei komplexen kognitiven Verarbeitungsprozessen möglich werden.

Im dritten Teil des Buches stehen schließlich Psychoanalyse und Kulturwissenschaften, Traum und Film im Mittelpunkt bzw. die Auseinandersetzung hinsichtlich der Entwicklung des Bildbegriffs in

Freuds Theorieentwicklung. Den Abschluß bildet eine Annäherung an das Thema Traum in der Musik.

Eine für westeuropäisches Verständnis außergewöhnliche Expedition unternimmt Tirmidziou Diallo, denn der Umgang mit Träumen in afrikanischen Kulturen wirkt auf europäische Betrachter zunächst fremd. Diallo zeigt die tiefe Verwobenheit zwischen den Träumen und dem Bild vom Menschen in der Welt. Die Einheit des Universums stellt das Grundprinzip dar, Körper und Geist werden nicht isoliert betrachtet, Vergangenheit, Gegenwart und Zukunft, aber auch physische, psychische und spirituelle Dimensionen bilden eine Einheit. Diallo schreibt: „Jede Erscheinung (wird), mag sie unendlich klein oder unendlich groß sein, erst eine Bedeutung und einen Inhalt erhalten, in dem sie in die Einheit überführt wird". Er zeigt, wie kulturelle Faktoren das Verständnis und den Umgang mit Träumen prägen, welche Ursprünge und Funktionen dem Traum zugewiesen werden und wie das Einheitsprinzip das Verständnis der Träume prägt. Auf den ersten Blick erscheint dieser Beitrag relativ unverbunden zu den übrigen in diesem Band. Doch Diallo führt dem Leser anhand des Traumverständnisses nicht nur ein Beispiel menschlichen Seins in dieser Welt vor Augen, sondern er macht auch deutlich, wie eingeschränkt und verkürzt der „wissenschaftliche" Blick auf den Traum in den westlichen Kulturen ist und welche Erkenntnisdimensionen dabei verloren gehen.

Immer wieder ist der Traum, wegen seiner bildhaften Qualitäten mit dem Medium des Filmes in Beziehung gesetzt worden, nicht nur deshalb, weil in vielen Filmen Träume inszeniert und dargestellt oder Wünsche und Phantasien in Szene gesetzt werden. Gertrud Koch geht der Frage nach, ob es überhaupt möglich ist, Träume filmisch darzustellen, und in welchen Merkmalen sich Traum und Film ähneln bzw. unterscheiden. Sie zieht hierzu das von Lewin entwickelte psychoanalytische Konzept der Traumleinwand heran und weist auf bedeutende Unterschiede hin, etwa das Problem der Blickposition, beim Film durch die Kameraposition vorgegeben, die sich zwischen Bild und Betrachter schiebt, im Traum jedoch keineswegs „dreidimensionale Illusionsbilder" vorherrschen, sondern der Traum als „subjektiver, mentaler Bildraum eines einzigen Bewußtseins aufgefaßt werden" muß. Das Geschehen auf der Leinwand bleibt äußerlich, das Traumerleben ist jedoch ein inneres. Vergleicht man jedoch Traum und Film mit Hilfe der Frage, ob es sich um ähnliche Bewußtseinszustände handelt („halluzinatorische Projektionen"), und bezieht dies auf die Subjektposition des Betrachters, ergeben sich interessante (metaphorische) Analogien. So kommt man, über den Umweg der psychoanalytischen Traum- und Wahrnehmungstheorie (Lewin, Isakower, Spitz), z.B. zu Fragen nach dem Realitätseindruck (etwas für anwesend zu halten, obwohl eine Illusion vorliegt). Koch ist der Auffassung, daß Film wie Traum „rhetorisch an den Betrachter adressiert" sind, auch wenn dieser in der visuellen Konstruktion gar nicht erscheint. An verschiedenen Beispielen, etwa anhand einer Traumsequenz aus Hitchcocks „Vertigo" zeigt Koch schließlich, daß es bei einer Synopsis von Traum und Film um weit mehr geht als um psychoanalytische Aufklärungsinteressen, daß vielmehr mit dem „Traum als Metapher im Film ... verschiedene Episteme des Sehens und Denkens" be- und verarbeitet werden.

Mit dem Beitrag von Edda Hevers wird auf eine besondere Weise der Versuch unternommen, den Einfluß optischer Metaphern auf theoretische Modellvorstellungen zu untersuchen und zu zeigen, wie durchtränkt Theorie und Sprache über psychisches Erleben von visuellen Begriffen sind.

Der Traum als vornehmlich bildhaftes Geschehen ist Ausgangspunkt für die Überlegungen von Hevers zum Schicksal des Bildes in der Theorieentwicklung Freuds. Was zur Veranschaulichung und Konzeptualisierung einer Theorie über den Traum naheliegt, der Rückgriff auf optische Modelle, auf Begriffe einer optischen Apparatur, ist bei anderen Theoriekonzepten Freuds weniger offensichtlich. V.a. optische Konzepte prägen Freuds Modellvorstellungen, das Visuelle, der Blick dominiert in seiner psychoanalytischen Theorie, obwohl doch die Sprache im Zentrum der Psychoanalyse steht. So wird in der Traumdeutung der psychische Apparat mit einem photographischen Apparat verglichen. Weitere Beispiele hierfür sind etwa die Verbindung zwischen dem Konzept der Nachträglichkeit und dem Talbotschen Negativverfahren, der Camera obscura als Projektionsraum für innere Bilder oder das photochemische Verfahren der Bildentwicklung als Metapher für den Entwicklungs- bzw. „zweiseitigen Projektionsprozeß" innerer Bilder „zwischen den Systemen bzw. Instanzen".

Hevers verdeutlicht, daß die „Macht der Bilder" auch in vielen anderen theoretischen Überlegungen Freuds nachweisbar ist, etwa in der Arbeit über den Moses des Michelangelo, in Trauer und Melancholie oder in der Arbeit über das Unheimliche. Aus dieser Perspektive wird deutlich, wie bildorientiert die Konzeptionen sind, welchen Einfluß die aktuellen technischen Entwicklungen und physikalischen Erkenntnisse auf die Versuche haben, menschliches Erleben und psychische Prozesse zu konzeptualisieren und zu beschreiben.

Zuletzt geht Jochen-Carlos Martini den Spuren des Traumes in der Musik nach. Dieser Beitrag stellt insofern eine Besonderheit dar, als er zu großen Teilen auf das direkte Hörerlebnis der jeweiligen Musikbeispiele aufbaut, in denen ein Traum musikalisch umgesetzt und verarbeitet worden ist. Insofern stellt der Text nur eine Einführung dar, dem durch das Medium des gedruckten Wortes enge Grenzen gezogen sind. Für seine Präsentation hat Martini umfangreiche Recherchen durchgeführt und eine ausführliche Übersicht über die Verwendung des Traums als Thema in der Musik (Musik der Klassik, Musik des Barock, Oper, Musik der Romantik, Musik des Zwanzigsten Jahrhunderts u.a.) zusammengestellt. Ihre Vorstellung würde den Rahmen dieses Buches sprengen und ist deshalb vom Autor dankenswerterweise dem Sigmund-Freud-Institut zur Verfügung gestellt worden und kann dort von Interessierten eingesehen werden.

Martinis Beitrag fällt aber auch in anderer Hinsicht auf. Er nähert sich dem Thema Traum und Kunst von der künstlerischen Seite und spürt den klanglichen Feinheiten und Überraschungen, welche die Komponisten bei der Umsetzung von Träumen in Musik gefunden haben, selbst auf künstlerisch-originelle Weise nach.

Dieser Ausklang des Buches schließt die Reihe der Expeditionen zur Erkundung der Träume und den Versuch ab, einen Eindruck von der

Vielschichtigkeit und dem Spannungsreichtum psychoanalytischer Traumforschung zu geben. Es bleibt zu hoffen, daß deutlich geworden sein mag, welche unterschiedlichen Erkenntnismöglichkeiten sich an der „Schnittstelle Traumforschung" ergeben.

Literatur

Freud, S. (1918b), Aus der Geschichte einer infantilen Neurose. *GW 12*, 27-157

Krause, R. (1992), Mimisches Verhalten und Erleben. In: J. Neuser und R. Kriebel (Hrsg.), *Projektion*. Grenzprobleme zwischen innerer und äußerer Realität. Göttingen: Hogrefe, 173-186

Leuschner, W. (1997), Über Neuromythologie. *Psyche 51*, 1104-1115

Moser, U. und I. v. Zeppelin (1996), *Der geträumte Traum*. Stuttgart/Berlin/Köln: Kohlhammer

MILTON KRAMER

Überlegungen zur Zukunft der Traumforschung
Welche Antworten man bekommt,
hängt von den Fragen ab, die man stellt

Wenn wir Spekulationen über die Zukunft der Traumforschung anstellen wollen, kommen wir nicht umhin, uns anzusehen, was bisher erreicht wurde. Die Geschichte spielt eine wichtige Rolle, weil wir unsere Zukunftsvision auf der Grundlage unserer Taten der Vergangenheit errichten (Bukeley und van de Kemp 2000). Deshalb ist es am 101. Jahrestag der Veröffentlichung von Freuds (1900a) *Traumdeutung* nur recht und billig, dieses Opus magnum an den Anfang einer Untersuchung über die Zukunft der Traumforschung zu stellen.

Rezensionen und Kritiken der *Traumdeutung*

Ich möchte zunächst erläutern, wie die Kritiker auf die Erstpublikation der *Traumdeutung* reagiert haben (Kramer 1994a). Danach möchte ich schildern, wie das Werk von einer Gruppe von Kollegen, die es vor einiger Zeit im Lichte unseres aktuellen Verständnisses des Träumens rezensiert haben, beurteilt wurde. Die meisten dieser zeitgenössischen Kritiker haben das Träumen experimentell in Schlaflabors erforscht (Kramer 1994b). Und schließlich möchte ich die kritischen Stellungnahmen zur Traumtheorie näher betrachten.

Man hat Freuds Behauptung, daß die *Traumdeutung* ignoriert worden sei, weitgehend für bare Münze genommen, bis Bry und Rifkin (1962, 20f.) berichteten: „Es ist ... durchaus bemerkenswert, daß die *Traumdeutung* auf Anhieb in mindestens 11 allgemeinen Zeitschriften und Fachblättern besprochen wurde ... Bei diesen Rezensionen handelt es sich um Einzelbesprechungen ... die sich auf insgesamt 7500 Wörter belaufen ... Offensichtlich wurden Freuds

Bücher über Träume in anerkannten Zeitschriften verschiedenster Richtungen umgehend rezensiert, darunter auch in den renommiertesten Organen der jeweiligen Fachgebiete. Zudem haben die Herausgeber internationaler psychologischer und philosophischer Bibliographien Freuds Bücher katalogisiert." Bry und Rifkin zufolge hat Freud die Reaktionen auf sein Traumbuch schlicht falsch eingeschätzt.

Diese revisionistische Auffassung über die ersten Rezensionen der *Traumdeutung*, derzufolge das Werk nicht totgeschwiegen, sondern positiv aufgenommen wurde, haben freundlich wie auch feindlich gesinnte Kritiker Freuds und der Psychoanalyse wiederholt. Zu diesen Revisionisten gehören die Historiker Ellenberger (1970) und Decker (1977), die Freud-Biographen Sulloway (1979) und Gay (1988), der Verhaltenspsychologe Eysenck (1985) und der freudianische Analytiker Kanzer (1988).

Norman Kiell (1988) jedoch entdeckte 24 Besprechungen der ersten Auflage der *Traumdeutung*. Seiner Meinung nach „ist eine Modifizierung der Thesen [jener Revisionisten] erforderlich, wenn man all die ersten Besprechungen in ihrer Gesamtheit liest" (ebd., 14). Demnach hat Freud, so Kiell, die Reaktion der wissenschaftlichen Community auf sein Werk korrekt eingeschätzt. Ich habe die englischsprachige Übersetzung von 17 Rezensionen der Erstausgabe der *Traumdeutung* gelesen und ausgewertet (Kramer 1994a) und dabei festgestellt, daß 11 der Kritiken positiv waren, vier negativ und zwei gemischt. Dieses Gesamtbild würde die Schlußfolgerung stützen, daß Freuds negativer Eindruck falsch, der positive der Revisionisten hingegen korrekt war. Sieht man sich jedoch die fünf Kritiken an, die von Wissenschaftlern verfaßt und in Fachzeitschriften veröffentlicht wurden, so waren drei negativ, eine positiv und eine gemischt. Wie Freud (1900a, IX) es vorhergesehen hatte, fielen die nichtwissenschaftlichen Rezensionen positiver aus als die der Wissenschaftler.

Die Verfasser der ersten Besprechungen erhoben vor allem folgende Einwände: 1. Die Motivationskraft des Träumens (Wunscherfüllung) sei wahrscheinlich nicht universal gegeben; 2. es sei möglich, daß Träume den Schlaf nicht hüten, 3. die Deutungsmethode (freie Assoziationen) sei willkürlich und unwissenschaftlich; 4. die Deutungen wirkten weit hergeholt und gezwungen; 5. die Symbolik werde auf undisziplinierte Weise benutzt; 6. Freud versuche, allzu vieles zu erklären; 7. das Thema Sexualität werde überstrapaziert.

Diese Kritikpunkte weisen eine bemerkenswerte Ähnlichkeit mit den Einwänden auf, die vor etlichen Jahren von Porter (1987) sowie von einer Kritikergruppe, die die *Traumdeutung* ebenfalls rezensierte, geltend gemacht wurden (Kramer 1994b). Auch die zeitgenössischen Kritiker lehnen die Wunscherfüllungsthese ab oder betonen, daß sie modifizierungsbedürftig sei. Das Verfahren der freien Assoziation wurde heftig kritisiert, wenn es dazu dienen sollte, die Rekonstruktion der Traumbildung oder die Herstellung von Bedeutung zu ermöglichen.

Die modernen Rezensenten befürworten Freuds Auffassung, daß 1. Träume bedeutungsvoll sind, 2. daß Verhalten zielgerichtet ist und 3. daß eine Unterscheidung zwischen zwei Denkmodi analog Freuds Abgrenzung des primärprozeßhaften vom sekundärprozeßhaften Denken getroffen werden sollte. Keiner der Kritiker äußerte sich zum Traum als „Hüter des Schlafes". Mir fiel auf, daß die modernen Rezensenten die Traumtheorie nicht im Zusammenhang mit dem REM-Schlaf überprüften, obwohl sie für eine Wiederannäherung zwischen Psychoanalyse und Neurowissenschaften eintraten.

Viele, wenn nicht die meisten Traumforscher lehnen die Hypothese ab, daß Träume unbewußte Wunscherfüllungen seien. Mir ist keine direkte Überprüfung dieser Theorie bekannt, aber auch kein überzeugendes Argument, das gegen sie spricht. Fisher und Greenberg (1977) haben eine interessante Überlegung formuliert, wie man das Konzept der Wunscherfüllung in Freuds Werk verstehen könnte: „Wenn Freud die Träume als Wunscherfüllung bezeichnete, ... so meinte er möglicherweise lediglich, daß sie Impulse porträtieren, die aus dem Unbewußten stammen ... Man könnte behaupten, daß der Wunschaspekt des Traumes in Wirklichkeit abstrakter und weniger real sei als die unbearbeiteten manifesten Themen, die Freud zufolge auf (die Wünsche) schließen lassen" (ebd., 173).

Eine verblüffende Unterstützung der These, daß die Wunscherfüllung die Traumbildung anrege, liefert Solms (1997) mit seinem Bericht, daß Patienten mit bilateralen Verletzungen des mediobasalen präfrontalen Cortex angaben, nicht mehr zu träumen. In diese Region führen Fasern aus dem ventralen Tegmentum. Diese Zellgruppen repräsentieren ein dopaminabhängiges Appetenzzentrum, das eindeutig den Aspekt des menschlichen Wünschens und Begehrens repräsentiert. Es könnte sein, daß wir die Wunscherfüllungstheorie voreilig ad acta gelegt haben.

Vehement in Frage gestellt wurde auch Freuds Ansicht, daß der erlebte (berichtete) Traum ein maskiertes oder entstelltes Abbild der versuchten Erfüllung eines unbewußten Wunsches sei. Die Bedeutung des Traums ist Freud zufolge verborgen und muß mit Hilfe der von ihm empfohlenen Techniken aufgedeckt werden. Das gegenteilige Mantra besagt, „Träume offenbaren mehr als sie verbergen".

Das Problem besteht darin, den Traum als bewußte Erfahrung von dem, was er repräsentiert und was durch Assoziationen aufgedeckt wird, abzugrenzen. Die Orientierung auf das Repräsentierte macht die Entstellung rückgängig und läßt die Bedeutung zutage treten. Träume sprechen nicht für sich selbst, auch wenn sie, wie wir alle wissen, bisweilen sehr transparent sein können.

Viele Kritiker der Traumtheorie (vgl. Fisher und Greenberg 1977) haben mit Freuds Diktum vom „Traum als Hüter des Schlafes" kurzen Prozeß gemacht. Ich habe aufgrund meiner eigenen Forschungen das Konzept der „selektiv stimmungsregulierenden Funktion des Schlafes und der Träume" (Kramer 1993, 139) erarbeitet und verstehe den Traum als Antwort auf den emotionalen Ansturm während des REM-Schlafs, der potentiell zum Aufwachen führen kann. Als Container dieses Gefühlsansturms dient das Träumen dazu, die Kontinuität des Schlafes aufrechtzuerhalten. Es ist interessant, daß die biologischen Traumtheorien das Träumen als Konsequenz einer Aktivierung (einer Störung des Schlafs) betrachten, die im allgemeinen zu einer Verlagerung der Aufmerksamkeit auf innere statt äußere Quellen und zur Entwicklung eines Traumes führt (Solms 1997; Hobson, Pace-Schott und Stickgold 2000). Bestätigt wird die schlafschützende Funktion des Träumens auch durch den Bericht von Solms (1997), daß Patienten, die nach einer lokalisierten Hirnverletzung angeben, nicht mehr zu träumen, tendenziell auch unter Schlafstörungen leiden.

Natürlich gibt es weitere Zweifel und Unklarheiten im Zusammenhang mit der Traumtheorie, die ich bislang noch nicht angesprochen habe, zum Beispiel die Frage, ob das freie Assoziieren zu Teilen des Traumberichts die einzige Möglichkeit darstellt, die Bedeutung des Traums aufzudecken. Müssen die infantilen Quellen des Traums dingfest gemacht werden, damit man den Traum verstehen kann? Ermöglicht die Methode der Deutung einen Konsens über die Bedeutung eines Traums (vgl. Rubovitz-Seitz 1998, 204)? Führt das, was man träumt, zu Veränderungen im Wachleben? Ich würde einige dieser Fragen bejahen, andere verneinen.

In welche Richtung sollte sich die künftige Forschung orientieren, um unser Verständnis des Träumens vertiefen zu können? Die modernen Kritiker der Traumdeutung (vgl. Kramer 1994b) vermuten, daß folgende Quellen neue Erkenntnisse über das Träumen versprechen: 1. die Integration der neurowissenschaftlichen Daten mit der freudianischen Traumtheorie; 2. die Erforschung der Funktionsweisen neuronaler Netze, die nachweislich die Freudsche Dynamik des Traumprozesses umfassen; 3. die Konzentration auf das Traumerleben (den manifesten Inhalt) durch die Suche nach Techniken, die klären können, wie die visuellen Bilder während des Traumvorgangs ausgewählt und aneinandergereiht werden; 4. die fortgesetzte Suche nach der persönlichen Bedeutung in Träumen durch die intensivere Erforschung der Beziehung zwischen Gegensätzen und 5. die Spezifizierung der Regeln einer auf freien Assoziationen beruhenden Deutungsmethode.

Biologische Theorien des Träumens

Gegenwärtig rivalisieren zwei biologische Traumtheorien miteinander. Hobson und seine Mitarbeiter haben ihre Aktivierungs-Synthese-Theorie (A-S) zu einem Aktivierungs-Informations-Modulations-Modell (AIM-Modell) ausgearbeitet. Es hält unverändert an einem „bottom-up"-Verständnis der Entstehung und des Inhalts der Träume fest, das heißt an der These, daß Träume durch das subcorticale

Stammhirn ausgelöst werden. Die Quelle für die Initiierung des Träumens liegt im Brückenbereich des Hirnstamms (Pons), der zufällige Signale an die Großhirnrinde (Cortex) sendet. Letztere reagiert darauf passiv, das heißt, ihre Reaktionen werden durch diese zufälligen pontinen Signale determiniert. Die Großhirnrinde gestaltet das Traumerleben aus, indem sie gute Miene zum bösen Spiel macht. Als Modell des Träumens dient hier der verbale Output dementer Patienten.

Eine konkurrierende, ebenfalls vom Gehirn ausgehende Theorie des Träumens wurde von Mark Solms (1997) formuliert. Diese Theorie beruht auf einem klinisch-anatomischen Ansatz, der sich neuropsychologischer Techniken bei Hirnverletzungen bedient. Es ist eine „top-down"-Theorie, das heißt, sie lokalisiert die Aktivierungsquelle der Träume im Cortex. Jeder Stimulus, der das Gehirn aktiviert, kann den Traumprozeß auslösen. Notwendig ist die Beteiligung der ventral-tegmentalen Tsai-Region, deren Faserbahnen durch die ventromediale, an die anterioren Hörner der Ventrikel angrenzende Vorderhirnregion verlaufen.

Um den Nutzen und – wichtiger noch – die Grenzen des neurowissenschaftlichen Traumverständnisses beurteilen zu können, lohnt es sich, diese beiden Theorien näher zu betrachten. Sie unterscheiden sich in wichtigen Punkten.

Ich konzentriere mich zunächst auf die ältere Theorie, das Aktivierungs-Synthese-Modell (A-S) bzw. das AIM-Modell. Die A-S-Theorie erklärt das Träumen folgendermaßen: 1. Es fällt mit dem REM-Schlaf zusammen; 2. das Modell für das Traumerleben ist die Demenz; 3. als Stimulus für die Aktivierung des Cortex dienen zufällige Entladungen aus dem Pons, die in Form von sogenannten PGO-Wellen (in der Brückenregion [Pons] und dem Corpus geniculatum des Hirnstammes sowie im Hinterhauptslappen des Großhirns in Spitzen auftretende Stromwellen) erfolgen; 4. die corticale Reaktion auf die PGO-Wellen ist durch relative Passivität charakterisiert.

Das Träumen wird von der A-S-Theorie definiert als „mentale Aktivität, die im Schlaf auftritt und durch lebhafte sensomotorische Bilder charakterisiert ist, die wiederum als Wach-Realität erlebt werden, und zwar trotz charakteristischer kognitiver Merkmale wie der

Unmöglichkeit oder Unwahrscheinlichkeit in bezug auf Zeit, Ort, Person und Handlung; Emotionen herrschen vor, wobei Angst, Hochgefühl und Wut gegenüber Traurigkeit, Scham und Schuldgefühl dominieren; diese Gefühle können eine solche Intensität erreichen, daß sie zum Aufwachen führen; selbst lebhafte Träume werden nur flüchtig erinnert, und die Erinnerung verblaßt rasch, wenn nicht besondere Maßnahmen ergriffen werden, um sie zu speichern" (Hobson, Pace-Schott und Stickgold 2000). Diese Definition erfaßt Hobson zufolge, was man gemeinhin unter dem Begriff „Träumen" versteht; seiner Meinung nach ist sie sowohl für die psychologische als auch für die kognitive Neurowissenschaft von Nutzen.

Das A-S-Modell erklärt Unterschiede zwischen REM-, NREM- und Wach-Mentation mit der charakteristischen Physiologie des REM-Schlafs. Den Zusammenhang zwischen dem REM-Schlaf und dem Träumen postuliert diese Theorie, weil 1) die Wahrscheinlichkeit von Traumberichten beim Aufwachen aus dem REM-Schlaf höher ist (80% vs. 40%), 2) weil die Traumerinnerung nach Beendigung der REM-Phase rasch verblaßt, 3) weil die Anzahl der Wörter des Traumberichts eindeutig mit der REM-Zeit korreliert und äußere Stimuli adäquat in die zeitliche Abfolge der Traumnarration integriert werden, 4) weil die Auswerter zwischen Berichten über REM-Träume und NREM-Berichten unterscheiden können und 5) weil zwischen REM- und NREM-Berichten qualitative Unterschiede bestehen. REM-Berichte sind länger, lebendiger, enthalten mehr Bewegung und Gefühl und hängen weniger stark mit dem Wachleben zusammen. NREM-Berichte sind den Gedanken ähnlicher.

Folgende Merkmale des REM-Träumens sind für NREM-Träume eher selten: 1. der halluzinatorische Charakter des Erlebens, 2. die rasche Veränderung und häufige Bizarrheit der Bilder, 3. der wahnhafte Charakter des Erlebens, 4. die verminderte Selbstreflexion, 5. die Erzeugung konfabulatorischer Narrationen, 6. die Auswirkung von Triebprogrammen wie Kampf-Flucht als Organisatoren der Kognition und 7. die herabgesetzte Kontrolle durch den Willen.

Diese Merkmale des Träumens führt die A-S-Theorie auf die spezifische Biologie des REM-Schlafs zurück. Die A-S-Theorie postuliert einen Isomorphismus zwischen der Biologie und der Psychologie des Träumens, der entweder eine Ähnlichkeit (biologische Bedeutung des Isomorphismus) oder eine Identität (mathematische Bedeutung) zwischen beiden widerspiegelt. Es handelt sich um eine außerordentlich reduktionistische Theorie, die das Traumerleben durch seine Biologie erklärt.

Die Kontrolle des REM-Träumens wird von der A-S-Theorie auf anatomischer, physiologischer, zellulärer und chemischer Ebene beschrieben. Die anatomische Kontrolle erfolgt im Pons, d.h. subcortical im Stammhirn. Physiologisch wird sie repräsentiert durch PGO-Wellen, die vom Pons zum lateralen Corpus geniculatum und zum occipitalen Cortex verlaufen. Auf der zellulären pontinen Ebene befinden sich die REM-on-Zellen im mesopontinen Tegmentum, die REM-off-Zellen im Nucleus locus coeruleus und in den dorsalen Raphe-Kernen. Für die chemische Kontrolle des Träumens ist die Produktion von Acetylcholin durch die REM-on-Zellen verantwortlich, während die REM-off-Zellen Norepinephrin und Serotonin produzieren.

Das AIM-Modell der A-S-Hypothese zeigt in einem dreidimensionalen Modell die Veränderung von einer niedrigen zu einer hohen Aktivierung während des Traumschlafs. Gleichzeitig verlagert sich die Informationsquelle von außen nach innen, während sich die Modulation von einer hohen Norepinephrin- und Serotoninausschüttung zu einer hohen Acetylcholinausschüttung verschiebt.

Die Vorderhirn- oder Cortextheorie von Solms (1997) beruht auf der klinisch-anatomischen Beobachtung von Patienten mit lokalisierten Gehirnläsionen. Die funktionelle Defizienz wurde mit Hilfe neuropsychologischer Techniken spezifiziert; die von der Verletzung betroffene Region wurde durch Computertomographien bestätigt. Das Träumen wird als „top-down"-Prozeß konzipiert. Solms beobachtete, daß solche Patienten von einem Verlust des Träumens berichteten, die 1. entweder eine bilaterale mediobasale Läsion des Frontalcortex erlitten hatten, die auch Faserbahnen der ventralentegmentalen Tsai-Region sowie ein Appetenzzentrum in Mitleidenschaft zog, das die Quelle des suchenden oder wünschend-begehrenden Verhaltens darstellt; oder 2. eine Läsion der unteren

Scheitelbeinregion einer Gehirnseite, die auf der rechten Seite mit der räumlichen Orientierung und auf der linken mit der Symbolisierungsaktivität zusammenhängt. Die Patienten, die angaben, daß sie nicht mehr träumten, klagten zugleich über schlechteren Schlaf. Patienten mit einer Läsion der ventro-mesial-occipital-temporalen Assoziationsregion gaben den Verlust visueller Traumelemente an und waren zudem im Wachzustand nicht imstande, visuelle Bilder aus der Erinnerung zu reaktivieren.

Das Träumen ist dieser Theorie zufolge vom REM-Schlaf unabhängig. Es wird durch Aktivierungsreize ausgelöst, zum Beispiel durch den REM-Schlaf, durch Schlaganfälle oder Lärm. Diese Aktivierung stimuliert Schaltkreise, die von Zellgruppen in der ventralen tegmentalen Tsai-Region ausgehen, einem dopaminergen System, das mit frontalen und limbischen Strukturen verbunden ist. Der ventrale tegmentale Schaltkreis in der Tsai-Region löst Begehren, Wunsch und zielgerichtetes Verhalten aus. Anteriore limbische Strukturen blockieren die Transmission. Dadurch wird das zielgerichtete Verhalten, vor allem die willkürliche motorische Aktivität, unterbrochen, während „Rückprojektions"-Prozesse unterstützt werden. Der dorso-laterale Cortex (das Zentrum für die willkürliche Aktion) und die primären visuellen Rindenanteile des Großhirns (der Sitz der Wahrnehmung) sind gehemmt. Die inferioren parietalen Rindenareale werden aktiv und steuern die räumlichen (rechte Seite) und symbolischen (linke Seite) Aspekte des Träumens bei. Schließlich liefern die occipitalen Assoziationsregionen Erinnerungen an Wahrnehmungen, aus denen die Bilderwelt des Traumes konstruiert werden kann.

Solms (1997) zufolge ist das Träumen daher keine isomorphe Widerspiegelung einer einfachen Aktivierung von Wahrnehmungs- und motorischen Regionen, da diese während des Träumens nicht aktiviert werden. Die Bilderwelt des Traumes ist keine bloße Reproduktion, sondern wird jedesmal aus dem Gedächtnis neu aufgebaut.

Unser Wunsch, mehr über das Träumen zu erfahren, setzt bei unserem Bedürfnis an, den Inhalt des Traumerlebens kennenzulernen. Dies ist der Grund, weshalb wir nach der Bedeutung des Traumes forschen oder wissen wollen, woraus er besteht, wie er konstruiert ist, was er leistet, was er bewirkt. Die funktionellen anatomischen Erklärungen oder die Beschreibungen der Ausschüttungen von Neurotransmittern oder Neuromodulatoren aus verschiedenen Zellen tragen wenig, wenn überhaupt etwas dazu bei, unsere Fragen nach der Bedeutung, Konstruktion oder Funktion des Traumerlebens zu beantworten.

McGuinn (1999), ein angesehener Wissenschaftsphilosoph, hat auf sehr elegante Weise demonstriert, daß es keine Regeln gibt, die uns die Umwandlung von der Neuronenentladung im Zentralnervensystem oder von der Neuronensekretion zu entsprechenden mentalen Zuständen erklären könnten. In seinem Pessimismus geht er sogar so weit zu bezweifeln, daß wir das intellektuelle Instrumentarium besitzen, um ein derartiges System entwickeln zu können. Die biologischen Traumtheorien versagen, wenn wir nach dem Inhalt der Träume, nach der Bedeutung der Träume, nach ihrer Konstruktion oder nach ihrer Funktion fragen. Sie vermögen die individuellen Unterschiede zwischen Trauminhalten nicht zu erklären. Diese Theorien scheren sich weder um die Semantik noch um die Pragmatik der Träume; sie beschränken sich bestenfalls auf deren Syntax.

Im folgenden möchte ich ein wenig detaillierter auf die Grenzen eingehen, die der A-S-Hypothese (Hobson, Pace-Schott und Stickgold 2000) meiner Meinung nach inhärent sind. Mich interessiert zum Beispiel, ob der mit der spezifischen Traumdefinition der A-S-Theoretiker charakterisierte Untersuchungsgegenstand tatsächlich den Traumprozeß repräsentiert. Der Leser wird sich erinnern, daß die A-S-Theorie das Träumen als „lebhafte, sensomotorische Bilderwelt" definiert, „die als Wachrealität erlebt wird, obwohl sie bisweilen unwahrscheinlich oder unmöglich ist". Charakteristisch sei auch „das Vorherrschen von Gefühlen". Dies ist eine ausgesprochen selektive und willkürliche Definition des Träumens. Nielsen (2000) weist darauf hin, daß es ein Kontinuum zwischen kognitiven Erfahrungen während des Schlafs gibt, das vom sogenannten Apex-Träumen über das reguläre Träumen und über kognitive Aktivität (häufig als Schlafmentation bezeichnet) zu kognitiven Prozessen hinleitet. Eine allgemein anerkannte oder standardisierte Definition des

Träumens steht uns nicht zur Verfügung. Der Anspruch der A-S-Theoretiker, daß ihre Definition sowohl erfasse, was die Menschen unter dem Begriff „Träumen" verstehen, als auch was für die Psychologie und die kognitiven Neurowissenschaften von Nutzen sei, ist fragwürdig. Jede Definition des Träumens muß auf einer empirischen Basis erfolgen und nicht aufgrund von Meinungen darüber, was das „Träumen" ist oder was es nicht ist.

Die Annahme der A-S-Theoretiker, daß Träumen und REM-Schlaf gleichgeschlossen seien, wird vehement bestritten. Solms (2000) hat gezeigt, daß Träume und REM-Schlaf eindeutig dissoziiert sind, daß nicht jeder REM-Schlaf gut für einen Traumbericht ist und daß Traumberichte auch aus dem NREM-Schlaf heraus erfolgen können. Zudem muß das Träumen noch nicht einmal zwangsläufig an den Schlaf gebunden sein, wie Foulkes und Fleisher (1975) sowie Kripke und Sonnenschein (1978) nachgewiesen haben: sie sammelten Traumberichte von wachen Probanden.

Auch die Auffassung, nach der das Träumen aus der Aktivität der Brückenregion (Pons) als Auslöser des REM-Schlafs resultieren soll, wird durch die klinisch-anatomischen Untersuchungen von Solms (1997) in Frage gestellt. Er berichtet, daß Patienten mit Läsionen der tiefen Stammhirnstrukturen, die auch die Transmission der PGO-Wellen vom Pons beeinträchtigen könnten, weiterhin träumten.

Die Überlegung, die Produktionen des dementen Hirns als Modell des Traumerlebens zu konzipieren, hängt mit der Beschreibung des physiologischen Prozesses zusammen, den die A-S-Theoretiker als Grundlage des Träumens betrachten. Dieser Sichtweise gemäß stimulieren zufällige Abfuhrvorgänge aus der Pons (die PGO-Wellen) corticale Strukturen, die nun ihr Bestes geben, um diese chaotischen Stimuli irgendwie zu organisieren. Das Ergebnis sollen Halluzinationen und Narrationen sein, die schlecht organisiert und konfabulatorisch sind und leicht vergessen werden, angeblich ebenso wie beim Erleben des dementen Wachen. Der Cortex versuche aus einer mißlichen Situation das Beste zu machen. Anhand einer Vielzahl von Träumen, die er im Labor sammelte, zeigte Snyder (1967) jedoch, daß nicht Unmöglichkeit oder Unwahrscheinlichkeit, sondern gerade das prosaische Element besonders charakteristisch ist. Heynick

(1993) kommt in einer systematischen Analyse der Sprache, die als inhaltlicher Anteil des Traumerlebens untersucht wurde, zu dem Schluß, daß die Sprache in Träumen unter grammatikalischem und syntaktischem Gesichtspunkt sehr gut strukturiert ist. Offenbar operiert unsere sprachliche Fähigkeit während des Träumens verblüffend effizient, so daß wir auch träumend in der Lage sind, wohlgeformte, syntaktisch oft komplexe Sätze zu bilden. Ich selbst (Kramer 1982) habe gezeigt, daß der Trauminhalt sehr geordnet ist; psychologische Unterschiede in Gruppendiskussionen von Träumen gehen auch mit Unterschieden im Trauminhalt einher.

Auf der individuellen Ebene variiert der Trauminhalt systematisch während einzelner REM-Phasen und zwischen den verschiedenen REM-Phasen einer Nacht (Kramer 1982). Zudem weisen die Träume verschiedener Personen individuelle Unterschiede auf. Von Nacht zu Nacht variieren auch die Träume ein und derselben Person, wobei allerdings eine inhaltliche Korrelation festzustellen ist: Bei Träumen, die während 20 Nächten im Labor gesammelt wurden, beträgt die Korrelation zwischen der 19. und der 20. Nacht 0.8. Träume sind von Nacht zu Nacht besser vorhersagbar als die Physiologie des Schlafes (Kramer und Roth 1977). Das Träumen ist nicht chaotisch und ganz gewiß nicht zufällig, sondern geordnet.

Die Annahme, daß die corticale Reaktion auf PGO-Stimulation relativ passiv sei, unterstreicht die Überzeugung, daß die Form des Traumes durch den physiologischen Stimulus determiniert werde und der Traum mit der determinierenden Physiologie, den PGO-Wellen, isomorph sei. Pivik (2000) hat aus einer kritischen Sichtung der psycho-physiologischen Traumuntersuchungen auf eine „allgemeine Abwesenheit von robusten psycho-physiologischen Beziehungen zwischen tonischen Ebenen der physiologischen Aktivität und der Schlafmentation" rückgeschlossen (495). Er sagt außerdem: „Die Studien ... konnten keine stabile Korrelation zwischen phasischer Aktivität und qualitativen Aspekten der Schlafmentation nachweisen" (ebd., 497). Piviks Schlußfolgerungen widersprechen der Annahme eines für die A-S-Hypothese so zentralen Isomorphismus. Da zudem die sensomotorischen Rindenregionen während des Träumens inaktiviert bleiben und die Assoziationsregionen aktiviert werden, müssen die während des Träumens erlebten Bilder jedesmal neu konstruiert werden. Das heißt, sie sind kein Resultat der Wahrnehmung; dies verringert die Wahrscheinlichkeit einer isomorphen Beziehung zwischen den physiologischen und psychologischen Aspekten des Träumens.

Zusammenfassend bleibt folgendes festzuhalten. Die Einwände gegen die A-S-Hypothese des Träumens betreffen: 1. den begrenzten und willkürlichen Charakter ihrer Definition des Träumens, 2. die fragwürdige Idee, die Demenz als Modell für das Träumen heranzuziehen; nachgewiesen wurde 3. die Tatsache, daß REM-Schlaf und Traumerleben nicht zwangsläufig gekoppelt sind und 4., daß die Annahme eines Isomorphismus zwischen Träumen und REM-Schlaf falsch ist.

Auch die anatomische „top-down"-Cortextheorie von Solms (1997) kann den Trauminhalt anhand des Musters der neuronalen Aktivierung nicht vorhersagen.

Hobson und Pace-Schott (1999) haben eine aufschlußreiche und detaillierte Kritik an der anatomisch-corticalen Theorie von Solms formuliert. Sie verweisen auf die Einschränkungen, die bei Läsionsstudien zu berücksichtigen seien. So wirft der im Laufe der Zeit erfolgende Wiedergewinn der verlorenen Funktion beispielsweise die Frage auf, inwieweit der geschädigte Hirnbereich tatsächlich für den vorübergehenden Funktionsverlust verantwortlich ist. Zweitens halten sie Untersuchungen, die den Verlust des Träumens mit dem Wecken aus dem REM-Schlaf nachzuweisen versuchen, für nicht stichhaltig, weil die spontane Erinnerung an einen Traum keine verläßliche Grundlage sei. Drittens zweifeln sie am Aussagewert der Literatur über Leukotomien (operative Durchtrennung der Faserverbindungen des Frontalhirns), die Solms herangezogen hat, um die Beteiligung der medio-basalen Vorderhirnregion an der Auslösung des Träumens nachzuweisen. Nicht alle Leukotomie-Patienten nämlich gaben an, nicht mehr zu träumen. Deshalb sei es sehr wohl möglich, daß der chirurgische Eingriff in den von Solms berichteten Fällen die Erinnerung an intrapsychisches Erleben beeinträchtigt habe. Er könnte beispielsweise Verbindungen zu subcorticalen limbischen Strukturen und zur ventral-tegmentalen Region zerstört haben. Schließlich halten Hobson und Pace-Schott die Rolle des Dopamins für das Träumen für problematisch. Sie weisen darauf hin, daß Dopamin das Träumen offenbar nachweislich sowohl hemmen als auch intensivieren kann.

Die corticale Theorie ist also eine reduktionistische Theorie, die sich der Biologie zur Erklärung des psychischen Traumerlebens bedient, auch wenn sie dabei größere Zurückhaltung übt als die A-S-Theorie. Die narrativen Aspekte des Träumens bleiben in beiden Theorien unberücksichtigt.

Das Erleben des Traumes als Bedeutung, Konstruktion und Funktion

In einer Welt der Computer, der künstlichen Intelligenz und des neuro-imaging müssen wir uns erneut auf das besinnen, was wir mit Hilfe der Traumforschung zu verstehen versuchen. Marcel Foucault (1984) sagt: „Das Träumen ist eine Erfahrung an sich, ein primärer Zustand der Existenz in einer Welt, einer imaginierten Welt zwar, aber gleichwohl einer Welt." Das Träumen ist eine Erfahrung, in die der Träumer als Teilnehmer oder Beobachter einbezogen ist. Es beschränkt sich ebensowenig auf eine Serie von Bildern wie auf das Denken. Wir müssen uns fragen, ob wir Bilder oder ob wir Erfahrungen verstehen wollen. Es ist, darin sind wir uns wohl einig, ein Unterschied, ob man über Sex nachdenkt oder ob man sich vorstellt, Sex zu haben.

Ich möchte uns alle darin bestärken, daß wir uns von der Konzentration auf die sterile Abklärung anatomisch-physiologischer Begleiterscheinungen des Träumens wieder lösen, zumal sich deren Aussagekraft als sehr gering erweist. Wir sollten uns statt dessen den Fragen widmen, die für jene von uns, die sich für das Traumerleben interessieren, wirklich von Belang sind. Wir müssen folgende Bereiche erforschen: 1. Das normative Träumen während der gesamten Lebensspanne, 2. die narrativen Aspekte des Träumens, 3. die Auswirkungen von Traumwerkstätten und -seminaren einschließlich der Frage, wie diese Auswirkungen erzielt werden; 4. müssen wir die Traumbildung untersuchen, die Regeln, nach denen die Inhalte des

Traumerlebens ausgewählt werden, und die Zwänge, denen das Traumerleben unterliegt; das heißt, wir müssen untersuchen, wie die Elemente zusammengefügt werden; und 5. die Funktion des Traumes. Diese Empfehlungen stimmen mit denen meiner Kollegen, die Freuds *Traumdeutung* vor einigen Jahren kritisch untersucht haben, überein (vgl. Kramer 1994b).

Wir besitzen die Instrumente, die eine replizierbare quantitative Arbeit über Träume ermöglichen. Wir wissen, daß Geschlecht und Alter die wichtigsten demographischen Determinanten für den Inhalt des Traumerlebens sind (Kramer 1982). Wir benötigen normative Daten, welche die gesamte Lebensspanne berücksichtigen. Wir können es uns nicht leisten, die im Wohnzimmer gesammelten Träume von Studenten zur Basis für unsere normativen Standards zu deklarieren (Hall und van de Castle 1966). Wie wir in unseren Populationsuntersuchungen zeigen konnten, ist das Schuldgefühl ein Thema der Träume im Jugendalter, Todesangst ein Traumthema im Alter (Winget, Kramer und Whitman 1972). Das Alter des Träumenden beeinflußt entscheidend, was er träumt.

Da der Traum ein Erleben, eine Erfahrung (Foucault 1984) darstellt, können wir uns auch nicht mit der schlichten Aufzählung von Gegenständen, Charakteren und Interaktionen in Träumen zufriedengeben (Hall und van de Castle 1966), wenn wir die narrativen Aspekte des Traumerlebens charakterisieren wollen (Rubovitz-Seitz 1998). Freud (1900a) drängte zwar darauf, das manifeste Traumerleben zu ignorieren, doch Richard Jones (1978) betonte zu Recht, daß sich eine Psychologie des Träumens auf das konzentrieren müsse, was als „der Traum" berichtet wird. Wir müssen anfangen, Träume mit Hilfe von Kategorisierungsschemata wie z.B. der Grammatik ihrer Handlungen zu untersuchen.

Wir sollten auf die Kooperation mit all denen setzen, die in Traumwerkstätten arbeiten (Ullman 1996) und individuelle Träume interpretieren (Hill 1996), um nicht anekdotisch, sondern evaluativ beurteilen zu können, ob Träume tatsächlich therapeutisch oder pädagogisch wirken können. Cartwright (Cartwright, Tipton und Wickland 1980) und Fiss (1977, 312f.) zeigen, daß die Auseinandersetzung mit Träumen die Ergebnisse sowohl der Psychotherapie als auch täglicher psychologischer Messungen verbessert.

Wir müssen Einblick in den Prozeß der Traumbildung gewinnen. Wie werden die Angelegenheiten, die uns vor dem Schlaf innerlich beschäftigen – vgl. die fünfminütigen verbalen Samples, die Kramer, Roth, Arand und Bonnet (1981) erfaßt haben –, in jene Form des Erlebens umgewandelt, die wir als „Träumen" bezeichnen? Koulack (1993) hat Untersuchungen über Vorschlaf-Stimuli zusammengefaßt und gezeigt, daß diese das Traumerleben beeinflussen. Wir konnten zeigen, daß Personen in den Traum eingebaut werden können (Kramer, Kinney und Scharf 1983). Wir müssen feststellen, welche Regeln die Auswahl des Gedächtnismaterials für den Beginn des Traumerlebens und danach für die Ausgestaltung des weiteren Traumerlebens bestimmen. Es muß uns gelingen, vom Traum zum Träumer (Kramer und Roth 1979) und vom Träumer zum Traum (Kramer, Allen und Schoen 1984) zu kommen. Diese Vorhersagen sind möglich, wie ich in einer eigenen Arbeit nachzuweisen versuchte. Die Verbindungen können historischer oder thematischer Art sein, und wir müssen die Bemühungen, unser Verständnis von der Beziehung zwischen dem Träumer und seinen Träumen zu vertiefen, systematisch weiterverfolgen.

Hermann Silberer illustrierte in seiner Beschreibung der autosymbolischen Darstellung die mentale Umsetzung, die vom Wach- in den Schlafzustand erfolgt (vgl. Freud 1900a, 349f.). Er schildert, wie er sich im Wachzustand mit einem Problem der hierarchischen Entwicklung beschäftigt. Er ist müde und hat Schwierigkeiten, die Ebenen in die richtige Perspektive zu rücken. Er schläft ein und sieht in seinem Traumbild, wie er mit einem langen Messer unter eine Torte fährt. Bei einer anderen Gelegenheit versucht er, eine holprige Formulierung in einem Aufsatz, an dem er gerade schreibt, zu glätten. Wieder ist er müde und schlummert ein. Das Bild, das sich entwickelt, zeigt ein rohes Stück Holz, das er glatt hobelt.

Wir sollten uns darauf konzentrieren, die Regeln für die Auswahl und den Prozeß der Traumkonstruktion zu erarbeiten. Als Ausgangspunkt könnte die sequentielle Entwicklung im Laufe des Traumerlebens dienen. Wir müssen klären, wie und warum eine

Idee oder ein Bild zu einem anderen überleitet und nach welchen Regeln die Auswahl erfolgt. Diese Regeln scheinen eher thematischer als assoziativer Art zu sein (Kramer und Roth 1977). Es wäre zu untersuchen, auf welchen Grundlagen die nächtlichen Träume vorhersagbar sind (Kramer, Allen und Schoen 1984). Wir halten solche Vorhersagen aufgrund des ausgesprochen geordneten Charakters des Traumerlebens, der psychologische Unterschiede auf Gruppen- und individueller Ebene widerspiegelt, für möglich (Kramer 1982).

In meiner eigenen Arbeit habe ich eine Methode des Traumverständnisses – die Traumübersetzung (Kramer und Roth 1979) – illustriert, die zur Beschreibung der Entwicklung des Traumes während des gesamten Traumerlebens benutzt werden kann. Ich habe gezeigt, wie man sie verwenden kann, um vom Traumerleben auf den Träumenden als Person zu schließen (ebd.) und vom Träumenden auf das Traumerleben (Kramer, Allen und Schoen 1984). Indem wir die wechselseitige Beziehung zwischen den Teilen des Traumerlebens untersuchen, können wir die Konstruktion des Traumes erforschen. Solche Untersuchungen können es ermöglichen, die Regeln aufzustellen, nach denen die Konstruktion der Traumnarration erfolgt. Wenn wir Aspekte des Prozesses, durch den man vom Träumer auf seinen Traum schließen kann, spezifizieren, könnte uns der Auswahlprozeß einsichtiger werden. Die Regeln, die sich daraus ergeben, könnten Generalisierungen ermöglichen.

Der letzte Bereich, den wir meiner Meinung nach unbedingt gründlicher erforschen sollten, betrifft die Funktion des Träumens (Moffitt, Kramer und Hoffman 1993). Traumtheorien müssen sowohl das Träumen untersuchen, das automatisch, außerhalb des Gewahrseins, erfolgt, als auch jene Träume, die ins Gewahrsein vordringen und potentiell das Bewußtsein des Träumers direkt beeinflussen können. Wir benötigen sowohl eine assimilativ-reduktive als auch eine akkomodativ-transformierende Theorie des Träumens.

Die „selektiv stimmungsregulierende Funktion des Schlafes und der Träume" (Kramer 1993) ist beispielhaft für eine assimilative Theorie der Traumfunktion. Der Traum hat die Funktion, den Affektansturm während des REM-Schlafs, in dem das Träumen am intensivsten ist, zu „containen". Der Affektansturm schlägt sich in der Zunahme der autonomen Variabilität während des REM-Schlafs nieder. Wenn die Traumarbeit erfolgreich ist, erinnert sich der Träumer nicht an seinen Traum und schläft ungestört weiter. Der REM-Schlaf hängt insofern mit einer Aktivierung zusammen, als die meisten REM-Phasen mit einer kurzen Aktivierungsphase (arousal) enden und der REM-Schlaf so verteilt ist, daß er zum Großteil in der zweiten Nachthälfte erfolgt, dann nämlich, wenn sich die Wahrscheinlichkeit des Aufwachens erhöht.

Wenn der Versuch, durch den Traum den mit dem REM-Schlaf einhergehenden emotionalen Ansturm zu kontrollieren, nur teilweise erfolgreich ist, kann der Traum erinnert werden. Unter bestimmten Umständen gestaltet sich das entsprechende Erleben als verstörender Traum oder Alptraum mit unruhigem Erwachen.

Im Laufe der Nacht und bis zum Morgen wandelt sich die Stimmung systematisch. Träume, welche die emotionalen Anliegen des Träumenden widerspiegeln, verändern im Laufe der Nacht ihren Inhalt und weisen einen Zusammenhang mit den emotionalen Beschäftigungen des Träumers am nächsten Morgen auf. Erfolgreiches nächtliches Träumen, das in etwa 60% der Zeit erfolgt, ist das Resultat einer progressiv-sequentiell-figurativen Problemlösung, die sich im Laufe der Nacht ergibt. Diese führt zu einer Verringerung des Unglücklichseins von der Nacht bis zum Morgen, was mit der richtigen Anzahl und Art von Personen in den nächtlichen Träumen zusammenhängt.

Dagegen ist erfolgloses nächtliches Träumen das Resultat traumatisch-repetitiver Traumsequenzen, in denen die vor dem Schlaf aktuelle innere Thematik während der Nacht lediglich in anderer Form (Metaphern) dargestellt wird. Dabei wird die Stimmung im Laufe der Nacht nicht positiv beeinflußt.

Die Erinnerung an den Traum, die zu einem gewissen Grad einen Unruhezustand des Träumers voraussetzt, bietet die Möglichkeit, das assimilative, reduktive Verständnis des Träumens zu erweitern und ein gewisses Maß von Akkomodation der Transformation zu berücksichtigen. Unruhezustände erhöhen die Möglichkeit einer Veränderung. Das Träumen, das uns bewußt wird, kann zum Gegenstand der Aufmerksamkeit werden und unter Umständen zu einer inneren Veränderung, zu einer Vertiefung der Selbstkenntnis führen.

Wenn wir die Funktion des Träumens betrachten, können wir fragen, ob das Träumen irgend etwas bewirkt oder verändert. Ich habe mit meiner Theorie über die „selektiv stimmungsregulierende Funktion des Schlafes und der Träume" (Kramer 1993) gezeigt, daß das Träumen den Schlaf tatsächlich „hüten" kann. Ich habe demonstriert, daß die Art und Weise, wie man sich am Morgen fühlt, davon abhängt, von wem und was man geträumt hat. Ebenso wie Vern Johnson (Johnson et al. 1990) habe ich (Kramer 1982) aufgezeigt, daß das Befinden am Morgen die Leistungen beeinflußt, die man tagsüber erbringen kann. Auch Kuiken und Sikora (1993) weisen in ihrer wenn auch anekdotischen Beschreibung einflußreicher Träume darauf hin, daß das Thema, über das man träumt, Einfluß darauf ausüben kann, wie man sich am nächsten Morgen fühlt und was man während des Tages tut.

Ich hoffe noch einmal vor Augen geführt zu haben, daß bestimmte Aspekte von Freuds Traumtheorie bestätigt werden können und es voreilig wäre, sie einfach fallenzulassen. Darüber hinaus habe ich versucht zu zeigen, daß wir in die Irre gehen, wenn wir dem Locken der Sirene Biologie folgen. Sie kann unsere Fragen an das Träumen nicht beantworten. Ebenso wie vor dreißig Jahren, als in Brügge eine internationale Konferenz der Sleep Society stattfand, setze ich mich entschieden dagegen zur Wehr, meinem psychologischen Traumhund eine REM-physiologische Rute anhängen zu lassen.

Wir müssen unsere Forschungsenergien auf die Arbeit konzentrieren, die Geist und Psyche darauf verwenden, Träume zu konstruieren und ihnen Bedeutung und Funktion zu geben. Die biologischen Aktivitäten des Gehirns geben uns keine Antwort auf unsere Fragen nach der Bedeutung des Traumerlebens, seinem Aufbau und seinen Auswirkungen. Einige von uns haben die Zeit, in der Geist und Psyche vom Behaviorismus aus dem Feld geschlagen wurden, selbst miterlebt. Heute ist es unsere Aufgabe, uns gegen die Verleugnung des Psychischen, die dem biologischen Verständnis des Träumens inhärent ist, zu wappnen.

(Aus dem Englischen übersetzt von Elisabeth Vorspohl)

Literatur

Bry, I. und A. Rifkin (1962), Freud and the history of ideas. Primary sources, 1886-1910. In: J. Masserman (ed.), *Science and Psychoanalysis, Vol. 5*. New York: Grune and Stratton, 6-36

Bukeley, K. und H. van de Kemp (2000), Introduction to the special issue on historical studies of dreaming. *Dreaming 10*, 1-6

Cartwright, R., L. Tipton und J. Wickland (1980), Focusing on dreams. A preparation program for psychotherapy. *Archives of General Psychiatry 37*, 275-277

Decker, H. (1977), *Freud in Germany*. Revolution and reaction in science, 1893-1907. (Psychological Issues, Monograph 41). New York: International Universities Press

Ellenberger, H. (1970), *Die Entdeckung des Unbewussten*. Bern/Stuttgart: Huber, 1973

Eysenck, H.J. (1985), *Sigmund Freud*. Niedergang und Ende der Psychoanalyse. München: List

Fisher, S. und R.P. Greenberg (1977), *The scientific credibility of Freud's theories and therapy*. New York: Basic Books

Fiss, H. (1977), Experimental strategies for the study of the function of dreaming. In: S. Ellman und J. Antrobus (eds.), *The mind in sleep*. New York: Wiley, 1991, 308-326

Foucault, M. (1984), Dream, imagination, and existence. *Review of Existential Psychology and Psychiatry 19*, 29-78

Foulkes, D. und S. Fleisher (1975), Mental activity in relaxed wakefulness. *Journal of Abnormal Psychology 84*, 66-75

Freud, S. (1900a), Die Traumdeutung. *GW 2/3*

Gay, P. (1988), *Freud*. Eine Biographie für unsere Zeit. Frankfurt a.M.: S. Fischer, 1989

Hall, C. und R. van de Castle (1966), *The content analysis of dreams*. New York: Appleton-Century-Crofts

Heynick, F. (1993), *Language and its disturbances in dreams*. New York: Wiley

Hill, C. (1996), *Working with dreams in psychotherapy*. New York: Guilford Press

Hobson, J.A. und E.F. Pace-Schott (1999), Response to commentaries. *Neuro-Psychoanalysis 1*, 206-224

Hobson, J.A., E.F. Pace-Schott, und R. Stickgold (2000), Dreaming and the brain. Toward a cognitive neuroscience of conscious states. *Behavioral and Brain Sciences 23*, 793-842

Johnson, L., C. Spinweber, S. Gomez und L. Matteson (1990), Daytime sleepiness, performance, mood, nocturnal sleep. The effect of benzodiazepine and caffeine on their relationship. *Sleep 13*, 121-135

Jones, R.M. (1978), *The new psychology of dreaming*. New York: Penguin Books

Kanzer, M. (1988), Early reviews of „The interpretation of dreams". *The Psychoanalytic Study of the Child 43*, 33-48

Kiell, N. (1988), *Freud without hindsight*. Reviews of his work (1893-1939). Madison: International Universities Press

Koulack, D. (1993), Dreams and adaptation to contemporary stress. In: A. Moffitt, M. Kramer und R. Hoffmann (eds.), *The functions of dreaming*. Albany: State University of New York Press, 321-340

Kramer, M. (1982), The psychology of the dream. Art or science? *Psychiatric Journal of the University of Ottawa 6*, 87-100

Kramer, M. (1993), The selective mood regulatory theory of dreaming. An update and revision. In: A. Moffitt, M. Kramer und R. Hoffmann (eds.), *The functions of dreaming*. Albany: State University of New York Press, 139-196

Kramer, M. (1994a), Sigmund Freud's "The interpretation of dreams". The initial response (1899-1908). *Dreaming 4*, 47-52

Kramer, M. (1994b), The current book reviews. *Dreaming 4*, 53-54

Kramer, M. und T. Roth (1977), Dream translation. *Israel Annals of Psychiatry and Related Disciplines 15*, 336-351

Kramer, M. und T. Roth (1979), The stability and variability of dreaming. *Sleep 1*, 319-325

Kramer, M., L. Allen und L. Schoen (1984), Dream collection and interpretation. In: M. Bosinelli und P. Cicogna (eds.), *Psychology of dreaming*. Bologna: Clueb, 31-45

Kramer, M., L. Kinney und M. Scharf (1983), Dream incorporation and dream function. In: W.P. Koella (ed.), *Sleep 1982*. 6th European Congress on Sleep Research, Zürich, 1982. Basel: Karger

Kramer, M., T. Roth, D. Arand und M. Bonnet (1981), Waking and dreaming mentation. A test of their interrelationship. *Neuroscience Letters 22*, 83-86

Kripke, D. und D. Sonnenschein (1978), A biologic rhythm in waking fantasy. In: K.S. Pope und J.L. Singer (eds.), *The stream of consciousness*. New York: Plenum Press, 321-332

Kuiken, D. und S. Sikora (1993), The impact of dreams on waking thoughts and feelings. In: A. Moffitt, M. Kramer und R. Hoffmann (eds.), *The functions of dreaming*. Albany: State University of New York Press, 419-476

McGuinn, C. (1999), *The mysterious flame*. New York: Basic Books

Moffitt, A., M. Kramer und R. Hoffman (1993), *The functions of dreaming*. Albany: State University of New York Press

Nielsen, T.A. (2000), A review of mentation in REM and NREM sleep. "Covert" REM sleep as a possible reconciliation of two opposing models. *Behavioral and Brain Sciences 23*, 851-866

Pivik, R.T. (2000), Psychophysiology of dreams. In: M.H. Kryger, T. Roth und W.C. Dement (eds.), *Principles and practice of sleep medicine*. Philadelphia: Saunders

Porter, L. (1987), *The interpretation of dreams*. Freud's theories revisited. Boston: Twayne Publishers

Rubovitz-Seitz, P.F.D. (1998), *Depth-psychological understanding*. The methodologic grounding of clinical interpretations. Hillsdale: The Analytic Press

Snyder, F. (1967), The phenomenology of dreaming. In: L. Madow und L.H. Stone (eds.), *The psychodynamic implications of the physiological studies on dreams*. Springfield: Thomas

Solms, M. (1997), *The neuropsychology of dreams*. A clinico-anatomical study. Mahway: Erlbaum

Solms, M. (2000), Dreaming and REM sleep are controlled by different mechanisms. *Behavioral and Brain Sciences 23*, 843-850

Sulloway, F. (1979), *Freud, Biologe der Seele*. Köln-Lövenich: Maschke, 1982

Ullman, M. (1996), *Appreciating dreams*. Thousand Oaks: Sage

Winget, C., M. Kramer und R. Whitman (1972), Dreams and demography. *Canadian Psychiatric Association Journal 17*, 203-205

HEINRICH DESERNO

Freuds *Traumdeutung* und spätere Traumauffassungen

Übersicht

Nach einem Resümee von Freuds Traummodell als methodischem und theoretischem Fundament der Psychoanalyse und einem Beispiel von Freuds Selbstanalyse folgen ausgewählte Traumauffassungen nach Freud sowie die Schlußfolgerung, daß der Traum nicht für sich, sondern nur im Zusammenhang mit anderen Aspekten psychischer Realität erfahrbar und erforschbar ist. Abschließend wird ein eigenes symboltheoretisch fundiertes Modell der psychischen Realität skizziert, das unterschiedliche interdisziplinäre Verknüpfungen ermöglicht.

Resümee des Freudschen Traummodells

Das populärste Thema der Psychoanalyse dürfte seit Freuds gleichnamigem Buch die Traumdeutung sein. Es gehört seit langem zum Laienwissen, daß Träume den Schlaf schützen oder hüten, daß sie unerledigte Wünsche zu erfüllen scheinen, vor allem aber, daß sie eine Bedeutung haben, die sich durch Analyse herausfinden läßt. Zugleich wurde und wird immer noch nichts an der Psychoanalyse so leidenschaftlich in Frage gestellt wie die Sinnhaftigkeit des Träumens. (Für eine ausführliche Rezension aktueller Arbeiten zum Traum siehe Danckwardt 2000.)

Wie schätzte Freud selbst *Die Traumdeutung* ein? Rückblickend sah er in seiner Traumtheorie einen Wendepunkt (1933a, 6): Mit der Traumlehre

> „hat die Analyse den Schritt von einem psychotherapeutischen Verfahren zu einer Tiefenpsychologie vollzogen. Die Traumlehre ist seither auch das Kennzeichnendste und Eigentümlichste der jungen Wissenschaft geblieben, etwas wozu es kein Gegenstück in unserem sonstigen Wissen gibt, ein Stück Neuland, dem Volksglauben und der Mystik abgewonnen."

Zugleich fand Freud 33 Jahre nach dem Erscheinen der *Traumdeutung* deutliche Worte für seine Enttäuschung über die Aufnahme des Werkes, das er für sein wichtigstes hielt (ebd.):

> „Die Analytiker benehmen sich, als hätten sie über den Traum nichts mehr zu sagen, als wäre die Traumlehre abgeschlossen".

Das Besondere der *Traumdeutung* liegt in ihrem methodischen Kern. Sowohl Gewinnung als auch Evidenz von Freuds Ergebnis, wonach der Traum einen Wunsch als erfüllt darstellt, können vom Leser mit Hilfe der Wechselwirkungen zwischen dem Forscher Freud, seinen Fragestellungen, der angewendeten Methode, seiner Selbstanalyse, seinen Argumenten und Ergebnissen im einzelnen nachvollzogen werden.

Während vor Freud der Text eines Traumes eher mit Hilfe feststehender, in Traumlexika festgehaltener Übersetzungsregeln ausgelegt wurde, schlägt Freud einen neuen Weg ein: von den Elementen des *manifesten* Trauminhaltes (des erinnerten und erzählten bzw. schriftlich fixierten Traumes) ausgehend, gewinnt er durch freie Assoziationen einen Text, der um ein Vielfaches umfangreicher als der Traumtext ist und dessen Deutung den Ausgangstext als eine entstellte und komprimierte („verdichtete") Darstellung *latenter* Traumgedanken erscheinen läßt. In dieser zusätzlichen Produktion mit Hilfe der Assoziationen liegt der methodische Vorzug, daß der Träumer als Subjekt auf sein eigenes Traumerlebnis gedanklich und emotional reagiert, ohne durch Interpretationen eines anderen unmittelbar beeinflußt zu werden.

Freuds Fortschreiten in Erkenntnis und Theoriebildung hängt davon ab, daß er sich so analysiert, als sei er sein eigener Patient. Die Inhalte seiner Selbstanalyse zeigen jedoch, daß sein Gegenstand nicht nur der Traum ist. Sowohl von Freuds Situation als Wissenschaftler als auch von seiner therapeutischen Arbeit her betrachtet war der Forschungsgegenstand Traum ein „Stellvertreter": das Rätsel des Traumes stand, was Freuds Behandlung von psychisch Kranken betraf, für das Rätsel der neurotischen Symptombildung (1916-17a, 79):

> „Das Studium des Traumes ist nicht nur die beste Vorbereitung für das der Neurosen, der Traum selbst ist auch ein neurotisches Sym-

ptom, und zwar eines, das den für uns unschätzbaren Vorteil hat, bei allen Gesunden vorzukommen."

Nach dem *Gegenstand,* dem Traum als Stellvertreter des Symptoms, und der *Methode,* der Selbstanalyse als Stellvertreterin der Behandlung, ist der dritte Bestandteil der spezifischen Erkenntnislogik Freuds, die *Theorie,* näher zu bestimmen. Freud sah die theoretische Aufgabe darin, den unbewußten psychischen Prozessen, die er bei Symptombildung und Traumbildung gleichermaßen unterstellte, eine Örtlichkeit zuzuordnen (1900a, 224):

"Wir können einen psychischen Apparat entwerfen, wenn wir gemerkt haben, daß man durch die Traumdeutung wie durch eine Fensterlücke in das Innere desselben einen Blick werfen kann."

Dieser psychische Apparat leistet Arbeit. Im Falle des Traums heißt sie *Traumarbeit;* ihre Mechanismen wurden von Freud als *Verdichtung, Verschiebung* und *Rücksicht auf Darstellbarkeit* beschrieben. Am psychischen Geschehen unterschied Freud zwei Funktionsweisen: *Primärvorgang* und *Sekundärvorgang.* Ersterer zielt auf *Wahrnehmungsidentität*: Traumgedanken werden (halluzinatorisch) ins Bild gesetzt, als ob sie eine Wahrnehmung seien; bestimmend ist das Lust-Unlust-Prinzip. Nach heutiger Auffassung organisiert der Primärvorgang nonverbale Repräsentationen ganzheitlich und situativ; da Repräsentation und Gedächtnis zusammenhängen, steht der Primärvorgang für die triebhafte bzw. emotionale Organisation unseres Gedächtnisses. Die Aufgabe des Sekundärvorgangs definierte Freud dagegen durch die Herstellung von *Denkidentität.* Wir sind heute, im Gegensatz zu Freud, der Auffassung, daß der Sekundärvorgang durchaus an der Traumbildung, genauer, an der Traumform mitwirkt; unter seinem Einfluß werden unbewußte Tendenzen *strukturgerecht* gestaltet, während der Primärvorgang die gleichen Tendenzen *situationsgerecht* bearbeitet.

Freuds Definition einer Traumtheorie, die sich auf unbewußte Wünsche, Übersetzung derselben in latente Traumgedanken und Entstellung letzterer zum manifesten Trauminhalt durch Traumarbeit, bezieht, lautete (1900a, 78):

"Eine Aussage über den Traum, welche möglichst viele der beobachteten Charaktere desselben von *einem* Gesichtspunkt aus zu erklären versucht (hier die *Wunscherfüllung*, H.D.) und gleichzeitig die Stellung des Traumes zu einem umfassenderen Erscheinungsgebiet bestimmt (die *Existenz unbewußter Prozesse*, evident durch die neurotischen Symptombildungen, H.D.), wird man eine Traumtheorie heißen dürfen."

Durch das Resümee haben wir ein Raster gewonnen, mit dessen Hilfe wir Freuds Traummodell und spätere Konzeptualisierung vergleichen können; wir beziehen uns auf:
1. die *Funktion* des Traums – bei Freud die *Wunscherfüllung*, d.h.: „Der Traum stellt einen gewissen Sachverhalt so dar, wie ich ihn wünschen möchte: sein Inhalt ist eine Wunscherfüllung, sein Motiv ein Wunsch" (1900a, 123f.);
2. den *Ort* des Traums – bei Freud die Traumbildung im *psychischen Apparat*;
3. *psychische, der Traumbildung analoge Prozesse* – bei Freud die (neurotischen) *Symptombildungen*, später auch die *Fehlleistungen*.

Zur weiteren Veranschaulichung des spezifischen Zusammenhangs von Wunsch und Erkenntnis bei Freud, aber auch zur Illustration ausgewählter, neuerer Traumauffassungen soll das folgende Beispiel aus Freuds Selbstanalyse dienen.

Ein selbstanalytisches Traumbeispiel Freuds

Im Sommer 1898 begann Freud mit der endgültigen Niederschrift der *Traumdeutung*. Bei seiner Erörterung, was mit den Affekten im Traum geschieht, schickt Freud voraus (1900a, 472f.):

> „Ich will ein Traumbeispiel einfügen, in dem der indifferente Empfindungston des Trauminhaltes durch die Gegensätzlichkeit in den Traumgedanken aufgeklärt werden kann. Ich habe folgenden kurzen Traum zu erzählen, den jeder Leser mit Ekel zur Kenntnis nehmen wird."

Der Traumtext lautet (ebd.):

> „Eine Anhöhe, auf dieser etwas wie ein Abort im Freien, eine sehr lange Bank, an deren Ende ein großes Abortloch. Die ganze hintere Kante dicht besetzt mit Häufchen Kot von allen Größen und Stufen der Frische. Hinter der Bank ein Gebüsch. Ich uriniere auf die Bank, ein langer Harnstrahl spült alles rein. Die Kotpatzen lösen sich leicht

ab und fallen in die Öffnung. Als ob am Ende noch etwas übrig bliebe."

Mit der Frage: „Warum empfand ich bei diesem Traume keinen Ekel?" schließt Freud den Traumbericht und teilt eine Reihe von Einfällen mit. Als „wirksame Veranlassung des Traumes" beschreibt er, daß er am Tag zuvor seine Vorlesung über den Zusammenhang der Hysterie mit den Perversionen gehalten hat, und ihm alles, was er zu sagen wußte, gründlich mißfiel. Er fühlte sich erschöpft und sehnte sich weg vom „Wühlen im menschlichen Schmutz". Ein bewundernder Hörer hatte sich ihm angeschlossen und begonnen, ihm „Schmeicheleien zu sagen" (z.B. daß Freud den Augiasstall der Vorurteile in der Neurosenlehre gereinigt habe). Freuds Stimmung paßte schlecht zu diesem Lob; er kämpfte, wie er schreibt, mit dem Ekel und ging nach Hause. Wir erfahren, daß er vor dem Schlafengehen im Gargantua von Rabelais blätterte – er betrachtete eine bestimmte Illustration von Garniere – und las noch in der Novelle „Die Leiden eines Knaben" von Conrad Ferdinand Meyer.

Freuds Assoziationen gruppieren sich um einen Stimmungsgegensatz: die eine Gruppe hängt mit einer gehobenen Stimmung zusammen, die andere mit Mißmut, Ekel vor sich selbst. Die erste Gruppe behandelt Freud ausführlicher. Durch die gehobene Stimmung des Traumes und das Fehlen von Ekel ist die Stimmung des Vortags wie „weggespült". Tagesstimmung (Ekel und Überdruß) und nächtliche Stimmung („kräftige und selbst übermäßige Selbstbetonung") vergleichend, schließt Freud (ebd., 474):

> „Der Trauminhalt mußte sich so gestalten, daß er in demselben Material dem Kleinheitswahn wie der Selbstüberschätzung den Ausdruck ermöglichte. Bei dieser Kompromißbildung resultierte ein zweideutiger Trauminhalt, aber auch durch gegenseitige Hemmung der Gegensätze ein indifferenter Empfindungston."

Das im manifesten Traum unterdrückte Thema könnte mit der Überschrift versehen sein: „Die Leiden des Knaben und des Privatdozenten Sigmund Freud". Mit starken Schamgefühlen erinnert sich Freud in seiner Selbstanalyse daran, wie sein Vater über ihn sagte: „Aus dem Jungen wird nichts werden." Dieser Vater war nicht nur ein Jahr zuvor gestorben; er hatte es nach der „ökonomischen Katastrophe" in Freiberg – Freud war damals drei Jahre alt – und der Übersiedlung nach Wien geschäftlich zu nichts mehr gebracht. So wie der Vater von Unterstützung innerhalb der Großfamilie lebte, wurde Freud fast bis 1900 von verschiedensten Förderern, aber auch von den älteren Halbbrüdern aus Manchester unterstützt. Sowohl die Hauptfigur in der Novelle von Meyer als auch Gargantua sind Gekränkte, Erniedrigte. Während bei Meyer der Junge schrecklich zugrunde geht, rächt Gargantua sich an den hochmütigen Parisern, indem er von Notre-Dame herab seinen Harnstrahl auf sie richtet und rund zweihundert von ihnen ertrinken läßt.

Freud ist zu dieser Zeit ständig mit seiner Produktivität befaßt. Er steht vor der Aufgabe, die guten Gedanken, die er seit längerem hegt und schon in vorläufigen Texten festgehalten hat, in eine *endgültige* Form zu bringen. Die vor ihm stehende Aufgabe drückt sich im Traum in *symbolischer Konkretisierung* aus: „Häufchen Kot von allen Größen und Stufen der Frische." Im Wachleben ringt Freud darum, etwas wissenschaftlich Weitreichendes hervorzubringen; der Traum drückt diese Intention durch ein Spiel mit Kot und Urin aus. Der Ehrgeiz und die enorme Arbeitsdisziplin, mit der Freud das Rätsel des Traumes zu lösen versucht, kurz alles, was im Wachleben ernst, belastend und anstrengend ist, scheint sich träumend im spielend-lustvollen Umgang mit den eigenen Ausscheidungen aufzulösen. (Für eine umfassendere und allein auf die spezifische Erkenntnislogik der Freudschen *Traumdeutung* bezogene Verwendung dieses Traumbeispiels vgl. Deserno 2001.)

In den folgenden Abschnitten möchte ich ein Gedankenexperiment skizzieren, dem es aus Platzgründen leider an der notwendigen Ausführlichkeit fehlt. Ich stelle mir vor, Freud hätte diesen Traum und die dazugehörigen Assoziationen als Patient – oder als Lehranalysand – bei späteren Analytikern erzählt. Die Themen wären wohl die gleichen geblieben, während das Erleben des Traumes sowie die psychischen Bedingungen des Träumens und Interpretierens mehr Berücksichtigung gefunden hätten, eine Entwicklung, die stärker auf den therapeutischen Aspekt der Analyse ausgerichtet ist.

Freud bei Freud – 20 Jahre nach der *Traumdeutung*

Wenn der 42jährige Freud zum 20 Jahre älteren Freud, der gerade die Fallgeschichte über den „Wolfsmann" (1918b) veröffentlicht hat, in Analyse gegangen wäre, welche Situation hätte er vorgefunden? Der Anlaß, warum Freud diese Fallgeschichte schrieb, ist gut bekannt: Freud will die Veränderungen, die Adler und Jung inzwischen an der Psychoanalyse – durch die Hypothese der Minderwertigkeit und die Verallgemeinerung der Libidolehre –vorgenommen haben, entkräften und zurückweisen. Er will seine Annahme, wonach der Neurose des Erwachsenen eine Kindheitsneurose vorausgeht, erhärten, womit er an etwas festhält, was er auch in der *Traumdeutung* schon vertreten hat: die besondere Bedeutung der Kindheit, und damit der infantilen Wünsche für spätere Konflikte und neurotische Kompromißlösungen.

Neben der direkten Auseinandersetzung mit Adler und Jung drehte sich Freuds Argumentation um ein weiteres Zentrum: um eine kritische Phase männlicher Entwicklung – den umgekehrten, passiven Ödipuskomplex. Während Freud die frühe Vorgeschichte der Erwachsenenneurose im einzelnen rekonstruiert, bleibt die Übertragung in seiner Fallgeschichte völlig im Hintergrund. Sie läßt sich aber gut rekonstruieren (vgl. Deserno 1993). In der Analyse des „Wolfsmannes" fällt eine Forciertheit Freuds auf, was sich im einzelnen an der Rekonstruktion der Kindheitsneurose, der Deutung des bekannten Traumes von den Wölfen, aber auch der Beendigung der Behandlung durch eine Fristsetzung zeigt. Diese Forciertheit von Freuds Vorgehen verschränkt sich mit der anhaltenden Passivität seines Patienten zu einem gemeinsamen Widerstand, der nicht aufgelöst wird. Freud kann seinem Patienten die Erkenntnis und Akzeptanz von Passivität und Rezeptivität nicht ermöglichen, weil er sie im Interesse seiner Wissenschaft für sich reserviert. Freud bleibt in der aufnehmenden Position und erhält das „Material", das er für seine Argumentation braucht.

Aus dieser Situation läßt sich schließen, daß der 42jährige Freud, wenn er beim 62jährigen Freud in Analyse gewesen wäre, mit der Einsicht in die spezifisch männliche Form der Passivität, und damit in den negativen oder umgekehrten Ödipuskomplex wahrscheinlich zu kurz gekommen wäre. Es ist fraglich, ob der ältere dem jüngeren Freud die Einsicht in genau jene unbewußte Szene ermöglicht hätte, die Grinstein (1968, 446) so deutete: „In seinem Traum komme eine infantile Auffassung (im Orig. 'conception'; H.D.) vom Koitus mit einer Mutter-Figur zum Ausdruck; in der Identifizierung mit Gargantua drücke sich Freuds unbewußter ödipaler Wunsch bildhaft entstellt aus. Hierzu paßt Freuds Erinnerung, die Teil seiner Einfälle zum Traum ist und 13 Jahre vor diesen zurückreicht: als er bei Charcot in Paris war, habe er „sich jeden freien Nachmittag das Vergnügen gestattet, auf den Türmen der Kirche ('Notre-Dame'!; H.D.) zwischen den Ungetümen und Teufelsfratzen dort herumzuklettern" (1900a, 472). Wie Freud Gefühle der Ohnmacht abwehrt oder erträgt, ist durch ihn selbst bezeugt (1917b, 26):

> „Wenn man der unbestrittene Liebling der Mutter gewesen ist, so behält man fürs Leben jenes Eroberergefühl, jene Zuversicht des Erfolges, welche nicht selten wirklich den Erfolg nach sich zieht."

Im Hintergrund bleibt unthematisiert die Angst, die mit dem Mutter-Inzest zusammenhängt; sie nötigt zur Entstellung der Mutter als Kirche (Notre-Dame) und zur Entstellung der Genitalität durch das Spiel mit den Ausscheidungen. Die Verschiebung der genitalen Phantasien auf anale Vorgänge bringt die Verbindung von „Affektäußerungen des Sexuallebens" und Ekel mit sich (1912d, 90):

> „Das Exkrementelle ist allzu innig und untrennbar mit dem Sexuellen verwachsen, die Lage der Genitalien – 'inter urinas et faeces' – bleibt das bestimmende unveränderliche Moment."

Aus dieser fiktiven Freud-Freud-Analyse läßt sich folgern, daß sich schon hier ein neues Verständnis vom Ort des Traumes abzeichnet: dem Analytiker wird der Traum nur verständlich, wenn er im Kontext einer analytischen Situation erscheint. Die Bedeutung der analytischen Situation und damit der Übertragung ist auch bei Freud erkennbar, allerdings ex negativo, d.h., indem sie nicht genutzt wird, wie es King (1995) schon für den Fall Dora aufzeigte. Daß die Selbstanalyse nicht völlig im Gegensatz zur dyadischen Analyse steht, ist später verschiedenen Autoren aufgefallen; dabei wird mit Recht Freuds Beziehung zu Fließ als Übertragungsverhältnis gesehen. Selbstanalyse ohne irgendeinen „Adressaten" der Wünsche wie ihrer Deutung ist nicht vorstellbar.

Freud bei B.D. Lewin

Mit Lewins Konzept der Traumleinwand („dream screen", 1948, 1950, 1953) und seiner Analogie von Traumbildung und analytischer Situation („dream formation", „analysis formation", 1955) beginnt eine Entwicklung, die für die kommenden Jahrzehnte klinischer Traumforschung entscheidend ist: die Freudsche Traumanalyse, die sich im technischen Sinne immer gleich bleibt, indem Freud die Träume seiner Patienten wie seine eigenen analysierte, wird um Annahmen über die *Bedingungen der Möglichkeit des Träumens und Interpretierens* ergänzt, und diese Annahmen wiederum wirken auf die Technik der Traumanalyse zurück. Es ist die analytische Situation, in der diese Bedingungen erkennbar werden. So haben nach Lewin die Deutungen des Analytikers neben ihrem Inhalt (1955, 132f.):
1. die Funktion eines Tagesrestes;
2. die Wirkung – ob es dem Analytiker auffällt oder nicht – daß der Analysand mehr oder weniger tief „schläft" bzw. mehr oder weniger „wach" ist.

Diese außersprachliche „Funktion" des Analytikers läuft auf die Etablierung und Aufrechterhaltung einer Situation hinaus, die der des Schlafens und Träumens – damit auch der des Beruhigtwerdens (im Sinne von Gestilltwerden) und des Irritiertseins (durch Entwöhntwerden) – entspricht. Die Zurückhaltung oder Abstinenz des Analytikers bedeutet also nicht nichts, sondern sie aktualisiert sowohl die von Lewin beschriebenen Wünsche der Stillsituation als auch die unbewußte Repräsentanz dieser Situation, die Traumleinwand, so daß sich die Analysesituation mit den Wünschen der Stillsituation wie auch mit dem Erlebnis der Entwöhnung verknüpft. Die Annahme, daß dem Träumen eine frühere Situation zugrunde liegt, führte Lewin in späteren Arbeiten zu heute noch interessanten, leider wenig rezipierten Entsprechungen von Traum und Symptom (z.B. bei Hypomanie und Manie, Depression, Phobie).

Lewin hätte sich am Freudschen Traumbeispiel für den perspektivischen Wechsel interessiert. An dem initialen Traminhalt: „Auf der Anhöhe, ich sehe" hätte Lewin das (relative) Wachwerden seines Träumers konstatiert, wie er im Beginn des berühmten Wolfstraumes: „Das Fenster geht auf und ich sehe ...", ein teilweises Erwachen des Träumers sah. Auch der rätselhaft bleibende letzte Satz des Traumes: „Als ob am Ende etwas übrig bliebe", hätte Lewins besonderes Interesse gefunden, im Sinne eines Übergangs von einem mehr schlafenden in einen mehr wachen Zustand, aber auch als Anspielung auf die Entwöhnung: Wird etwas - für mich - übrig bleiben? Vor allem aber hätte Lewin das, was Freud mit seinem Traum erreichte, die Verwandlung seiner depressiv anmutenden Mißstimmung in eine gehobene Stimmung auf die Aktualisierung von Traumleinwand und Stillsituation zurückgeführt und deshalb den Traum als einen „guten" Traum bezeichnet, durchaus in Übereinstimmung mit Freud. Er hätte nicht vergessen, die Mißstimmung vom Vortag analog der Traumanalyse zu deuten, als manifesten schlechten Inhalt, hinter dem eine latente Befriedigung zu finden ist - so wie nach seiner Auffassung der Depressive mißgestimmt ist, weil er fast alles, was andere ihm anbieten, als Störung der innerlich und unbewußt aufrecht erhaltenen Befriedigungssituation erlebt, nämlich als Entwöhnungsforderung, und damit als Zumutung. Er wäre, wenn auch von einer psychogenetisch früheren Ebene zur Interpretation Grinsteins gekommen, daß in diesem Traum der sexuelle Besitz der Mutter entstellt zur Darstellung komme.

Freud bei F. Morgenthaler

Von den einflußreichen, ich-psychologisch orientierten Arbeiten (z.B. Alston 1988, Altman 1969 und Greenson 1970) berücksichtige ich hier nur Morgenthaler. Er hätte vor allem das Traumelement des Urinierens in den Mittelpunkt gerückt, weniger als Inhalt, denn als Handlung bzw. emotionale Bewegung oder Tendenz. In ihr hätte Morgenthaler (1986) die Verbindung von unbewußter Es-Regung und unbewußter Ich-Aktivität gesehen – was er die Traumtendenz nannte – und von daher – in Verbindung mit der Stimmung vom Vortag und der Szene mit dem Hörer – eine aggressive Bedeutung hervorgehoben, die auch schon in Freuds Größen-Deutung steckt: nicht nur alle zu übertreffen, sondern alle, die Freud zu dieser Zeit in seiner schöpferischen Produktivität sowohl stören als auch mit ihm konkurrieren könnten, hinwegzuspülen oder hinwegzufegen.

Freud nochmals in Frankreich

Insgesamt würde Freud in Frankreich einem Denken begegnen, das dem seinen praktisch wie theoretisch nahe steht. Praktisch geht es dabei um die Selbstanalyse, die ausgesprochen oder unausgesprochen als die grundsätzliche oder ursprüngliche Form der Analyse gesehen wird (vgl. Mannoni 1967, Stein 1968). Theoretisch steht die *Traumdeutung* bei französischen Analytikern mehr im Mittelpunkt als bei anderen. In der vorzüglichen Darstellung Gondeks (2000) wird klar, wie Lacan *Die Traumdeutung* aus der Perspektive des Todestriebes (nach Freud 1920g) reinterpretiert. Freud in Analyse bei Lacan – diesen Schritt im ohnehin schon gewagten Gedankenexperiment möchte ich gerne jemand anderem überlassen.

Pontalis (1977) verbindet die Vorstellung vom Raum oder Ort eines Traumes mit dem Körper der Mutter: Das Träumen stellt für ihn den Versuch dar, „die unmögliche Vereinigung mit der Mutter aufrechtzuerhalten, eine ungeteilte Ganzheit zu bewahren, sich in einem Raum vor aller Zeit zu bewegen" (ebd., 213). Während bei Freud die „Arbeitsanforderung" an die Traumbildung bzw. Traumarbeit von einem Triebwunsch ausgeht, sieht Pontalis das Ziel der vielfältigen psychischen Traumtechniken darin (ebd.): „Nichts zu verlieren ... Ziel des Traumes wäre demnach die Beständigkeit, das In-der-Schwebe-Bleiben des Wunsches und nicht die erfüllte Befriedigung."

Vom Ausgangspunkt des Verlustes oder des Verlierens läßt sich nach Pontalis der Beitrag des Traumes für die Analyse als Suche bestimmen (ebd.):

> „Jener Suche nach einem verschwindenden, verloren-wiedergefundenen, abwesend-anwesenden, von den Zeichen, die es, indem

sie es anzeigen, entfernten, niemals vollständigen erreichten Objektes zu genügen."

Freud würde also in einer Analyse bei Pontalis mit Sicherheit etwas über seine forcierte Suche nach dem „Ursprünglichen", dem „Frühen" oder „Verlorenen" erfahren haben. Wie schon bei Lewin wird auch bei Pontalis die analytische Situation zu einem traumanalogen, sinnlich-konkreten Ort, wo das Verlorene erträumt, wo Früheres fortgeträumt werden kann.

Freud in einer selbstpsychologischen Analyse

Bei seinen Überlegungen, welche Technik narzißtisch gestörten Patienten gegenüber angebracht sei, die klassische, konfliktorientierte und konfrontierende, oder eine mehr unterstützende, plädierte Kohut (1977) für letztere, was sich auch auf die Traumanalyse auswirkte, denn er unterschied zwei Arten von Träumen (ebd., 102):

„Jene, die verbalisierte Inhalte ausdrücken (Triebwünsche, Konflikte und versuchte Konfliktlösungen), und jene, die mit Hilfe verbalisierbarer Traumbilder versuchen, die nichtverbalen Spannungen traumatischer Zustände zu binden (die Angst vor Überstimulierung oder vor der Desintegration des Selbst). Träume dieser zweiten Art sind ein Abbild der Angst des Träumers vor irgendeinem unkontrollierbaren Spannungsanstieg oder seiner Angst vor der Auflösung des Selbst ... Bei der zweiten Traumart jedoch führen freie Assoziationen nicht zu unbewußten, verborgenen Schichten der Psyche; sie liefern höchstens weitere Bildvorstellungen, die auf der gleichen Ebene bleiben wie der manifeste Trauminhalt ... die gesunden Bereiche der Psyche des Patienten (reagieren) mit Angst auf eine störende Veränderung in der Verfassung des Selbst."

Kohut nannte die zweite Art von Träumen „Selbst-Zustands-Träume" („self-state dreams"). Spätere selbstpsychologische Autoren haben aus dem Spezialfall ein allgemeines Charakteristikum gemacht: alle Träume sollen eine Art Monitor des Selbst sein (Gabel 1991), und genauso gut, wie die Träume bei Freud etwas verbergen, vertreten manche Selbstpsychologen (Fiss 1999), daß sich in ihnen etwas offenbart. Beides, verbergen und „entbergen", vertritt Benedetti u.a. (1998). Für den Träumenden mag es zutreffen, daß er im Traumbild eine Wahrheit seiner Existenz konkret erblickt; da wir in einer Analyse nicht den geträumten Traum, sondern den erinnerten und erzählten Traum vor uns haben, müssen wir jedoch mit weiteren Entstellungen rechnen, die sowohl dem Erinnern als auch der Übertragung geschuldet sind. Diesem Einwand wollen Stolorow und Atwood (1992), Autoren, die sich um die Integration von Selbstpsychologie und Konflikttheorie bemühen, mit der folgenden Kompromißformel gerecht werden (ebd., 102f.):

„Träume sind ... die Hüter der psychologischen Struktur, und sie erreichen dieses vitale Ziel mit Hilfe konkreter Symbolisierung."

Hier wird die symbolisierende Traumfunktion der Freudschen Wunscherfüllung übergeordnet, im Sinne der Erhaltung oder Stabilisierung der psychischen Struktur im Schlaf, eine Auffassung, die auch Fosshage (1983) vertieft.

Vermutlich hätte Freud mit Kohut die Auseinandersetzung begonnen, die er auch schon mit Jung führte. Zu seinem schöpferischen Selbst stand er in bestem Kontakt, dazu bedurfte es keiner weiteren Unterstützung. Kohut war es zugleich, der Freuds Selbstanalyse als eine Art Analyse mit Freund Fließ als Übertragungsobjekt ausgewiesen hat, und hier lassen sich tatsächlich viele narzißtische Bezüge finden. Als Freud absehen konnte, daß ihm die Realisierung seiner Gedanken schriftstellerisch gelingt, wurde sein Ton Fließ gegenüber offen kritischer und subtil konkurrenter. Der Versuch, sich Freud mit seinem Kotpatzen-Traum bei Kohut vorzustellen, führt zum Ergebnis, Idealisierung (von Fließ) und Selbstidealisierung (Selbstheroisierung) als Abwehr einer konkurrent-aggressiven Übertragung zu erkennen.[1]

---

[1] Leider kann auch Grunbergers interessante narzißmustheoretische Arbeit zum Traum von 1976 hier nur erwähnt werden.

Freud bei den „contemporary Kleinians"

Mit *Traumleben* (1984) ist Donald Meltzer der Hauptexponent gegenwärtiger Kleinianischer Traumtheorie. Er hat aus Bions „gastrointestinaler Theorie" des Denkens eine Traumtheorie mit den folgenden Charakteristika entwickelt (vgl. Beland 1988):
1. Soll das Träumen in der Psyche ebenso kontinuierlich ablaufen wie die Verdauung im Körper: Es wird vorausgesetzt, daß unsere Primärerfahrungen (das infantile Erleben) weder abgesperrt sind noch durch die bewußte Wachheit der Tageserlebnisse unterbrochen werden;
2. soll das unbewußte Denken Tag und Nacht die emotionalen Primärerfahrungen „überdenken": mit Denken ist hier schöpferisches, konflikt- und problemlösendes Probehandeln gemeint;
3. wird Träumen als unbewußtes Denken aufgefaßt, das im Schlafzustand als dramatische Symbolerzählung ins Bild gesetzt ist.

Für diese Auffassung ist entscheidend, daß die erkenntnisbildende und selbsttherapeutische Funktion des Traumes von größerer Bedeutung als seine wunscherfüllende Funktion ist, wie Beland weiter ausführt (ebd., V):

> „... daß der Traum in dieser Sicht nicht nur ein Königsweg zum Unbewußten ist, sondern darüber hinaus ein Königsweg über die Erkenntnis von Bedeutung überhaupt und von therapeutischen Konfliktlösungsversuchen im Besonderen."

Zugunsten der schöpferischen Funktion des Traumes lehnt Meltzer die meisten Hypothesen Freuds ab. Besonders heftig kritisiert er Freuds Auffassung, nach der das Denken im Traum nicht mit der Traumarbeit selbst zusammenhängt, sondern mit in den Traum eingehenden Abkömmlingen des Wachdenkens. Deshalb kann Meltzer in der *Traumdeutung* keine Rückübersetzung von visuellen Bedeutungsträgern in verbal formulierbare Gedanken sehen, sondern die Umwandlung von einer Symbolform in eine andere, von der überwiegend visuellen in eine verbale Sprache, immer einhergehend mit erheblichen Bedeutungsverlusten. Er verbindet mit seiner Traumauffassung die Annahme eines primären „ästhetischen" Konflikts, womit wohl gemeint ist, daß die „Not des Lebens", von der Freud in der *Traumdeutung* spricht, wenn er von einer ersten Befriedigungsspur ausgeht, die später halluzinatorisch wiederholt werde (1900a, 571), durch Symbolisierung in eine „Ästhetik des Lebens" transformiert werde.

Von besonderem Interesse ist, daß Meltzer mit Hilfe des Bionschen „container-contained"-Modells Voraussetzungen des Träumens konzeptualisieren kann, die entwicklungspsychologisch *vor* dem Freudschen Primärvorgang liegen. Primär körperliche, noch nicht symbolische Bedürfnisspannungen werden in erste Symbolformen oder Protosymbole transformiert und erfahren erst dann durch den Primärvorgang ihre präsentative (konkret symbolische) und durch den Sekundärvorgang ihre diskursiv-symbolische Ausgestaltung. Kürzer gesagt: Nach Bion und Meltzer bewahrt der Traum jene entscheidenden frühen Mittel der Verständigung, die den interaktiven wie intersubjektiven Kontext von Sinnbildung erst ermöglichen.

Freud hätte bei Meltzer seine Selbstanalyse wieder finden und erneuern können. Auch die theoretische Erweiterung um einen psychischen Vorgang, der vor den Primär- und Sekundärvorgängen liegt, hätte ihn sicherlich sehr interessiert. Allerdings zweifle ich daran, ob die Tiefe der Analyse, die Meltzer zumindest konzeptuell nahe legt, sich mit Freuds Vorstellung von Analyse hätte treffen können; sicherlich mit seinen Forschungsinteressen, jedoch weniger mit seinen therapeutischen Vorstellungen.

Freud bei einem gegenwärtigen Objektbeziehungstheoretiker

Auf der objektbeziehungstheoretischen Linie von Winnicott über Khan (1962, 1976a, b) zu Bollas soll nur auf die Auffassung des letzteren eingegangen werden. Bollas (1987) stimmt mit Meltzer in der Annahme einer „ästhetischen Funktion des Ichs" überein. Der Freudschen Traumarbeit stellt Bollas eine „Traumästhetik" gegenüber; gemeint ist die Art (ebd., 245), „wie die Funktionen der Traumarbeit eingesetzt werden, um ein Traum-Setting aufzubauen, welches das Subjekt in eine Traumerfahrung hinübergeleitet."

Man kann Bollas in Übereinstimmung mit Autoren wie Lewin und Pontalis lesen, wenngleich seine Hinweise auf beide eher rar sind. Auch für ihn müssen bestimmte Bedingungen erfüllt sein, damit eine „Traumerfahrung" möglich wird. Eine Bedingung sieht er in der Herstellung eines Traum-Settings (ebd.): „Das Setting ist die in eine räumliche Bildersprache verwandelte Welt der Gedanken und Wünsche", was durch die analytische Situation ermöglicht wird.

In der Traumästhetik kommt nach Bollas ein „ironischer Stil von Objektbeziehung" zum Ausdruck, eine Beziehung, die das Subjekt (als Träumer) zu sich selbst als einem Objekt (dem Geträumten) unterhält. Wenn das Subjekt keinen Gebrauch von der Traumszenerie zu machen weiß, sollte man ebenso darauf achten, wie die Traumszenerie Gebrauch vom Subjekt macht, mit anderen Worten: wie das Ich mit dem Subjekt umgeht (Bollas 1987, 249).

Theoretisch hätte Freud die Differenzierung von Subjekt (als Träumer) und Objekt (dem Geträumten) begrüßt, weil sie eine Differenzierung seiner neuartigen Sicht auf das Ich, auf die Vervielfältigung des Ichs im Traum ist (1900a, 328):

> „Es ist eine Erfahrung, von der ich keine Ausnahme gefunden habe, daß jeder Traum die eigene Person behandelt ... Wo im Trauminhalt nicht mein Ich, sondern nur eine fremde Person vorkommt, da darf ich ruhig annehmen, daß mein Ich durch Identifizierung hinter jener Person versteckt ist. Ich darf mein Ich ergänzen."

In Sinne der Vielfältigkeit oder auch Uneinheitlichkeit des Ichs kann Freud sofort sagen: Dieser Herkules (der den Augiasstall reinigt) bin ja ich! Schwerer fällt schon die Anerkennung des unbewußten Anderen, des eigenen Ichs als Augiasstall, als Ansammlung von Kotpatzen. Da hätte Bollas nachgeholfen.

Zwischenergebnis und Ausblick

Die orientierenden Aspekte für einen Vergleich von Traumauffassungen waren: die *Funktion* – bei Freud die Wunscherfüllung; der *Ort* – bei Freud die unbewußt ablaufenden Prozesse der Traumbildung im psychischen Apparat; *Prozesse, die der Traumbildung analog sind* – bei Freud die (neurotische) Symptombildung. Was

hat der Vergleich der unterschiedlichen Auffassungen soweit ergeben?
1. Sind wir mehr als früher daran interessiert, wie der Träumer seinen Traum erlebt oder erfährt (Khan 1976a, b);
2. gibt es konzeptuelle Lücken: mit der Konzentration auf die intersubjektiven Bedingungen der Analyse hat z.B. unser Verständnis der Symptombildungen nicht Schritt gehalten, und es ist nicht erkennbar, ob die Analogie von Traum und Symptombildung weiterhin wie früher gilt, ob sie modifiziert wurde oder ob sie neu zu formulieren ist;
3. ist eine deutliche Akzentverschiebung eingetreten: vom Trieb und von der Angst hin zu Verlust (Pontalis 1977), Mangel (Lacan, vgl. Gondek 2000) und Trauma (Garma 1966);
4. mit der Extension des Übertragungsbegriffes ist die Analogie von Traumbildung und Analysesituation (Lewin 1955) entweder selbstverständlich geworden oder sie wurde unbemerkt aufgegeben, jedenfalls gibt es kaum Arbeiten, die das Verhältnis von Traum und Übertragung näher bestimmen (Deserno 1992b);
5. hat sich der Ort des Traums fortlaufend verändert: vom psychischen Apparat (Freud 1900a) zur Bühne (Bollas 1987) oder zum Raum (Khan 1976a); wie der Traum in einem intersubjektiven Kontext zu verorten wäre, ist ungeklärt;
6. wurde die psychologische Funktion des Traumes vom Trieb als psychische „Arbeitsanforderung" (Freud, vgl. Deserno 1992a) abgelöst und mehr als Stabilisierung der psychischen Struktur formuliert (Stolorow und Atwood 1992, Fiss 1999, Fosshage 1983, E. Hartmann 1995 und Kohut 1977).

Wir können auch sagen, daß in der Entwicklung nach Freud zunehmend der unbewußte Gebrauch, den jemand vom Träumen macht, Interesse findet. Man postuliert, daß es eine Art Verschiebung der unbewußten Traumaktivität auf andere psychische Aktivitäten gibt, wofür Fiss (1993) den Begriff des „carry over" verwendet, während M. Leuzinger-Bohleber und R. Pfeifer (1995) von „sensomotorischem Erinnern" sprechen. Das heißt, die Aktivität des Träumens wird kontextuell untersucht, einerseits im therapeutischen Kontext in Verbindung mit Übertragung (Deserno 1992b) und Erinnerung (Leuzinger-Bohleber und Pfeifer 1995, 1998), andererseits im Experiment (Leuschner et al. 1998).

Kann eine Zusammenführung der verschiedenen Auffassungen gelingen? Eines der Probleme auf diesem Weg ist unsere, auf Freud beruhende Theoriesprache, was mehrfach erörtert wurde, am prägnantesten von Ricoeur (1965), nach dem Freud, um seine Ergebnisse zu theoretisieren, sich zweier unterschiedlicher Semantiken bedient habe, einer Sprache der Kraft (Naturwissenschaft) und einer Sprache des Sinns (Hermeneutik). Einerseits ist der Begriff der Traumarbeit und ihrer Mechanismen in energetisch-physikalische Analogien gefaßt, andererseits verweist die Art, wie Freud in der *Traumdeutung* von Übertragungen oder Übertragungsgedanken spricht, auf hermeneutisches Gebiet, auf Sinnzusammenhänge und Repräsentation. Entsprechend kann man in den beiden psychischen Prinzipien, die Freud am Ende des 7. Kapitels der *Traumdeutung* als Primärvorgang und Sekundärvorgang definiert, sowohl unterschiedliche Prozesse der Energieverteilung als auch verschiedene, allerdings noch nicht ausgearbeitete Modi der Symbolbildung erkennen.

In verschiedenen Arbeiten habe ich versucht, die hier aufgezeigten konzeptuellen Lücken mit Hilfe eines symboltheoretisch fundierten Modells zu schließen (Deserno 1993, 1995, 1999). Ohne hier den weiten Weg vom Traumsymbol bei Freud bis zu gegenwärtigen Auffassungen von Symbolbildung skizzieren zu können (vgl. Aragno 1997, Cassirer 1923, 1925, 1929 und 1944, Chinen 1987, Corradi Fiumara 1980, Deri 1984, Langner 1942, Lorenzer 1970a, b und 1986), vertrete ich mit der Symbolbildung keineswegs eine nur hermeneutisch verstandene Psychoanalyse. In Übereinstimmung mit Lorenzer (1986) verstehe ich Symbolisierung als zunehmende Vermittlung von Sinnlichkeit und Bewußtsein, während Symptombildungen die Folge von Desymbolisierungen sind (Lorenzer 1970a, b). Die Traum*funktion* selbst kann als *sinnlich-konkretre* oder *präsentischer Modus der Symbolisierung* gefaßt werden (z.B. bei Moser und v. Zeppelin 1996).

Als Forschungs*gegenstand* liefert uns der Traum immer auch Hinweise auf die psychische Realität überhaupt, und zwar vor allem auf ihren Prozeßcharakter, den Freud als psychische Arbeit oder

Verarbeitung beschrieb. In der Praxis läßt sich, in Übereinstimmung mit dem Erfahrungs- und Veränderungswissen, das in den Begriffen der psychoanalytischen Technik niedergelegt ist, die psychische Arbeit im wesentlichen an den Phänomenen Traum, Übertragung und Erinnerung nachvollziehen. Orientiert an den Prozessen und Wechselwirkungen des *intrasubjektiven* Träumens, des *transsubjektiven* Übertragens und des *intersubjektiven* Erinnerns ist eine Rekonstruktion der psychischen Realität möglich. An Teilprozessen wie affektiver Regulation und Kommunikation, Beziehungsformen und Zeiterleben lassen sich unterschiedliche Modi der Symbolisierung erkennen (ausführlicher in Deserno 1999).

Die verschiedenen Ebenen der psychischen Erfahrung oder Realität durchdringen sich gegenseitig. Die eigene psychische Realität als ein Durcheinander zu erleben, gehört zu jeder psychoanalytischen Erfahrung. Ein Patient oder Analysand spürt, daß Erinnerungen mehr sind als Gedächtnisleistung, daß sie situations- und zustandsabhängig sind; er spürt, daß die Übertragung mehr ist als eine starre und neurotische Wiederholung, ist sie doch auch eine Übersetzung des Erlebens und Handelns außerhalb der Analyse in die Analyse hinein; er spürt, daß das Erzählen eines Traumes etwas anderes ist als sein nächtliches Traumerlebnis, daß er mit seinem Traum vielleicht so umgeht, wie auch mit seinem Körper oder auch mit seinem Analytiker; er entdeckt, daß darin wiederkehrt, wie er sich früher von anderen behandelt fühlte etc. Das alles ist uns therapeutisch sehr vertraut, und zugleich noch nicht in ein zusammenhängendes Modell unseres seelischen Geschehens übersetzt, bei dem „Gesundheit" in „freierem Verkehr" der verschiedenen Dimensionen und Kategorien psychischer Realität besteht, während „Krankheit" im Sinne einer Einschränkung eine Dimension der Erfahrung über alle anderen stellt. Der Behandlungsprozeß insgesamt läßt sich als Reorganisation und Integration durch Erweiterung der symbolischen Vermittlung von Affekten, Beziehungskonflikten und Lebensgeschichte systematisch beschreiben (vgl. Deserno 1999).

Das vorgeschlagene Modell psychischer Realität übernimmt eine vermittelnde Funktion zwischen traditioneller, mehr heuristischer oder hypothesengenerierender „on-line"-Forschung auf der Grundlage der psychoanalytischen Situation und vielen Möglichkeiten der „off-line"-Forschung, das heißt, der nachträglichen, mit Protokollen, Transkripten oder Videoaufzeichnungen arbeitenden Auswertungsverfahren.

Zum Abschluß folgt eine Übersicht der verglichenen Traumauffassungen und der Hinweis, daß U. Moser (1991) die hilfreiche Unterscheidung von „on-line"-Forschung, die dem Freudschen Junktim von Heilen und Forschen nahe steht (Freud 1927a, 293; Thomä und Kächele 1985, 368ff.) und „off-line"-Forschung einführte. Die Implikationen seines Traumgenerierungsmodells für die psychoanalytische Praxis und Forschung herauszuarbeiten, bedarf es einer gesonderten Arbeit. Im Ausblick auf die künftige Traumforschung bleibt noch festzuhalten, daß die Rätselhaftigkeit des Traumphänomens anhalten wird, was letztlich in den Möglichkeiten und Begrenzungen unserer Selbsterkenntnis begründet ist; entweder erleben wir unseren Traum und sind dann gleichsam in ihm befangen, oder wir erinnern ihn, bruchstückhaft und mit allen Unwägbarkeiten unseres Erinnerungsvermögens belastet.

Übersicht

Autor neues Konzept	Ort / Funktion	psychoanal. Situation („Technik")	Symptombildung
Freud 1900a *Traumarbeit*	psychischer Apparat / Wunscherfüllung	Selbstanalyse	wie Traumbildung
Lewin 1948, 1955 *Traumleinwand*	„Leinwand" / Wunscherfüllung Affektregulierung	„Couch"-Situation	wie Traumbildung, affektbezogen
Morgenthaler 1986 *Traumtendenz*	Ich / Wunscherfüllung	Übertragungssituation	?
Pontalis 1977 ?	Ich / Balance	Übertragungssituation	?
Kohut 1977 *self-state-dreams*	Selbst / Stabilisierung, korrigierende Entwicklung	nichtkonflikthafte Selbst-Objekt- Übertragung	?
Meltzer 1984 *ästhetischer Konflikt*	Behälter, Bühne / Konfliktlösung, Erkenntnis, Selbsttherapie	Traumbilder in der Gegenübertragung	?
Khan 1962, 1976a,b *Traum-Raum*	„Möglichkeitsraum" / ?	„Möglichkeitsraum"	?
Bollas 1987 *Traum-Setting*	Bühne / Darstellung einer ironischen Objektbeziehung	Echo-Raum	?
Deserno 1995, 1999 *mehrere symbolische Realitäten (R) und Modi (M)*	Traum = *intrasubjektive* R. / affektregulierender, *sinnlichkonkreter* M.	Übertragung = *transsubjektive* R.: regulierender *performativpräsentativer* M. Erinnerung = *intersubjektive* R.: *diskursiver* M.	desymbolisierte psychische R. des Träumens, Erinnerns, Übertragens

Literatur

Alston, T.M. (1988), Höhepunkte der Analyse von „Mamas kleinem Mädchen". *Psyche* 42,471-501

Altman, L.L. (1969), *Praxis der Traumdeutung*. Frankfurt a.M.: Suhrkamp, 1981

Aragno, A. (1997), *Symbolization*. Proposing a developmental paradigm for a new psychoanalytic theory of mind. Madison: International Universities Press

Beland, H. (1988), Vorwort. In: D. Meltzer, *Traumleben*. München/Wien: Verlag Internationale Psychoanalyse,V-X

Benedetti, G., E. Neubuhr, M. Peciccia und P.J. Zindel (1998), *Botschaft der Träume*. Göttingen: Vandenhoeck und Ruprecht

Bollas, C. (1987), Figur im Stück des anderen sein: Träumen. In: H. Deserno (Hrsg.), *Das Jahrhundert der Traumdeutung*. Stuttgart: Klett-Cotta, 1999, 239-253

Cassirer, E. (1923, 1925, 1929), *Philosophie der symbolischen Formen*. Teil I: Die Sprache. Teil II: Das mythische Denken. Teil III: Phänomenologie der Erkenntnis. Darmstadt: Wissenschaftliche Buchgesellschaft 1973-75

Cassirer, E. (1944), *Versuch über den Menschen*. Einführung in eine Philosophie der Kultur. Frankfurt a.M.: S. Fischer, 1990

Chinen, A.B. (1987), Symbolic modes in object relations. A semiotic perspective. *Psychoanalysis and Contemporary Thought 10*, 373-406

Corradi Fiumara, G. (1980), *The symbolic function*. Psychoanalysis and the philosophy of language. Oxford/Cambridge: Blackwell, 1992

Danckwardt, J.F. (2000), Traum ohne Ende. Buch-Essay. *Psyche 54*, 1283-1296

Deri, S.K. (1984), *Symbolization and creativity*. Madison: International Universities Press

Deserno, H. (1992a), Zum Arbeitsbegriff der Psychoanalyse in Theorie und Praxis. *Psyche 46*, 534-553

Deserno, H. (1992b), Zum funktionalen Verhältnis von Traum und Übertragung. *Psyche 46*, 959-978

Deserno, H. (1993), Traum und Übertragung in der Analyse des Wolfsmannes. In: *Der Traum des Wolfmannes*. (Materialien aus dem Sigmund-Freud-Institut, 13). Münster: Lit-Verlag, 32-69

Deserno, H. (1995), Träumen, Übertragen und Erinnern. In: *Traum und Gedächtnis*. (Materialien aus dem Sigmund-Freud-Institut, 15). Münster: Lit-Verlag, 123-151

Deserno, H. (1999), Der Traum im Verhältnis zu Übertragung und Erinnerung. In: Ders. (Hrsg.), *Das Jahrhundert der Traumdeutung*. Stuttgart: Klett-Cotta, 397-431

Deserno, H. (2001), Die Logik der Freudschen „Traumdeutung". In: U. Kadi, B. Keintzel und H. Vetter (Hrsg.) (2001), *Traum, Logik, Geld*. Freud, Husserl und Simmel zum Denken der Moderne. Tübingen: Edition diskord, 9-32

Fiss, H. (1993), The „royal road" to the unconscious revisited. A signal detection model of dream function. In: A. Moffit, M. Kramer und R. Hoffman (eds.), *The functions of dreaming*. New York: State University of New York Press, 381-418

Fiss, H. (1999), Der Traumprozeß – Auswirkung, Bedeutung und das Selbst. In: H. Bareuther et al. (Hrsg.), *Traum, Affekt und Selbst*. Tübingen. Edition diskord, 181- 212

Fosshage, J.L. (1983), The psychological function of dreams. A revised psychoanalytical perspective. *Psychoanalysis and Contemporary Thought 4*, 641-669

Freud, S. (1900a), Die Traumdeutung. *GW 2/3*

Freud, S. (1912d), Über die allgemeinste Erniedrigung des Liebeslebens (Beiträge zur Psychologie des Liebeslebens II). *GW 8*, 78-91

Freud, S. (1916-1917a), Vorlesungen zur Einführung in die Psychoanalyse (Der Traum). *GW 11*, 78-246

Freud, S. (1917b), Eine Kindheitserinnerung aus „Dichtung und Wahrheit". *GW 12*, 15-26

Freud, S. (1918b), Aus der Geschichte einer infantilen Neurose. *GW 12*, 27-157

Freud, S. (1920g), Jenseits des Lustprinzips. *GW 13*, 1-69

Freud, S. (1927a), Nachwort zur „Frage der Laienanalyse". *GW 14*, 287-296

Freud, S. (1933a), Neue Folge der Vorlesungen zur Einführung in die Psychoanalyse (Revision der Traumlehre). *GW 15*, 6-31

Gabel, S. (1991), Monitoring the state of the self in dreams. Historical perspectives and theoretical implications. *Psychoanalysis and Contemporary Thought 14*, 425-451

Garma, A. (1966), *The psychoanalysis of dreams*. London: Pall Mall Press

Gondek, H.-D. (2000), Foucault, Derrida, Lacan und der Freudsche Traum. In: L. Marinelli und A. Mayer (Hrsg.) (2000), *Die Lesbarkeit der Träume*. Zur Geschichte von Freuds „Traumdeutung". Frankfurt a.M.: S. Fischer, 189-250

Greenson, R.R. (1970), Die Sonderstellung des Traumes in der psychoanalytischen Praxis. In: H. Deserno (Hrsg.), *Das Jahrhundert der Traumdeutung*. Stuttgart: Klett-Cotta, 140-161

Grinstein, A. (1968), *On Sigmund Freud's dreams*. Detroit: Wayne State University Press

Grunberger, B. (1976), Überlegungen zur Traumlehre. In: Ders., *Narziß und Anubis. Bd 1*: Die Psychoanalyse jenseits der Triebtheorie. München/Wien: Verlag Internationale Psychoanalyse, 1988, 158-179

Hartmann, E. (1995), Making connections in a safe place. Is dreaming psychotherapy? *Dreaming 5*, 213-228

Khan, M.M.R. (1962), Die Psychologie der Traumvorgänge und die psychoanalytische Situation. In: Ders., *Selbsterfahrung in der Therapie*. Theorie und Praxis. München: Kindler, 1977, 30-49

Khan, M.M.R. (1976a), Jenseits des Traumerlebens. In: Ders., *Erfahrungen im Möglichkeitsraum*. Psychoanalytische Wege zum verborgenen Selbst. Frankfurt a.M.: Suhrkamp, 1990, 63-76

Khan, M.M.R. (1976b), The changing use of dreams in psychoanalytic practice. In search of the dreaming experience. *International Journal of Psycho-Analysis 57*, 325-330

King, V. (1995), *Die Urszene der Psychoanalyse*. Adoleszenz und Geschlechterspannung im Fall Dora. Stuttgart: Verlag Internationale Psychoanalyse

Kohut, H. (1977), *Die Heilung des Selbst*. Frankfurt a.M.: Suhrkamp, 1979

Leuschner, W., S. Hau und T. Fischmann (1998), Couch im Labor – Experimentelle Erforschung unbewußter Prozesse im Labor. *Psyche 52*, 824-849

Leuzinger-Bohleber, M. und R. Pfeifer (1995), „Ich warf mich voll Angst auf den Boden ..." Traumdetail einer Analysandin – sensomotorische Aspekte des Gedächtnisses. In: *Traum und Gedächtnis*. (Materialien aus dem Sigmund-Freud-Institut, 15). Münster: Lit-Verlag, 55-95

Leuzinger-Bohleber, M. und R. Pfeifer (1998), Erinnern in der Übertragung – Vergangenheit in der Gegenwart? Psychoanalyse und embodied cognitive science: ein interdisziplinärer Dialog zum Gedächtnis. *Psyche 52*, 884-918

Lewin, B.D. (1948), Inferences from the dream screen. *International Journal of Psycho-Analysis 29*, 224-231

Lewin, B.D. (1950), *Das Hochgefühl*. Zur Psychoanalyse der gehobenen, hypomanischen und manischen Stimmung. Frankfurt a.M.: Suhrkamp, 1982

Lewin, B.D. (1953), Reconsideration of the dream screen. *Psychoanalytic Quarterly 22*, 174-199

Lewin B.D. (1955), Traumpsychologie und die analytische Situation. In: H. Deserno (Hrsg.), *Das Jahrhundert der Traumdeutung*. Stuttgart: Klett-Cotta, 113-139

Lorenzer, A. (1970a), *Kritik des psychoanalytischen Symbolbegriffs*. Frankfurt a.M.: Suhrkamp

Lorenzer, A. (1970b), *Sprachzerstörung und Rekonstruktion*. Frankfurt a.M.: Suhrkamp

Lorenzer, A. (1986), Tiefenhermeneutische Kulturanalyse. In: Ders. (Hrsg.), *Kulturanalysen*. Frankfurt a.M.: S. Fischer, 11-98

Mannoni, O. (197), L'analyse originelle. *Les Temps Moderne 20*, 2136-2152

Meltzer, D. (1984), *Traumleben*. Eine Überprüfung der psychoanalytischen Theorie und Technik. Wien/München: Verlag Internationale Psychoanalyse, 1988

Morgenthaler, F. (1986), *Der Traum*. Fragmente zur Theorie und Technik der Traumdeutung. Frankfurt a.M./New York: Edition Qumran

Moser, U. (1991), Vom Umgang mit Labyrinthen. Zwischenbilanz der Psychotherapieforschung. *Psyche 45*, 315-335

Moser, U. und I. v. Zeppelin (1996), *Der geträumte Traum*. Wie Träume entstehen und sich verändern. Stuttgart/Berlin/Köln: Kohlhammer

Pontalis, J.B. (1977), *Zwischen Traum und Schmerz*. Frankfurt a.M.: S. Fischer, 1998

Ricoeur, P. (1965), *Die Interpretation*. Ein Versuch über Freud. Frankfurt a.M.: Suhrkamp, 1969

Stein, C. (1968), L'identification à Freud dans l'autoanalyse. *Revue Francaise de Psychanalyse 26*, 257-266

Stolorow, R.D. und G.E. Atwood (1992), Dreams and the subjective world. In: M.R. Lansky (ed.), *Essential papers on dreams*. New York. New York: University Press, 272-294

Thomä, H. und H. Kächele (1985), *Lehrbuch der psychoanalytischen Therapie. 1*: Grundlagen. Berlin/Heidelberg/New York: Springer

HARRY FISS

Traumforschung nach Hobson und Solms
Wie geht es weiter?

Seit jeher haben Wissenschaftler und Gelehrte unterschiedlichster Richtungen und Disziplinen überall auf der Welt ein mehr als verständliches, reges Interesse an einem der faszinierendsten menschlichen Phänomene bekundet – am Traum und seinen charakteristischen formalen Besonderheiten, an der Bedeutung oder Bedeutungslosigkeit seines Inhalts, an seiner Funktion und vor allem an seiner Entstehung. Freud ist hier natürlich keine Ausnahme; konsequenter als jeder andere hat er die Frage, wie und warum wir träumen, in den Mittelpunkt gerückt. Ein Jahrhundert später hat diese Suche nach dem „Traumauslöser", die sich nun technische Fortschritte zunutze macht, von denen Freud und seine Zeitgenossen nicht einmal träumen konnten (und dies meine ich ganz wörtlich), aristotelische, galileische und cartesianische Proportionen angenommen. Warum auch nicht? Schließlich berührt diese Suche doch offenbar direkt eine andere, noch grundlegendere Frage, die unsere Weisen seit jeher umgetrieben hat. Die Rede ist natürlich von dem uralten und wahrscheinlich unlösbaren Rätsel, das uns die Beziehung zwischen Geist und Gehirn aufgibt.

Als Hauptprotagonist dieses Dramas agiert seit etwa zwei Jahrzehnten mein berühmter Kollege Allan Hobson, dessen Aktivierungs-Synthese-Modell der Traumgenerierung wahrscheinlich für größeren Furor und stärkere Polarisierung gesorgt hat als jede andere Traumtheorie seit der Entdeckung des REM-Schlafs. Obwohl Hobson sein Aktivierungs-Synthese-Modell mittlerweile ein wenig modifiziert hat, ist es, soweit ich es beurteilen kann, im wesentlich unverändert geblieben. Nach wie vor scheint er in der neuronalen Aktivität, die durch eine Ansammlung cholinerger Zellen im pontinen gigantocellulären tegmentalen Feld erzeugt wird, die primären Auslöser des Traumes und die primären Determinanten des Trauminhalts zu sehen. Das Träumen kommt zustande, sobald jene Zellen das Vorderhirn aktivieren, welches sozusagen gute Miene zum bösen Spiel macht und versucht, der im Rautenhirn entstehenden, zufälligen Aktivierung mit Hilfe gespeicherter Erinnerungen Sinn zu verleihen. Vor einigen Jahren hat ein anderer renommierter Wissenschaftler, nämlich Mark Solms, den Ring betreten und Hobson auf dessen ureigenem Terrain der Neurobiologie mit Befunden herausgefordert, die in eine ganz andere Richtung weisen. Da Hobson seine Schlüsse auf der Grundlage der neurochemischen Aktivität einzelner Zelleinheiten bei Tieren zieht, während sich Solms auf klinisch-anatomische Untersuchungen von Läsionen des menschlichen Gehirns stützt, liegt die Frage nahe, weshalb diese beiden brillanten und sympathischen Erforscher des inneren Universums ein solches Tohuwabohu veranstalten müssen – sie vergleichen ganz offensichtlich Äpfel mit Birnen, und es ist, wie ich im folgenden zeigen möchte, gut möglich, daß jeder von ihnen sowohl recht als auch unrecht hat.

Als dynamisch orientierter Psychologe, Historiker, einschlägig informierter Beobachter, Berichterstatter und Kritiker kann ich mich nur darüber wundern, weshalb Hobsons und Solms' Schlagabtausch einen derart bösartigen Zug bekommen hat. Braun (1999), der mit PET(Positronenemissionstomographie)-Bildern gearbeitet hat und von ganz erstaunlichen Beobachtungen über die Hirnaktivierung während des REM-Schlafs zu berichten weiß, vermutet, daß „sich diese Gentlemen möglicherweise einigen werden. Vielleicht steht ihnen nur der Geist Freuds im Weg" (ebd., 201). Doch dagegen legt Solms (1999) Widerspruch ein und bezweifelt, daß es eine gemeinsame Grundlage mit Hobsons Ansatz geben könne. Er führt dies nicht auf den „Geist" Freuds zurück, der möglicherweise im Wege stünde, sondern auf den Reduktionismus, der in der Sichtweise und Haltung Hobsons offenbar wird.

Seien wir ehrlich. Weder Solms noch Hobson ist bereit, einen Zentimeter nachzugeben. Diese Unversöhnlichkeit kann nur mit persönlichen und ideologischen Faktoren erklärt werden. Ich bin mir mittlerweile recht sicher, daß die Entschiedenheit, mit der Solms an Freuds Traumtheorie festhält, Hobsons Entschlossenheit nicht nachsteht, dieselbe zu zertrümmern.

Ich verfolge durchaus eigene Absichten, hoffe aber zugleich, daß man mir zutrauen kann, unsere gegenwärtige Position und die Richtung, die wir künftig einschlagen sollten, möglichst objektiv zu beurteilen und zu einer unparteiischen und durchdachten Einschätzung zu gelangen. Ich möchte mit meiner Analyse dazu beitragen, den Nebel, der diese lautstarke Debatte noch immer umgibt, zu zerteilen, indem ich nicht weiter auf Hobsons und Solms' Kontroverse eingehe, sondern mich auf die ungeheuer wichtigen Beiträge konzentriere, die wir diesen beiden Wissenschaftlern verdanken. Aus diesem Grund werde ich das Für und Wider ihrer jeweiligen Position zu bestimmten Grundsatzfragen aus meiner persönlichen Sicht erläutern. Der Leser mag mein Vorgehen als eine Art inneren Dialog betrachten, den ich mit unseren beiden Protagonisten führe.

Mein erster Punkt betrifft die Annahme Hobsons, daß der Traumschlaf mit dem REM-Schlaf identisch sei – eine Annahme, die Solms (1997) zu Recht als „falsch" bezeichnet hat. Seiner Meinung nach hat sie die neurowissenschaftlichen Versuche, den Gehirnmechanismus des Träumens zu erklären, seit mehr als dreißig Jahren „gravierend verzerrt". Solms hält die Auffassung, daß Träume einzig und allein durch die spezifischen physiologischen Eigenschaften des REM-Zustands generiert werden, für nicht länger vertretbar und stützt seine eigene These, daß das Träumen und der REM-Schlaf durch je unterschiedliche Hirnmechanismen kontrolliert werden, auf ausgesprochen überzeugende Daten. Da viele von Ihnen wahrscheinlich seinen Beitrag bei der vorletzten Traumtagung im Sigmund-Freud-Institut (Solms 1995) und auch sein Buch *The Neuropsychology of Dreams* (1997) sowie seine jüngeren Veröffentlichungen kennen, werde ich seine Position hier lediglich kurz zusammenfassen, ohne auf die Details einzugehen, die man in der neuen Zeitschrift *Neuro-Psychoanalysis* oder auch im Internet nachlesen kann. Solms zufolge „können die Stammhirnmechanismen, die den REM-Zustand steuern, das psychische Phänomen des Träumens nur durch die Vermittlung eines zweiten Mechanismus erzeugen, der im Vorderhirn lokalisiert ist. Dieser Mechanismus und das Träumen selbst können auch durch eine Vielzahl von NREM-Stimuli aktiviert werden. Das bedeutet, daß der Vorderhirnmechanismus den letzten gemeinsamen Pfad zum Träumen bildet. Der im Hirnstamm lokalisierte REM-Mechanismus ist somit lediglich ein möglicher Auslöser des im Vorderhirn lokalisierten Traummechanismus und am Traumprozeß selbst nicht beteiligt" (Solms 1999, 185).

Offensichtlich behauptet Hobson heute nicht mehr, daß der REM-Schlaf die notwendige und hinreichende, das heißt einzige Bedingung für das Träumen sei. Sein ursprüngliches, mittlerweile 25 Jahre altes Aktivierungs-Synthese-Modell (Hobson 1977) ging davon aus, daß der Trauminhalt mehr oder weniger bedeutungslos, das heißt psychisch leer sei und der Kortex lediglich *passiv* einen chaotischen Input aus dem zufällig feuernden pontinen Stammhirn empfange. Dieser Konzeptualisierung zufolge ist eine *aktive* Konstruktion des Traumes unmöglich, und ebenso unmöglich ist es, daß außer dem Stammhirn noch andere Hirnregionen an der Traumbildung beteiligt sind. Mittlerweile jedoch räumt Hobson (1999) offenbar ein, daß außerordentlich wichtige Erinnerungen und vor allem Gefühle zur Bildung des Traumplots beitragen können und daß limbische und korticale Strukturen in diesem Prozeß unter Umständen eine wichtige Rolle spielen. Auch Hobsons Formulierungen wirken ein wenig moderater; so bezeichnet er den REM-Schlaf nicht mehr als Sine qua non für das Träumen, sondern charakterisiert ihn als das *optimale*, *effektivste* neurobiologische Substrat, das die für das Träumen *günstigste* Physiologie erzeugt. Solms aber läßt sich davon, wahrscheinlich zu Recht, nicht beeindrucken und bezeichnet Hobsons Argumentation als „scheinheilig". Sie kann auch mich nicht beeindrukken. Ich habe schon 1978, als ich eben diesen Punkt auf einer Konferenz der New England Psychological Association mit Hobson diskutieren durfte, behauptet, daß die Gleichsetzung des Träumens mit dem REM-Schlaf nicht nur empirisch, sondern auch epistemologisch ungerechtfertigt sei, weil sie die Tatsache außer acht lasse, daß unterschiedliche organismische Systeme gleichzeitig aktiv sein können, ohne deshalb identisch oder isomorph zu sein. Ich erinnere mich nicht exakt an Hobsons Reaktion, im wesentlichen aber deckte sie sich mit einer Erklärung, die er vor kurzem im Rahmen seines Dialogs mit Solms formulierte: „Wir bestreiten nicht, daß Träume mentale Vorgänge darstellen; ebensowenig bestreiten wir, daß wir auf die Subjektivität in der Geist-Hirn-Forschung nicht verzichten können, im Gegenteil: *Wir rühmen jede streng wissenschaftliche Herangehensweise an subjektive Daten*" (Hobson und Pace-Schott 1999; Hervorh. H.F.). Meint Hobson das, was er da sagt, wirklich ernst? Ich habe meine Zweifel. Jedenfalls teile ich Solms' Auffassung, daß REM-Schlaf und Träumen zwar hochgradig korreliert, aber trotzdem dissoziiert sind. Wie Solms sagt: „Das Träumen kann ohne REM und REM kann ohne das Träumen auftreten. Die cholinerge Aktivierung ist für das Träumen eine weder notwendige noch hinreichende Voraussetzung" (Solms 1999, 185).

Hobson und Pace-Schott (1999, 210) wiederum gehen über Solms' Argumentation hinweg und bezeichnen sie rundum als „irreführend", obwohl Solms, der mehr als dreihundert Fälle von cerebralen Läsionen untersucht hat, unmißverständlich nachwies, daß Patienten mit Vorderhirnläsionen zwar weiterhin REM-Schlafphasen haben, aber überhaupt nicht mehr träumen, während bei Patienten mit pontinen Läsionen das genaue Gegenteil der Fall ist: Sie haben keinen REM-Schlaf, träumen jedoch weiterhin. Ich persönlich halte dies für einen durchaus beeindruckenden Nachweis, der mit Solms' (1999) Argument übereinstimmt, daß „das Träumen von etwas anderem als den Stammhirnmechanismen, die für den REM-Schlaf verantwortlich sind, gesteuert werden muß" (ebd., 185). Woran liegt es also, daß Hobson die Daten, die seine Theorie doch ernsthaft herausfordern, einfach vom Tisch fegt? Es liegt daran, daß er Solms' klinisch-anatomische Methode für fragwürdig hält, und zwar aus zwei Gründen: 1. Gehirnläsionen führten selten zu einem permanenten Verlust sämtlicher Schlaf-Wach-Funktionen. 2. Solms' Methode berge ein allzu hohes Risiko falscher Negativergebnisse: Es sei möglich, daß Solms' Patienten weiterhin träumten, es aber selbst nicht wußten. Einzig Laboruntersuchungen, die mit der REM-Aufwachmethode arbeiten, dürfen Hobson zufolge als „Standardvorgehen der Traumforschung betrachtet werden". Hobson macht keinen Hehl aus seiner Verachtung für Solms' Methode, Daten zu sammeln. Er dankt ihm sarkastisch für sein „exzellentes Debüt in der Schlafwissenschaft", ermahnt ihn zu einer kritischeren Haltung, fordert ihn auf, seine „anekdotischen, qualitativen und rhetorischen Untersuchungsmethoden" aufzugeben, und lädt ihn ein, gemeinsam mit ihm selbst „die Psychoanalyse dem in höherem Maß quantitativen, statistischen Denken der modernen kognitiven Neurowissenschaft anzunähern" (Hobson und Pace-Schott 1999, 210). Gerade die Methode des retrospektiven, globalen Interviews, mit der Solms arbeitet, laufe, so warnt Hobson, Gefahr, „die Traumhäufigkeit zu inflationieren, zu minimieren oder den Bericht auf andere Weise zu entstellen" (ebd., 212). Worauf Solms keineswegs überraschend antwortet: „Es lohnt sich eigentlich nicht, auf Hobsons Ablehnung der gesamten klinisch-anatomischen Forschungsmethode und damit zugleich der 150jährigen Geschichte der Verhaltens-Neurowissenschaft näher einzugehen oder auf seine Behauptung zu reagieren, daß die Interpretation von Funktionsverlusten im Anschluß an Hirnläsionen problematisch sei. Die Interpretation jeglicher Form von Daten ist problematisch" (1999, 188). Und so geht der Schlagabtausch zwischen Hobson und Solms weiter. Jeder von ihnen hält praktisch unverändert an seiner Position fest. Von einer gedanklichen Annäherung kann jedenfalls nicht die Rede sein.

Ich habe diesen Streit zwischen Hobson und Solms hier aus mehreren Gründen so detailliert wiedergegeben. Zum einen zeigt er besser als jeder andere Austausch dieser Art, den ich mitverfolgt habe, welche Verwirrung in den Köpfen der Neurowissenschaftler herrschen kann, wenn es um den Begriff von „Wissenschaft" geht. Hobson und Solms scheinen zu glauben, daß mentale Phänomene lediglich Widerspiegelungen von basaleren und fundamentaleren Prozessen darstellen und daß unsere Wahrnehmung physikalischer Objekte irgendwie realer, valider und deshalb zuverlässiger sei als unsere Wahrnehmung des menschlichen Verhaltens. Ebenso wie Solms nimmt offenbar auch Hobson an, daß Untersuchungen des Somas wissenschaftlich respektabel seien, Untersuchungen der Psyche jedoch nicht, und beide scheinen zu ignorieren, daß sich eine Disziplin nicht durch ihren Untersuchungsgegenstand, sondern durch ihre Methode als wissenschaftlich qualifiziert. Anders formuliert: Beiden scheint nicht bewußt zu sein, daß die Validität von Daten nicht durch die Art der beobachteten Daten, sondern durch die Beobachtungsmethode determiniert wird. Solms' verzweifeltes Bedürfnis, Freuds 100 Jahre alte Traumtheorie durch moderne, dem heutigen Stand der Neurobiologie entsprechende Grundlagen zu stützen, ist ein solcher Fall: Sein Versuch muß ebenso scheitern wie Hobsons Entschlossenheit, Freuds Theorie zu widerlegen. Freud (1950c) ließ seinen *Entwurf einer wissenschaftlichen Psychologie* nicht nur aufgrund der Unzulänglichkeiten der zeitgenössischen Neurobiologie fallen, wie Hobson und Solms behaupten. Er wird ihn vor allem deshalb ad acta gelegt haben, weil ihm klar geworden war, daß eine wirklich tragfähige Traumtheorie unmöglich eine biologische Theorie sein kann, sondern eine psychologische sein *muß*. Sehr treffend hat dies der Wissenschaftsphilosoph Michael Polanyi (1965) formuliert: „Menschliches Verhalten kann und sollte nicht ausschließlich auf biophysischer Grundlage konzeptualisiert werden. Menschliche Aktivität ist nur im Hinblick auf Zweck und Intentionalität verständlich. Wir müssen nach Motiven und Gründen suchen, nicht nach mechanischen Ursachen." Polanyi fährt fort: „Ein Neurowissenschaftler, der die Vorgänge beobachtet, die in den Augen und im Gehirn eines sehenden Menschen stattfinden, wird in diesen Vorgängen unmöglich das sehen, was dieser Mensch selbst in ihnen sieht." Ebensogut hätte Polanyi sagen können, daß ein Neurowissenschaftler, der die Vorgänge beobachtet, die im Gehirn eines *träumenden* Menschen stattfinden, in diesen Vorgängen unmöglich das sehen kann, was der Mensch selbst träumt. Hobson und Solms verfolgen ganz offensichtlich die falsche Fährte. Die Physiologie zu verstehen bedeutet *nicht*, „den Königsweg zur Dechiffrierung der Grundlage des Träumens" gefunden zu haben, wie Hobson (1999, 210) uns glauben machen will. Und beide wären gut beraten, wenn sie sich mit der Wissenschaftsphilosophie, insbesondere mit den Schriften von Wittgenstein und den logischen Positivisten, ein wenig näher vertraut machten. Deshalb schließe ich mich voll und ganz der Meinung an, die Milton Kramer in bezug auf den Isomorphismus vertritt: Wir können den Inhalt des Traumes anhand des Musters der neuronalen Aktivierung schlichtweg nicht vorhersagen.

Ein zweiter Grund, weshalb die weitverbreitete Konfusion um diese gesamte Geist-Gehirn-Problematik unsere Aufmerksamkeit verdient, ist der biologische Determinismus, der heutzutage um sich greift und auch in dieser Debatte nicht zu übersehen ist. Wir alle stimmen darin überein, daß jeder psychische Vorgang ein neurophysiologisches Korrelat besitzt. Verwirrend aber wird es, wenn man in der Manier Hobsons beides in eins setzt und von einer „Gehirn-Geist"-Entität oder vom „träumenden Gehirn" spricht – so der Titel seines Buches. Erklärungsmodelle für die Funktionsweisen von Geist beziehungsweise Gehirn werden sich, so mein Eindruck, zumindest vorerst als diskrete und logisch unabhängige Wissensbereiche verstehen müssen, mit einer jeweils eigenen Ordnung des Diskurses, mit je eigener Sprache, eigenen Konzepten und Abstraktionsebenen; sie lassen sich nicht ineinander übersetzen – jedenfalls nicht in der gegenwärtigen Phase der Wissenschaftsgeschichte, in der ein übergeordneter konzeptueller Rahmen, der die Kluft zwischen Geist und Gehirn schließen könnte, noch längst nicht in Sicht ist. Eines Tages, Lichtjahre von uns entfernt, werden wir vielleicht imstande sein zu erklären, wie zum Beispiel Wörter meßbare und vorhersagbare Veränderungen im Gehirn einer anderen Person hervorrufen können. Dann werden wir sogar von einer Neuropsychologie der Psychotherapie sprechen können. Vorerst aber ersparen wir uns eine Menge Kummer, wenn wir das Unausweichliche zunächst einmal akzeptieren und dualistisch denken, allerdings nicht in descartesscher Manier. Wir könnten beispielsweise Sperrys (1983) Anregung folgen und von einer Geist-Gehirn-*Interaktion* ausgehen statt von dem gegenwärtig sosehr in Mode gekommenen Geist-Gehirn-Isomorphismus. Sperrys Idee ist ganz einfach: Der Geist kann die Gehirnfunktionen steuern, und das Gehirn kann die geistigen Funktionen steuern. Betrachten wir ein schlichtes, aber aussagekräftiges Beispiel: eine PET-Studie (Gabbard 1994), in der der cerebrale Blutfluß von Versuchspersonen zunächst im Ruhezustand und danach bei der Vorstellung einer bestimmten Situation oder der Erinnerung an diese Situation gemessen wurde, zeigte je nach Zustand signifikante Unterschiede im regionalen Blutfluß. Offensichtlich können sowohl geistige Zustände als auch physische Gehirnprozesse als verursachende Faktoren wirken, ohne daß einer der beiden primär wäre oder den anderen ausschlösse.

Ein dritter und letzter Grund, weshalb mich diese fortgesetzte Debatte so fasziniert, ergibt sich aus den beiden ersten: Solange unsere Kultur die Naturwissenschaften gegenüber den Geisteswissenschaften – die Neurowissenschaft gegenüber der Verhaltenswissenschaft – favorisiert, werden die Naturforscher die Geisteswissenschaften weiterhin ignorieren. Genau dies wurde uns in der Traumforschung von Beginn an vor Augen geführt. Angefangen mit Dement, der sich grundsätzlich nicht die Mühe machte, zwischen dem Träumen und dem REM-Schlaf zu unterscheiden, wurden Träume im großen und ganzen als bloße Epiphänomene abgetan. Dements klassische, vor vierzig Jahren veröffentlichte Studie über den REM-Entzug trägt den Titel: *The Effect of Dream Deprivation* (Dement 1960). Selbst Ernest Hartmann, der das Träumen heute mit der Psychotherapie gleichsetzt, schrieb einst: „Die psychische Erfahrung des Träumens an sich kann ebensowenig wie jede andere psychische Erfahrung direkt untersucht werden" (1973). Ich werde nie die letzte APSS-Konferenz[1] vergessen, an der ich teilgenommen habe. Damals, in den achtziger Jahren, wurden der Traumforschung magere zwei Stunden in einem Programm zugestanden, das sich über eine ganze Woche erstreckte. Und um alles noch schlimmer zu machen, waren diese zwei Stunden voll und ganz dem Vortrag eines Science-fiction-Autors gewidmet. Die Botschaft war unmißverständlich: Träumen *Sie* ruhig weiter, die Wissenschaft betreiben *wir*.

In Anbetracht dieses Zeitgeistes überrascht es nicht, daß die „Association for the Study of Dreams" im Jahr 1999 Mark Solms zu ihrem Messias proklamierte, obwohl Milton Kramer, Ros Cartwright, Ray Greenberg, David Cohen, ich selbst und viele andere zu den gleichen Schlußfolgerungen gelangt waren, die Solms vor einiger Zeit veröffentlichte – nur daß wir sie schon vor dreißig Jahren formuliert haben. In meinem Kapitel in *The Handbook of Dreams*, das

---

[1] APSS = Konferenz der Association for the Psychophysiological Study of Sleep.

1979, ein Jahr nach meiner Debatte mit Hobson, erschien, schrieb ich: „Die eigentliche Frage lautet, ob das Träumen ein Prozeß ist, der unabhängig von seinen neurophysiologischen Korrelaten existiert oder nicht. Ich behaupte, daß es sich um einen unabhängigen Prozeß handelt: Das Träumen existiert nicht nur als separater Prozeß, sondern erfüllt auch eigene Funktionen, die mit dem REM-Schlaf überhaupt nichts zu tun haben; es gibt ein psychisches Bedürfnis nach bestimmten Schlaferfahrungen, so wie es ein biologisches Bedürfnis nach bestimmten Schlafphasen gibt; und der Inhalt und die Qualität des Träumens – wie wir träumen und wovon wir träumen – sind ebenso unerläßlich für die Anpassung wie das Ausmaß an REM-Schlaf, das wir bekommen" (Fiss 1979, 41). Ich kann sogar noch weiter zurückgehen. In meiner allererstens veröffentlichten Studie (Fiss, Klein und Bokert 1966), die ich auf der APSS-Konferenz von 1965 vorgestellt hatte, beschrieb ich ein psycho-physiologisches Experiment, das ich zusammen mit dem verstorbenen George Klein durchgeführt hatte. Wir wiesen experimentell nach, daß die mentale Aktivität, die exakt der mit dem REM-Schlaf assoziierten mentalen Aktivität entspricht, beim Aufwachen nicht automatisch endet, sondern sich vielmehr fortsetzt, das heißt in den Wachzustand übernommen wird. Howard Shevrin hat Daten vorgestellt (vgl. Shevrin in diesem Band), die eine ähnliche Übernahme von REM-Schlaf-Mentation in den Wachzustand belegen. Cartwright (1966) hat gezeigt, daß drogeninduzierte Halluzinationen im Wachzustand von REM-Träumen nicht zu unterscheiden sind. Und natürlich haben Foulkes (1962), Rechtschaffen (1967) und andere wiederholt demonstriert, daß mentale, von der REM-Traumaktivität nicht zu unterscheidende Aktivität in allen Phasen des Schlafes stattfindet – eine Beobachtung, die von Solms oft zitiert und von Hobson ebensooft bestritten wird.

Warum also das ohrenbetäubende Schweigen, mit dem Neurowissenschaftler auf die von Traumforschern anderer Disziplinen berichteten Ergebnisse reagierten? Die Antwort liegt auf der Hand: Diese Ergebnisse sind *psychologischer* und nicht biologischer Art. Die Tatsache, daß sie durch die strengstmöglichen experimentellen Methoden erzielt wurden, zählt dann nicht mehr. Was wir heute brauchen, ist zweifellos nicht die derzeit vorherrschende ideologische Distanzierung, sondern ein nachdenklicher, wechselseitig bereichernder Dialog zwischen Psychoanalytikern und Neurowissenschaftlern.

Damit möchte ich meine Erläuterungen zu dem ersten wichtigen Thema abschließen, das sich aus der aktuellen Debatte zwischen Hobson und Solms herauskristallisiert hat, nämlich der Befreiung des Träumens vom Joch des REM-Schlafs. Das zweite Thema, das ich hier unter die Lupe nehmen möchte, hängt eng damit zusammen: Es betrifft die Befreiung des Vorderhirns vom Stammhirn. Hier hat Solms (1999) eine wichtige Unterscheidung formuliert: „Natürlich kann das Vorderhirn nie unabhängig vom Stammhirn sein. Aber diese obligatorische Koppelung bedeutet an sich keineswegs, daß Vorgänge im Vorderhirn zwangsläufig von Stammhirnvorgängen initiiert werden. Ich akzeptiere, daß Träume nicht ohne einen gewissen Grad an Aktivierung erzeugt werden können. Das gleiche aber gilt für jeden Bewußtseinszustand. Die Koppelung von Vorderhirn und Stammhirn bildet daher lediglich den notwendigen Hintergrund für alle Formen des bewußten Erlebens" (ebd., 187).

Genauso ist es. Etwas poetischer formuliert, könnte man auch sagen: Das Rautenhirn mag getrost die Bühne bereiten, den Text indes kann allein das Vorderhirn schreiben. Da sich Solms nun bedauerlicherweise gezwungen fühlt, das freudianische Evangelium zu verkünden, gibt er sich damit nicht zufrieden, sondern erläutert mutmaßliche neuronale Korrelate der mentalen Funktionen, die Freud als Ich-Funktionen der Zensur und Entstellung beschrieben hat – Funktionen also, die in seiner psychoanalytischen Theorie von zentralem Stellenwert sind. Solms (1997) zufolge finden sich die spezifischen neuronalen Korrelate der Zensur und Entstellung im ventromesialen Frontalkortex, vor allem in der PTO(parietal-temporal-okzipital)-Verbindung sowie in zwei angrenzenden Strukturen: der Insula und dem Gyrus superior-temporalis. Solms behauptet, daß ebendiese Regionen für die Aufrechterhaltung der „exekutiven und hemmenden" Funktion entscheidend seien – und eine spezifische Variante dieser Funktion sei der Zensor. Um seine Hypothese zu beweisen, stützt sich Solms weitestgehend auf seine klinisch-anatomischen Untersuchungen von Patienten mit Hirnläsionen und berichtet, daß „Funktionen, die man traditionell Freuds Zensor zugeschrieben hat, durch Schädigungen des ventromesialen Quadranten des Vorderhirns gravierend beeinträchtigt werden". Die Beeinträchtigung, von der Solms hier spricht, besteht im vollständigen Verlust des Träumens und einem damit einhergehenden „Zusammenbruch der Unterscheidung zwischen Gedanken und Realität, der eine Folge der Schädigung dieses Frontalbereichs des Gehirns darstellt" (ebd., 194).

Solms' Behauptung, daß der ventromesiale Frontalkortex der Sitz von „Exekutive und Hemmung" sei und somit auch von Zensor und Entstellung, ist nicht nur weit hergeholt, sondern liefert zugleich ein klassisches Beispiel für einen weiteren epistemologischen Fehler, der heutzutage häufig gemacht wird, nämlich für den Fehler der Reifikation: Aus einem Konzept wird eine konkrete Sache gemacht. Solms wäre gut beraten, wenn er sich mit der umfangreichen nichtneurobiologischen Traumforschungsliteratur vertraut machte, die folgendes zeigt: 1. Geistige Aktivitäten des Wach- und Schlafzustands bilden ein Kontinuum und sind nicht, wie Freud annahm, diskontinuierlich. 2. Statt toxische Gedanken und Gefühle im Schlaf zu zensieren und zu verkleiden, thematisieren und betonen Träume gerade das, was uns im Wachleben am stärksten beschäftigt. Und 3. ist die getroffene Unterscheidung zwischen latentem und manifestem Trauminhalt irrig. Ich beziehe mich hier in erster Linie auf die Arbeit meiner berühmten Kollegen Ray Greenberg und Chester Pearlman (1975, 1978), die sehr viel zu dieser Frage publiziert haben, auch wenn sie keineswegs die einzigen sind. Ich selbst habe das Thema 1995 in meinem Vortrag im Sigmund-Freud-Institut behandelt (vgl. Fiss 1995). Abschließend möchte ich Sie auf eine Untersuchung von Hurovitz, Dunn, Domhoff und mir selbst (1999) hinweisen, die in der Zeitschrift *Dreaming* publiziert wurde. Dieser Studie liegt ein Sample von 372 Träumen von 15 blinden Erwachsenen zugrunde, und sie zeigt, daß die Träume von Menschen, die seit der Geburt oder seit sehr früher Kindheit blind sind, keinerlei visuellen Bilder, aber einen sehr hohen Prozentsatz an olfaktorischen, gustatorischen und taktilen Elementen enthalten. Darüber hinaus – und ich bitte

Sie, dies zu beachten – entdeckten wir beim Vergleich der Träume unserer blinden Probanden mit denen der sehenden Kontrollgruppe, daß die Träume der Blinden signifikant mehr Themen über Mißgeschicke enthielten, die mit Fortbewegung und Beförderung zusammenhingen, als die Träume unserer sehenden Versuchsteilnehmer.

Sie sehen also, weshalb ich mich in diesem Kontext Hobson (1999) anschließe, vor allem wenn dieser Träume als „die *transparente* Synthese von aktuellen Sorgen, früheren Konflikten und kognitiv-emotionalem Stil" bezeichnet; oder wenn er, ebenso wie ich selbst, schreibt, daß der Traum „seine vielfältige Bedeutung nicht maskiert, sondern sie *offenbart*"; oder wenn er feststellt, daß „Psychoanalytiker, die die Wunscherfüllungshypothese weiterverfolgen wollen, ihr Denken umstellen und bereit sein müssen, das Schibboleth von manifestem vs. latentem Inhalt fallenzulassen".

Deshalb kann ich es Hobson nicht zum Vorwurf machen, wenn er Solms' Versuch, das Vorderhirn vom Stammhirn zu befreien, als „schlecht beraten, irreführend und zum Scheitern verurteilt" bezeichnet. Aber ich stimme nicht mit Hobson überein, wenn er im Anschluß daran erklärt: „Das Vorderhirn ist *in hohem Maß* von der Aktivierung und Deaktivierung durch das aszendierende reticulare Aktivierungssystem abhängig. Wir (beachten Sie den pluralis majestatis; H.F.) bleiben also unerschütterlich bei unserer Behauptung, daß das Stammhirn die mit Abstand entscheidende Determinante dafür ist, ob wir uns in einem Zustand der aufmerksamen Wachheit, des semikomatösen NREM-Schlafs oder des lebhaften halluzinoiden REM-Schlaf-Träumens befinden" (Hobson 1999, 217).

Damit kommen wir zu einem besonders großen Problem: dem der Bizarrheit, die Hobson immer als Merkmal der REM-Träume betrachtet hat. Seiner Ansicht nach resultiert jene Bizarrheit aus der Tatsache, daß die „chaotische" Stammhirnaktivierung während des REM-Schlafs ohne „top-down"-Kontrolle durch den Frontalkortex erfolgt. Dies ist im wesentlichen der Grund, weshalb Hobson den REM-Traum mit dem Delirium und der Psychose vergleicht (Hobson 1997), eine Charakterisierung, die dem kreativen, selbstheilenden, stimmungsregulierenden, adaptiven, ja sogar therapeutischen Wert auffallend widerspricht, den Cartwright, Hartmann, Kramer, Foulkes, ich selbst und viele andere Forscher dem REM-Träumen, die eine eher „tender-minded" (William James) Sichtweise des Phänomens des Träumens vertreten, zuschreiben. Hobson hingegen, der zweifellos zu den Vertretern einer „tough-minded" Richtung gehört, hält die „Traumkognition" für „bizarr, weil ihr die organisierende Fähigkeit des Gehirns fehlt". Das Traumbewußtsein tritt mit größter Wahrscheinlichkeit dann auf, wenn das Gehirn „funktionell defrontalisiert" ist, wie er es nennt. Eine ähnliche Argumentation liegt seinem Verständnis der für die REM-Traum-Mentation so charakteristischen halluzinatorischen Intensität zugrunde, die er als bloßes Symptom eines dysfunktionalen Gehirns betrachtet. Vergleichen Sie diese Konzeption Hobsons mit derjenigen, die ich selbst (Fiss 1999) präsentiert habe, als ich sehr detailliert den Traum eines meiner Patienten beschrieb, der dessen Leben buchstäblich verändert hat – und zwar gerade durch seine halluzinatorische Intensität und seine lebhaften Bilder, aber auch deshalb, weil der Patient ihn nichtreflektiv und unkritisch als Realität akzeptierte – wiederum etwas, das Hobson als delirös und wertlos abtun würde. Freilich, wenn Sie unentwegt nach Desorganisation und Dysfunktionalität suchen, werden Sie diese finden. Wenn Sie andererseits grundsätzlich auf der Suche nach Organisation, Kohärenz und Bedeutsamkeit sind, werden Sie ebenfalls erfolgreich sein. Ein treffendes Beispiel: Hobson (1999, 159) charakterisiert alle Traumnarrationen als „konfabulatorisch". Keine Frage – Bedeutsamkeit und Organisationsqualität haben sie in den Augen des Betrachters.

Bevor wir die wesentlichen Charakteristika des Trauminhalts einigermaßen sicher definieren können, sind wir auf einen erheblich höheren Grad an konsensueller Validierung angewiesen. Ich teile Milton Kramers Überzeugung, daß Träume nicht zufällig oder chaotisch, sondern „geordnet" sind und daß Traumbilder jedesmal neu geschaffen werden. Träume haben nicht nur eine kreative Funktion; sie stellen an sich kreative Leistungen dar, wie es die Träume meiner Patienten, meiner Freunde und sogar meine eigenen beweisen, die ebenso wie die Träume Robert Louis Stevensons von Personen und Umständen handeln, die vollkommen fiktiv sind und eine sehr große

Ähnlichkeit mit den Umständen und Personen in einem Roman aufweisen. Wie lassen sich diese Beobachtungen mit Hobsons Behauptung in Einklang bringen, daß Träume das Produkt eines derangierten Geistes seien?

Welten liegen auch zwischen den Positionen, die Hobson und Solms zu einem dritten Streitpunkt beziehen: der Anzahl und Arten von Neurotransmittern, die das Gehirn während des REM-Schlafs aktivieren. Hobson bleibt bei den dreien, die er ursprünglich genannt hat: Acetylcholin für die REM-Modulation, Serotonin und Noradrenalin für die REM-Demodulation. Solms hingegen fügt einen vierten hinzu: Dopamin. Solms' (1999) Position läßt sich folgendermaßen zusammenfassen: Das Träumen kann als Ergebnis sämtlicher Einwirkungsfaktoren auftreten, die den Schläfer stimulieren – allerdings nur dann, wenn der betreffende Arousal-Stimulus die Appetenz erregt. Mit anderen Worten: alles, was die motivationalen Systeme des Vorderhirns stimuliert und dadurch eine zielgerichtete Intention in Gang setzt, kann den eigentlichen Traumprozeß anregen. Der letzte gemeinsame Pfad aller Arousal-Typen, sei es Schlafbeginn, REM, stimulierende Substanzen, Hirnschläge oder Träume, ist das dopaminerge „Neugierde-Interesse-Erwartungs"-System – von Panksepp (1998) auch als „Suchsystem" bezeichnet – das im bereits erwähnten ventromesialen Quadranten der Stirnlappen lokalisiert ist. „Wenn das appetitive Interesse stimuliert wird", so folgert Solms, „kann sich ein Traum entwickeln. Wenn nicht, taucht kein Traum auf."

Im Gegensatz zu Hobson stützt Solms sein Modell der Traumaktivierung auf seine Beobachtung, daß Dopamin nachweislich psychotische Symptome und exzessives Träumen auslösen kann, während Dopamin-Blocker den gegenteiligen Effekt haben: Sie setzen sowohl dem Träumen als auch den psychotischen Symptomen ein Ende. Daß Hobson in seinem Traummodell lediglich drei Neurotransmitter, nämlich Serotonin, Acetylcholin und Noradrenalin, berücksichtigt, hält Solms für willkürlich und unflexibel. Dem muß Hobson natürlich widersprechen: „Das Dopaminsystem kommt als möglicher Zustandsinitiator einfach nicht in Frage" (1999, 213). Darüber hinaus schreibt er: „Ich halte es für einen Trick, um Freuds

Wunscherfüllungshypothese zu retten. Allerdings leuchtet uns nicht ein, wie dies gelingen kann, selbst wenn sich zeigen sollte, daß Dopamin für Träume eine nützliche oder sogar wesentliche Rolle spielt." Um die Sache noch zu verschlimmern, behauptet nun Solms, daß das „Träumen *unter dem direkten Einfluß hochmotivierter mentaler Wunschzustände*" erfolge. Somit befindet sich das System Solms zufolge immer in einem Wunschzustand. Will er uns etwa weismachen, das neurobiologische Substrat des Es entdeckt zu haben? Das erschiene selbst einem Laien wie mir weit hergeholt und macht sich ebenfalls der Reifikation verdächtig.

Dies bringt mich zu meinem vierten und letzten Thema. Es liegt mir ganz besonders am Herzen, da es die *Funktion* des Träumens betrifft, der ich einen Großteil meiner beruflichen Tätigkeit gewidmet habe.

Beginnen wir mit Hobsons jüngster Definition des Verursachungsmechanismus des Träumens (1999, 171 und 174): „Das Träumen", so schreibt er, „ist ein Bewußtseinszustand, der aus der Aktivierung des Gehirns im REM-Schlaf hervorgeht. Diese Aktivierung resultiert ebenso wie die des Wachzustands aus der Erregung der Vorderhirnleitungsbahnen durch Impulse, die ihren Ursprung in den aufsteigenden, cholinergen Aktivierungssystemen des Stammhirns haben. Dieser Aktivierungsprozeß bereitet das Vorderhirn darauf vor, Daten mit dem assoziierten kognitiven Gewahrsein zu verarbeiten." Soweit, wie gesagt, nichts Neues.

Was die psychische *Funktion* des Träumens betrifft, so weiß Hobson folgendes zu berichten: „Das Träumen ist ein Epiphänomen der fundamentalsten biologischen Adaptationen des REM-Schlafs ... Der Trauminhalt kann vollkommen irrelevant sein und uns lediglich Auskunft darüber geben, wie der mentale Zustand eines Probanden beschaffen sein könnte, falls dieser delirant würde. In diesem Sinn macht die Deutung von Träumen mit Blick auf unbewußte Motive ebensoviel Sinn wie die Deutung der Raserei eines deliranten Alkoholikers oder der dementen Konzentrationsunfähigkeit von Alzheimer-Kranken."

Was die Traum*funktion* betrifft, bleibt somit nur noch Solms übrig, und auch mit ihm habe ich einige Hühnchen zu rupfen.

Er hebt durchaus vielversprechend an, wenn er sagt, es sei „notwendig, zwischen der Funktion des REM-Schlafs und der Funktion des Träumens zu unterscheiden. Sie sind nicht ein und dasselbe. Der REM-Zustand löst den Traumzustand aus, aber das Träumen kann auch durch vieles andere ausgelöst werden ... Es ist an der Zeit, daß wir die Funktion des Träumens direkt untersuchen" (1999, 193).

So weit, so gut – auch wenn viele von uns „tender-minded" Traumforschern dies seit langem wissen und die Funktion des Träumens *untersucht haben,* was Solms offenbar entgangen ist.

Weil die Traumfunktion nicht „direkt" untersucht wurde (was immer „direkt" bedeuten mag), so erklärt uns Solms, „hat man die Auswirkungen des Traumentzugs immer mit den Auswirkungen des REM-Entzugs verwechselt ... Wichtig ist, daß derartige Hypothesen nun neuropsychologisch überprüft werden können, und ich glaube nicht, daß sie zuvor angemessen überprüft worden sind."

Bereits 1973 haben Fiss und Ellman und ein Jahr später Fiss, Klein und Shollar (1974) zusammenhängende Studien veröffentlicht, die eine direkte Beziehung zwischen REM-Schlaf-Unterbrechung und Traumintensivierung nachwiesen. In beiden Studien wurde, und zwar erfolgreich, jeder erdenkliche Versuch unternommen, den REM-Entzug zu kontrollieren. Vier Jahre später berichteten Fiss, Kremer und Litchman (1977), daß das Träumen über einen vor dem Einschlafen einwirkenden Stimulus, bei sorgfältiger Kontrolle der REM-Physiologie, es erleichterte, sich später im Wachzustand an ihn zu erinnern. Ebensowenig bekannt ist Solms, daß auch Kramer, Cartwright, Foulkes, Cohen, Greenberg und zahllose andere Forscher signifikante und streng wissenschaftliche Untersuchungen der Funktion des Träumens durchgeführt haben. Das Gehirn indes tauchte in all diesen und vielen anderen Untersuchungen nicht auf.

1998 habe ich im Sigmund-Freud-Institut neue Daten vorgestellt, die zum erstenmal einen *direkten, a priorischen* empirischen Beleg für die Überlegung liefern, daß die allgemeinste, übergreifende Funktion des Träumens sehr wohl die Konsolidierung und Erhaltung des Selbst sein könnte (Fiss 1999). Die Untersuchungen, auf die ich mich bezog, zeigten, daß Veränderungen der Stimmung und des Selbstwertgefühls, die buchstäblich über Nacht erfolgten, signifikant damit zusammenhingen, ob die Probanden positiv oder negativ über ein Erlebnis geträumt hatten, das ihre Selbstkohärenz vor dem Einschlafen bedroht hatte. Wir sind also, anders als Milton Kramer meint, *tatsächlich* über die bloße Auflistung von Kategorien hinausgegangen und haben „die narrativen Aspekte des Traumerlebens charakterisieren" können.

Meine Arbeit zeigt auch, daß Träume unter bestimmten Experimentalbedingungen keineswegs „Hüter des Schlafes" sind, wie Kramer und Solms behaupten. Daten aus meinem Labor, die ich 1995 im Sigmund-Freud-Institut vorgestellt habe, legen das genaue Gegenteil nahe: Mehr als jede andere Erlebensweise ermöglichen es uns die Träume, uns auf das, was uns quält und beunruhigt, zu konzentrieren und vielleicht sogar eine Art Lösung auszuarbeiten (vgl. Fiss 1995). Diese Idee ist mitnichten neu. Jung hat sie bereits vertreten, und ebenso Adler, Erikson, French und Fromm und Greenson, um nur einige wenige Namen zu nennen. Im Jahr 1995 habe ich auch die Arbeiten von Smith (1991) und Spence (1978) erwähnt, die sehr deutlich darauf verweisen, daß der Traum dank seiner Fähigkeit, subliminale Reize aufzunehmen, der Erfahrungsmodus par excellence für die frühe Entdeckung physischer Erkrankungen sein könnte, und somit nicht der Hüter des Schlafs, sondern der Hüter des Lebens selbst. Von Hobsons Konzeption der charakteristischen Funktionslosigkeit des Traums ist dies allerdings sehr weit entfernt.

Um seine Behauptung zu stützen, daß die Funktion des Traumes darin bestehe, den Schlaf zu hüten, zitiert Solms seine Beobachtung, daß kortikale Läsionen in der PTO-Verbindung beider Hemisphären ebenso wie Verletzungen der bilateralen ventromesial-frontalen grauen Substanz zur Folge haben, daß das Träumen aufhört, während der REM-Schlaf erhalten bleibt. „Ich für meine Person wäre jedenfalls nicht überrascht", so folgert Solms (1999, 194), „wenn wir feststellten, daß Freud mit seinem Verständnis (der Traumarbeit; H.F.) grundsätzlich auf dem richtigen Weg war." Dem habe ich lediglich hinzuzufügen: Sie müssen kein Freudianer sein, um sich als Neuro-Psychoanalytiker zu qualifizieren, und Sie müssen kein Neurowissenschaftler sein, um sich als redlicher Traumforscher zu qualifizieren.

Kommen wir zum Schluß: Ich hoffe, einigermaßen ausgewogen die gegensätzlichen Standpunkte von zwei ungemein begabten Wissenschaftlern dargelegt zu haben, die überaus bedeutsame Beiträge zur Traum- und Schlafforschung geleistet haben. Ihr Konflikt sollte uns indes nicht ablenken. Wir müssen nicht darauf warten, daß Solms oder Hobson oder irgendein anderer Neurowissenschaftler tragfähige Modelle erarbeiten. Wir können und sollten uns auch ohne sie um unsere Angelegenheiten kümmern, ohne sie allerdings in der Weise zu ignorieren, wie sie uns ignoriert haben.

(Aus dem Englischen übersetzt von Elisabeth Vorspohl)

Literatur

Braun, A. (1999), Commentary on J.A. Hobson's „The new neuropsychology of sleep". *Neuro-Psychoanalysis 2*, 196-201

Cartwright, R. (1966), Dreams and drug-induced fantasy behavior. *Archives of General Psychiatry 15*, 7-15

Dement, W. (1960), The effect of dream deprivation. *Science 131*, 1705-1707

Fiss, H. (1979), Current dream research. A psychobiological perspective. In: B. Wolman (ed.), *Handbook of dreams*. New York: Van Nostrand Reinhold, 20-75

Fiss, H. (1995), The post-Freudian dream. A reconsideration of dream theory based on recent sleep laboratory findings. In: *Traum und Gedächtnis*. (Materialien aus dem Sigmund-Freud-Institut, 15). Münster: Lit, 11-35

Fiss, H. (1999), Der Traumprozeß. Auswirkung, Bedeutung und das Selbst. In: H. Bareuther, K. Brede, M. Ebert-Saleh, K. Grünberg und S. Hau (Hrsg.), *Traum, Affekt und Selbst*. (Psychoanalytische Beiträge aus dem Sigmund-Freud-Institut, 1). Tübingen: Edition diskord, 181-212

Fiss, H. und S. Ellman (1973), REM sleep interruption. Experimental shortening of REM period duration. *Psychophysiology 10*, 510-516

Fiss, H., G. Klein und E. Bokert (1966), Waking fantasies following interruption of two types of sleep. *Archives of General Psychiatry 14*, 543-551

Fiss, H., G. Klein und S. Shollar (1974), „Dream intensification" as a function of prolonged REM period interruption. *Psychoanalysis and Contemporary Science Vol. 3*, 399-424

Fiss, H., E. Kremer und J. Lichtman (1977), The mnemonic function of dreaming. Association for the Psychophysiological Study of Sleep, Houston, Texas

Foulkes, D. (1962), Dream reports from different stages of sleep. *Journal of Abnormal and Social Psychology 65*, 14-25

Freud, S. (1950a), Entwurf einer Psychologie. *GW Nachtr.*, 387-477

Gabbard, G. (1994), Mind and brain in psychiatric treatment. *Bulletin of the Menninger Clinic 54*, 427-446

Greenberg, R. und C. Pearlman (1975), A psychoanalytic dream continuum. The source and function of dreams. *International Review of Psycho-Analysis 2*, 441-448

Greenberg, R. und C. Pearlman (1978), If Freud only knew. A reconsideration of psychoanalytic dream theory. *International Review of Psycho-Analysis 5*, 71-75

Hartmann, E. (1973), *The functions of sleep*. New Haven: Yale University Press

Hobson, J.A. (1977), The brain as dream state generator. An activation-synthesis of the dream process. *American Journal of Psychiatry 134*, 1335-1368

Hobson, J.A. (1997), Dreaming as delirium. A mental status analysis of our nightly madness. *Seminars in Neurology 17*, 121-128

Hobson, J.A. (1999), The new neuropsychology of sleep. Implications for psychoanalysis. *Neuro-Psychoanalysis 1*, 157-182

Hobson, J.A. und E.F. Pace-Schott (1999), Response to commentaries. *Neuro-Psychoanalysis 1*, 206-224

Hurovitz, C.S., S. Dunn, G.W. Domhoff und H. Fiss (1999), The dreams of blind men and women. A replication and extension of previous findings. *Dreaming 9*, 183-193

Panksepp, J. (1998), *Affective neuroscience*. The foundations of human and animal emotions. New York: Oxford University Press

Polanyi, M. (1965), The structure of consciousness. *Brain 88*, 799-810

Rechtschaffen, A. (1967), Dream reports and dream experience. *Experimental Neurology 4*, 4-15

Shevrin, H. (2002), Der Stellenwert des Traumes in der psychoanalytischen Forschung (in diesem Band)

Smith, R. (1991), The meaning of dreams. A current warning theory. In: J. Gackenbach und A. Sheikh (eds.), *Dream images*. Amityville: Baywood, 127-146

Solms, M. (1995), Effects of brain damage on dreaming. A clinico-anatomical study. In: *Traum und Gedächtnis*. (Materialien aus dem Sigmund-Freud-Institut, 15). Münster: Lit, 37-54

Solms, M. (1997), *The neuropsychology of dreams*. Mahwah: Erlbaum

Solms, M. (1999), Commentary on J.A. Hobson's "The new neuropsychology of sleep". *Neuro-Psychoanalysis 1*, 183-195

Spence, D.P. (1978), Lexical correlates of cervical cancer. *Social Science and Medicine 12*, 141-145

Sperry, R.W. (1983), *Science and moral priority*. New York: Columbia University Press

HOWARD SHEVRIN

Der Stellenwert des Traumes in der psychoanalytischen Forschung

Der Traum bildet das Paradigma der psychoanalytischen Theorie. Manch einer mag daran zweifeln, daß er tatsächlich den Königsweg zum Unbewußten darstellt; daß aber die Art und Weise, wie Psychoanalytiker das Träumen verstehen, sehr viel über die psychoanalytische Theorie verrät, erscheint weniger zweifelhaft. Keine andere psychologische Theorie hat sich dem Traum intensiver zugewandt als die Psychoanalyse. Damit will ich keineswegs sagen, daß nicht auch andere das Träumen untersucht hätten; seit der Entdeckung des Schlaf-Traum-Zyklus durch Aserinsky und Kleitman sind das Träumen und insbesondere seine neurophysiologischen und neuroanatomischen Begleitphänomene sogar zu einer wissenschaftlichen Wachstumsindustrie geworden. Eine kürzlich erschienene Ausgabe von *Behavioral and Brain Sciences* (2000) ist einzig der Schlaf-Traum-Forschung gewidmet, einem Thema, das ich später noch einmal aufgreifen werde. Keine dieser Untersuchungen aber versteht das Träumen als Paradigma für die Funktionsweise unserer Psyche; vielmehr wird es von einem Großteil der psychologischen und neurowissenschaftlichen Literatur als singuläres Phänomen betrachtet, das an sich verstanden werden muß und mit anderen Phänomenen nichts zu tun hat.

Anders verhält es sich in der psychoanalytischen Theorie, und zwar nicht nur in der klassischen. So erklärte beispielsweise Fiss (2000), daß Träume jene Fragmentierungen des Selbst zu erkennen geben können, die von den Selbstpsychologen als Zeichen für eine schwere Psychopathologie verstanden werden. In der klassischen Theorie, auf die ich mich vorrangig konzentrieren werde, sind all die charakteristischen und entscheidenden Konzepte, Hypothesen und Themen in Träumen und im Träumen exemplifiziert. Die Keimzelle der psychoanalytischen Theorie bildet den Dreh- und Angelpunkt des klassischen Traumverständnisses: *Der Träumer sucht nach einer möglichst direkten und unverzögerten Befriedigung seiner*

Bedürfnisse. Dies trifft indes nicht allein auf das Träumen zu, wie ich im Folgenden zu zeigen versuchen werde, sondern gilt für jede menschliche Aktivität. Die klassische Theorie postuliert, daß die Motivation in all ihren unterschiedlichen Formen – von den primitiven Trieben bis zu „gezähmten" Interessen – die Antriebskraft jedweden menschlichen Handelns sei. Nicht die Affekte, wie Kernberg und Lichtenberg behaupten; nicht das Selbst, wie Kohut und andere behauptet haben; nicht der Objekthunger, wie Objektbeziehungs- und Beziehungstheoretiker generell behaupten. Auch wenn der Affekt, das Selbst und die Objektbeziehungen eine wichtige Rolle spielen, bleiben sie unseren Bedürfnissen doch untergeordnet. Die zentrale Bedeutung des Verlangens wurde in einem Großteil der aktuellen psychoanalytischen Literatur und ganz gewiß in der Traumforschung zumindest bis vor kurzer Zeit verleugnet (vgl. Shevrin 1997; Shevrin und Eiser 2000).

Ich möchte zu Beginn den Traum eines jungen Mannes beschreiben, der als Proband an unserer Studie über den unbewußten Konflikt bei sozialen Phobien teilnahm (Shevrin, Bond, Brakel, Hertel und Williams 1996, 231ff.). Er schilderte diesen Traum während einer intensiven Evaluierung seiner schweren Phobie, die ihn daran hinderte, in der Öffentlichkeit Nahrung zu sich zu nehmen. Im Anschluß an die Vorstellung des klinischen Materials, das mir zur Illustration verschiedener zentraler Themen dient, werde ich mich der Forschungsliteratur über die Träume und das Träumen zuwenden und zeigen, in welchem Umfang und mit welchem Erfolg sich die Forschung dieser Themen angenommen hat. Wie Sie vielleicht bemerkt haben, unterscheide ich zwischen dem Traum und dem Träumen; damit kennzeichne ich lediglich den Unterschied zwischen dem Trauminhalt und dem Traumprozeß, das heißt der Art und Weise, wie das, was wir träumen, zustande kommt. So einleuchtend dieser Unterschied auch ist, wird er doch gelegentlich ignoriert.

Der Traum

Ein junger, einundzwanzigjähriger Mann wurde an unsere Forschungsgruppe überwiesen, weil er unter einen schweren Phobie litt, die es ihm unmöglich machte, in der Öffentlichkeit etwas zu essen. Er war darüber informiert, daß er eine kostenfreie, gründliche Evaluation mit mehreren Interviews und psychologischen Tests erhalten würde, auf deren Grundlage das aus drei Psychoanalytikern und einem klinischen Psychologen bestehende klinische Forschungsteam einen Behandlungsplan für ihn ausarbeiten würde. Im Gegenzug bat man ihn, an einer Laborsitzung teilzunehmen; während er bestimmte ausgewählte Stimuli betrachtete, die subliminal und supraliminal präsentiert wurden, wurde ein EEG aufgezeichnet.

Im Laufe des ersten Interviews schilderte der Student, daß er eines Tages beim Mittagessen in der Cafeteria seines Wohnheims ganz plötzlich hatte würgen müssen, als einer seiner Freunde ein Fischfilet zu essen begann, das nach Meinung des Patienten verdorben war. Fluchtartig verließ er die Cafeteria, weil er glaubte, sich übergeben zu müssen; gleichzeitig bekam er starke Kopfschmerzen, sein Atem beschleunigte sich, und er entwickelte Schweißausbrüche. Kurz, er hatte eine Angstattacke, die augenblicklich aufhörte, sobald er die Cafeteria verlassen hatte. Danach stellte er fest, daß die Symptome immer dann zurückkehrten, wenn er an einem öffentlichen Ort essen wollte. Es dauerte nicht lange, bis er nur noch in seinem Zimmer Nahrung zu sich nahm. Kurz nachdem der Patient diese Erfahrungen geschildert hatte, kam er spontan auf einen Traum zu sprechen, den er in den zurückliegenden Monaten mehrmals geträumt hatte und der ihn sehr verstörte. Interessant ist die Tatsache, daß er letztlich mindestens zwei verschiedene Träume berichtete, die am selben Schauplatz spielten.

In der ersten Version des Traumes liegt er schlafend zu Hause auf einer Couch. Nicht weit von ihm entfernt schläft sein Bruder auf einer anderen Couch. Im Traum nimmt der Patient eine Person wahr, die hinter dem Kamin eines Holzofens steht und ihn „heimlich beobachtet und ansieht". Dann zieht die Gestalt eine Pistole. Der Patient erwachte schreiend. Als nächstes berichtete er: „Gerade jetzt, in diesem Moment, habe ich so ein Gefühl, direkt hier im Hals, ungefähr von hier bis hier (er bezeichnet den Bereich von der Schläfe bis zum Hals). Dieses Gefühl habe ich vorher nie gehabt. Als wäre da ein einziger großer Muskel, von den Schläfen bis zur Gurgel ... Es ist nicht unangenehm."

Im nächsten Interview erfahren wir, daß er nach seiner Rückkehr ins Wohnheim eine Universitätsassistentin aufsuchte und ihr den

Traum mit großer Dringlichkeit noch einmal schilderte. Er brach in Tränen aus, als er weitere Teile erinnerte, und begriff, wer die Gestalt aus dem Traum war – nämlich sein bester Freund John. In dieser erweiterten Version des Traumes schleicht sich John heimlich ins Haus, der Patient sieht ihn, gibt aber vor zu schlafen. Dann steckt John ihm etwas in den Mund, um ihn bewußtlos zu machen, geht durchs Haus und bringt jeden um. Schreiend erwacht der Patient und ruft den Namen seines Bruders. Er berichtet, daß sein Symptom im Anschluß an diese abreaktive Erinnerung des Traumes für kurze Zeit verschwunden sei.

Im vierten und letzten Interview, das etwa zwei Wochen später stattfand, erzählt er, daß sich der Angsttraum eine Woche zuvor wiederholt habe. In dieser Version schläft er in einer Koje oder auf einem Dachboden, und jemand tritt hinter dem Kamin hervor und stößt ein Schwert durch die Koje, dessen Spitze in seinen Hals eindringt.

Es stellt sich heraus, daß John im Leben des Patienten eine ungemein wichtige Rolle spielt. Eine Zeitlang hat er sogar bei ihm und seiner Familie gewohnt. Zweimal brachte der Patient es fertig, John eine Freundin auszuspannen; wenn die jungen Frauen ihm jedoch ihre sexuelle Bereitschaft signalisierten, verlor der Patient sein Interesse an ihnen und überließ sie wieder seinem Freund. Gemeinsam nahmen sie dies jedesmal zum Anlaß, in die Stadt zu gehen, sich zu betrinken und es zu ihrem Prinzip zu erheben, weibliche Avancen zurückzuweisen.

Auf der Grundlage des gesamten Traumes, der Art der Beziehung zu John und unserer Beurteilung umfangreicher weiterer stützender Daten gelangte das klinische Forschungsteam zu dem Schluß, daß der unbewußte, der Eßphobie zugrunde liegende Konflikt aus einem ödipalen Rivalitätskampf resultierte, von dem der Patient infolge seiner Schuldgefühle auf eine negative ödipale Position regrediert war, in der er sich seinem Freund sexuell unterwerfen wollte, um sich seine Liebe zu bewahren. Das Würgesymptom, das mit dem verdorbenen Fisch begann, brachte sowohl den Wunsch zum Ausdruck, Johns Penis zu fellationieren, als auch den Wunsch, ihn auszuspeien. Die Angst wurde durch das unbewußte homoerotische, durch die defensive Regression aktivierte Verlangen des Patienten ausgelöst, das nun nach Befriedigung strebte.

Ich erwarte nicht, daß Sie diese Formulierung unbesehen akzeptieren; ich verwende sie hier lediglich als Hypothese. Hinzufügen könnte ich, daß das klinische Team auch die Möglichkeit in Betracht zog, daß der Traum mit einem früheren sexuellen Trauma zusammenhing. Der Patient verneinte dies zwar, doch es könnte ein sexueller Mißbrauch stattgefunden haben, der verdrängt wurde und den ödipalen Konflikt auf diese Weise zusätzlich verstärkte. Nehmen wir vorerst an, daß unsere Formulierung korrekt ist; dann können wir genauer untersuchen, wie der Traum in sie einging.

Betrachten wir zunächst einmal das klinische Setting, in dem der Traum berichtet wurde. Ein junger Mann, der unter einer ihm unerklärlichen Krankheit leidet, ist bereit, sich von einem älteren Mann interviewen zu lassen, der über eine gewisse Autorität und Fachkompetenz verfügt. Sehr schnell stellt der junge Mann klar, daß er nicht nur unter einer Phobie leidet, die ihm das Essen in der Öffentlichkeit verwehrt, sondern daß er zudem Angstträume hat, mit denen er alleine nicht fertig wird. Indirekt bringt er dann den Traum mit der Phobie in Verbindung, und zwar auf eine recht verblüffende Weise, indem er unmittelbar nach dem Traumbericht erklärt, daß er von den Schläfen bis zur Kehle, dem Sitz seiner Eßphobie, ein „nicht unangenehmes" Gefühl verspüre. Ich werde die später erfolgende ausführlichere Schilderung seines Traumes benutzen, um die Beziehung zwischen dem Traum und diesem Erleben zu erklären. Die Pistole in der Hand der Gestalt hinter dem Kamin wurde zu einem Schwert, das ihm sein Freund John in den Hals stößt. Tatsächlich aber empfindet er das angenehme Gefühl in der Kehle in Anwesenheit des Interviewers. Es erscheint demnach durchaus vorstellbar, daß der Patient bereits eine Übertragung entwickelt hat, in der er in der negativen ödipalen Position den Wunsch verspürt, sich dem Interviewer zu unterwerfen. Genau dies kennzeichnet seine Haltung während der gesamten Evaluierung und der anschließenden Studie – er verhält sich in höchstem Maße kooperativ, ja fast unterwürfig. In klinischer Hinsicht ist es verblüffend, wie schnell diese Übertragung hergestellt und kommuniziert wurde. Vorerst aber werden wir diesen Aspekt beiseite lassen.

Kehren wir zu dem eigentlichen Traum zurück. Wie gehen wir klinisch mit ihm um? Wie können wir seinen Inhalt verstehen – oder sollte ich vom *manifesten* Inhalt sprechen? Ich frage dies, weil sich an der klassischen Unterscheidung zwischen manifestem und latentem Inhalt mittlerweile eine wichtige theoretische Diskussion entzündet hat. Diese Unterscheidung ist deshalb von solch großer Bedeutung, weil sie die psychoanalytische Theorie an der Wurzel trifft, geht es doch um die Natur des Unbewußten und seine Beziehung zum Bewußtsein. Auf einer Tagung, die zur Feier des 100. Jahrestages von Freuds *Traumdeutung* veranstaltet wurde, trat dieses Thema sehr stark in den Vordergrund.[1] Fosshage (1997) vertrat die Ansicht, daß der Trauminhalt als eine Metapher für einen Zustand des Selbst zu verstehen sei, und etliche Teilnehmer schlossen sich dieser Meinung an. Offenbar liegt es in der Natur des Traumprozesses, daß dissoziierte Selbstzustände auftauchen können. Im Falle des jungen Mannes, den ich hier vorgestellt habe, könnte man vielleicht von einem dissoziierten Selbstzustand sprechen, in dem er sich vor der Aggression seines Freundes und der eigenen fürchtete, während er im wachen Selbstzustand das Gegenteil empfand, nämlich Zuneigung und Achtung vor seinem guten Freund. Fiss (2000) vertritt in dem bereits erwähnten Artikel eine ähnliche Position und führt sie weiter aus, indem er erklärt, daß Einsicht in die Bedeutung eines Traumes „nicht durch die Übersetzung des Unbewußten in das Bewußte – des Latenten ins Manifeste – erzielt werde, sondern durch einen Wechsel von einer sensorischen Ausdrucksform zu einer verbalen und logischen. Kurz, statt davon auszugehen, daß der Traum in erster Linie dem Zweck der Entstellung und Verkleidung dient, betrachten zeitgenössische Traumforscher ihn als mentales Produkt, das nur insofern einzigartig ist, als es zumeist, wie ein Gedicht, eine konkrete, symbolische und metaphorische Form annimmt" (ebd., 326).

Die Tatsache, daß mein Patient von einer Pistole und einem Schwert träumte statt von einem Penis, wäre somit ein Resultat des symbolischen Denkens; wenn er nicht von Fellatio träumt, sondern im Traum erlebt, daß ihm etwas in den Mund gesteckt wird, um ihn

---

[1] Symposium 2000: Journeys on The Royal Road – Perspectives on Dreams in Clinical Work. Mt. Sinai Hospital, Februar 2000.

bewußtlos zu machen, und daß ein Schwert in seinen Hals eindringt, dann ist dies eine konkrete, sensorische Repräsentation des sexuellen Aktes. Die Aufgabe der Traumdeutung ist im wesentlichen eine der Übersetzung von einer Sprache – der sensorischen – in eine andere – die verbale –, ganz ähnlich einer Übersetzung vom Deutschen ins Englische. Die Annahme, daß der Penis im latenten Inhalt vorhanden war und sein direktes Auftauchen ins Traumbewußtsein durch irgendeine Verkleidung oder Entstellung abgewehrt wurde, erübrigt sich damit. Dennoch dürfen wir nicht vergessen, daß es solche und solche Symbole gibt. Die amerikanische Flagge symbolisiert die ursprüngliche Union von dreizehn Bundesstaaten und deren allmähliche Erweiterung auf fünfzig Staaten. Wenn man dies vom Sensorischen ins Verbale übersetzt, bekommt niemand Angst. Ich glaube jedoch, daß mein junger Mann auf die „Übersetzung" des symbolischen Schwertes in den realen Penis mit beträchtlicher Angst und überdies mit Unglauben reagiert hätte, und zwar, so möchte ich vermuten, um so eher, wenn der Vorgang, bei dem ihm jemand etwas in den Mund schob, als Fellatio ausgelegt worden wäre. Der Analytiker kann die metaphorische Bedeutung angstfrei „lesen", für den Patienten jedoch gilt dies keineswegs. Aber warum nicht?

Die Antwort ergibt sich unmittelbar aus dem klassischen Verständnis des Traumes, das auf der Keimzelle der psychoanalytischen Theorie beruht: Der Tendenz eines jeden Bedürfnisses, den kürzestmöglichen Weg zu seiner Befriedigung zu suchen und diese Suche, ungeachtet aller Hindernisse, fortzusetzen. Opatow (1997) hat auf brillante Weise dafür plädiert, diesen Akt des Beharrens in Abwesenheit des bedürfnisbefriedigenden Objekts (das früher oder später unweigerlich abwesend sein wird) als den Ursprung der Spaltung zwischen dem Bewußten und dem Unbewußten zu verstehen. Allerdings ist diese Spaltung kein dissoziativer Akt, durch den das, was ins Unbewußte sinkt, einfach dispositionell wird, so daß es zum Beispiel nur als Resultat des Schlafzustandes oder in einem anderen Repräsentationsmodus wieder auftauchen kann. Vielmehr sind diese Bedürfnisse mehr oder weniger ständig aktiv und müssen irgendwie bewältigt werden – durch unmittelbare Gratifikation, die zum Beispiel über die direkte Triebbefriedigung in Form von Sex, Essen und Trinken erfolgt, durch Sublimierung in Form dieser oder jener kreativer Aktivitäten und zu einem gewissen Grad durch sämtliche produktiven Tätigkeiten und schließlich durch verschiedenartige Abwehrmechanismen.

Aus diesen Überlegungen kristallisieren sich zwei grundverschiedene Verständnisweisen des Unbewußten und seiner Funktionsweise in Träumen, ja, in sämtlichen mentalen Aktivitäten heraus. Ich möchte sie als Konzeptualisierung eines dispositionellen beziehungsweise eines interaktiven Unbewußten bezeichnen. Das dispositionelle Unbewußte läßt sich am ehesten mit dem Vorbewußten der klassischen Theorie und im Grunde sogar mit dem Konzept des Unbewußten vergleichen, wie es innerhalb der zeitgenössischen Kognitionstheorie weitgehend vertreten wird. Wenn man einen Bekannten trifft und sich an seinen Namen erinnert, war der Name bis zu diesem Moment in einem dispositionellen unbewußten Zustand; man kann nicht sagen, daß er in einem kontinuierlich aktiven unbewußten Zustand oder auch nur in einem sporadisch aktiven unbewußten Zustand war. Er war bis zu diesem Augenblick schlicht inaktiv dispositionell. Wir könnten auch sagen: man ist *disponiert*, daß der Name unter den geeigneten Bedingungen bewußt werden kann.

Ich betrachte diese Konzeptualisierung eines dispositionellen Unbewußten als Grundlage des metaphorischen Verständnisses der Traumbilder. Die Rivalität und Wut, die mein Patient gegenüber John empfand, und die Aggression, mit der er seitens des Freundes rechnete, sind von seiner bewußt empfundenen Herzlichkeit und Zuneigung gegenüber diesem guten Freund dissoziiert. Jenes rivalisierende Selbst, das mit Aggression seitens der Person rechnet, mit der es rivalisiert, existiert dispositionell und tritt unter bestimmten veränderten Bedingungen an die Oberfläche – zum Beispiel im Schlafzustand. Wichtig aber ist vor allem, daß es nicht kontinuierlich oder auch nur sporadisch aktiv ist, *wenn es unbewußt ist*. Wie es an die Oberfläche tritt, hängt vom *augenblicklichen Bewußtseinszustand* ab, so daß es, wenn es in einem Traum auftaucht, eine symbolische oder metaphorische Form annimmt, während es sich in der

Therapie in Form eines Übertragungsagierens äußern wird. Insofern das dispositionelle Unbewußte nur zu dem Zeitpunkt aktiv wird, an dem es ins Bewußtsein tritt, besteht keine Notwendigkeit, zwischen Latentem und Manifestem zu unterscheiden; ebensowenig ist es erforderlich, Konzepte wie die Kompromißbildung oder andere Abwehrmechanismen als die Dissoziation zu bemühen. Ja, man muß die Dissoziation noch nicht einmal als Abwehr betrachten.[2] Und schließlich sind Bedürfnisse unter dem Blickwinkel eines dispositionellen Unbewußten keine eigenständige, unbewußt aktive Antriebskraft, sondern integrale Bestandteile bestimmter Selbstzustände, die entweder dispositionell unbewußt oder aktiv bewußt sein können.

Das Konzept eines interaktiven Unbewußten nimmt an, daß das Unbewußte oder zumindest sein dynamischer Anteil tatsächlich aktiv ist und ständige defensive Wachsamkeit oder Befriedigung einfordert. Ein bestimmter Inhalt, der vorbewußt dispositionell ist, kann aktiv unbewußt werden; dies geschieht zum Beispiel, wenn wir einem Bekannten begegnen, gegen den wir unbewußte konflikthafte Gefühle hegen – unter diesen Umständen kann es passieren, daß uns sein Name partout nicht einfällt oder daß wir die entsprechende Person überhaupt nicht sehen, wie es bei negativen Halluzinationen der Fall ist (Brakel 1989). Das Konzept eines interaktiven Unbewußten macht es notwendig, zwischen dem Latenten und dem Manifesten in Träumen zu unterscheiden. Wenn in einem Traum ein Schwert anstelle eines Penis auftaucht, ist dies nicht lediglich ein Resultat des symbolischen Denkens – das zum Beispiel die Freiheit durch die Freiheitsstatue repräsentiert –, also eine rein referentielle Funktion; vielmehr liegt eine defensive Notwendigkeit

---

[2] Die Dissoziation wurde traditionell als Resultat einer unzulänglichen Fähigkeit verstanden, disparate Zustände oder Erfahrungen zu integrieren. Für diese Sichtweise waren Janet, Prince und James ursprünglich eingetreten. Jenen, welche die Dissoziation als Abwehr betrachten, möchte ich zu bedenken geben, daß sie dadurch insofern in einen Widerspruch geraten könnten, als Abwehr eine ständige Bedrohung impliziert, was darauf hinausliefe, dem Unbewußten irgendeine Form der Aktivität zu unterstellen.

zugrunde, die durch das Bedürfnis des Patienten bedingt ist, einen bestimmten Wunsch abzuwehren und nicht ins Bewußtsein gelangen zu lassen – den Wunsch nämlich, den Penis seines Freundes zu fellationieren, selbst wenn dieses Bedürfnis im manifesten Inhalt dadurch symbolisiert wird, daß dem Träumer etwas in den Mund geschoben wird. Der Wunsch, den Penis des Freundes zu fellationieren, bleibt gleichzeitig im Unbewußten aktiv.[3] Das symbolische Denken in Träumen kann zum Teil Ausdruck der psychischen Funktionsweise in einem bestimmten Schlafzustand sein, aber dies allein kann seine psychische Funktion noch nicht erklären. Diese Funktion besteht dem interaktiven Verständnis des Unbewußten zufolge darin, unwillkommene Wünsche daran zu hindern, ins Traumbewußtsein einzudringen. Dem dispositionellen Verständnis des Unbewußten entsprechend, ist der Primärprozeß lediglich eine andere Form der Mentation; dem interaktiven Verständnis des Unbewußten entsprechend, erfüllt der Primärprozeß Abwehrfunktionen.

Ich halte es durchaus für möglich, beide Sichtweisen des Unbewußten zu vertreten und Träume unter jedem dieser beiden Blickwinkel auf eine strikt inhärente Weise folgerichtig zu verstehen. Darüber hinaus glaube ich nicht, daß es irgendeinen Weg gibt, die Validität einer dieser beiden Sichtweisen durch die klinische Situation selbst nachzuweisen. Kliniker haben sich auf diese oder jene Konzeptualisierung des Unbewußten gestützt, und jede Gruppe hat klinische Erfolge für sich reklamiert. Gleichwohl hoffe ich, mit meiner Untersuchung dieser beiden unterschiedlichen Sichtweisen gezeigt zu haben, daß nicht beide zutreffen können. Es gibt gewisse Übereinstimmungen, was das Vorbewußte betrifft, aber damit hören die Gemeinsamkeiten auch auf. Die Nachweise, die notwendig wären, um sich zugunsten einer der beiden Sichtweisen zu entschei-

---

[3] Angesichts des zwingenden Charakters der Keimzelle der klassischen Psychoanalyse würde der Wunsch, den Penis des Freundes zu fellationieren, sofort den sexuellen Akt ins Bewußtsein treten lassen oder sogar zu einem Aufwachen mit dem dringenden Wunsch, ihn zu vollziehen, führen. Beispiele mit entsprechendem Ausgang gibt es durchaus.

den, müssen aus außerklinischen Quellen wie der Schlaf-Traum-Forschung und der Forschung über subliminale Wahrnehmungen stammen.

Forschung

Es ist, wie ich nun zeigen möchte, nicht schwierig, in der traditionellen kognitiven subliminalen Forschung Anhaltspunkte zu finden, die für das Konzept eines interaktiven Unbewußten sprechen. Aber diese Ergebnisse sprechen nicht für ein interaktives *dynamisches* Unbewußtes. Was diesen Punkt betrifft, muß ich auf unsere eigene Untersuchung über unbewußte Konflikte zurückgreifen, aus deren Kontext der oben geschilderte Traum stammt. Danach werde ich die aktuelle Forschung über den Schlaf-Traum-Zyklus untersuchen, deren Ergebnisse meiner Ansicht nach mit der Annahme eines interaktiven Unbewußten im Einklang stehen. Im Anschluß daran werde ich kurz auf Studien zu sprechen kommen, in denen eine subliminale Stimulierung mit dem Träumen kombiniert wurde. Ich schließe mit Überlegungen zur notwendigen weiteren Forschung.

Das subliminale Standardexperiment der Kognitionspsychologie beruht auf dem Priming-Paradigma. Ein als Prime bezeichneter Stimulus wird unter subliminalen Bedingungen präsentiert, und ein zweiter Stimulus, als Ziel bezeichnet, wird danach supraliminal präsentiert. Der Einfluß des Primes auf das Ziel kann auf verschiedene Weise gemessen werden. Eine recht häufig angewandte Methode besteht darin, die Probanden um eine lexikalische Entscheidung zu bitten, das heißt zu sagen, ob der Zielstimulus in der benutzten Sprache ein korrektes Wort ist oder ein „Unwort" darstellt. Im Englischen wäre *doctor* ein korrektes Wort, *dxzel* hingegen nicht. Wenn der subliminale Prime-Stimulus mit dem Ziel zusammenhängt, erfolgt die lexikalische Entscheidung rascher, als wenn kein Zusammenhang besteht. Somit wäre *nurse* ein subliminaler Prime, der die lexikalische Entscheidung für *doctor* beschleunigt, nicht jedoch für *tree*. Bemerkenswert ist die Tatsache, daß der Prime *subliminal* ist, was bedeutet, daß das Wort *nurse* vollkommen unbewußt ein semantisches Netzwerk aktiviert hat, in dem das Wort *doctor* enthalten ist, und daß diese Aktivierung des Wortes *doctor* die lexikalische Entscheidung für das supraliminal präsentierte Wort *doctor* beschleunigte. Kurz, ein unbewußter Prozeß hat einen bewußten Prozeß aktiv, nicht dispositionell beeinflußt.[4]

Aus Experimenten dieser Art – und mittlerweile gibt es sehr viele – können wir zuverlässig schließen, daß zumindest bei rein kognitiven vorbewußten Prozessen ein interaktives Prinzip, das den Einfluß unbewußter auf bewußte Prozesse reguliert, nachgewiesen werden kann. Aber diese Ergebnisse sind noch weit davon entfernt, uns Aufschluß über das dynamische Unbewußte zu geben, um das es in erster Linie geht und bei dem Gefühl, Konflikt und Wunsch eine herausragende Rolle spielen. Die Frage, die wir stellen müssen, um beantworten zu können, was das dispositionelle vom interaktiven Unbewußten unterscheidet, lautet: Wenn etwas unbewußt aktiviert wird, wird es dann bei seiner Bewußtwerdung *transformiert*? Wenn wir die Hypothese belegen wollen, daß latente Traumgedanken in manifeste Traumbilder transformiert werden, dann müssen wir nachweisen können, daß unbewußt aktivierte Inhalte unter bestimmten Umständen nicht einfach unverändert ins Bewußtsein gelangen, sondern daß sie irgendwie umgewandelt werden. Wir müssen auch zeigen können, daß diese Transformationen Prinzipien gehorchen, die sich von denen unterscheiden, die für gewöhnliche vorbewußte Aktivierungen, beispielsweise in kognitiven Priming-Untersuchungen, gelten. Und schließlich wäre zu zeigen, daß diese Transformationen eine Abwehrfunktion erfüllen.

Erwarten Sie bitte nicht, daß das Material, welches ich Ihnen nun vorstellen möchte, eine Antwort auf all diese Fragen zu geben vermag. Es wird uns aber ein ganzes Stück weiterbringen. Erstens möchte ich kurz eine Reihe von Experimenten beschreiben, in de-

---

[4] Es hat sich nicht so verhalten, daß die supraliminale Präsentation des Wortes *doctor* das Wort *doctor* in dem semantischen Netzwerk aktivierte und somit an sich die lexikalische Entscheidung beschleunigte, weil diese Erklärung nämlich nicht den Einfluß des Wortes *nurse* berücksichtigt. Wäre ein weniger eng mit dem Wort *doctor* assoziierter Prime benutzt worden, wäre keine Beschleunigung erfolgt.

nen wir die Existenz eines unbewußten Hemmungsprozesses nachweisen konnten, der einer psychischen, mit Persönlichkeitsfaktoren zusammenhängenden Abwehr ähnelt (Snodgrass, Shevrin und Kopka 1993; Snodgrass und Shevrin, in Vorbereitung). Die Experimente beruhten auf einem einfachen subliminalen Verfahren: vier Wörter (Lust, Rose, Kämpfen, Schmerz) werden einzeln in zufälliger Reihenfolge 1 msek lang eingeblendet. Die Probanden werden unter zwei Bedingungen gebeten zu raten, welches Wort eingeblendet wurde: In einem Fall werden sie instruiert, sich einfach eines von vier Wörtern „einfallen" zu lassen („pop" into mind), im anderen sollen sie genau „hinsehen" und nach Kräften versuchen herauszufinden, welches Wort eingeblendet wurde. Dies ist die „pop"- beziehungsweise die „look"-Strategie. Das wichtigste Ergebnis war folgendes: Wenn jene Probanden, die die „look"-Strategie bevorzugten, gebeten wurden, der „pop"-Strategie zu folgen, waren ihre Trefferquoten unterzufällig. Daraus wäre zu schließen, daß sie die korrekte Entscheidung hemmen, denn ansonsten entsprächen ihre Treffer dem Zufallsprinzip. Wir selbst haben diese Ergebnisse etwa sechsmal repliziert, in anderen Laboratorien wurden sie zweimal repliziert. Auch weitere Resultate sprechen für die Schlußfolgerung, daß wir es mit einer Hemmung der unbewußt aktivierten korrekten Antwort zu tun haben. Diese Beobachtungen legen nahe, daß Abwehrprozesse in Übereinstimmung mit der allgemeinen Persönlichkeitsorganisation bereits in bezug auf scheinbar konfliktfreies Material operieren. Eine Möglichkeit, diesen Widerspruch zu verstehen, ergibt sich durch die von den Sandlers (Sandler und Sandler 1994) getroffene interessante Unterscheidung zwischen dem Gegenwarts- und dem Vergangenheitsunbewußten. Wenn ich die Autoren richtig verstanden habe, bezeichnen sie als Vergangenheitsunbewußtes die tieferen, infantilen Schichten, die im Ödipuskomplex wurzeln, während das Gegenwartsunbewußte Haltungen beschreibt, die ein wenig später internalisiert werden und mit der Notwendigkeit von Rationalität und Realitätsprüfung zusammenhängen. Das Kind lernt, das Primärprozeßdenken zunehmend zu hemmen, um durch Erwachsene und durch ältere Kinder nicht beschämt zu werden. In unserer Studie haben die Probanden, die lieber „genau hinsahen", die korrekte Entscheidung gehemmt, weil es irrational ist zu glauben, etwas gesehen zu haben, wo in Wirklichkeit nichts zu sehen war.

Die entscheidende Schlußfolgerung, die ich aus diesen Untersuchungen ziehen möchte, lautet, daß sie Anhaltspunkte für einen Abwehrprozeß liefern, der in bezug auf bekannte unbewußte Aktivierungen aktiv ist. Anders als in der klinischen Situation, in der die unbewußten Aktivierungen aus hochkomplexen Daten rückgeschlossen werden, ist die unbewußte Aktivierung in diesen Studien von vornherein bekannt; ebenso sind auch die Bedingungen, unter denen die Aktivierung erfolgt, im voraus bekannt.

Die kognitiven Primingstudien weisen eine Interaktion zwischen einer unbewußten Aktivierung und dem Bewußtsein nach; die „poplook"-Studien demonstrieren, daß unbewußte Hemmungsprozesse auf der Ebene des Gegenwartsunbewußten operieren. Die „Hinseher" müssen die korrekte Antwort hemmen, wenn sie aufgefordert werden, sich einfach ein Wort einfallen zu lassen, weil nämlich die korrekte Antwort unbewußt aktiviert wurde und ins Bewußtsein drängt. Diese Ergebnisse sind mit einem dispositionellen Verständnis des Unbewußten nicht vereinbar. Ich werde mich nun Untersuchungen zuwenden, die eine Interaktion zwischen unbewußten Prozessen auf der tieferen Ebene des älteren, infantilen Unbewußten und bewußten Prozessen demonstrieren.

In dieser Studie (Shevrin et al. 1996) haben wir zu zeigen versucht, daß Gehirnreaktionen ganz unabhängig von der klinischen Beurteilung Anhaltspunkte für die Existenz eines unbewußten Konflikts liefern können. Unter einem methodologischen Blickwinkel möchte ich betonen, daß Gehirnreaktionen in Form ereignisbezogener Potentiale es uns ermöglichen, die im Gehirn erfolgende Registrierung eines subliminalen Stimulus in Abwesenheit jedweder bewußten Aufgabe oder psychologischen Reaktion zu messen. Damit haben wir einen Indikator für einen vollkommen unbewußten Prozeß *in statu nascendi*.

Ich kann die Methode und die für meine These relevantesten Resultate lediglich grob skizzieren. Ein klinisches Team von drei Psychoanalytikern und einem klinischen Psychologen gelangte zu einer psychodynamischen Formulierung, die auf einer Serie intensiver Interviews und auf drei psychologischen Tests - WAIS, Rorschach und TAT - beruhte. Die psychodynamische Formulierung bestand aus der Beschreibung und dem Verständnis des Symptoms durch den Patienten und vor allem aus einer Darlegung des unbewußten, dem Symptom zugrunde liegenden Konflikts. Danach wurden aus den Protokollen Wörter und Kurzformulierungen ausgewählt, die nach Meinung der Kliniker den das Symptom verursachenden Konflikt erfaßten, sowie Wörter und kurze Formulierungen, die ausdrückten, wie der Patient das Symptom erlebte. Im Falle des jungen Mannes gehörten zum Beispiel *schlucken* und *verdorbener Fisch* zu den Wörtern, die mit seinem bewußten Erleben des Symptoms zusammenhingen, während Wörter wie *John*, der Name seines Freundes, und *mich erstechen* auf der Liste der unbewußten Konfliktwörter standen. Allgemein gebräuchliche Bezeichnungen für positive und negative Gefühle dienten als Kontrollwörter. Diese Wörter wurden 1msec lang in zufälliger Reihenfolge sechsmal eingeblendet; darauf folgte eine supraliminale Stimulierung, wobei der gleiche Stimulus 30 msec lang präsentiert wurde. Der Proband tat nichts anderes, als in das Tachistoskop zu blicken und auf die präsentierten Wörter zu achten. Dabei wurden die Gehirnreaktionen gemessen und dann analysiert. Natürlich waren die unbewußten Konfliktwörter von Proband zu Proband verschieden, während die bewußten Symptomwörter, die sich auf die Angstaspekte des Erlebens bezogen - *kurzer Atem, beschleunigter Herzschlag* - gewisse Überschneidungen aufwiesen. Das wichtigste Resultat demonstrierte, daß auf der Basis der Gehirnreaktionen die unbewußten Konfliktwörter subliminal besser als zusammengehörig kategorisiert wurden als supraliminal. Offenbar war supraliminal ein bestimmter Hemmungsprozeß aktiv, wenn die unbewußten Konfliktwörter der bewußten Wahrnehmung präsentiert wurden; er verhinderte es, daß diese unbewußten Konfliktwörter durch die Gehirnreaktionen als zusammengehörig kategorisiert wurden. Für diese Schlußfolgerung spricht auch die Beobachtung, daß zur Verdrängung neigende Probanden einen größeren Unterschied zwischen sub- und supraliminaler Kategorisierung zugunsten der subliminalen Kategorisierung aufwiesen.

Durch dieses wichtigste Ergebnis wird das Konzept eines interaktiven Unbewußten über die vorbewußte Aktivierung und das Gegenwartsunbewußte hinaus auf das dynamische, konflikthafte ältere, infantile Unbewußte erweitert. Sobald die mit dem älteren, infantilen unbewußten Konflikt zusammenhängenden Wörter bewußt zu werden drohen, schalten sich defensiv Verdrängungsmechanismen ein, und die Beziehung zwischen den unbewußten Konfliktwörtern verschwindet. Wie in den „pop-look"-Experimenten ist ein Hemmungseffekt in der Form aktiv, daß etwas anderes bewußt geschieht, und dies verweist auf irgendeine Art von Transformationsprozeß. Für dessen Beschaffenheit fehlt uns nach wie vor jeder Anhaltspunkt; auch die Frage, ob er den Prinzipien des Primärprozesses gehorcht und ob diese primärprozeßhaften Vorgänge eine Abwehrfunktion erfüllen, ist noch nicht beantwortet.

Ich wende mich nun direkter dem Träumen und einem Experiment zu, daß Fisher und ich (Shevrin und Fisher 1967) durchgeführt haben. Meines Wissens war dies die erste Studie, die eine subliminale Methode mit Weckungen aus dem REM- und NREM-Schlaf kombinierte. Gleichermaßen erwähnenswert ist die Tatsache, daß wir mit einem spezifischen Stimulus arbeiteten, nämlich mit der Abbildung eines *Stiftes (pen)* und eines *Knies (knee)* – kombiniert ergeben die Begriffe das Rebuswort *penny* (Shevrin 1973, Shevrin und Luborsky 1960, Shevrin und Fritzler 1968). Der Rebusstimulus wurde 0,01 Sekunden lang eingeblendet, unmittelbar bevor sich der Proband schlafen legte. Subliminale Auswirkungen konnten auf der Basis sekundärprozeßhafter begrifflicher Verbindungen durch Assoziationen zu *pen* und *knee* oder durch Klangassoziationen verfolgt werden. Die Anregung zu diesem *penny*-Rebus verdankten wir der *Traumdeutung*, in der Freud den Prozeß der Traumbildung mit einem Bilderrätsel verglich; die Traumgedanken oder der latente Inhalt entsprechen den durch die Abbildungen des Stiftes und Knies aktivierten Sekundärprozeßassoziationen zu *pen* und *knee*, während die Traumarbeit dann die auf Klangassoziationen beruhende primärprozeßhafte Bearbeitung (mentation) einführt, die zu der Klangverdichtung, *penny*, führt, die im Sekundärprozeßdenken mit den Traumgedanken *pen* und *knee* in keinerlei Verbindung steht. Unsere

Hypothese lautete, daß primärprozeßhafte Rebus- und Klangeffekte im Anschluß an die REM-Weckungen und sekundärprozeßhafte *pen*- und *knee*-Assoziationen nach dem NREM-Weckungen auftauchen würden.

Die wichtigsten Ergebnisse förderten die Freien Assoziationen zutage, die beim Wecken aus dem Schlafzustand erfolgten. Wie postuliert, überwogen Klang- und Rebusassoziationen nach REM-Weckungen, während *pen*- und *knee*-Assoziationen nach NREM-Weckungen dominierten. Unsere Studie zeigt, daß die Auswirkungen durch einen subliminalen Stimulus erzeugt werden, der im Wachzustand registriert und während des Schlafs reaktiviert wird; während des REM-Schlafs wird er nach den Prinzipien des Primärprozesses bearbeitet, während des NREM-Schlafs nach denen des Sekundärprozesses. Diese Bearbeitung ist eine Form der Traumarbeit oder, wie wir es vielleicht zutreffender formulieren sollten, der Schlafarbeit, weil eine bestimmte Form der psychischen Transformation auch während des NREM-Schlafs erfolgt. Festzuhalten ist auch, daß die Primärprozeßtransformationen in dem Sinne zufällig sind, als sie keine eindeutige symbolische oder metaphorische Beziehung zu dem auslösenden Stimulus aufweisen. Die Wörter, in welche die *pen*- und *knee*-Klänge eingebettet sind, stehen in keinem symbolischen oder metaphorischen Zusammenhang mit *pen* und *knee*, und unter den Rebusassoziationen finden sich weder *nickel* noch *money*. Die Beziehungen sind willkürlich und können im Prinzip lediglich individuell durch eine Serie freier Assoziationen aufgedeckt werden. Der manifeste Inhalt als solcher konnte nicht umstandslos als Symbol oder Metapher verstanden werden. Da wir den Stimulus aber im voraus gegeben haben, können wir seine Transformation während der beiden Schlafzustände verfolgen.

Die bislang von mir beschriebene Forschung liefert Belege für ein interaktives Unbewußtes, das sowohl auf der vorbewußten als auch auf der dynamischen konflikthaften unbewußten Ebene operiert. Darüber hinaus stützen die Ergebnisse die Annahme, daß hemmende Abwehrprozesse aktiv sind und daß Primärprozeßmechanismen unbewußte latente Gedanken in manifeste REM-Mentation transformieren. Die Einschränkung der subliminalen Schlaf-Traum-Studie von Fisher und Shevrin besteht darin, daß die Ergebnisse der Transformationen nicht in den Traumberichten auftauchten, sondern in den nachfolgenden Assoziationen. Zudem liefert die Untersuchung an sich keine Belege für die Rolle, die Motivation und Wunscherfüllung in Träumen spielen.

Was die Rolle der Motivation und insbesondere der Triebe betrifft, hat Solms (2000) die Aufmerksamkeit auf die Ergebnisse von Läsionsstudien gelenkt, die zeigen, daß die beiden wichtigen Vorderhirnbereiche, die am Verlust des Träumens beteiligt sind, die parietal-temporal-okzipetal-Verbindung bilden, die mit seinen Worten mit den „appetitiven Interaktionen mit der Welt" und mit den „Such"- oder „Wunsch"-Steuerungssystemen des Gehirns zusammenhängt. Ikemeto und Panksepp (1999) haben die neurophysiologischen und neuroanatomischen Charakteristika dieses „Such"systems beschrieben, das an sämtlichen motivationalen Aktivitäten aufs engste beteiligt ist. Berridge und Robinson (1995) konnten darüber hinaus zeigen, daß dieses „Wunsch"-Steuerungssystem vom Affektzustand unabhängig ist. Außerdem verweisen Studien, die mit Bildgebungsverfahren arbeiten, auf die Beteiligung von Gehirnbereichen während des REM-Schlafs, die mit Motivation und Belohnung zusammenhängen (Nofzinger et al. 1977, 199). Kurz, ein Zustand motivationaler Aktivierung dient laut Solms als Traumerreger; Läsionen in der neuroanatomischen Region, die dieses „Wunsch"system tragen, führen zum Verlust des Träumens, und die weiteren Ergebnisse der Studien mit Bildgebungsverfahren zeigen, daß Bereiche, die während des REM-Schlafs aktiviert werden, mit dem Triebverhalten zusammenhängen. So stellten beispielsweise Peder, Elomaa und Johansson (1986) fest, daß bei Ratten bereits der bloße REM-Entzug zu verstärktem Aggressionsverhalten und bei weiblichen Ratten zu verstärktem genitalen Explorieren führt.

Unerwartete Unterstützung lieferte der Wunscherfüllungshypothese ein Artikel von Revonsuo (2000), der die – mit der Wunscherfüllungstheorie ganz und gar nicht vereinbare – These formuliert hatte, daß sich das Träumen bei unseren Vorfahren als nächtliche Wiederholung von äußeren Bedrohungen entwickelt habe, denen sie in ihrer primitiven Welt tagsüber ausgesetzt waren. Als Beleg für diese These zitiert er eine Reihe von Träumen der südamerikanischen Mehinaku-Indianer; sie leben auch heute noch in einer steinzeitlichen Umwelt, die den typischen Lebensbedingungen unserer Vorfahren gleicht. Wenn man aber die Beispiele liest, drängt sich eine ganz andere Interpretation auf. Ein recht typischer Traumbericht ist der folgende: „Ich begehrte ein Mädchen und näherte mich ihm und wurde von meiner eifersüchtigen Ehefrau geschlagen." Es ist eindeutig klar, daß dieser steinzeitliche Indianer sowohl ein Es als auch ein Über-Ich besitzt, daß sein Verlangen einen Konflikt in ihm ausgelöst hat und er sowohl von der Befriedigung seines verbotenen Verlangens träumte als auch die Strafe sicherstellte. Wie Eiser und ich in unserem Kommentar erläuterten: „Unsere Verwandtschaft mit den Mehinaku-Indianern besteht in den gemeinsamen sexuellen und aggressiven Wünschen. Träume sind unter diesem Blickwinkel keine unzeitgemäßen Wiederholungen prähistorischer Bedrohungen, sondern dienen wichtigen aktuellen psychischen Zwecken, die in unserer evolutionären Vergangenheit wurzeln."[5]

Wenn wir all die Nachweise zusammenfassen, zeigt sich, daß im REM-Schlaf gewaltige Triebaktivierungen erfolgen, die aufgrund der relativen Deaktivierung von Hirnbereichen, die hemmende Kontrol-

---

[5] Es gibt auch Daten, die nahelegen, daß die Aktivierung der für die Triebaktivierung verantwortlichen Hirnregionen im REM-Zustand dringlicher und unabweisbarer werden kann, während die an den exekutiven Ichfunktionen beteiligten präfrontalen Cortexregionen nachweisbar relativ inaktiviert sind. Das Gleichgewicht zwischen Wünschen und kontrollierenden/hemmenden Funktionen kann sich so in Richtung des Wünschens verlagern. Diese Ergebnisse stehen auch mit Hobsons (1999) Theorie eines anderen Gleichgewichts der Neuromodulation während des REM-Schlafs im Einklang, bei dem sich die Balance zwischen cholinerger und aminerger Modulation zugunsten der cholinergen verlagert und Strukturen begünstigt, die Emotion und Motivation über das Denken vermitteln. Insgesamt legen die Resultate unserer Meinung nach sehr deutlich nahe, daß sich die Mentation in REM-Träumen qualitativ vom NREM-Erleben unterscheidet. Abschließend sei erwähnt, daß unsere Rebusuntersuchungen zeigen, daß die für den REM-Schlaf charakteristische psychische Arbeit primärprozeßhafter Natur ist, während die für den NREM-Schlaf charakteristische Mentationsweise den Prinzipien des Sekundärprozesses folgt.

le ausüben, unabweisbar werden, und daß die vorwiegend während des REM-Schlafs erfolgende psychische Aktivität (mentation) primärprozeßhafter Natur ist. Und schließlich kann der Trauminhalt einen wunscherfüllenden Charakter annehmen. Freud wäre über diese Lesart der Resultate nicht unglücklich. Abschließend sei festgehalten, daß all diese Belege aus nicht-klinischen, nichtanalytischen Quellen stammen, die von klinischen Rückschlüssen völlig unabhängig sind.

Noch aber fehlt ein wichtiger Punkt. Wir haben nämlich nicht nachgewiesen, daß die durch den Primärprozeß erfolgenden Transformationen den Inhalt entstellen und auf diese Weise eine Abwehrfunktion erfüllen. Wir haben in der ERP-Phobie-Studie Anhaltspunkte dafür gefunden, daß unbewußte Konflikte existieren und Hinweise auf sie gehemmt werden, sobald sie sich dem Bewußtsein nähern. Und wir haben mit der Rebus-Schlaf-Traum-Studie gezeigt, daß ein subliminaler Stimulus im Wachzustand registriert und im nachfolgenden REM-Schlaf primärprozeßhaft bearbeitet werden kann. Wir können aber nicht direkt nachweisen, daß die Aktivierung des unbewußten Konflikts zu defensiver primärprozeßhafter Bearbeitung führt, die der Entstellung dient. Um dies zeigen zu können, sind wir auf ein besseres Verständnis der Funktionsweisen des Primärprozesses (primary process mentation) angewiesen, als wir es heute haben. Die Rebus-Methode ist ein Schritt in die richtige Richtung, aber sie beruht in höherem Maße auf einer Analogie mit der angenommenen rebusähnlichen Natur des Träumens als auf klar formulierten Prinzipien.

In unserer Forschungsgruppe hat Linda Brakel die Aufgabe in Angriff genommen, diese Prinzipien aufzudecken und sie in einfachen experimentellen Paradigmen zu testen. Ein Prinzip, das sie derzeit erforscht, leitet sich aus der Unterscheidung her, welche die kognitionspsychologische Kategorisierungstheorie zwischen Ähnlichkeitsurteilen, die auf der Grundlage von Beziehungen erfolgen, und jenen Urteilen trifft, die auf der Grundlage von Eigenschaften erfolgen. Ein Schwert tritt an die Stelle eines Penis, weil eine Ähnlichkeit auf der Basis verschiedener Eigenschaften aufgefallen ist – die Form, die Fähigkeit, einzudringen usw. Die realen Beziehungen aber, die für Funktion und Material gelten, stellen Schwerter und Penisse in gänzlich unterschiedliche Kategorien. In einem kürzlich veröffentlichten Beitrag haben Brakel et al. (2000) berichtet, daß Ähnlichkeit bei subliminaler Präsentation der Abbildungen tendenziell stärker über Eigenschaften wahrgenommen wird. Diese Ergebnisse lassen vermuten, daß attributionales Denken konfliktunabhängig für die unbewußte Mentation charakteristisch sein könnte; allerdings mag dieser Denkmodus bei Vorliegen eines Konflikts zum Zweck der Entstellung insofern bevorzugt werden, als bewußtes Denken in erster Linie auf relationalen Kategorisierungen beruht. Aber die Aufgabe, die Verbindung zwischen Konflikt und Primärprozeß zu klären, bleibt derzeit noch der Zukunft vorbehalten.

Ich möchte mit dem Hinweis schließen, daß sich auf dem Gebiet der Traumforschung zahlreiche und spannende Möglichkeiten zu kreativen Forschungen bieten. Ich bin auch überzeugt, daß auf diesem Gebiet wichtige theoretische Fragestellungen mit großem Nutzen behandelt werden können. Die Unterschiede zwischen dem interaktiven und dem dispositionellen Unbewußten sind meiner Meinung nach zentral für aktuelle Rekonzeptualisierungen der Psychoanalyse sowie für die aktuellen Unterschiede in der klinischen Praxis, vor allem für die Deutung von Träumen. Ich habe zu zeigen versucht, daß die empirischen Nachweise für ein interaktives Unbewußtes sprechen. Falls dies tatsächlich zutrifft, hätten wir zum erstenmal demonstriert, daß empirische Ergebnisse, die weitgehend auf nicht-klinischen Methoden beruhen, gleichwohl als Schiedsrichter zwischen zwei klinischen Sichtweisen fungieren können.

(Aus dem Englischen übersetzt von Elisabeth Vorspohl)

Literatur

Behavioral and Brain Sciences 23 (2000) no.6

Berridge, K.C. und T. Robinson (1995), The mind of an addicted brain. Neural sensitization of wanting versus liking. *Current Directions in Psychological Science 4*, 71-76

Brakel, L.A. (1989), Negative hallucinations, other irretrievable experiences and two functions of consciousness. *International Journal of Psycho-Analysis 70*, 461-479

Brakel, L.A., S. Kleinsorge, M. Snodgrass und H. Shevrin (2000), The primary process and the unconscious. Experimental evidence supporting two psychoanalytic presuppositions. *International Journal of Psychoanalysis 81*, 553-569

Fiss, H. (2000), A 21st century look at Freud's dream theory. *Journal of the American Academy of Psychoanalysis 28* (Special Issue: Neuroscience and psychoanalysis), 321-340

Fosshage, J.L. (1997), The organizing functions of dream mentation. *Contemporary Psychoanalysis 33*, 429-458

Hobson, J.A. (1999), The new neuropsychology of sleep: implications for psychoanalyis. *Neuro-Psychoanalysis 1*, 157-183

Ikemoto, S. und J. Panksepp (1999), The role of nucleus accumbens dopamine in motivated behavior. A unifying interpretation with special reference to reward-seeking. *Brain Research Reviews 31*, 6-41

Nofzinger, E.A., M.A. Mintun, M. Wiseman, D.J. Kupfer, und R.Y. Moore (1997), Forebrain activation in REM sleep. An FDG PET study. *Brain Research 770*, 192-201

Opatow, B. (1997), The distinctiveness of the psychoanalytic unconscious. *Journal of the American Psychoanalytic Association 54*, 865-890

Peder, M., E. Elomaa und G. Johansson (1986), Increased aggression after rapid eye movement sleep deprivation in Wistar rats is not influenced by reduction of dimensions of enclosure. *Behavioral and Neural Biology 45*, 287-291

Revonsuo, A. (2000), The reinterpretation of dreams. An evolutionary hypothesis of the function of dreaming. *Behavioral and Brain Sciences 23*, 877-901

Sandler, J. und A.M. Sandler (1994), The past unconscious and the present unconscious. A contribution to a technical frame of reference. *Psychoanalytic Study of the Child 49*, 278-292

Shevrin, H. (1973), Brain wave correlates of subliminal stimulation, unconscious attention, primary- and secondary-process thinking, and repressiveness. In: M. Mayman (ed.), *Psychoanalytic Research*. (Psychological issues, monograph 30). New York: International Universities Press, 56-87

Shevrin, H. (1997), Psychoanalysis as the patient. High in feeling, low in energy. *Journal of the American Psychoanalytic Association 45*, 841-864

Shevrin, H. und A.S. Eiser (2000), Continued vitality of the Freudian theory of dreaming. *Behavioral and Brain Sciences 23*, 1004-1006

Shevrin, H. und C. Fisher (1967), Changes in the effects of a waking subliminal stimulus as a function of dreaming and non-dreaming sleep. *Journal of Abnormal Psychology 72*, 362-368

Shevrin, H. und D. Fritzler (1968), Visual evoked response correlates of unconscious mental processes. *Science 161*, 295-298

Shevrin, H. und L. Luborsky (1961), The rebus technique. A method for studying primary-process transformations of briefly exposed pictures. *Journal of Nervous and Mental Disease 133*, 479-488

Shevrin, H., J.A. Bond, L.A. Brakel, R.K. Hertel und W.J. Williams (1996), *Conscious and unconscious processes*. Psychodynamic, cognitive, and neurophysiological convergences. New York: Guilford Press

Snodgrass, M. und H. Shevrin (in Vorbereitung), Unconscious inhibition and facilitation at the objective threshold

Snodgrass, M., H. Shevrin und M. Kopka (1993), The mediation of intentional judgments by unconscious perceptions. The influences of task strategy, task preference, word meaning, and motivation. *Consciousness and Cognition 2*, 169-193

Solms, M. (2000), Dreaming and REM sleep are controlled by different brain mechanisms. *Behavioral and Brain Sciences 23*, 1083-1121

BENJAMIN BARDÉ

Traumatischer Prozeß, unbewußte Phantasie und Traumarbeit

Eine klinische Fallstudie

Einleitung

Schienenbahn- und Busfahrer werden in ihrer Berufstätigkeit mit Unfällen konfrontiert, die Verkehrsteilnehmer durch grobe Fahrlässigkeit verursachen und die für diese selbst mit schweren Verletzungen oder tödlich enden. Ungefähr ein Drittel der Fahrer, die in solche, häufig absurd anmutenden Unfälle verwickelt werden, entwickeln neben einer akuten Belastungsreaktion und Anpassungsstörung im Sinne der ICD-10 das Vollbild einer Posttraumatischen Belastungsstörung. Eine umgehende Versorgung akut traumatisierter Fahrer ist wichtig, damit präventiv, im Sinne einer Neurosenprophylaxe, die Chronifizierung der akuten traumatischen Symptomatik zu einer ausgeprägten Phobie, einer depressiven Neurose oder einer Angstneurose verhindert wird. In den letzten drei Jahren habe ich im Rahmen eines Pilotprojektes, das in Kooperation mit den Stadtwerken der Stadt Frankfurt (VGF) durchgeführt wurde, in der im Sigmund Freud Institut dafür eingerichteten Trauma-Ambulanz 21 Fahrer und Fahrerinnen behandelt, die aufgrund eines Unfallgeschehens eine ausgeprägte traumatische Symptomatik erkennen ließen.[1]

---

[1] Zum Projekt insgesamt vgl. B. Bardé und J. Jordan (2000), Zum Verhältnis von Supervisionsnachfrage, analytischem Prozeß und Arbeitsorganisation. *Supervision 2*, 22-34. An dieser Stelle möchte ich mich bei den klinischen Mitarbeitern des Sigmund-Freud-Institutes und der Klinik für Psychosomatische Medizin und Psychotherapie (Klinikum der J. W. Goethe-Universität), die mit mir den Fall kritisch diskutierten, herzlich bedanken.

Aus dieser Gruppe von Patienten möchte ich die Behandlung eines 33jährigen, schwer traumatisierten Straßenbahnfahrers herausgreifen, in der Träume eine auffallende Rolle gespielt haben. Es war in der Regel unmöglich, den Verlauf und die besonderen Konstellationen des Unfallhergangs über die gesprochene Sprache mitzuteilen. Das führte auch bei diesem Fahrer dazu, daß er das Unfallgeschehen zeichnerisch darstellte und wir anhand seiner Unfallzeichnung gemeinsam Klarheit über den Sachverhalt des Unfallablaufs herstellen konnten. Anhand der Zeichnung konnte ein Zugang zu seinem affektiven Erleben während des Unfallgeschehens eröffnet werden. Das Zeichnen erhielt in dieser Behandlung dadurch eine besondere Bedeutung, daß der Patient mehrere Träume hatte, die er mir ebenfalls über Zeichnungen verständlich machen mußte. Für ihn war das Träumen zunächst ein erschreckender Vorgang, weil er vermutete, diese inneren Ereignisse seien dadurch ausgelöst worden, daß er mit mir im Rahmen einer analytischen Situation *spricht*. Ich verfügte in seinen Augen über eine privilegierte Fähigkeit, auf sein Seelenleben einzuwirken. Der Beweis dafür war, daß er plötzlich träumte. Um mir die für ihn verwirrenden Träume deutlich zu machen, fertigte er, in Analogie zur zeichnerischen Darstellung des Unfallgeschehens, Zeichnungen seiner Träume an, um sie greifbar und wohl auch kontrollierbar machen zu können. Die Konfrontation mit seinen Träumen war für ihn eine Bestätigung dafür, daß es einen „7. Sinn" tatsächlich gibt und daß er selbst auch, indem er träumt, über diesen magischen „7. Sinn" verfügt. Für ihn war es ein schwerer Schicksalsschlag, daß bei dem Unfall sein „7. Sinn" versagt und dieser ihm nicht die geringste „Ahnung" zugesandt hatte.[2]

Die Behandlung bestand aus 56 Sitzungen. Ich sah den Patienten zu Beginn etwa drei Wochen lang fünfmal die Woche, bis sich die schweren Symptome der akuten Traumatisierung aufgelockert hat-

---

[2] Über das Phänomen des „7. Sinnes", das einem Schienenbahn- oder Busfahrer zur Unfallprophylaxe zur Verfügung steht, ist in den Behandlungen häufig mit eindrucksvollen Beispielen berichtet worden.

ten. Danach habe ich die Frequenz auf zwei Stunden reduziert, und wir sahen uns schließlich mit einer Sitzung in der Woche. Die Behandlung endete damit, daß der Patient aufgrund schon früher bestehender körperlicher Schäden den Fahrdienst nicht mehr aufnehmen konnte und wegen einer Umschulung und der Gründung einer neuen Partnerschaft in eine andere Stadt umzog.

Fragestellung

Ich möchte diese Behandlung unter dem Aspekt des Zusammenhanges von traumatischem Prozeß und Traumarbeit in heuristischer Absicht darstellen und anhand der Strukturlogik dieses Einzelfalles eine generalisierbare Hypothese entwickeln, die durch weitere Forschung überprüft werden soll.[5]

Der Unfallablauf

Dem Patienten gelingt es zunächst nicht, den Unfall in seinem Ablauf sprachlich zusammenhängend darzustellen. Er gibt mir statt dessen eine Zeichnung (vgl. Abb. 1).

Er fährt mit der Linie X in einem modernen Tiefladerwagen auf einer signalgesicherten Strecke entlang auf die nächste Haltestelle zu. Plötzlich springt für ihn völlig überraschend hinter dem Gestrüpp eine Frau hervor. Sie trägt einen 5jährigen Jungen auf dem Arm. Sie steht erstarrt vor ihm. Der Patient löst eine Vollbremsung aus. Bei einem Gewicht von 45 Tonnen und einer Geschwindigkeit von ca. 25 km/h rutscht er mit seinem Zug über ca. 10 Meter auf den Schienen entlang. Er kann nicht ausweichen und erfaßt die Frau mit dem kleinen Jungen frontal. Sie verschwindet unter dem Zug. Er verdeutlicht diesen Vorgang mit einem erhobenen Zeigefinger, den

---

[5] Der vorliegende Bericht unterscheidet sich von einer traditionellen psychoanalytischen Falldarstellung durch ein spezifisches Forschungsinteresse.

er dann umknicken läßt. Sie wird über 15 Meter unter dem Zug mitgeschleift.

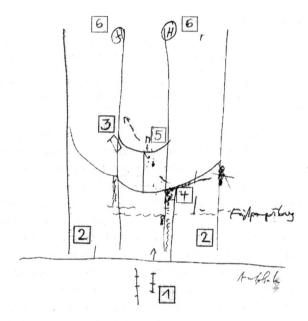

Abb. 1 Unfallskizze

Anmerkungen zur Unfallskizze: 1 Gleiskörper, 2 Autostraße, 3 Auto (Ampel auf rot), in dem sich eine Zeugin befindet, 4 Buschhecke, 5 Kollisionsstelle, 6 Haltestellen der Straßenbahn

Ein Zeuge bestätigte, daß die Frau nicht den signalgeregelten Fußgängerübergang benutzt hatte, der zu diesem Zeitpunkt auf rot gestellt war. Die Frau sei hastig schräg über die Geleise gelaufen und der Fahrer habe überhaupt keine Chance gehabt.

Das subjektive Erleben des Unfalls

Der Patient erlitt einen schweren Schock:

> „Es war wie ein Riß zwischen mir und dem da draußen, dem, was da alles passierte, die vielen Leute, die da 'rum rannten, die Polizei, die Feuerwehr, die Rettungssanitäter, die Leitstelle, ich war wie in einem Glaskasten, oder so, als wäre immer sowas wie Watte dazwischen, als hätte ich da nichts damit zu tun, als würde ich eigentlich nicht dazugehören, es war mir alles plötzlich fremd."

Er entwickelte die typischen Symptome einer Posttraumatischen Belastungsstörung. Er litt unter Schlaflosigkeit und stand unter einem starken Erinnerungsdruck: Immer wieder drängte sich ihm die Unfallszene, insbesondere der Moment auf, in dem die Frau erstarrt mit dem kleinen Jungen auf dem Arm vor seinem Bug stand, ihn noch anstarrte, bevor sie nach unten, wie er sagte, mit einem dumpfen Schlag „wegknickte". Der Blick, das dumpfe Geräusch des Aufpralls ihres Körpers und das reibende Geräusch der Räder während der Vollbremsung sind Wahrnehmungen, die sich ihm immer wieder aufdrängten und gegen die er sich nicht wehren konnte.

Er fühlte sich schuldig und war zunächst, obwohl die objektiven Befunde alle dagegen sprachen, der festen Überzeugung, daß er den Unfall hätte verhindern können. Er fühlte sich so, als hätte er die Frau mit ihrem Kind umgebracht. Er entwickelte phobische Symptome, fühlte sich von allen beobachtet und erkannt. Er erlebte schwere Angstanfälle mit Schweißausbrüchen, Herzrasen und Zittern schon dann, wenn er die grüne Farbe einer Straßenbahn sah. Er entwickelte Zwangssymptome. Er grübelte endlos darüber nach, daß, wenn ein bestimmtes Ereignis stattgefunden hätte, er ein Bruchteil von Sekunden später an der Unfallstelle angelangt wäre und die Frau mit dem Jungen unverletzt über die Gleise hätte laufen können. Er zog sich zurück, betrieb über seinen Computer Aktiengeschäfte und verbrachte viel Zeit damit, die Kurse für seine Gewinnchancen auszunutzen.

In psychodynamischer Hinsicht war seine feste Überzeugung, daß *er über einen „7. Sinn" verfüge*, von zentraler Bedeutung. Dieser „7.

Sinn", der in Form von „Ahnungen" in Erscheinung trat, habe sich in seinem Leben mehrmals bewährt:

– Ein enger Freund sei nachts während eines Urlaubs in Afrika in einem Hotel gestorben. In dieser Nacht war er schlaflos und ein starker Wind drückte die angelehnten Fenster auf und fegte durch sein Schlafzimmer. Später stellte sich heraus, daß genau zu diesem Zeitpunkt sein Freund starb.

– Er ist ein begeisterter Motorradfahrer und raste am frühen Morgen über eine kurvenreiche Strecke. Vor einer unübersichtlichen Kurve, in die er sich sonst immer voll hineinlegte, hatte er plötzlich eine „Ahnung", aufgrund derer er seine Geschwindigkeit reduzierte. Hinter der Kurve gab es ein Rudel Rehe, in das er, wenn er nicht abgebremst hätte, voll hineingerast wäre.

– Eine andere Szene schildert er aus seinem Urlaub. Er rast mit einem Jet-Ski über das Meer. Plötzlich hatte er eine „Ahnung", daß es Taucher geben könnte, die kurz davor sind aufzutauchen, weshalb er seine Geschwindigkeit reduzierte. Tatsächlich tauchten dann auch Schwimmer auf und er konnte, vorbereitet über seine „Ahnung", seinen Jet-Ski hoch und zur Seite reißen. Hätte er das nicht gemacht, hätte er mindestens einen Taucher geköpft.

Was ihn fassungslos machte, war, daß ihn bei dem Straßenbahnunfall seine Fähigkeit zum „7. Sinn" völlig im Stich gelassen hatte. Er hatte überhaupt keine „Ahnung", daß eine Frau mit einem Kind auf dem Arm hinter der Hecke hervorspringen könnte. Der absolute Kontrollverlust und die damit verbundene Ohnmacht und Hilflosigkeit in dieser Situation waren für ihn unerträglich. Es schien so zu sein, daß er keine kognitiven Schemata zur Verfügung hatte, in die er diese Erfahrung einordnen und faßbar hätte machen können. In dieser Phase des Durcharbeitens berichtet er seinen ersten Traum, den er während eines Urlaubs stattfinden läßt.

Die Träume

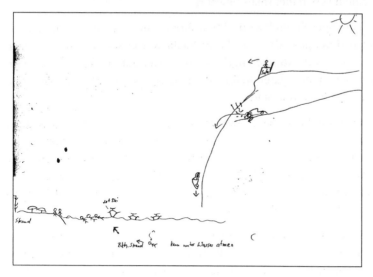

Abb. 2: Traum I

Man sieht rechts oben die Sonne, es gibt ein steiles Riff, Meer, in dem Taucher schwimmen und auf dem mehrere Jet-Skis fahren und es gibt einen Strand mit Sonnenschirmen. Die Geschichte ist in vier Episoden gegliedert:

a) Er sitzt gemütlich in seinem Wohnzimmer auf einem weichen Sofa. Plötzlich löst sich die behagliche Wohnzimmeratmosphäre auf und er stellt mit Schrecken fest, daß er mit seinem Sofa auf einem Felsen kurz vor einem Abgrund sitzt. Das Sofa rutscht ab und er ist kurz davor, mit seinem ganzen Wohnzimmer in den Abgrund ins Meer zu stürzen.

b) Bevor er ins Meer stürzt, befindet er sich hinter dem Steuer eines Porsche Carrera. Der Wagen ist auf einer steilen Bergstraße, die ebenfalls im Abgrund endet. Er will hochfahren, gibt Vollgas, der Motor brüllt auf, aber die Räder drehen durch und finden keinen griffigen Halt. Er ist verzweifelt. Der Wagen rutscht ab und fällt in den Abgrund, ins Meer.

c) Die dritte Episode besteht darin, daß er nun ins Meer gestürzt ist. Er befindet sich unter Wasser und müßte ertrinken. Auch hier ist er mit einer besonderen Fähigkeit ausgestattet: Er kann jetzt, wie ein Fisch, unter Wasser atmen. Er entscheidet sich, unter Wasser als Taucher in Richtung Strand zu schwimmen, um sich dort in Sicherheit zu bringen. Dabei läßt er wieder Jet-Skis in Erscheinung treten, die er über ihn hinweg rasen.

d) Die Traumgeschichte läßt der Patient im Verhältnis zu dem erschreckenden Anfang diametral entgegengesetzt enden. Er ist nicht mehr allei-

ne wie zu Beginn in seinem Wohnzimmer, sondern in Begleitung einer zweiten Person, für die zwei Sonnenschirme bereitstehen, unter denen sie sich entspannt unterhalten, was als ein Hinweis auf die Übertragungssituation gedeutet werden kann.

In einer formal-strukturellen Perspektive fällt auf, daß der Patient in der von ihm entworfenen Traumgeschichte Elemente des bewußt erlebten Unfallgeschehens zur Konstruktion seines Traumes verwendet. Nachträglich nimmt der Patient in seiner Traumgeschichte in einem differenzierten Denkprozeß das traumatische Unfallgeschehen auf und versucht es in seinem Sinne, im Kontext der Übertragungssituation, zu reorganisieren: der Unterhaltung mit einer anderen Person, die eine Welt jenseits von Angst, Bedrohung, Einsamkeit, Verletzung und Tod aufscheinen läßt. Der Denkvorgang in dieser Traumgeschichte ist an fünf Stellen mit tödlichen Konstellationen befaßt:

1. das abrutschendes Sofa, 2. der abrutschende Porsche, 3. der Sturz ins Meer, 4. das Ertrinken im Meer und 5. die Enthauptung durch Jet-Skis beim Auftauchen.

Analogien zum realen Unfallgeschehen können gesehen werden 1. in dem Sofa, auf dem er alleine sitzt und das dem Sitz in seiner Fahrerkanzel ähnelt; 2. in dem zwei Mal erwähnten Bewegungsvorgang des Rutschens: er rutschte mit seinem Zug bei Vollbremsung über 10 Meter auf den Gleisen entlang; 3. in dem Vorgang des Abstürzens und des Nach-Unten-Fallens: So hatte er die Frau mit dem Kind auf dem Arm erlebt. Sie fielen nach vorne, unter den Bug und starben und 4. in dem Jet-Ski, ebenfalls ein Bewegungsapparat, mit dem auftauchende Menschen überfahren und getötet werden, wenn der „7. Sinn" nicht vorhanden ist.

Der Patient zerlegt die Elemente, aus denen das Unfallgeschehen zusammengesetzt ist, in einzelne Fraktale und reorganisiert diese neu mit dem Ziel, das tödliche Unfallgeschehen nachträglich einer neuen „Lösung" zuzuführen, in der das Faktum des Todes – der in diesem Fall die subjektive Bedeutung eines Mordes enthält – eliminiert. Insofern kann seine Traumarbeit als ein kreativer Versuch verstanden werden, das traumatische Ereignis konstruktiv, im Sinne einer Wunscherfüllung, zu bewältigen. Das Destruktive des Traumas, das durch das Traumgebilde außer Kraft gesetzt werden soll, besteht darin, daß es die Zeit stillstellt, Geschichte zerstört und Erfahrungen in einem offenen Weltverhältnis verhindert.

In den weiteren Abschnitten der Behandlung stand nicht mehr so sehr das Unfallgeschehen im Mittelpunkt. Vielmehr beruhigte sich die Situation und der Patient öffnete sich mir zunehmend mit seiner persönlichen Lebenssituation. Er teilte mir mit, daß er in getrennten Wohnungen mit einer Frau zusammenlebt, mit der er eine 6jährige Tochter hat. Er bringt dann seinen zweiten Traum:

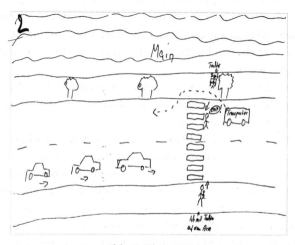

Abb. 3: Traum II

Mit dieser Traumgeschichte führte er mich zu einer Verkehrsstraße am Flußufer. An der Straße stehen zahlreiche Bäume. Es gibt einen Fußgängerübergang. Auf der linken Straßenseite kommt ein Transporter angefahren. Die Geschichte besteht aus vier Episoden:

a) Er geht mit seiner 6jährigen Tochter auf dem Arm über den Zebrastreifen. Er bemerkt, daß der Transporter seine Geschwindigkeit nicht verringert.

b) Seine Tochter sitzt auf einer Bank unter einem Baum am Rande der Verkehrsstraße.

c) Er steht alleine auf dem Zebrastreifen. Der Transporter fährt mit unverminderter Geschwindigkeit auf ihn zu. Er ruft laut immer wieder „Stop!" und erteilt dem Fahrer ermahnend Unterricht, daß hier ein Fußgängerübergang sei und er zu halten hätte.

d) Der Fahrer des Transporters stoppt aber nicht. Er kann den Wagen nicht zum Stillstand bringen. Er fährt nun aber nicht gerade aus, er würde in diesem Fall den Träumer überfahren, sondern er weicht aus und fährt, gemäß der gestrichelten Linie, um ihn herum durch eine freie Passage, die zwischen ihm, der starr auf dem Zebrastreifen steht, und seiner Tochter, die auf der Bank unter dem Baum sitzt, vorhanden ist. Der Transporter fährt dann auf der Straße weiter geradeaus.

Auch in dieser zweiten Traumgeschichte fällt in formal-struktureller Hinsicht auf, daß der Ablauf des Unfallgeschehens in insgesamt acht Elemente zerlegt wird, die als Bausteine für die phantasmatische Konstruktion der Traumgeschichte neu angeordnet werden.

1. Der Junge, den die Frau auf dem Arm trug, war ca. 6 Jahre alt, also genauso alt wie seine Tochter; 2. auch er trägt die Tochter, wie die Frau den Jungen, auf dem Arm; 3. auch er überquert eine Straße; 4. auf der rechten Straßenseite ist Verkehr, der aber zum Stillstand kommt (in der Realität stand das Auto, aus der ein Zeuge den Unfall beobachtete, still, weil die Ampel auf rot gestellt war); 5. der Transporter als eine Darstellungsform seines Straßenbahnzuges; 6. dieser Transporter kommt, wie sein Straßenbahnzug, nicht zum Halten; 7. er steht, starr wie die Frau mit dem Jungen auf dem Arm, vor dem auf ihn zukommenden Transporter und zuletzt, 8., die Baumreihe am Flußufer, befindet sich an der rechten Seite der Fahrbahn, ähnlich wie in der Realität die Hecke, hinter der die Frau mit dem Kind auf dem Arm hervorsprang.

Diese acht für die Traumgeschichte konstitutiven Elemente werden in zweierlei Hinsicht in ihrem Bezug auf das reale traumatische Unfallgeschehen psychisch neu organisiert.

Beachtlich ist die hohe Reflexivität der Traumbildung nicht nur im Hinblick auf ihre Sukzession und Konstruktion, sondern auch in bezug ihrer Elemente auf das äußere traumatische Unfallgeschehen. Der Patient übernimmt im Traum die Perspektive eines sozialen Anderen, der mit ihm am Verkehrsgeschehen teilnimmt. Die Nahtstelle seiner Perspektivenübernahme besteht darin, daß seine Tochter so alt ist wie der Junge, den die Frau auf dem Arm getragen hatte. Genau so wie die Frau überquert er eine Verkehrsstraße und steht vor einem auf ihn zukommenden Transporter(-Zug). Der Patient identifiziert sich in seinem Traumgebilde mit seinem „Täter-Opfer" in der

Unfallszene und übernimmt dessen „Rolle". In einem zweiten Schritt erarbeitet der Patient im Traum aus einer von ihm geschaffenen Distanz eine *persönliche Stellungnahme* zu der Perspektive seines Gegenübers, die er zuvor übernommen hatte. Er organisiert das reale Geschehen in seinem Traum an vier Schnittstellen neu: 1. Er läßt die Tochter auf einer Bank unter einem Baum sitzen; 2. er steht, anderes als in der realen Unfallszene, alleine vor dem Transporter(-Zug); 3. er handelt korrekt, indem er, und darin kritisiert er im Traum die Frau als sein „Täter-Opfer", ordnungsgemäß einen markierten Fußgängerweg benutzt, und 4. der Transporter stoppt nicht, er fährt weiter, so, wie sich sein Zug trotz Vollbremsung noch eine lange Strecke auf den Schienen weiterbewegt hatte. Jetzt kann er aber ausweichen. Er eröffnet in seiner Traumszene eine Passage, durch die hindurch sich der Transporter weiter bewegen kann, weshalb der Patient mit seiner Tochter – beide sind stellvertretend für die Frau und den Jungen, die unter dem Zug zu Tode gekommen sind – überleben können.

Struktur und Prozeß dieser Traumbildung zeigen, wie der Patient nachträglich das Unfallgeschehen in Traumelementen mit assoziativen Valenzen reproduziert und als Träumer in einem differenzierten kognitiven Prozeß die Perspektive eines sozialen Anderen empathisch übernimmt. Es wird deutlich, wie der Patient zu den räumlichen und zeitlichen Konstellationen, die er im Traum in Assoziation an das Unfallgeschehen, in einem Repertoire von acht Elementen, darstellt und das seiner Traumarbeit zugrunde liegende Motiv so neu kontextualisiert, daß er die Rolle des „Mörders" gegenüber der Frau und dem kleinen Jungen als seinen „Opfern" verlassen kann. Seine Rolle des „Mörders" ist funktional abhängig von einer während der Behandlung erkennbaren tiefliegenden grandiosen Wunschvorstellung: „Ich beseitige alles, was sich mir in den Weg stellt". Dieser Wunsch wird im Sinne der psychischen Abwehr durch eine zweite Vorstellung verdeckt: „Über die Ahnungen, die mir mein 7. Sinn zuschickt, kann ich diesen destruktiven Wunsch grundsätzlich unter Kontrolle halten". Das tödliche Unfallgeschehen setzt seine Kontrollphantasie aber außer Kraft. Das hat zur Folge, daß der Patient mit seinem tiefliegenden Handlungsschema, das bislang in einem ihm unbewußten seelischen Bereich deponiert gewesen sein mußte, auf der bewußten seelischen Ebene von Wahrnehmung, Einschätzung und Handeln völlig unvorbereitet konfrontiert wurde.[4] Die bisherigen Traumbildungen erscheinen im Kontext der Behandlung als beachtliche seelische Anstrengungen, über eine differenzierte Traumarbeit die zusammengebrochene Abwehrphantasie (die Komplexion eines „7. Sinnes" etc.) kreativ zu restaurieren, um zumindest auf diese Weise seinen Kontrollverlust über das äußere Geschehen mit Todesfolge innerlich und nachträglich rückgängig zu machen. Es erschien sinnvoll, in der Behandlung den Bedürfnissen des Patienten zu folgen, welche die Wiederherstellung der Kontrolle und die aggressive Kritik an der toten Frau, die nicht nur ihren eigenen, sondern auch den Tod des Jungen verschuldete, zum Inhalt hatten. Der Inhalt, auf den seine Abwehrhandlungen abzielten - daß er ein durch den Unfall bestätigter Mörder sei -, konnte als solcher, gleichwohl er immer zum Greifen nahe war, nicht expliziter Gegenstand der analytischen Behandlung werden. Statt dessen war, im Sinne des Prinzips der „Freudschen Oberfläche", die Auseinandersetzung mit der Tatsache des Kontrollverlustes zentraler Bestandteil des weiteren Behandlungsverlaufs.

Es stellte sich heraus, daß der Patient in seiner Verwandtschaft und Familie *zusätzlich* mit hochbelastenden Ereignissen konfrontiert war, die sich ebenfalls seiner Kontrolle entzogen. Seine

---

[4] Das stellt behandlungstechnisch hohe Anforderungen an die *Persönlichkeit* des Psychoanalytikers, die nach meiner Kenntnis bislang nicht ausreichend offen genug diskutiert und erforscht worden sind. Er muß sich in der Übertragungsbeziehung mit einer *überraschend* aktivierten, bislang unbewußten, destruktiv-mörderischen Phantasie auseinandersetzen, die real bestätigt erscheint. Die Plötzlichkeit und Unkontrollierbarkeit des Geschehens überfordern die Kapazitäten vorhandener Ichfunktionen und setzen bislang tragfähige Abwehr- und Bewältigungsstrategien außer Kraft. Der an der Widerstandsanalyse geschulte Analytiker, der sich in dem Prozeß langjährigen Durcharbeitens immer auch ruhig und sicher fühlen kann, wird hier in der Übertragung direkt mit dem Trauma (die unbewußte Phantasie scheint mit der Realität deckungsgleich zusammenzufallen) konfrontiert und kann nicht „klassisch", in einem „beruhigten Denkraum" analysieren.

„Schwägerin" entwickelte eine Psychose und mußte in die Psychiatrie eingewiesen werden. Das führte zu aggressiven Auseinandersetzungen, weil sich seine Partnerin viel mehr um ihren Bruder und seine kranke Partnerin als um ihn gekümmert habe. Das hatte zur Folge, daß er sich von ihr und seiner Tochter mit großer Wut trennte und sich in seine abgelegene Wohnung zurückzog und zum Ausgleich mit seinem Motorrad wild durch die Landschaft raste. Das Thema zeichnete sich ab, daß er *geradeaus mit einem mächtigen Bewegungsapparat einsam mit geballter Wut rast und alles, was sich ihm in den Weg stellt* – hier seine Partnerin, von der er sich vernachlässigt fühlte –, *sofort beseitigt. Dabei ist er bereit, auch seine Tochter aufzugeben.* Die Annahme liegt nahe, anzunehmen, daß dieses Thema Bestandteil eines elementaren „Präkonzepts", also einer unbewußten Phantasie ist, auf die der Patient unter großen äußeren Belastungen zurückgreift. In dem er nach dem Zusammenbruch seiner kontrollierenden Ichfähigkeiten gemäß dieser primitiven Phantasie handelt, versucht er die Kontrolle über die Aktivierung einer destruktiven, potentiellen mörderischen Aggressivität wiederzugewinnen. Dies geschieht um den Preis der Isolation, der Einsamkeit und der Entwicklung von erheblichen Ängsten und Schuldgefühlen.

Hinzu kam, daß er aufgrund körperlicher Schädigungen seinen Beruf als Straßenbahnfahrer nicht mehr fortführen konnte. Er mußte sich auf die Arbeitslosigkeit oder eine Umschulung einstellen. In seiner Isolation verfolgte er über seinen Computer weiterhin die Aktienmärkte und schloß erfolgreich Geschäfte ab. Darin sah er einen Beweis dafür, daß seine Fähigkeit zum „7. Sinn" nicht verlorengegangen sei. Er plante deshalb, die Stadtwerke und den Beruf des Fahrers (als Schauplatz des Kontrollverlustes) zu verlassen und sich statt dessen mit den Computer-Aktiengeschäften als einem Ort, an dem sein 7. Sinn noch funktioniert, selbständig zu machen. In dieser Situation kam noch hinzu, daß er weiter mit dem Unfall und mit schweren Schuldgefühlen gegenüber seinen „Opfern" beschäftigt war. Diese wurden durch das Ermittlungsverfahren, das die Staatsanwaltschaft routinemäßig gegen ihn wegen „fahrlässiger Tötung" einleitete, verstärkt und aufrecht erhalten. Über seinen Arbeitgeber konnte er keinen Zugang zu dem Fahrtenschreiber bewirken. Er fühlte sich als potentieller Mörder angeklagt und phantasierte eine langjährige Zuchthausstrafe. Die einzige Entlastung für ihn wäre über den Fahrtenschreiber möglich gewesen, den die Staatsanwaltschaft aber nicht herausgab. Zum einen versetzte ihn das in eine grenzenlose, ohnmächtige Wut, zum anderen verfiel er in quälende Grübelzwänge, ob er an der Unfallstelle vielleicht doch zu schnell gefahren sein könnte. Er konnte sich im Sinne einer retrograden Amnesie an nichts mehr erinnern. Hier brachte er mir seinen dritten Traum:

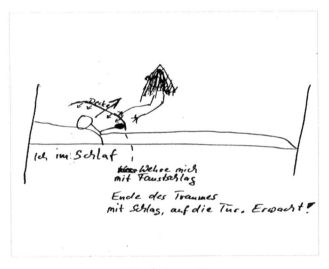

Abb. 4: Traum III

Er schläft in seinem Bett. Eine „dunkle Macht" überfällt ihn. Dieser Mann kommt mit einer Decke, die er über ihn werfen will, um ihn dem Erstickungstod zu zuführen. Die Dramatik der Auseinandersetzung wird auf seiner Zeichnung über die Pfeile unterstrichen. Er wehrt sich in dem Traum gegen diesen „Dunkelmann" mit einem Faustschlag. Den Faustschlag symbolisiert der Patient mit einem hebelförmigen Gebilde, das an einen „Strombefehlsgeber" erinnert, mit dem die Geschwindigkeit des Straßenbahnzuges reguliert wird. Der Traum wird für ihn zum Alptraum, weil er die entstehende Todesangst nicht mehr durch eine dramaturgische Traumszenerie binden kann und deshalb mit einer Aktion beenden muß: Er springt, noch während des Traumes, auf und schlägt gegen die Schlafzimmertür, um die imaginäre „dunkle Macht", die ihn zu töten beabsichtigt, unschädlich zu machen. Indem er real an die Türe schlägt, gerät er ins Wachbewußtsein zurück und bemerkt in diesem Augenblick, daß er geträumt hat und ist erleichtert.

Der dritte Traum ist ein Alptraum, in dem es dem Patienten nicht mehr gelingt, seine drohende absolute Kastration und die mit ihr verknüpften existentiellen Angstaffekte in einem kohärenten Narrativ zu binden und kreativ neu zu kontextualisieren, daß er sich zumindest als Träumer in seiner Selbstintegration gesichert fühlen kann. Die zuvor erfolgreichen Leistungen seines Traum-Ich versagen hier an den hohen Anforderungen seines existentiellen Wunsches nach einem Über- und Weiterleben angesichts des Unfaßbaren und Unsagbaren *und* an dem intensiven, ungebundenen, destruktivmörderischen psychischen Spannungspotential, das über die vorbewußte traumszenische Symbolarbeit nicht mehr gebunden werden kann. Die Reflexivität und Perspektivität, die in den ersten beiden Träumen so sehr imponierte, zerfällt in eine affektiv aufgeladene Egozentrik, die in einem „Enactment"[5], dem realen Faustschlag, endet.[6]

Anhand der analytischen Bearbeitung des Alptraums ließ sich eine weitere Plausibilität für die Existenz einer dynamisch relevanten unbewußten Phantasie gewinnen. Sie bestand darin, daß er grandios, allmächtig und mit magischen Eigenschaften des „7. Sinnes" ausgestattet ist, mit denen er die Welt unter Kontrolle hält. In dem Maße, wie die narzißtische Beziehung zum Weltobjekt schlechthin durch die Konfrontation mit der Existenz konturierter Objekte mit allen ihren Tücken, Kontingenzen und Unkontrollierbarkeiten erschüttert wird, fühlt sich der Patient in seiner Selbstintegration bedroht und reagiert autistisch und aggressiv-destruktiv. Die sich abzeichnende

---

[5] Diesen Hinweis verdanke ich Wolfgang Leuschner.

[6] In der Übertragungsbeziehung entspricht dem Dunkelmann auch der Analytiker, der durch seine Behandlungstechnik den Patienten über seine peinlichen und bedrohlichen aggressiv-destruktiven Phantasien zum S*prechen* bringt, was ihn ängstigt. Ähnlich wie ein Faustschlag hatte er dann die Behandlung abrupt unter Anführung von äußern Bedingungen beendet.

unbewußte Phantasie des Patienten läßt sich auf eine dreistellige Formel bringen:
1. Es gibt nur mich und sonst gar nichts. Ich bin allmächtig und habe alles im Griff.
2. Alles, was sich mir in den Weg stellt, wird von mir umgebracht (beseitigt, ausgegrenzt etc.).
3. Dazu bin ich berechtigt, weil ich mit ganz besonderen Eigenschaften ausgestattet bin.

Eine riskante, weil durch die Empirie des Behandlungsprozesses nicht voll abgedeckte psychodynamische Hypothese läßt sich für heuristische Zwecke so formulieren:
Die Funktion der unbewußten Phantasie besteht darin, noch tiefer liegende, unerträgliche Kleinheits-, Ohnmachts- bzw. Hilflosigkeitsgefühle und vor allem beschädigte intensive Abhängigkeitswünsche abzuwehren.

Diese Phantasie konnte für den Patienten über viele Jahre tragend für seine Tätigkeit als Straßenbahnfahrer sein. Als Kanzelführer eines Apparates von über 45 Tonnen Gewicht, mit bis zu 900 Fahrgästen „im Griff", ist er potent und verschafft sich über die disziplinierte Einordnung in das über den zentralen Fahrplan gesteuerte Verkehrsgefüge Allmächtigkeit. Häufig war auch der Haß auf die Fahrgäste, die den Fahrplan stören, die sich nicht reibungslos einfügen und die man gerne „loswerden" möchte, Thema. Es gab Beispiele von Randalierern, denen er gerne so „die Fresse poliert" hätte, daß sie nicht mehr aufgestanden wären. Seine destruktiv-mörderischen Wünsche als ein Element dieser Phantasie bestanden also bereits *vor* dem Unfall. Wie sie sich im einzelnen biographisch zusammensetzte, konnte aufgrund der kurzen Behandlungsdauer nicht näher erforscht werden. Eines wurde aber sehr deutlich: Der Unfall wurde für den Patienten deshalb ein traumatisches Ereignis, weil der äußere, reale Vorgang des tödlichen Geschehens, die zweite Komponente dieser Phantasie, die schon *vor* dem Unfall existent und wirksam war – *„wenn sich mir jemand in den Weg stellt, dann bringe ich ihn um, weil ich ein xy* (Variable der Auserwähltheit) *bin"* –, im Sinne einer „falschen Verknüpfung" durch völlig kontingente Umstände für ihn ungewollt von außen bestätigt wurde. Aufgrund dieser Konstellation der assimilierbaren Korrespondenz und Koinzidenz von Elementen der unbewußten Phantasie mit den realen äußeren Elementen des Unfallereignisses wurde es verständlich, warum der Patient sich als „Mörder" mit schweren Schuldgefühlen und phobischen Symptomen aus der Welt zurückziehen mußte. Es wurde auch verständlich, wie er durch seine Manöver an der Börse und durch sein einsames Motorradrasen versuchen mußte, die Kontrolle über sich und die Welt wieder herzustellen.

Die Traumarbeit, die unter seinem nicht integrierbaren Aggressionspotential in einem Alptraum zusammenbrach, kann in diesem Fall gleichermaßen als ein Abwehr- und als ein Reparationsversuch gegenüber einer tiefer liegenden, letztlich mörderischen Phantasie verstanden werden, in der die Frage von Sein oder Nicht-Sein, von Leben und Tod, letztlich die Thematik der – wie ich das nennen möchte – *„Nullstelle"* [7] aktiviert wird. In den ersten beiden Träumen versucht der Patient erfolgreich, die mörderischen Elemente 2 und 3 seiner unbewußten Phantasie auf eindrucksvolle Weise durch eine neue Kontextualisierung zu korrigieren und das ihn stabilisierende narzißtisch grandiose Element 1 („Ich als Straßenbahnfahrer sage, daß a, b, c...") durch nachträgliche alternative Lösungen zu restaurieren. Es zeigte sich in seinem dritten Traum, daß diese Abwehrversuche in der Restitution seiner unbewußten Phantasie über die Traumarbeit schließlich zusammenbrachen und er jenseits der reparativen Traumarbeit real mit seiner „Nullstelle", mit der für ihn

---

[7] Mit diesem Begriff soll die logische Stelle des Todes gekennzeichnet werden, dessen Abkömmlinge in Vernichtung, Zerfall und der Ohnmächtigkeit, in nicht kontrollierbare destruktive Konstellationen eingebunden zu sein, zum Ausdruck kommen, die aber in der Übertragung durch das Prinzip der *Präsenz eines Anderen* (als Zeuge oder als Gesetz etc.) *erlebnisfähig* werden können. Die Bezeichnung „Null" ist, neben der Diskussion der „Null" in der Mathematik, auch von der Werkgeschichte Anton Bruckners inspiriert. Er eliminierte seine erste Sinfonie aufgrund des destruktiven Einspruchs des Hofkapellmeisters Otto Desshoff aus seiner Zählung. Aufgrund ihrer Qualität wurde daraus nachträglich eine „0"-Sinfonie. Sein Werk schließt ab mit dem Fragment einer 9. Sinfonie, die „Dem lieben Gott" gewidmet ist.

„mörderischen" Frage von Leben und Tod, Sein oder Nicht-Sein, konfrontiert wurde.

Auf der klinisch-empirischen Ebene gelang es nicht, diese „Nullstelle" über das Prinzip der Präsenz in der Übertragung so erlebnisfähig zu machen, daß sie hätte durchgearbeitet werden können. Statt dessen wiederholte der Patient nach dem tödlichen Unfallgeschehen die für ihn traumatische Situation, in dem er sich von seiner Frau und seiner Tochter abrupt, voller Haß, trennte, um sie auf diese Weise im Sinne des Wiederholungszwangs ebenfalls – wie real die Frau mit dem Jungen auf dem Arm – in einem übertragenen Sinne zu „töten", „aus dem Weg zu räumen". Das verschlimmerte seine seelische Verfassung, weil er sich dadurch jede äußere soziale Unterstützung, die bei der Bewältigung einer traumatischen Situation von großer Bedeutung ist, selbst entzog. Als ein „last exit" blieb ihm dann nur noch die Möglichkeit, mit seinem Motorrad mit höchster Drehzahl einsam durch die Landschaft zu rasen. Dabei nahm er das Risiko auf sich, erneut in einen Unfall mit Todesfolge verwickelt zu werden.

Die Behandlung, die über den betriebsärztlichen Dienst der Verkehrsgesellschaft empfohlen worden war, wurde von ihm abrupt beendet, als sich herausstellte, daß er aufgrund der ärztlichen Befunde seinen Beruf als Straßenbahnfahrer nicht mehr ausüben konnte und sich umschulen lassen mußte. Der Patient, den ich gerne weiterbehandelt hätte, verließ mich, wenn man an den ersten Traum denkt, sozusagen mit einer neuen, alternativen Paarbildung. Es handelte sich um eine ebenfalls traumatisierte Frau, die nach einer Disco-Nacht auf der Autobahn mit 180 km/h in einen Stau raste, wobei die Freundin, die neben ihr saß, ums Leben kam.

Forschungsperspektiven

Die weltweit vorliegenden wissenschaftlichen Untersuchungen zum traumatischen Prozeß, der heute, obwohl es sich um ein Ursprungsthema in der Psychoanalyse handelt, meistens unter dem Stichwort des Posttraumatischen Belastungssyndroms (PTBS) abgehandelt wird, zeigen, daß etwa ein Drittel der in Unfälle verstrickten Fahrer traumatische Reaktionen entwickeln. Eine wichtige Frage im Hinblick auf die hier vorgestellte Hypothese besteht darin, Antworten darauf zu finden, warum etwa zwei Drittel der verunfallten Fahrer zwar akute Belastungs- oder Anpassungsstörungen, aber *keine* traumatische Reaktion entwickeln. Es ist anhand des vorliegenden Einzelfalles zu vermuten, daß eine psychodynamische Konstellation von Bedeutung ist, in der eine in der Rahmung eines Präkonzepts vorweg enthaltene unbewußte Phantasie Elemente enthält, die mit dem äußeren realen Geschehen *falsch verknüpfungsfähig* sind.

Darüber hinaus ist die kurative Wirkung von sozialer Unterstützung durch echte, tragfähige Beziehungen (nicht zuletzt auch in der Arbeitsorganisation) nicht zu unterschätzen.

Die Fähigkeit, soziale Bindungen herzustellen und aufrechtzuerhalten, ist durch den Riß des traumatischen Prozesses schwer beeinträchtigt. Die schwierige Aufgabe der psychoanalytischen Behandlung eines Traumas scheint darin zu bestehen, in der Übertragung die Nullstelle durch ein Prinzip konsequenter Präsenz zu integrieren. Dabei spielt, wie dieser Fall zeigt, die Traumarbeit als ein reflexiver Vorgang, in dem in kognitiver und phantasmatischer Hinsicht reparative Wünsche verwirklicht werden, eine wichtige Rolle in der Bewältigung einer traumatischen Situation. Dieser Reparationsversuch kann aber in Abhängigkeit von der Verfassung des Ich, das nicht als eine Konstante anzusehen ist, auch scheitern. In strukturlogischer Hinsicht stellt sich das Problem, daß es bei einer konsequenten Psychoanalyse eines traumatischen Prozesses um die Handhabung der Spannung der Negativität geht, die zwischen den Polen der „Nullstelle" und der „Präsenz" im Ich eingespannt ist. Davon scheint abhängig zu sein, ob ein Trauma überwunden werden kann oder durch seine Wiederholung in einer para- oder antisozialen Verwahrlosung endet. Darüber wissen wir in empirisch-klinischer Hinsicht noch sehr wenig.

BRIGITTE HOLZINGER

Der luzide Traum

Die andere Welt zwischen Virtual Reality und Technik in der Psychotherapie

Freud hat den Traum (1900a) bekanntlich als den Königsweg zum Unbewußten beschrieben. Er postulierte, die Bedeutung des Traumes müsse dechiffriert, gedeutet und mühsam, etwa durch freie Assoziation, entschlüsselt werden. Der Traum entspreche dem primärprozeßhaften Sein, kognitive Leistungen, wie Orientieren, Denken, Planen und Erkennen wären dem Traum nicht zuzuordnen, es wären sekundärprozeßhafte Elemente. An diesem Konzept nun rüttelt die Klartraumforschung, die dafür allerdings von der Orthodoxie mit dem Verdikt des Widerstandes und der Abwehr abgetan worden ist.

Unter luzidem Träumen oder Klarträumen versteht man Traumzustände, in denen sich der Träumer bewußt ist, daß er träumt und entscheidend das Traumgeschehen gestalten kann. Greift man in dieser Weise bewußt in den Traum ein, verändert sich allerdings meistens auch die Traumumgebung: Das Traumerleben wird plötzlich intensiver, die Bilder leuchtender. Der erste wissenschaftliche Traumforscher, man muß sagen der erste Europäer, der in der zweiten Hälfte des 19. Jahrhunderts in Paris begann, seine luziden Erfahrungen systematisch zu sammeln, war der Marquis D'Hervey de Saint-Denis (1982), ein französischer Chinaforscher und bemerkenswerter Weise auch Filmpionier. Doch die abendländischen Forscher waren bei weitem nicht die ersten, die den Klarträumen Bedeutung beimaßen und sie nutzen wollten. In einer Linie des tibetanischen Buddhismus, den Dzogchen, wird das Auftreten von „Klarheitsträumen" mit geistiger Klarheit und spiritueller Bedeutung verbunden. Diese werden von den Meistern dieser Disziplin, wie etwa Namkhai Norbu (1992), wie luzide Träume beschrieben.

Den Begriff *luzides Träumen* hat Frederik Willem van Eeden (1913), ein niederländischer Psychiater, kurz nach der Jahrhundertwende geprägt. Er versuchte immer wieder vergeblich, Freud zu einer Stellungnahme zum luziden Träumens zu bewegen. Obwohl sich Stellen in der *Traumdeutung* (1900a, 22, 32, 466) finden, geht Freud auf das Phänomen, während des Traumes zu wissen, daß man träumt, nur insofern ein, als er dies als Abwehrindiz beschreibt. Paul Tholey in Frankfurt a.M. und Stephen LaBerge an der Stanford University in Palo Alto (Kalifornien) haben sich der Erforschung dieses Phänomens in den vergangenen zwanzig Jahren mit ihren (Traum-)Gedanken ausführlich gewidmet. Sie nennen sich und die anderen (Klar-)Traumforscher „Traumfahrer" oder „Oneironauten". Ihre bewußten Eingriffe in die Traumregie verwendeten sie erstmals als „Mitbringsel" gezielter Expeditionen ins Unbewußte.

Tholey und Utecht (1987) definierten sieben unterschiedliche Sparten der Klarheit, die ein Traum erfüllen muß, damit wir von einem Klartraum oder luziden Traum sprechen können.

1. Klarheit über den *Bewußtseinszustand*. Das heißt, man weiß, daß man träumt;
2. Klarheit über die eigene *Entscheidungsfreiheit*. Das heißt, man entscheidet über Flucht, Konfrontation oder Annäherung, etwa bei einer Begegnung mit einer (Alp-)Traumfigur;
3. Klarheit des *Bewußtseins*, im Gegensatz zum Verwirrtheits- oder Dämmerzustand;
4. Klarheit über das *Wachleben*. Das heißt, man weiß, wer man ist und was man sich für diesen Traum vorgenommen hat;
5. Klarheit der *Wahrnehmung*. Man sieht, hört, riecht, schmeckt und fühlt;
6. Klarheit über den *Sinn des Traumes*;
7. Klarheit der *Erinnerung* an den Traum.

Für den Klartraumbegriff, wie er von Tholey eingeführt wurde, ist das Vorhandensein der Klarheit im Sinne von (1) bis (4) unerläßliche Bedingung; die Klarheit im Sinne von (5) und (7) ist dagegen nicht unbedingt erforderlich. Andere Autoren, wie Stephen LaBerge (1985), verstehen unter „lucid dreams" schlicht Träume, in denen man weiß, daß man träumt und frei entscheidend und handelnd ins Traumgeschehen eingreifen kann.

So, wie sich langsam auch die Mähr auflöst, daß im Traum nur schwarz-weiße Bilder wahrgenommen werden,[1] so löst sich auch langsam das Postulat auf, daß der Traum ausschließlich als primärprozeßhaftes Ereignis zu interpretieren ist. So finden sich – wie schon Freud betonte – durchaus sekundärprozeßhafte Elemente während des Träumens, die, je nach Intensität im primärprozeßhaften Traumzustand eine Art Emanenzphänomen bedingen dürften, den Klartraum oder luziden Traum.

Überlegungen zum Klartraum als psychotherapeutischer Technik

Klarträumen oder luzides Träumen sind erlernbar (vgl. Holzinger 1994 und Holzinger, LaBerge und Tholey 1998). Wenn es Menschen lernen oder trainieren können, stellt sich die Frage, was man damit anfangen kann. Da der Traum in fast allen psychodynamisch-psychotherapeutischen Schulen eine Bedeutung hat, liegt es nahe, das Klarträumen als psychotherapeutische Technik zu überlegen und dann gegebenenfalls anzubieten.

Wenn wir zunächst Konzepte einiger therapeutischer Schulen in Betracht ziehen, die eine gewisse Nähe zum Klarträumen vermuten lassen (Verhaltenstherapie, Psychoanalyse, Katathymes Bilderleben, Hypnotherapie, systemische Therapie), so dürfte sich kurz skizziert folgendes Bild ergeben:

Mit der *Gestalttheorie* und dem theoretischen Hintergrund der *Gestalttherapie* scheint das Phänomen des Klartraums sogar besonders gut versteh- und integrierbar zu sein. Beim Erlernen des luziden Träumens spielt Konditionierung eine wesentliche Rolle. Wäh-

---

[1] Wie wir anhand eigener Untersuchungen nachweisen konnten (vgl. Klösch et al. in Vorbereitung), werden im Traum Farben durchaus gesehen, wobei Frauen angeben, am häufigsten die Farbe „blau" im Traum zu bemerken und Männer die Farbe „grün" am häufigsten träumen.

rend des Klarträumens liegt die Möglichkeit des Probehandelns auf der Hand. Diese Möglichkeiten und Ideen kommen aus der *Verhaltenstherapie* und dürften deshalb ohne Schwierigkeit in die theoretischen kognitiv-behavioralen Konzepte integrierbar sein.

Neben der Konditionierung ist die (Auto-)Suggestion als Methode, das luzide Träumen zu induzieren, sehr wirksam. Den Konzepten der *Hypnose* und *Hypnotherapie* dürfte die Idee des Klartraumes als psychotherapeutische Technik nahe stehen, da in der Hypnose und Hypnotherapie der Klient in die Welt der Suggestionen und Bilder geführt wird.

Ein enges Verhältnis besteht auch zwischen dem Klarträumen und dem *Katathymen Bilderleben* (KB) – entwickelt von Leuner (1962). Der deutlichste Unterschied ist natürlich, daß die Welt der Bilder beim KB aus dem Wachzustand eingeleitet wird und manchmal unklar ist, ob der Klient noch wach oder eingeschlafen ist und der luzide Traum im Schlaf beginnt und auch während des Schlafes stattfindet, eben geträumt wird. Der Träumer ist direkt ins Traumgeschehen, in die Welt der Traumbilder einbezogen. Die dabei zu beobachtende Physiologie der Klartraum-Schlafprofile ist deutlich vom Wachzustand unterscheidbar. Das zeigt nochmals an, daß es sich bei Klarträumen wirklich um Träume handelt und nicht um Paraphänomene. Schließlich „fühlt sich" ein Traum eben auch subjektiv, für den Träumer deutlich erkennbar, eben wie ein Traum, an. Dieses Erleben wird auch beim Katathymen Bilderleben oft beschrieben, obwohl es im Wachen stattfindet. Eine differenzierte Unterscheidung – physiologisch und phänomenlogisch –, also welche typischen Merkmale die Traumwelt charakterisieren, wäre sicherlich ein unschätzbarer Schlüssel, um die Schwelle zwischen Wach und Schlaf zu erfassen.

Der *Psychoanalyse* ist die Idee, den Traum selbst willentlich zu beeinflussen, wie schon erwähnt, besonders fremd, weil seine Entstehung gerade durch das Erlahmen der (steuernden und erkennenden) Ich-Funktionen begründet wird. Dennoch ist zu überlegen, inwieweit auch die Träume der Psychoanalyse nicht oft genug Klarträume sind, ohne daß das explizit gemacht wurde und wird. Im Klartraum weiß der Träumer die dem Traum innewohnende Bedeutung während er noch träumt, quasi an „Ort und Stelle", kann so selber deuten und erkennen und kann das dann aber auch vergessen. Vor allem stoßen sich Psychotherapeuten verschiedener Schulen an dem Gedanken, daß das *Unbewußte unmittelbar bewußt erlebbar sei*. Das gilt insbesondere für die Nachfolger C.G. Jungs, die dem Klarträumen ansonsten großes Interesse entgegenbringen; sie zeigen sich besorgt über dieses „Eingreifen", diese Möglichkeit, dem „Schatten" willentlich begegnen zu können. Dies sei letztlich „vermeidende Kontrolle über den Traum". Dies äußert sich in Zweifeln und Fragen wie: „Wird der Fluß des Unbewußten gestört, wenn wir in unsere Träume eingreifen?" „Darf man im Traum Kontrolle ausüben?" „Beraubt man den Traum seines Wesens?" „Bedeutet das luzide Träumen nicht gleichzeitig ein beinahe gewaltsames Durchbrechen von Abwehr und ist in diesem Sinne gefährlich?"

Spätestens seit der Diskussion über „gelernte Hilflosigkeit" ist bekannt, daß Kontrollverlust krankheitserregend wirken kann. Deshalb sei hier ausdrücklich noch einmal darauf hingewiesen, daß in der Theorie des Klarträumen Kontrolle nicht als Vermeidung verstanden wird, sondern als eine Gewißheit, daß man selbst für die Gestaltung der Wach- und der Traumwirklichkeit zuständig ist, und daß man weder höheren noch tieferen unbewußten Mächten ausgeliefert ist, sondern selbst entscheidend handeln kann.

Der Gedanke, daß der Gewinn von Kontrolle in diesem Sinne Streß reduziert und somit gesundheitsfördernd wirkt, liegt nahe. Diese Kontrolle kann zur Abwehr werden, dennoch ist das Klarträumen kein Abwehrmechanismus an sich. Die Art des Umgangs und der Anwendung bestimmen die Wirkung. So ist das Klarträumen unter bestimmten Voraussetzungen – im „vortherapeutischen" Bereich – für Persönlichkeitsentwicklung oder Psychohygiene ein wertvolles „Werkzeug". Der Träumer kann Unangenehmes auch im Klartraum vermeiden: Er kann Dinge einfach nicht wahrnehmen, sich selber Schaden zufügen oder flüchten. Der Umgang mit dem luziden Träumen entspricht vermutlich der Persönlichkeitsstruktur. Demnach sind Überlegungen anzustellen, für welche Klientengruppen das luzide Träumen angezeigt bzw. kontraindiziert sein mag (vgl. Holzinger 1996).

Das Spektrum ist breit: Luzides Träumen kann auf der einen Seite zur Erforschung eigener Tiefen und Höhen dienen. In diesem Sinne kann es prophylaktisch angewandt werden. Auf der anderen Seite könnten Menschen mit einer starken Neigung zum Realitätsverlust noch verwirrter werden. Stephen LaBerge (1985) vertritt dazu die Ansicht, daß das luzide Träumen den jeweiligen Zustand sogar klarer erlebbar macht (vgl. auch Holzinger, LaBerge und Tholey 2000). Jedenfalls gibt es Berichte und Studien darüber, daß Menschen Alpträume durch das Klarträumen bewältigen können, spontan und trainiert (Zadra und Phil 1997), wobei man heute annimmt, daß die Reduzierung des subjektiven Leidensdrucks dabei eine größere Rolle spielt als die Verminderung der Alptraumfrequenz (Blagrove, Famer und Williams 2001). Die Anwendung von luziden Träumen in der Psychotherapie ist jedenfalls eine sich lohnende und spannende Herausforderung (Holzinger 1997).

So hat Frau Mag. Doll die seelische Gesundheit von Menschen, die luzide träumen, untersucht. Die Definition von luzidem Träumen in dieser Studie war einfach: der Träumende ist sich bewußt, daß er träumt, während er träumt. Doll stellte die Auftrittshäufigkeit luzider Traumerlebnisse Persönlichkeitsfaktoren (TPF, vgl. Becker 1989) gegenüber. Die Hauptergebnisse der Datenanalyse (für Details vgl. Doll, Gittler und Holzinger in Druck) von insgesamt 89 Versuchspersonen legten nahe, daß sich häufig luzide Träumer (n=27; mehr als einmal im Monat) von selten (n=33; weniger als einmal im Monat) von nie luziden Träumern (n=29) durch höhere Werte in den Skalen seelische Gesundheit, Beschwerdefreiheit, Expansivität, Autonomie und Selbstwertgefühl differenzierten. Der beobachtete Zusammenhang zwischen luzider Traumhäufigkeit und seelischer Gesundheit läßt vermuten, daß Traumluzidität eine wirkungsvolle therapeutische Anwendungsmöglichkeit bieten kann. Allerdings stammten diese Ergebnisse aus einer Stichprobe von gesunden Probanden, so daß auf Auswirkungen auf Personen mit einer seelischen Erkrankung nicht eingegangen werden konnte. Es ist jedoch vorstellbar, daß durch luzides Träumen der Umgang mit innerseelischen Konflikten positiv beeinflußt wird und sich mit geeigneter therapeutischer Begleitung auch für das Wachleben günstig auswirkt. Die Theorie von Tholey (1981), wonach luzides Träumen vor allem zum Aufrechterhalten seelischer Gesundheit hilfreich ist, konnte also empirisch bestätigt werden. Allerdings wurde die Untersuchung nicht an einer für die Gesamtbevölkerung repräsentativen Stichprobe durchgeführt und der Großteil der Stichprobe bestand aus Menschen, die spontan luzid träumen. Es bleibt offen, welche Auswirkungen ein Training der Traumluzidität im Rahmen einer Therapie auf die Persönlichkeit bzw. das Wohlbefinden zeigen würde und es ist abzuwarten, wie zukünftige Untersuchungen diese Frage zu klären vermögen.

Um auf unseren anfänglichen Versuch einer Einbettung in und Überlegungen des Bezuges von verschiedenen psychodynamisch-psychotherapeutischen Richtungen, die heute aktuell sind, zurückzukommen und um den Vorgang des luziden oder Klarträumens besser verstehen zu können, möchte ich im Folgenden unser Phänomen im Lichte einer bestimmten Theorie ausführlicher diskutieren: der Gestalttheorie oder vereinfacht und bekannter als Gestaltpsychologie.

Wie wir wissen, handelt es sich dabei um eine Wahrnehmungspsychologie, die erkenntnistheoretische Modelle aufgrund ihrer Beobachtungen und Forschungen entwickelt hat und deren Vertreter zu Anfang des 20. Jahrhunderts von Systemen, „Pattern" und „Consciousness" gesprochen haben, die sie allerdings Feld, Gestalt und Intuition oder Kreativität genannt haben, lange vor jeder systemischen Therapie, lange bevor der Begriff „Patternrecognition" bekannt geworden ist und die, wie ich meine, in der heute so modernen Bewußtseinsforschung einiges beizutragen hätte, würde man sie genauer kennen. Leider ist sie, um es kurz zu sagen, durch den Zweiten Weltkrieg arg beeinträchtigt, ja beinahe ausgelöscht worden. Darüber vertieft informieren kann man sich etwa in dem Journal „Gestalt Theory".

Auf direktem und auf verschlungenem Weg sind daraus nicht nur die gestalttheoretisch orientierte Psychotherapie, sondern auch die Gestalttherapie und aus ihr wiederum die Integrative Gestalttherapie und die Integrative Therapie entstanden. Aus diesem Grund haben meiner Ansicht nach all diese Richtungen einen gemeinsamen theoretischen Kern – und den gibt es auch bei der Gestalttherapie. Deshalb erlaube ich mir im Folgenden, Vertreter dieser Richtungen zu zitieren, wenn sie sich auf das Thema Traum oder gar das Thema Klartraum beziehen, denn dieser erwähnte theoretische Kern hat nach meiner Auffassung in seiner Differenziertheit die größte strukturelle Verwandtschaft mit dem Phänomen des luziden Träumens.

James Simkin, der gemeinsam mit Fritz Perls das Gestaltzentrum „Esalen" in Big Sur aufgebaut und geleitet hat und damit zu den Gestalttherapietheoretikern zu zählen ist, meinte in seinen „Minilectures" (1976, 17):

> „Das theoretische Modell der psychodynamischen Persönlichkeitsschulen, allen voran das der Freudschen Schule, stellt sich Persönlichkeit wie eine Zwiebel aus mehreren Schichten vor. Jedesmal, wenn eine Schicht abgeschält ist, taucht eine neue auf, bis man endlich zum Innersten vorgedrungen ist. Ich stelle mir Persönlichkeit mehr wie einen Gummiball vor, der nur eine dicke äußere Haut hat und innen leer ist. Der Ball schwimmt oder treibt in einer Umgebung, so daß zu jedem beliebigen Zeitpunkt nur ein Teil sichtbar ist, während der Rest untertaucht. Statt Un- oder Vorbewußtes zu erfinden, um sich Verhalten zu erklären, dessen wir uns nicht gewahr sind, schlage ich vor, daß unbewußtes Verhalten das Resultat eines Organismus ist, der mit seiner Umgebung nicht in Verbindung steht. Dies ist darauf zurückzuführen, daß der Organismus hauptsächlich in seinem eigenen Hintergrund (interner Umgebung) oder seiner Phantasiewelt untergegangen ist" (Übersetzung B.H.).

Dieser „Zwiebelvergleich" ist anschaulich. Dennoch kann man darüber streiten, ob der Gummiball wirklich leer ist oder ob vielmehr auch Faktoren wie Fokus und Gewicht die Drehungen des Balls bestimmen. Spricht man von der Anwendbarkeit von luziden Träumen in der Psychotherapie oder Prävention, drängt sich vor allem ein Begriff auf: *Selbstintegration*. Dazu James Simkin in seinen „Minilectures" (1976, 89):

> „Nach dem Denken der Gestalttherapie ist alles im Traum ein Aspekt der Persönlichkeit des Träumers, und so schreibt man, wenn man träumt, sein eigenes Lebensskript ... Die meisten Therapieformen interpretieren den Traum als eine verschlüsselte Nachricht. In der Gestalttherapie ist die Nachricht existentiell gegenwärtig" (Übersetzung B.H.).

Demnach stellt der Traum also eine Möglichkeit dar, *abgespaltene Anteile* sichtbar zu machen. Er eröffnet damit das Potential, diese in die Persönlichkeit zu integrieren.

Was bedeutet das für den Klartraum? Indem wir wissen, daß wir träumen und entscheidend ins Geschehen eingreifen können, können wir gleichsam an Ort und Stelle „Abgespaltenes" integrieren.

Trotz der oben beschriebenen theoretischen „Neutralität" des Klartraums zu den Theorien und Konzepten verschiedenster therapeutischer Schulen gibt es jedoch nur wenige Psychotherapeuten, die das Klarträumen in der Psychotherapie anwenden: Andrew Brylowsky (1990) als Psychiater in Texas, Norbert Sattler als gestalttheoretisch orientierter Psychotherapeut in Deutschland und ich selber in Wien. Die Zurückhaltung ist tatsächlich erforderlich, d.h., Vorsicht und schrittweises Vorgehen scheinen bei der Anwendung dieser Methode besonders angebracht.

Beim Lesen der Simkinschen Minilectures drängt sich eine weitere Sichtweise von Wach- und Traumwelt auf. Wie beim Vexierbild wechseln, abhängig von Konzentration und Blickwinkel, *Figur und Hintergrund*: das Wachleben als Figur und das Traumleben als Hintergrund. Das würde nach Simkin dem Skriptmodell entsprechen; der Traum als Figur und das Wachleben als Hintergrund – wie bei der „Traumarbeit" in einer Therapiesituation. Petzold (1977, 149) beschreibt seine Gedanken dazu: „Der Traum ist eine Weise des In-der- und Zur-Welt-Seins des Menschen. Die Welt ist sein Hintergrund, den er 'bewohnt', aus dem er hervorgeht und auf den er gerichtet ist."

Zur weiteren Begründung der Annahme, warum es gerade Gestalttherapie und Integrative Therapie sind, in die das Konzept des Klarträumens gut integrierbar scheint, möchte ich abschließend noch von Metzger (1975) formulierte Gesetze der Gestalttheorie anführen, die die Kompatibilität beider Konzepte sichtbar machen:
- Im Klartraum wird je nach „*Gefordertheit der Lage*" und nicht nach einem konstruierten Prinzip interveniert;
- das Modell *Vordergrund/Hintergrund* läßt sich im Wachleben genauso wie im Traumleben wiederfinden;

– *die Tendenz zur guten Gestalt* ist als Gesetzmäßigkeit akzeptiert (luzides Träumen als Möglichkeit, einen Traum eigenständig „abzurunden");
– *Eigenverantwortlichkeit* ist Thema: der Träumer gestaltet seine Träume und handelt selbst in seinen kühnsten Träumen eigenverantwortlich;
– das Vertrauen des Gestaltansatzes in den *Selbstheilungsprozeß* ermöglicht den Traum, als Medium der Eigentherapie, sinnvoll und ohne komplizierte Deutungen für die Einleitung der Selbstheilung anzuwenden;
– nach Perls steht das *Phänomen* (des Traumes) und nicht die Interpretation im Vordergrund: in der Unmittelbarkeit des (Traum-)Erlebens wirkt der Träumer sowohl als Betroffener wie auch als Handelnder. Eine darüber geschobene Ebene wie etwa die Interpretation durch den Therapeuten wird überflüssig;
– die Gestalttheorie sowie die Gestalttherapie und Integrative Therapie können, im Gegensatz zur Psychoanalyse, durch ihr *ganzheitliches Konzept* den Gedanken zulassen, daß das Unbewußte per se (im Traum) mit dem Überbewußten bzw. den Ichinstanzen gleichzeitig auftreten kann; sogar *Topdog und Underdog* schließen einander in ihrer Präsenz und gegenseitigen Beeinflussung bzw. Abhängigkeit nicht notwendigerweise aus. Ganz im Gegenteil: es kann zur *Integration* kommen; Petzold (1977, 151) beschreibt seine Auffassung des psychotherapeutischen Umgangs mit Träumen: „Der Traum in seiner integrativen Funktion hat die Aufgabe 1. der Verarbeitung von Konflikten, 2. der Assimilation von abgespaltenen Elementen, 3. der Klärung von Konfluenzen, 4. der Artikulation von unerledigten Situationen, mit dem Ziel, daß Möglichkeiten gefunden werden, diese offenen Situationen zu schließen. 5. Schließlich hat der Integrationsprozeß im Traum einen evolutiv-kreativen Aspekt: er trägt zur Entfaltung der Persönlichkeit und ihrer Potentiale bei."

Was scheint schließlich integrativer, als im Stadium (angeblich) tiefer Unbewußtheit sich plötzlich all seiner Bewußtseins- und Handlungsmöglichkeiten bewußt zu werden und damit die Freiheit zu schaffen, kreative Lösungen zu finden! Überträgt man das psychotherapeutische Potential von luziden Träumen auf die „vier Ebenen der therapeutischen Tiefung" der Integrativen Therapie (Petzold 1977, 155), ergibt sich, daß die Ebene der Reflexion, die der Vorstellungen und Affekte, die der Involvierung im Traum und im Klartraum erlebbar und vollziehbar sind, die Ebene der autonomen Körperreaktion könnte, unter der Prämisse, daß die Verbindung zur Körpermotorik – bzw. zum sensu-motorischen Regelkreis, wie Tholey und Utecht (1987) ihn nannten – unterbrochen bzw. eingeschränkt ist, somit nur zum Teil durchlebt und verändert werden.

Paul Tholey, der im deutschen Sprachraum wohl bekannteste „Oneironaut", war Gestalttheoretiker und wurde durch seine Überlegungen über die (Wahrnehmung der) Wirklichkeit zum Klarträumer (vgl. Holzinger, LaBerge und Tholey 2000). Die Wirklichkeit, so die Gestalttheorie, bildet sich in unseren Köpfen ab. Sie wird tagsüber von äußeren Einflüssen genährt und spiegelt sich nächtens, von der Weiterleitung äußerer Reize weitgehend ungestört, als unsere ureigenste Kreation in unseren Träumen wider. Betrachtet man das Träumen als eine Art mentalen Verdauungsvorgang, macht „Durchkauen", Lösen und „Nährstoffe-Integrieren" Sinn. Gegebenenfalls kann das Ferment „Bewußtsein" beigegeben werden, womit wir zur Selbstbestimmung gelangen und Gestalter unserer Träume und damit auch Gestalter unseres Lebens werden können.

Literatur

Becker, P. (1989), *Der Trier Persönlichkeitsfragebogen (TPF)*. Göttingen: Hogrefe

Blagrove, M.T., L.H. Farmer und M.E. Williams (2001), Differential associations of psychopathology with nightmare frequency and nightmare suffering. *Sleep 24* (abstract supplement), A181-A182

Brylowski, A. (1990), Nightmares in crisis. Clinical applications of lucid dreaming techniques. *Psychiatric Journal of the University of Ottawa 15*, 79-84

D'Hervey de Saint-Denis, J.M.L. Marquis (1982), *Dreams and the means of directing them*. London: Duckworth

Doll, E., G. Gittler und B. Holzinger (in Druck), Dreaming, lucid dreaming, and personality. *Consciousness and Cognition*

Freud, S. (1900a), *Die Traumdeutung*. Frankfurt M.: Fischer, 1960

Holzinger, B. (1994), *Der luzide Traum*. Wien: WUV, 1997

Holzinger, B. (1996), Der Luzide Traum. Betrachtungen über das Klarträumen als psychotherapeutische Technik und Prävention. In: R. Hutterer-Krisch, V. Pfersmann und I.S. Farag (Hrsg.), *Psychotherapie, Lebensqualität und Prophylaxe*. Wien/NewYork: Springer, 363-375

Holzinger, B. (1997), Die Verwendung von Schlaf- und Traumtagebüchern in der Schlafmedizin – Diagnostische Methoden. In: H. Schulz (Hrsg.), *Kompendium Schlafmedizin*. Augsburg: ECOMED

Holzinger, B., S. LaBerge und P. Tholey (1998), Diskussion über Induktionsmethoden, theoretische Grundlagen und psychotherapeutische Anwendungen des Klarträumens. *Gestalt Theory 20*, 143-173

Holzinger, B., S. LaBerge und P. Tholey (2000), Ein Gespräch über Klarträume/n. In: *Kea – Zeitschrift für Kulturwissenschaften*, Ausgabe 13, 211-235

Klösch, G., S. Parapatics, B. Holzinger, G. Gruber, B. Saletu, M. Barbanoj, J. Lorenzo, D. Kunz und J. Zeitlhofer (in Vorbereitung), Dream recall in healthy subjects. Are there any differences between males and females?

LaBerge, S. (1985), *Lucid dreaming*. Los Angeles: Tarcher

Leuner, H.C. (1962), *Die experimentelle Psychose*. Heidelberg: Springer

Metzger, W. (1975), *Gesetze des Sehens*. Frankfurt M.: Kramer

Norbu, N. (1992), *Traum - Yoga*. Bern: Barth

Petzold, H. (1977), Theorie und Praxis der Traumarbeit in der Integrativen Therapie. *Integrative Therapie 3*, 147-175

Simkin, J. (1976). *Gestalt therapy*. Minilectures. Millbrae: Celestial Arts

Tholey, P. (1981), Empirische Untersuchungen über Klarträume. *Gestalt Theory 3*, 29-46

Tholey, P. und K. Utecht (1987), *Schöpferisch Träumen*. Niederhausen: Falken-Verlag

van Eeden, F.W. (1913), A study of dreams. *Proceedings of the Society for Psychical Research 26*, 431-461

Zadra, A.L. und R.O. Pihl (1997), Lucid dreaming as a treatment for recurrent nightmares. *Psychotherapy and Psychosomatics 66*, 50-55

Inge Strauch

Traum und Phantasie
im Übergang von der Kindheit zur Adoleszenz

Vor fünf Jahren haben wir erste Ergebnisse über die Träume von Kindern vorgestellt (Strauch und Kaiser 1995). Inzwischen ist unsere Langzeitstudie abgeschlossen, und ich kann eine Bilanz ziehen, bei der ich zwei Fragen in den Mittelpunkt stellen möchte:
1. Welche formalen und inhaltlichen Veränderungen zeigen Träume im Übergang von der späten Kindheit zur Adoleszenz, d.h. im Alter zwischen 10 und 14 Jahren? Hier ist der Entwicklungsprozeß angesprochen, wobei aufgrund der Ergebnisse von David Foulkes erwartet werden kann, daß die kognitive und emotionale Reifung, die in diesem Zeitraum stattfindet, auch in den Träumen zum Ausdruck kommt (vgl. Foulkes 1982, 1999).
2. Welche Gemeinsamkeiten und Unterschiede kennzeichnen Träume und Wachphantasien? Hier geht es um einen Vergleich zwischen zwei Bewußtseinszuständen und um die Frage, ob die Wach- und Traumvorstellungen entlang einer Dimension einzuordnen sind oder ob im Traum kompensatorisch andere Arten des Erlebens im Vordergrund stehen.

An unserer Langzeitstudie haben 12 Jungen und 12 Mädchen teilgenommen, die im Alter von 10 Jahren (bei einer Spannweite von 9-11 Jahren) zum ersten Mal ihre Träume berichteten. Sie kamen in der Regel zu zweit ins Schlaflabor, wo sie von zwei Personen betreut wurden. Während drei Nächten wurden kontinuierlich das Elektroenzephalogramm, die Augenbewegungen und der Muskeltonus aufgezeichnet, um die REM-Phasen zu erkennen, aus denen die Kinder geweckt wurden, um ihre Träume zu erzählen.

Damit die Kinder in den ersten 3-4 Stunden ihren Tiefschlaf bekamen, nahmen wir die erste Weckung erst in der zweiten REM-Phase vor, 5 Minuten nach ihrem Einsetzen. Anschließend wurden sie aus jedem nachfolgenden REM-Stadium erneut geweckt, und zwar nach jeweils 10, 15 und 20 Minuten, wobei die längere Wartezeit berücksichtigt, daß diese Phasen gegen Morgen hin länger dauern.

Obwohl Träume in allen Schlafstadien auftreten, haben wir die Kinder ausschließlich aus dem REM-Schlaf geweckt, weil hier die Erinnerung an Träume am besten gelingt. Die Weckungen erfolgten über eine Gegensprechanlage mit Nennung des Namens. Die Versuchsleiterin stellte die Frage: „Was hast Du gerade geträumt, bevor ich Dich geweckt habe?" Wenn das Kind seinen Traum erzählt hatte, ging sie in den Schlafraum und stellte einige klärende Fragen zu den Inhalten und zu den Gefühlen im Traum.

Um die Vorstellungsfähigkeit im Wachen zu erfassen, erhoben wir jeweils vor dem Einschlafen, während die Kinder schon im Bett lagen, eine Phantasie, indem wir ein bestimmtes Thema stellten, z.B.: "Stell Dir vor, es hat über Nacht zwei Meter hoch geschneit. Erfinde eine Geschichte dazu." Oder „Stell Dir vor, Du hast eine Tarnkappe, die Dich unsichtbar macht."

Wir konnten die Untersuchung mit allen 24 Kindern noch zweimal im Abstand von jeweils zwei Jahren wiederholen, so daß ihre Träume und Wachgeschichten die Zeit von der späten Kindheit bis zum Beginn der Adoleszenz umfassen.

Von den drei Erhebungen liegen insgesamt 551 REM-Träume (171, 173, 207) und 286 Wachgeschichten (94, 96, 96) vor. Zusätzlich habe ich aus unserer Traumdatenbank eine Vergleichsstichprobe von 207 Träumen junger Erwachsener ausgewählt, die unter denselben Bedingungen erhoben wurden. Sie stammen von 12 Männern und 12 Frauen, die individuell genau so viele Träume zu vergleichbaren Zeitpunkten berichtet haben wie die 14jährigen Kinder.

Alle Träume und Phantasien wurden einschließlich der Befragungen wortgetreu, mit einem Umfang von rund 1500 Seiten, im Computer gespeichert und anschließend mit verschiedenen inhaltsanalytischen Verfahren ausgewertet (vgl. Strauch et al. 1997).

Entwicklung des Träumens

Wie gut haben sich die Kinder im Labor an ihre Träume erinnert und war hier im Verlauf der drei Erhebungen ein Fortschritt festzustellen? In Abbildung 1 sind die Häufigkeiten der Traumerinnerung, getrennt für Jungen und Mädchen der drei Altersstufen sowie für Männer und Frauen der Parallelstichprobe angegeben. Bei den Jungen waren im Alter von 10 Jahren erst 58% der Weckungen erfolgreich, doch verbesserte sich ihre Traumerinnerung in den beiden nachfolgenden Untersuchungen und erreichte mit 14 Jahren 74%. Bedenkt man die Reifungsverzögerung, die Jungen gegenüber Mädchen haben, dann könnte man diesen Anstieg als Entwicklungsfortschritt interpretieren. Die Mädchen hatten allerdings schon als 10jährige mit 77% eine bessere Traumerinnerung, die sich auf gleichem Niveau hielt, aber noch nicht die Werte der Erwachsenen erreichte, die nach 9 von 10 Weckungen einen Traum berichten können.

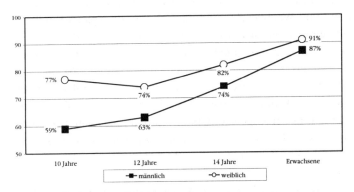

Abb. 1: Die Häufigkeit der Traumerinnerung nach REM-Schlafweckungen

Warum Kinder sich weniger häufig als Erwachsene an ihre Träume erinnern können, geht sicherlich auf mehrere Faktoren zurück. So kann in diesem Alter die Weckschwelle noch ziemlich hoch sein, was eine Abrufbarkeit der Träume erschwert. Das zeigt sich auch daran, daß die Kinder etwa jede zweite Nichterinnerung als *weißen Traum* bezeichneten: d.h., sie wußten, daß sie gerade etwas geträumt haben, aber es gelang ihnen nicht, die Inhalte ins Gedächtnis zu rufen.

Hinzu kommt, daß Kinder noch wenig Übung darin haben, auf ihre Träume zu achten, vor allem auch deshalb, weil sie für sie noch nicht wichtig sind. Das Interesse am Traum nimmt erst in späteren Jahren zu, wenn man ihn für sinnvoll hält.

Man kann weiterhin davon ausgehen, daß Erwachsene an einem Traumexperiment teilnehmen, weil sie sich für ihr Innenleben besonders interessieren, wohingegen bei Kindern, insbesondere bei Jungen dieser Altersspanne, die Lust an einem Experiment teilzunehmen im Vordergrund steht.

Wie realistisch oder wie phantastisch haben die Kinder ihre Träume gestaltet? Den Wirklichkeitsgehalt der Träume haben wir global auf einer Dimension eingeschätzt, die von realistisch bis phantastisch reicht. Traumszenen beurteilen wir als *realistisch*, wenn sie in vergleichbarer Weise im Wachleben hätten eintreten können. Wir werten sie als *erfinderisch*, wenn sie vertraute Wacherfahrungen in ungewöhnlicher, aber gleichwohl sinnvoller Weise zusammenstellen, wir schätzen sie als *teils phantastisch* ein, wenn wirklichkeitsbezogene und bizarre Elemente nebeneinanderstehen und als *phantastisch*, wenn der Bezug zur Wachwelt fehlt (vgl. Strauch und Meier 1992).

Einige Beispiele sollen die Ausprägungen auf dieser Dimension zunächst veranschaulichen:

Ein 10jähriger Junge berichtete in der ersten Nacht nach dem vierten Wecken einen typisch realistischen Traum, der sich im Alltag abspielte:

> Also, ich bin in einem Spielzeugladen. Und dort gibt es Modellautos für 8 Franken. Und dann habe ich so eines gekauft. Und als ich dann noch in einen anderen Spielzeugladen gegangen bin, waren sie dort viel billiger und haben noch ein Schwungrad drin gehabt und haben 2 Franken oder 3 gekostet. Und dann habe ich mich geärgert.

Ein erfinderisches Spiel mit fremden Personen an einem unbekannten Ort steht dagegen im Zentrum eines Traums, den ein 10jähriges Mädchen nach dem vierten Wecken erinnerte:

> Ich habe geträumt, daß ich mit zwei Frauen in einem Laden mit Kleidern gewesen bin und dann mit diesen Frauen lauter Spiele gespielt

habe. Und da war noch ein kleineres Mädchen, das nicht wußte, wie die Spiele funktionieren. Und dann war so ein Spiel, da mußte man einmal hin und her rennen in diesem Laden. Und da mußte man noch eine Rechnung schreiben: 300 und 200 ergibt 500. Und dann mußte man wieder hin und her gehen, nachher mußte man noch auf einen Knopf drücken. Und wenn man dort auf den Knopf gedrückt hat, und ein paar Sekunden draufgeblieben ist, mußte man wieder zurück. Und dann wieder draufdrücken am anderen Ende.

Im dritten Traum eines 13jährigen Mädchens kommt ein merkwürdiges Kochgerät vor, das der alltäglichen häuslichen Situation einen teilweise phantastischen Charakter verleiht:

Bei uns daheim am Küchentisch haben ich, meine Mutter, mein Bruder und mein Vater gegessen. Meine Mutter machte Pasteten, die hätte sie in den Ofen stellen sollen zum backen. Und dann hat sie sie in den Tiefkühler getan und der wurde sehr warm und das Fleisch ist geplatzt. Als sie sie herausnahm ist ihr vor Kälte sogar noch der Finger kleben geblieben. Also der Backofen konnte kalt und heiß gleichzeitig machen.

Ein 11jähriger Junge gab nach dem zweiten Wecken einen ausgesprochen phantastischen Traum von einem tierischen Wettkampf zu Protokoll, in dem er nur Beobachter war:

Ich habe geträumt, daß so ganz viele Vögel in der Kanalisation unten waren, farbige Vögel, so violett. Und die sind so herumgeschwommen. Ratten haben sie gelenkt, sie haben die Vögel als Pferd genommen, die haben so Sättel gehabt und sind draufgesessen und davongeschwommen. Und die Ratten machten auf diesen so ein Wettrennen, verhalten sich so wie Menschen, so mit Start und Ziel.

In Abbildung 2 ist der Realitätscharakter der Träume in vier Altersstufen dargestellt. Zwei Veränderungen fallen auf: Die erfinderischen Träume nehmen mit dem Alter zu, während die phantastischen Träume abnehmen. Der Anteil der realistischen Träume bleibt dagegen in jedem Alter mit rund 40% auf gleichem Niveau. Im Alter von 10 und 12 Jahren dominieren einerseits die realistischen Träume, andererseits halten sich erfinderische und phantastische Träume die Waage. Mit 14 Jahren ist die Verteilung weitgehend den Träumen der Erwachsenen angeglichen: Jetzt stehen nur noch erfinderische und realistische Träume im Vordergrund, und phantastische Träume sind vergleichsweise selten.

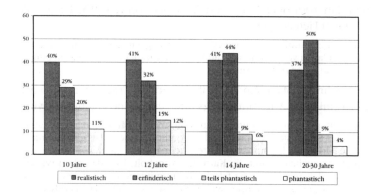

Abb. 2: Die Einstufung der REM-Träume auf der Dimension realistisch - phantastisch in verschiedenen Altersstufen

Ein signifikanter Geschlechtsunterschied ergab sich nur bei den 10jährigen. Die Jungen träumten in diesem Alter entweder betont wirklichkeitsbezogen (49%) oder phantastisch (35%). Im Vergleich mit den Mädchen gelang es ihnen erst in wenigen Träumen, bekannte Elemente der Wacherfahrung erfinderisch abzuwandeln (16%). Zwei Jahre später haben sie hier jedoch mit den Mädchen gleichgezogen.

Offensichtlich muß eine erfinderische Gestaltung der Träume erst gelernt werden; sie stellt höhere kognitive Anforderungen, weil getrennte Gedächtnisinhalte sinnvoll synthetisiert werden müssen. Der vielen phantastischen Träume bei den jüngeren Kindern dagegen könnten auch nur zum Ausdruck bringen, daß sie sich in dieser Zeit für phantasievolle Erlebnisse besonders interessiert haben.

Die Aktivität des Ichs im Traum ist ein weiteres Merkmal, das sich im untersuchten Zeitraum verändert hat. Nur in rund jedem zehnten Traum trat das Ich nicht auf oder war nur als Zuschauer anwesend. Dort wo das Ich aktiv war, haben wir bestimmt, ob der Träumer allein aktiv war, ob er etwas mit anderen gemeinsam unternahm oder ob er interaktiv das Geschehen mitbestimmte.

Auch hier sollen einige Beispiele diese Kategorien veranschaulichen: Ein 10jähriger Junge war in seinem dritten REM-Traum allein mit einem Lieferwagen:

> Ich habe geträumt, daß Lieferwagen vorbeigefahren sind, die mit Brettern beladen waren und ich bin hinten aufgestiegen. Das war in einem Hausgang, der zu gewesen ist.

Ein 13jähriges Mädchen ist in ihrem ersten Traum gemeinsam mit ihrer Familie im Auto unterwegs und zeigt keine Eigeninitiative:

> Ich hab geträumt, daß wir im Auto mit meiner Mutter, meinem Vater, meiner Schwester gefahren sind und gehofft haben, daß gleich einmal eine Ortschaft kommt, wir hatten kein Benzin mehr. Da haben wir immer angehalten und die Karte hervorgeholt. Und da haben wir gemerkt, daß wir eine ganz falsche Karte mitgenommen haben. Da haben wir gesagt, wir fahren weiter und sehen, ob es da irgendwo ein Dorf gibt mit einem Kiosk, wo man eine richtige Karte kaufen kann. Und dann sind wir in das Dorf gekommen, das wir eigentlich gesucht haben.

Dagegen hat ein anderes 13jähriges Mädchen in ihrem dritten REM-Traum einfallsreich und tatkräftig das merkwürdige Verhalten eines Mitschülers aufgeklärt:

> Ich hab geträumt, daß ein Bub aus meiner Klasse immer das Gleiche anhat wie ich, also nicht gleichzeitig, so als ob er meine Kleider hätte. Und dann habe ich auf einen Pulli von mir mit Tinte einen Fleck gemacht, und zum schauen, ob es auch der gleiche ist. Und am nächsten Tag hat er tatsächlich so einen Tintenfleck dort. Und dann habe ich ihn zur Rede gestellt und der sagte irgendwie, daß er einfach das anziehe, was er cool findet und daß er so in den verschiedenen Wohnungen die Kleider aussuchen geht.

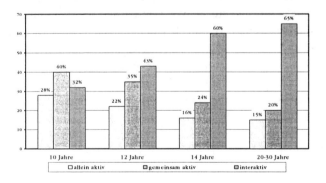

Abb. 3: Arten der Ich-Aktivität in REM-Träumen von vier Altersstufen

In Abbildung 3 sieht man, wie die Fähigkeit, das Traumgeschehen interaktiv mitzugestalten, sich erst allmählich entwickelt: 10jährige sind am häufigsten gemeinsam mit anderen aktiv, in jedem vierten Traum sind sie allein, und nur in jeden dritten greifen sie selbst handelnd in die Situation ein. Mit 14 Jahren steht, wie bei den erwachsenen Träumern, die Interaktivität im Vordergrund, jetzt sind die Träumer und Träumerinnen überwiegend selbstbestimmend.

Auch in diesem Merkmal haben die Mädchen einen Entwicklungsvorsprung gegenüber den Jungen, da bei ihnen schon mit 12 Jahren interaktives Verhalten den ersten Rangplatz einnimmt.

Das Sprechen im Traum, das natürlich mit der Ichaktivität in Verbindung steht, nimmt ebenfalls erst mit dem Alter zu. Aus Abbildung 4 ist zu ersehen, daß in den beiden jüngsten Altersstufen die Mehrzahl der Träume noch ohne Sprachbeteiligung ist, im Alter von 14 Jahren dagegen befinden sich solche *stummen* Träume in der Minderheit.

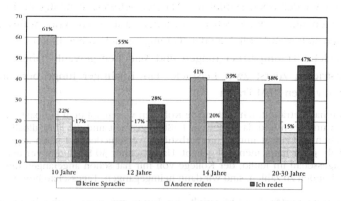

Abb. 4: Die Sprachbeteilung des Ichs in REM-Träumen von vier Altersstufen

Ehe das Traum-Ich die Stimme erhebt, sprechen häufiger andere Traumfiguren. So gab es in der ersten Altersstufe noch etwas mehr Träume, in denen nur andere redeten, die Träumer hörten zu oder nahmen Anweisungen entgegen, wie z.B. im folgenden kurzen realistischen Traum, den ein 10jähriger Junge nach dem zweiten Wekken erinnerte:

> Ich war draußen und kam um die Hausecke und da hat meine Großmutter gesagt, ich solle das Velo versorgen.

Im dritten Traum eines 15jährigen Jungen dagegen steht ein Gespräch eindeutig im Mittelpunkt:

> Ich habe geträumt, daß mein Schlagzeuglehrer mir sagt, er ginge nach Delhi. Und dann habe ich gesagt: "Oh, so schön, bringst Du mir dann etwas mit?" Und dann hat er gesagt, ja, er wolle sehen, ob er etwas finde für mich. Und dann hat er noch aufgezählt, was er für sich mitbringt. Irgendwie 21 Meter Stoff ... Dann habe ich gesagt, er könne mir ja dann etwas davon abgeben. Und bin dann schon im Kopf durchgegangen, was er mir mitbringt ... ich habe das schon spannend gefunden. Und dann habe ich gesagt, wenn es mehr sind als drei Congas, dann soll er sie mit der Post schicken, wenn es nicht zu schwer wird.

Wieder sind es die Mädchen, die schon im Alter von 10 und 12 Jahren mehr Träume mit Sprache und Selbstbeteiligung haben als die Jungen, während mit 14 Jahren kein Unterschied mehr besteht.

Interessanterweise ist bei den jungen Erwachsenen der Unterschied wieder hoch signifikant. Männer schweigen häufig in ihren Träumen und melden sich nur in jedem dritten zu Wort, während Frauen sich mehrheitlich an den Traumgesprächen beteiligen.

Welche Traumpartner Jungen und Mädchen gewählt haben, demonstrieren zuerst zwei Beispiele. Ein 12jähriger Junge berichtet seinen vierten REM-Traum:

> Ich hab geträumt, ich und meine Kollegen waren auf dem Fußballfeld bei uns oben und da haben wir Fußball gespielt und die Fußballbälle haben wir zuerst immer mit Farbstift in verschiedenen Farben angemalt, jeder hat seinen Ball gehabt. Und nachher 30 Sekunden vor der Tagesschau im Radio, der Kollege von mir hat schon angefangen die Sekunden zu zählen, sind wir dann heimgegangen, Tagesschau hören.

An einem vertrauten Ort spielt der Junge mit seinen gleichaltrigen Freunden Fußball, eine beliebte Freizeitaktivität, bei der nur die individuell bemalten Bälle etwas *traumhaft* wirken.

Als Pendant dazu der Traum eines 11jährigen Mädchens, der aus der dritten REM-Phase stammt:

> Ich habe geträumt, daß wir beim Spaghettiessen waren. Also nein, beim Vorbereiten, damit wir nachher essen können. Ich und zwei andere Mädchen haben den Tisch gedeckt und dann haben wir einfach ein bißchen über etwas gesprochen, so über Spaghetti und Essen und solche Dinge.

Dieser Traum fand in einer fremden Wohnung statt, wo die Träumerin zusammen mit einem bekannten und einem fremden Mädchen das tut, was sie auch sonst gerne macht: das Lieblingsessen vorbereiten und mit den Freundinnen schwatzen.

Diese beiden Beispiele lassen sich verallgemeinern, denn, wie Abbildung 5 mit der Aufteilung von insgesamt 880 Traumpersonen zeigt, Jungen träumten in erster Linie von Jungen, Mädchen dagegen von Mädchen.

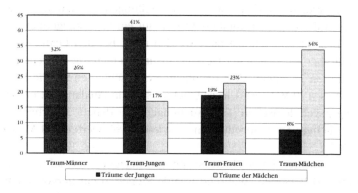

Abb. 5: Die Identität der Personen in 551 REM-Träumen von Jungen und Mädchen

Bei den Jungen ist die Bevorzugung von Traum-Jungen gegenüber Traum-Mädchen besonders markant, während die Mädchen schon etwas großzügiger Jungen ihres Alters in die Träume aufgenommen haben. Über die drei Untersuchungen hinweg traten keine wesentlichen Veränderungen ein: Jungen und Mädchen zeigten mit 14 Jahren weder im Traum noch in den Phantasien ein zunehmendes Interesse für das andere Geschlecht.

Unabhängig vom Alter der Traumpersonen dominierten bei den Jungen mit 73% Vertreter des männlichen Geschlechts, während in den Mädchenträumen das Verhältnis männlich zu weiblich mit 42% zu 57% ausgewogener war, ein Unterschied, der auch in den Träumen Erwachsener immer wieder festgestellt wurde (vgl. Hall 1984).

Vergleich von Träumen und Phantasien

Für den Vergleich der Träume mit den Wachphantasien habe ich die Texte der drei Altersstufen zusammengenommen und stelle die wesentlichsten Ergebnisse dar, wobei ich auffallende Geschlechtsunterschiede einbeziehe.

Ein erster Unterschied besteht in der Länge der Berichte. Die Phantasien sind mit durchschnittlich 152 Wörtern nahezu doppelt so lang wie die Träume, die 81 Wörter umfassen. Das ist natürlich nicht erstaunlich, da im Wachen Vorstellungen spontan kreiert werden, während der Traumbericht sich auf ein zurückliegendes Erlebnis bezieht und rekonstruiert werden muß. Bei den Phantasien besteht aber ein deutlicher Geschlechtsunterschied: die Mädchen produzierten in jedem Alter reichhaltigere Geschichten als die Jungen (184 vs. 120 Wörter). Dieses Ergebnis steht in Einklang mit entwicklungspsychologischen Untersuchungen, in denen Mädchen eine reichlichere Sprachproduktion aufwiesen (vgl. Oerter und Montada 1982).

Ein zweiter Unterschied betrifft den Bekanntheitsgrad der Szenerien und Personen. Während fremde Szenerien ein hervortretendes Merkmal der Träume sind (50%), waren die Phantasien überwiegend in einer bekannten Umwelt angesiedelt (79%). Verfremdete Umgebungen, in denen bekannte und unbekannte Bausteine verdichtet sind, kamen nahezu ausschließlich nur in Träumen vor (11%).

Die größere Vertrautheit der Phantasiewelt muß natürlich in Zusammenhang mit den vorgegebenen Stimuli gesehen werden. So hat das Thema *Schneefall* nahezu ausschließlich Geschichten im vertrauten Ambiente induziert, aber interessanterweise hat auch die *Tarnkappe* die Kinder nur selten angeregt, unbekannte Orte aufzusuchen.

Die Vorgabe der Themen allein kann hier eigentlich nicht den hohen Anteil bekannter Orte erklären, weil wir auch in den freien Phantasien von Erwachsenen ein Überwiegen vertrauter Umgebungen gefunden haben (vgl. Strauch und Meier 1992).

Träumen und Phantasien ist zwar ein hoher Anteil verwandter und bekannter Personen gemeinsam (76% und 60%), aber in Träumen treten mehr fremde Charaktere auf (30% vs. 16%).

Warum kommen in den Träumen unbekannte Umgebungen und fremde Personen häufiger vor als in Phantasien? Vielleicht liegt es daran, daß Fremdheit im Traum eher hingenommen wird und weniger Besorgnis hervorruft. Träumer denken nicht darüber nach, warum sie sich gerade an einem bestimmten Ort befinden, und sie zeigen hier auch selten das Bedürfnis, sich mit fremden Menschen bekannt zu machen.

Ein dritter signifikanter Unterschied zeigt sich im Realitätsbezug. Wachphantasien waren realistischer ausgestaltet als Träume (67% vs. 41%), sie waren in geringerem Masse erfinderisch (19% vs. 36%) und sie spielten sich seltener in einer fiktiven Welt ab (14% vs. 23%).

Hier traten allerdings markante Geschlechtsunterschiede auf: Die Geschichten der Jungen waren in 80% ganz auf die Realität bezogen, gelegentlich etwas abgewandelt, aber ganz selten mit phantastischen Elementen durchsetzt, d.h., ihre Phantasien waren weitaus realistischer als ihre Träume. Die Mädchen dagegen hielten sich nur in rund 50% der Geschichten an die Realität, sie siedelten in allen Altersstufen jede fünfte Phantasie in einer Fabelwelt an, so daß mit 14 Jahren ihre Geschichten sogar phantastischer als ihre Träume waren. Dies zeigt, daß das Stilmittel der Bizarrheit im Wachen auch bewußt eingesetzt werden kann.

Die Gefühlsqualität ist ein weiteres Merkmal, in dem sich die Berichte aus den beiden Bewußtseinszuständen unterscheiden. Phantasien waren insgesamt gefühlsbetonter als Träume, weil hier nahezu keine neutralen Ereignisse erzählt wurden, während 16% der Träume ohne Emotionen abgelaufen sind. Im übrigen waren insbesondere die Phantasien, aber auch die Träume der Jungen und Mädchen mehrheitlich von freudigen Gefühlen und positiven Stimmungen begleitet (65% und 49%). Negative Emotionen, wie Ärger oder Angst, kamen nur in einem von drei Berichten vor, wobei Träume hier häufiger durchwegs unangenehm waren, während in den Geschichten gemischte Gefühle stärker vertreten waren.

Eine interaktive Beteiligung des Ichs und das Vorkommen von Sprache war in den Wachphantasien in jedem Alter ein dominantes Merkmal. Die Kinder präsentierten sich in ihren Phantasien als unternehmungslustig und bestimmten mit Wort und Tat das Geschehen.

Ein besonders interessanter Unterschied zeigte sich in bezug auf die Rolle des Ichs bei aggressiven Handlungen, die allerdings nur in jedem vierten Traum und in jeder dritten Phantasie vorkommen und die zudem weit mehr verbaler als physischer Natur sind.

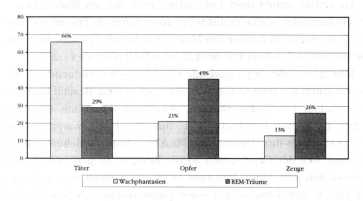

Abb. 6: Die Rolle des Ichs bei aggressiven Interaktionen in 286 Wachphantasien und 551 REM-Träumen

Wie Abbildung 6 veranschaulicht, sind Kinder in ihren Träumen, dort wo sie involviert sind, häufiger Zielscheibe als Initianten von Aggressionen. Das gilt für Jungen und Mädchen in jedem Alter. Hier handelt es sich um ein altersspezifisches Merkmal, da bei den Erwachsenen das Traum-Ich häufiger Täter als Opfer ist.

Kinder werden in ihren Träumen überwiegend von Erwachsenen, mehr von Männern als von Frauen kritisiert, während bei unfreundlichen Handlungen unter Gleichaltrigen die Rollen ausgewogen verteilt sind.

In den Phantasien dagegen sind es meist die Kinder selbst, die Kritik austeilen oder sich nachdrücklich durchsetzen, nahezu ausnahmslos, wenn es um Gleichaltrige geht, aber auch eindeutig in bezug auf Erwachsene.

Ausgesprochene Freundlichkeiten finden sich nur in jedem fünften Kindertraum, aber in knapp jeder zweiten Phantasie, und auch hier sind die Rollen unterschiedlich verteilt. Jungen und Mädchen müssen im Traum häufiger zusehen, wie andere Personen Freundlichkeiten austauschen (21%), doch wenn es um sie geht, sind sie häufiger Empfänger als Spender von Zuwendungen und Hilfeleistungen (44% vs. 35%). Kinder bekommen in ihren Träumen positive Zuwendung überwiegend von Erwachsenen, von Männern und Frauen in gleicher Weise, doch gegenüber Gleichaltrigen sind sie selbst aktiver mit freundlichen Gesten.

In den Phantasien dagegen ist es in erster Linie der Erzähler selbst, der sich freundlich und großzügig gegenüber seiner Umwelt verhält (65%), besonders zu den Gleichaltrigen, aber auch zu Erwachsenen.

Zusammenfassung

Im Übergang von der späten Kindheit zur Adoleszenz finden in den Träumen Veränderungen statt, die eine Differenzierung der Vorstellungen und Gedanken und eine wachsende Selbstbestimmung anzeigen. Diese Fortschritte des Träumens stehen weitgehend in Einklang mit den Ergebnissen, die David Foulkes bei derselben Altersspanne gefunden hat (vgl. Foulkes 1982). Mit dem Älterwerden stellt sich die Erinnerung an Träume leichter ein und die Introspektionsfähigkeit verbessert sich in Verbindung mit einer verstärkten Motivation, sich inneren Prozessen zuzuwenden.

Bei der Traumgestaltung bildet sich die Fähigkeit heraus, getrennte Gedächtnisinhalte zu neuen sinnvollen Szenen zusammenzustellen. In der Selbstdarstellung vollzieht sich ein Wandel vom passiven, unbefangenen Erleben zum interaktiven Handeln, der in zunehmender kommunikativer Ich- und Sprachbeteiligung zum Ausdruck kommt.

Die in bezug auf das Wachverhalten bekannte Reifungsverzögerung der Jungen ist auch in den Träumen zu erkennen. Jungen haben die Entwicklungsschritte bei der Traumerinnerung, der erfinderischen Gestaltung und der aktiven Ichbeteiligung erst mit 14 Jahren vollzogen, während die Mädchen dieses Stadium schon zwei Jahre früher erreichten.

Der allgemeine Vergleich von Berichten aus zwei verschiedenen Bewußtseinszuständen hat mehr Unterschiede als Gemeinsamkeiten ergeben. Gemeinsam ist Träumen und Wachphantasien, neben einer überwiegend positiven Gefühlsqualität, die Spiegelung der aktuellen Interessen bei der Auswahl der Themen und Mitdarsteller. Hier stehen geschlechtsspezifische Präferenzen im Vordergrund, indem Jungen sich in erster Linie mit gleichaltrigen Jungen umgeben, während Mädchen in ihre Vorstellungen am häufigsten Freundinnen einbeziehen. Abgesehen von einigen wenigen Beispielen, hat in diesem Alter weder in den Träumen noch in den Phantasien schon eine Vorausschau auf spätere gegengeschlechtliche Partnerschaften stattgefunden.

Folgende Merkmale sind bei den Wachphantasien dominant: sie sind umfangreich, in einem vertrauten Umfeld angesiedelt und beziehen bekannte Menschen ein. An erster Stelle steht eine realistische Ausgestaltung, obwohl auch Bizarrheit gezielt eingesetzt werden kann.

Demgegenüber sind Träume kürzer, sie entwerfen mehr unbekannte Umgebungen und es treten häufiger fremde Personen auf. In den Stilmitteln zeigen sie eine breitere Palette, die von realistischen über erfinderische bis zu phantastischen Gestaltungen reicht.

Am deutlichsten heben sich die Träume von den Phantasien aber in der Selbst-Repräsentation ab. Der selbstbewußten Ich-Darstellung in den Wachgeschichten steht ein Traum-Ich gegenüber, das sich im Sprechen und Handeln noch in einer schwächeren Position sieht und dessen soziale Kompetenzen sich erst allmählich entwickeln.

Die Interpretation liegt nahe, daß Kinder sich im Traum so darstellen, wie sie sich in Wirklichkeit sehen, während sie sich in den Wachgeschichten so portraitieren, wie sie gerne sein möchten. In diesem Sinn spiegelt der Traum die gegenwärtige Selbsteinschätzung, während die Wachphantasie die Zukunft vorwegnimmt.

Diese allgemeinen Ergebnisse über die Entwicklung des Träumens und über die beiden Bewußtseinszustände sind aber überlagert von interindividuellen Unterschieden, die in den Träumen größer sind als im Wachen, weil Träume nicht so stark durch den Sozialisationsprozeß vereinheitlicht werden.

Deshalb ist auch die Frage nicht eindeutig zu beantworten, ob die Traumvorstellungen auf derselben Dimension wie das Wachdenken anzusiedeln sind oder ob sie eine kompensatorische Funktion haben. Nimmt man als Maßstab beispielsweise die Dimension realistisch-phantastisch, dann gab es in unserer Untersuchung Kinder, die ihre Wachphantasien und Träume in gleicher phantasievoller oder in gleicher nüchterner Weise gestalteten, bei ihnen ist eine Kontinuität festzustellen. Bei anderen Kindern wiederum bestand eine deutliche Diskrepanz zwischen realitätsorientiertem Wachdenken und bizarren Traumvorstellungen, die für eine Kompensation sprechen. Von den 12 Jungen waren 5 als kontinuierlich, 7 als diskontinuierlich einzuordnen, bei den Mädchen war das Verhältnis 9:3, so daß insgesamt ein leichtes Übergewicht von 14:10 zugunsten einer Kontinuität besteht.

Allerdings ist hinzufügen, daß bei diesem Merkmal keine individuelle Konstanz über die Zeit bestand, da nur 4 Jungen und 5 Mädchen in jedem Alter dieselbe Ausprägung zeigten. Die Individualität und Variabilität der Träume sind somit wohl die hervorstechendsten Kennzeichen dieses Bewußtseinszustands.

Literatur

Foulkes, D. (1982), *Children's dreams*. Longitudinal studies. New York: Wiley

Foulkes, D. (1999), *Children's dreaming and the development of consciousness*. Cambridge: Harvard University Press

Hall, C.S. (1984), A ubiquitous sex difference in dreams revisited. *Journal of Personality and Social Psychology 46*, 1109-1117

Oerter, R. und L. Montada (Hrsg.) (1982), *Entwicklungspsychologie*. Weinheim: Psychologie Verlags Union, 1995

Strauch, I. und B. Meier (1992), *Den Träumen auf der Spur*. Ergebnisse der experimentellen Traumforschung. Bern: Huber

Strauch, I. und N. Kaiser (1995), Die Selbstrepräsentation in Träumen und Wachphantasien von 9- bis 11jährigen Kindern. In: *Traum und Gedächtnis*. (Materialien aus dem Sigmund-Freud-Institut, 15). Münster: Lit-Verlag, 253-281

Strauch, I., N. Kaiser, S. Lederbogen, P. Pütz und Y. Traber (1997), *Träume und Wachphantasien von der späten Kindheit bis zur Adoleszenz.* Ergebnisse einer Längsschnittuntersuchung. (Berichte aus der Abteilung Klinische Psychologie, Nr. 39). Psychologisches Institut der Universität Zürich

MARIANNE LEUZINGER-BOHLEBER

Traum und Gedächtnis – Psychoanalyse und Cognitive Science im Dialog

1. Vorbemerkungen

Träumen und Erinnern bilden auch heute noch zentrale Bestandteile der psychoanalytischen Theorie und Praxis. Psychoanalytiker verschiedenster theoretischer Orientierung teilen die Auffassung, daß der Traum nach wie vor als eine via regia zum Unbewußten gelten kann, ein Schlüssel zum vertieften Verständnis aktueller und vergangener Konflikte im Seelenleben des Menschen. Doch: wie entstehen Träume? In welcher Weise verarbeiten sie aktuelle und frühere Informationen? Wie erklären wir uns die Funktionsweise des Gedächtnisses, das auch im Schlafzustand aktiv und an der Gestaltung des Traumes beteiligt ist? Welche Theorien stehen uns heute, aufgrund von 100 Jahren psychoanalytischer und nichtpsychoanalytischer Traumforschung, als Erklärungsansätze zur Verfügung?

Die Autoren dieses Bandes nähern sich aus verschiedensten Perspektiven diesen Fragen. Ich selbst möchte einen kleinen Ausschnitt des aktuellen Diskurses dazu ins Zentrum der Aufmerksamkeit rükken und von einigen Aspekten des interdisziplinären Austausches zwischen Psychoanalyse und der Cognitive Science (bzw. den Neurowissenschaften) zu Traum und Gedächtnis berichten. Die Cognitive Science versteht sich als interdisziplinäre Grundlagenwissenschaft, die in ihren Modellen menschlicher Intelligenz bzw. der Funktionsweise von kognitiven und affektiven Problemlösungsprozessen, den aktuellen Wissensstand der Artificial Intelligence, Psychologie, Linguistik, Neurobiologie, Philosophie und neuerdings auch der Ingenieurwissenschaften integriert. Am Institut für Klinische Psychologie der Universität Zürich wurde der Dialog zwischen Psychoanalytikern und Cognitive Scientists seit den Sechzigerjahren intensiv gepflegt, vor allem von der Forschungsgruppe um Ulrich Moser, Ilka von Zeppelin, Werner Schneider und Rolf Pfeifer (vgl.

dazu Moser und v. Zeppelin 1991). Wie ich im folgenden wenigstens fragmentarisch aufzeigen möchte, haben z.B. Moser und v. Zeppelin in ihrem neuesten Traumgenerierungsmodell weitgehend den Stand der neurobiologischen, experimentellen und der klinisch-psychoanalytischen Traumforschung integriert (Moser und v. Zeppelin 1996).

Wir selbst, d.h. Rolf Pfeifer und ich, bemühen uns ebenfalls seit nun 15 Jahren um den interdisziplinären Dialog zwischen den beiden Wissenschaften vor allem zu Themen wie Gedächtnis, Erinnern und deren Bedeutung für den psychoanalytischen Prozeß (vgl. dazu u.a. Pfeifer und Leuzinger-Bohleber 1986, Leuzinger-Bohleber und Pfeifer 1998 und in Druck). Ich werde wenigstens kurz auf unseren derzeitigen Versuch hinweisen, die Funktionsweise des Gedächtnisses, wie sie auch Traumprozessen zugrunde liegt, aufgrund neuerer Modelle der sogenannten Embodied Cognitive Science zu verstehen.

Um diesen Austausch nicht im luftleeren Raum zu führen, stützen sich Rolf Pfeifer und ich bei unseren Überlegungen immer auf Beobachtungen aus Psychoanalysen, was ich auch in diesem Beitrag illustrieren möchte.

2. Träumen und Erinnern als „Turning-Points" einer Psychoanalyse – ein exemplarisches Beispiel klinisch-psychoanalytischer Forschung

Aus Diskretionsgründen greife ich auf ein Fallbeispiel zurück, das wir schon in einer früheren Arbeit publiziert haben (Leuzinger-Bohleber und Pfeifer 1998). Es stammt aus einer klinisch-psychoanalytischen Studie und hat, wie ich denke, zu Erkenntnissen geführt, die nur mit der genuin klinisch-psychoanalytischen Forschungsmethode erzielt werden konnten (vgl. dazu u.a. Leuzinger-Bohleber und Stuhr 1997). In dieser Arbeit wurden, aufgrund jahrelanger Beobachtungen und Erfahrungen aus Psychoanalysen und psychoanalytischen Langzeittherapien mit 10 Frauen, die sich alle ihren Kinderwunsch aus psychogenen Gründen nicht erfüllen konnten, einige zusammenfassende psychodynamische Hypothesen formuliert und zur Diskussion gestellt (vgl. Leuzinger-Bohleber 2001). Verkürzt zusammengefaßt entdeckten wir bei all diesen Analysandinnen eine auffallend ähnliche unbewußte Phantasie, die sogenannte „Medea-Phantasie", die das Erleben der eigenen Weiblichkeit unerkannt zu determinieren schien. Im Zentrum dieser unbewußten Phantasie stand die Überzeugung, daß die weibliche Sexualität mit einer Erfahrung der existentiellen Abhängigkeit vom Liebespartner und der Gefahr verbunden ist, von ihm verlassen und schwer gekränkt zu werden. Diese Frauen befürchteten unbewußt, ihre eigene sexuelle Leidenschaft könnte in einer solchen potentiellen Beziehungssituation unkontrollierbare zerstörerische Impulse beleben, die sich gegen das autonome Selbst, den Liebespartner und vor allem gegen die Produkte der Beziehung zu ihm, gegen die eigenen Kinder, richten. Daher schützte die psychogene Sterilität diese Frauen unbewußt vor diesen phantasierten Gefahren. Während der Behandlung stellte sich bei allen 10 von mir untersuchten Frauen als relativ abgesicherte lebensgeschichtliche Auffälligkeit heraus, daß ihre Mütter im ersten Lebensjahr der Analysandinnen an schweren Depressionen gelitten hatten (meist Postpartumdepressionen) und z.T. monatelang mit Antidepressiva behandelt worden waren, ein Faktum, von dem alle Analysandinnen zu Beginn der Behandlungen nichts wußten, das aber, wie sich im Laufe der Behandlungen herausstellte, für ihre frühen Sozialisationserfahrungen und besonders für ihre basalen Erlebnisse mit ihrem weiblichen Körper eine entscheidende Bedeutung hatte. Auf diese biographische Besonderheit wurden wir durch unerwartete Erinnerungen während der psychoanalytischen Behandlungen aufmerksam gemacht. Wie sind wir auf diese Informationen und die darauf aufbauenden psychodynamischen Hypothesen gestoßen?

Dazu eine kurze Sequenz aus der Psychoanalyse[1] mit einer zu Beginn der Behandlung 28jährigen Frau, die ich anfänglich als Borderline-Persönlichkeit diagnostizierte:

Frau B. suchte mich wegen einer schweren Phobie, Waschzwängen (sie wusch sich ihre Hände blutig), Nägelbeißen, Schlaf- und Eßstörungen und völliger sozialer Isolation auf. Mit 18 Jahren war sie

---

[1] In verkürzter Form habe ich (vgl. Leuzinger-Bohleber und Pfeifer 1998) auf dieses Fallbeispiel ebenfalls Bezug genommen. Es ist aus Diskretionsgründen aktiv verschlüsselt.

an einer schweren Anorexie erkrankt und in verschiedensten psychiatrischen Institutionen hospitalisiert gewesen, die sie alle ohne sichtbaren Erfolg entlassen hatten (mit immer noch gravierendem Untergewicht). Doch erlaubten ihr die Klinikaufenthalte schließlich einen Auszug aus dem Hause ihrer alleinlebenden, geschiedenen Mutter und, in der Folge davon, eine Überwindung der Anorexie aus eigener Kraft. Doch tauchten in den daran anschließenden Monaten gravierende phobische Ängste auf, die Frau B. sukzessiv verunmöglichten, ihr Studium fortzusetzen, bis sie schließlich nicht mehr in der Lage war, ihr verdunkeltes Zimmer in einer studentischen Wohngemeinschaft zu verlassen. Einen erneuten Klinikaufenthalt hatte sie wiederum gegen den Willen der Ärzte abgebrochen und suchte nun „auf eigene Faust" einen ambulanten Therapieplatz. Mich berührte die Notsituation und die, wie mir schien, in den Symptomen spürbare Vitalität dieser jungen Frau sehr, die – verkrampft und sichtlich unwohl – auf dem Stuhl vor mir saß und sich auch körperlich keinen Moment zu entspannen schien. Obschon sie mich während der Abklärungsgespräche kaum zu Wort kommen ließ, hatte ich den Eindruck, sie irgendwie emotional zu erreichen und mit ihr arbeiten zu können. Daher vereinbarten wir eine Psychoanalyse mit vier wöchentlichen Sitzungen.

In den ersten beiden Behandlungsjahren stand die gravierende Autonomieproblematik von Frau B. meist im Vordergrund: sie redete mich in den Stunden buchstäblich an die Wand und mußte mich vermutlich damit als ein von ihr unabhängiges Objekt fast vollständig unter Kontrolle halten. Dennoch schien die Analyse, allerdings für mich fast unverständlicherweise, irgendwie eine Wirkung auf die Analysandin zu haben: Nachdem sie fast zwei Jahre ihre Tage praktisch im verdunkelten Zimmer verbracht hatte, nahm sie nach 6 Monaten Behandlung erstmals einen Job an und suchte wieder Kontakt zu anderen Menschen. Trotz dieser ermutigenden Entwicklungen wurden meine Gegenübertragungsprobleme immer gravierender: Ich kam mir ohnmächtig, insuffizient und hilflos vor, hatte gegen depressive und aggressive Phantasien und Impulse zu kämpfen und konnte die extreme Spannung in den Stunden und die sich einstellende körperliche Verkrampfung, vor allem die Magenkoliken, oft kaum mehr aushalten. Im zweiten Jahr der Analyse steigerten sich diese Empfindungen so sehr, daß ich überzeugt war, eine Fehlentscheidung getroffen und die Indikation falsch gestellt zu haben, als ich Frau B. eine Psychoanalyse anbot. Ich verspürte den starken Impuls, alles zu tun, um die Analysandin irgendwie loszuwerden. Doch belastete mich der Gedanke, die Analysandin könnte sich suizidieren, wenn ich sie wegschicke. Ich suchte schließlich Rat in meiner Supervisionsgruppe. Nach langem und zähem Suchen traf eine Kollegin den Nagel auf den Kopf und sagte: „Mir kommt es vor, als wenn Frau B. unbewußt alles tun würde, um Dich dazu zu bringen, daß Du sie abtreiben möchtest ..." Ich war betroffen von dieser Assoziation, hatte aber den Eindruck, die Abtreibungsphantasie könnte irgendwie zutreffen, und gewann dadurch einen inneren Spielraum (vgl. Winnicott 1971) zurück, der mich wieder Neugierde und Interesse für die Psychodynamik der Analysandin empfinden ließ. Daher konnte ich die folgende Sitzung emotional weit besser ertragen. In der nächsten Stunde berichtete die Analysandin ihren zweiten Traum: „Ich liege hier auf der Couch und bin schwer krank. Es besteht Todesgefahr. Sie geben mir eine riesige Spritze – ich habe furchtbare Angst, aber ich weiß, daß ich nur so überlebe ..." Es fiel ihr auf, daß dies der erste Traum war, in dem sie nicht allein vorkam, ich aber, als ihre Beziehungsperson im Traum, ihr mit der Spritze Schmerzen zufügte, um sie zu heilen. „Menschliche Beziehungen scheinen für Sie irgendwie mit einem Kampf um Leben und Tod verbunden zu sein ...", sagte ich dazu. Frau B. begann daraufhin zu weinen. Fast zum erstenmal entstand eine Pause in der Sitzung. Darauf sagte die Analysandin: „Komisch, gerade erinnerte ich mich an eine Szene, die ich jahrelang vergessen habe und die sich wohl ereignete, als ich noch in den Kindergarten ging: Mein Vater wollte mich bei meiner Oma abholen. Ich machte eine Szene. Er rastete aus und warf mir wütend an den Kopf: 'Hätte doch nur Dein Bruder an Deiner Stelle überlebt!' Ich fragte nach, denn ich verstand diesen Satz nicht, da der um 1½ Jahre jüngere Bruder noch lebte." Die Patientin stellte nach dieser Sitzung Nachforschungen an und erfuhr erstmals, daß ein Zwillingsbruder von ihr während der dramatischen Geburt gestorben sei. Die Mutter erzählte ihr nun auch, daß sie während der Schwangerschaft einen Abbruch gewünscht hatte, nach der Geburt schwer depressiv war und 8 Monate lang mit Antidepressiva behandelt werden mußte.

Diese Erinnerungen und die danach gewonnenen lebensgeschichtlichen Informationen waren ein Schlüsselerlebnis für die folgende psychoanalytische Arbeit: Das unbewußte Selbstbild der Patientin als einer ungeliebten Mörderin wurde plausibler und konnte sukzessiv unserem analytischen Verständnis erschlossen werden.

Doch hatte diese Szene wirklich auf diese Weise „real" stattgefunden? War es eine (ödipale) Phantasie von Frau B.? Ist sie als „narrative" oder „historische" Wahrheit zu verstehen? (Vgl. dazu u.a. Brenneis 1996, Sandler und Fonagy 1997, Morton 1997.) Und warum taucht sie gerade an dieser Stelle in der psychoanalytischen Behandlung im Zusammenhang mit dem erwähnten Traum auf?

Erweisen sich aktuelle Traum- und Gedächtnistheorien bei der Beantwortung dieser Fragen als hilfreich?

3. Wie entstehen Träume?

3.1 Ein Traumgenerierungsmodell von Moser und v. Zeppelin (1996) der „Klassischen" Cognitive Science

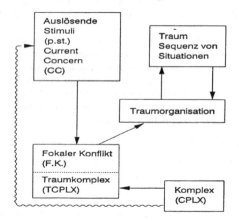

Abb. 1: Modell der Traumgenerierung (Moser und v. Zeppelin 1996, 24)

In ihrem Modell gehen die Autoren u.a. von der inzwischen allgemein akzeptierte Grundannahme des „deferred updating" (Dewan 1969) der experimentellen Traumforschung aus. Das Träumen wird danach in Zusammenhang mit informationsverarbeitenden Prozessen gestellt. So ist ein (lebendes) inneres System sowohl im Wach- als auch im Schlafzustand ständig damit beschäftigt, Informationen zu bearbeiten, d.h., die inneren (kognitiven) Modelle in Abstimmung mit Wahrnehmungen in neuen Situationen zu modifizieren. Im Wachzustand müssen wir unmittelbar auf die Umwelt reagieren. Da aber unsere Informationsverarbeitungskapazität beschränkt ist, können unsere inneren Modelle (z.B. von einer bestimmten, früher erlebten Konfliktsituation) nur zum Teil gleichzeitig an komplexe neue Informationen (zu einer aktuellen, strukturell analogen Konfliktssituation) adaptiert werden. Ein Teil der Information wird daher zwischengespeichert und später in Situationen, die von uns nicht gleichzeitig ein Handeln erfordern – und vor allem im Schlafzustand – zur Veränderung unserer inneren Modelle und deren Integration in das Langzeitgedächtnis herangezogen. Nicht verarbeitete oder störende Informationen werden immer wieder abgerufen und erneut bearbeitet.

> „Bei psychischen Störungen ist dies im Bereich der betroffenen Daten nicht oder nur partiell möglich. Nicht verarbeitete Information bleibt ursprünglich bestehen, wird entweder wenn möglich passiviert oder dringt immer wieder als Verhalten bestimmend durch. Solche Prozesse betreffen im besonderen Maße Informationen, die aus nicht gelösten Konflikten und traumatischen Situationen stammen, die durch aktuelle Geschehnisse wieder aktiviert worden sind. Die Gesamtheit dieser Informationen wird in diesem Modell Traumkomplex genannt. Das Traumgeschehen versucht Lösungen oder bestmögliche Adaptationsprozesse für diesen Traumkomplex zu finden" (Moser und v. Zeppelin 1996, 23).

Diese Adaptationsprozesse, die zur Traumentstehung führen, werden nun im Traumgenerierungsmodell differenziert beschrieben. Danach wird der Traum von einer Traumorganisation produziert.

> „Mit ihr werden Bündel von affektiv-kognitiven Prozeduren benannt, die unter den spezifischen Bedingungen des Schlafzustandes (je nach Phase bekanntermaßen verschiedenartig) eine Mikrowelt Traum generieren und den Verlauf kontrollieren. Diese Prozeduren

sind zum Teil auch im Wachzustand tätig, zum Teil aber zustandsabhängig, d.h. abhängig vom Zustand, in dem der neu aktivierte Konflikt erstmals auftrat (Koukkou und Lehmann 1980). Die Traumorganisation hat zur Verarbeitung einen sogenannten Traum-Komplex (TCPLX) zur Vorlage. Dieser wird nach bestimmten Kriterien aus dem Gedächtnis als zu bearbeitend bereitgestellt" (Moser und v. Zeppelin 1996, 23).

Der Traumkomplex wird durch analoge Strukturen in einer auslösenden Situation – einem Tagesrest oder vorangegangenen Träumen (p.st.) – reaktiviert. Klinger (1971) bezeichnet solche auslösenden Ereignisse (episodische Geschehnisse, die dem Traum im Wachleben vorausgehen) auch als Current Concerns (C.C.) und charakterisiert sie dadurch, daß sie ein nicht gelöstes Problem des Träumers beinhalten oder auf ein solches über auslösende Stimuli hinweisen. Ein weiterer zentraler Bestandteil im Traumgenerierungsmodell ist das Konzept des Fokalen Konflikts, das die Autoren von French (1952) übernommen haben, der damit fokussierte Problembereiche beschreibt, die den Träumer während des Traums gerade beschäftigen. Der Fokale Konflikt (F.K.) wird als Zwischenstufe zwischen dem Traumkomplex und der auslösenden Situation konzeptualisiert.

Kann dieses Modell zum Verstehen des Traums von Frau B. beitragen? Dazu zuerst kurz einige psychoanalytische Anmerkungen.

3.2 Anmerkungen zum psychoanalytischen Verständnis der eben beschriebenen Sequenz aus der Psychoanalyse:

Verkürzend zusammengefaßt, entfaltete sich in den ersten zwei Analysejahren – für mich weitgehend unerkannt – die unbewußte Wiederholung traumatischer Objektbeziehungserfahrungen in der Übertragung und führte bei mir zu massiven Gegenübertragungsproblemen. Durch die intensivierte Übertragung gelang es der Analysandin mehr und mehr, ihre unbewußten archaisch aggressiven Phantasien und Impulse auf mich zu projizieren. Im Sinne der projektiven Identifizierung nahm ich diese Phantasien und Impulse zuerst einmal als meine eigenen wahr. Diese Prozesse erreichten eine derart heftige Intensität, daß sie meine „holding function" (Winnicott) bzw. mein „containing" (Bion) zu zerstören drohten. Durch die Supervision, die Wahrnehmung von „Dritten", gelang es schließlich, diese projektiven Prozesse ansatzweise zu erkennen. Wir vermuteten, daß sich in meiner Gegenübertragung allmählich korrespondierende Phantasien zu den zentralen unbewußten „Wahrheiten" meiner Analysandin entfaltet hatten (z.B. befürchtete ich, analog zum unbewußten Selbstbild von Frau B. als einer Mörderin zentraler Bezugspersonen, ich könnte die Analysandin gefährden, weil ich die Analyse abbrechen wollte). Als ich durch die Supervision diese Zusammenhänge erstmals erahnte, führte dies zu einer inneren Entspannung und einem partiellen Wiedergewinnen eines intermediären Raums (Winnicott). Dadurch konnten die intensiven präverbalen, psychosomatischen Erfahrungen in der Gegenübertragung nun z.T. visualisiert, symbolisiert und ansatzweise verbalisiert werden. Diese inneren Prozesse waren eine Voraussetzung, um die „Übertragungsfalle"[2] kreativ aufzulösen.

Die Analysandin nahm die veränderte innere Situation von mir wahrscheinlich wahr und konnte daher in der nächsten Sitzung ebenfalls ihre innere Kontrolle lockern und sich an ihren zweiten Traum erinnern. Meine Charakterisierung der Beziehungsstruktur im „Spritzentraum" evozierte bei ihr die Erinnerung an die Äußerung ihres Vaters, die eine extreme Entwertung des kindlichen Selbstwertgefühls durch das ödipale Liebesobjekt enthielten. Meine Nachfrage führte zu einem aktiven Erforschen der Lebensgeschichte durch die Analysandin und ließ uns daraufhin vermuten, daß die Erinnerung an die traumatische Erfahrung mit dem Vater zudem als Deckerinnerung aufgefaßt werden kann: Die Szene mit ihrem Vater

---

[2] Zwar hatten meine Gegenübertragungsphantasien und -konflikte in dieser Behandlung eine extreme Qualität, nichtsdestotrotz spiegeln sie den üblichen psychoanalytischen Erkenntnisprozeß: der Analytiker muß sich von den unbewußten Phantasien seiner Analysanden „verwickeln" lassen, d.h., in seinen - vorerst einmal unbewußten - Phantasien, Emotionen und Konflikten auf die korrespondierenden unbewußten Phänomene seines Analysanden reagieren, um in einem daran anschließenden Bewußtwerdungsprozeß (einer Art „Selbstanalyse", oft erleichtert durch Supervisionserfahrungen) schließlich diese unbewußte Beziehungsdynamik zu erkennen. Erst durch diesen selbstreflexiven Prozeß wird es möglich, Phantasien, diffuse Emotionen und Körpererfahrungen zu verbalisieren und dadurch dem Deutungsprozeß zugänglich zu machen.

war wahrscheinlich assoziativ mit früheren Erfahrungen der chronischen Zurückweisung durch ihre depressive Mutter im ersten Lebensjahr (und evtl. auch in späteren Entwicklungsphasen) verbunden.

Diese neu gewonnenen Hypothesen leiten eine lange, mühselige, aber schließlich produktive Phase des Durcharbeitens ein, einen psychoanalytischen Prozeß von mehreren Jahren.

3.3 Anwendung des Traumgenerierungsmodells auf das klinische Material

Wenden wir nun das eben beschriebene Traumgenerierungsmodell auf unser Beispiel an, gewinnen wir einen vertieften Einblick in das Zustandekommen des Traums und seine Schilderung in der aktuellen Übertragungssituation, wie aus den folgenden Stichworten und der anschließenden Analyse des sich darin manifestierenden Gedächtnisses von Frau B. hervorgehen mag[3]:

Komplex (CPLX)	Traumatische, pathologische Objektbeziehungserfahrungen mit depressiven Eltern, basale Erfahrung des „Nicht-Erwünschtseins", Phantasie eines destruktiven Selbst, das Objekt zerstören kann (vgl. Familienroman zur eigenen Geburt) und des „psychologischen Mißbrauchs" als Selbstobjekt –> archaische Selbst-, Identitäts-, Autonomie- und Aggressionskonflikte (Medea-Komplex).
Auslösende Stimuli (p.st.) Current Concern	(Unbewußte) Wahrnehmung, daß die Analytikerin sie „abtreiben" möchte bzw. in der Sitzung nach der Supervision ein erneutes Interesse an ihr aufbringt und dadurch die Hoffnung bei der Analysandin weckt, akzeptiert und „geheilt" zu werden. Dies mobilisiert die Frage: „Kann das Selbst bzw. die Analyse überleben? Diese Sehnsucht ist verbunden mit der unbewußten Wahrheit, daß dabei der Andere stirbt bzw. als „nährendes Objekt" zerstört wird.
Traumkomplex (TCPLX)	In nahen menschlichen Beziehungen geht es um Leben und Tod.
Fokaler Konflikt (F.K.)	Wenn das Selbst sich in eine abhängige Beziehung zu einem „bedeutungsvollen Anderen" einläßt, kann er nicht entscheiden, ob dieser ihm hilft zu überleben oder seinen Tod verursacht.
Traumorganisation Traum: Sequenz von Situationen	Sehr eingeschränkt, nur schwache Symbolisierung, kaum Traumhandlung. Allerdings verglichen mit bisherigen Träumen: Träumerin ist nicht allein! Als Affekt taucht nur Panik auf. Träumerin wählt eine Riesenspritze als Symbol für ihre Ungewißheit, ob das Objekt heilen oder töten wird. Der Affekt Panik deutet auf die Todesgefahr hin.

---

[3] Ulrich Moser hat kürzlich diesen Traum mit dem Traumcodierungssystem analysiert, das aus dem o.e. Traumgenerierungsmodell abgeleitet ist (vgl. dazu Moser und v. Zeppelin 1996). Leider übersteigt es den Rahmen dieses Beitrags, diese Codierung hier aufzuführen und zu diskutieren. Ich kann nur erwähnen, daß dank der Codierung die Dynamik der Traumentstehung detailliert nachvollziehbar wurde.

Moser und v. Zeppelin legen im Zusammenhang mit dem skizzierten Traumgenerierungsmodell eines der originellsten Gedächtnismodelle vor, das ich kenne. Dabei beziehen sie sich explizit auf die neuere neurobiologische Traumaforschung, z.B. auf die These von van der Kolk, McFarlane und Weisaeth (1995), daß normale und traumatische Erfahrungen als Erinnerungen unterschiedlich gespeichert werden. Die traumatische Erfahrung werde vielmehr und vorwiegend im limbischen System als sensomotorisches, visuelles und affektives Gedächtnis gespeichert. Die exzessive Stimulierung verhindere das Aufsteigen der Aktivierung in den Neokortex. Damit sei die kognitive Bewertung der Erfahrung und ihre semantische Repräsentation gestört. Psychoanalytisch interessant ist, daß in dieser neurobiologischen Hypothese – analog zu den klinisch-psychoanalytischen Beobachtungen – postuliert wurde, daß sich die traumatischen Erfahrungen durch eine merkwürdige Zeitlosigkeit und Unzerstörbarkeit auszeichnen, d.h., „nicht gelöscht werden". Weil aber die traumatischen Erfahrungen repetitiv sind und dazu tendieren, sich im Verhalten, in fragmentarischen Erinnerungen und Flashbacks zu wiederholen, können bei solchen Wiederholungen kortikale Regionen aktiviert werden. Das Trauma wird damit einer kognitiven Bewertung und Modifikation zugänglich. Darin liegt auch die Chance der therapeutischen Beziehung. Die Wiederbelebung in der Übertragung macht die Bearbeitung dieser Manifestationen und ihre Milderung durch die Umarbeitung in verbale Symbolisierung möglich und integriert den vergangenen Schrecken mit der gegenwärtigen Erfahrung (vgl. dazu auch Keilson 1979, Krystal 1988, Fischer und Riedesser 1998, Bohleber 2000, Laub 2000). In der psychoanalytischen Dyade wird bekanntlich der Versuch unternommen, sensomotorisch-affektive Erfahrung einer Symbolisierung und Versprachlichung und daher einer kognitiven Integration zugänglich zu machen.

Moser und v. Zeppelin postulieren in ihrem psychologischen Traummodell, daß bei konfliktiven und traumatischen Formen von Komplexen eine sogenannte Desaffektualisierung nicht oder nur beschränkt möglich ist. Das heißt, daß dadurch die Möglichkeit ausgeschlossen wird, daß sich generalisierte frühe (traumatische) Interaktionserfahrungen (RIGs und MODs [= Modelle]) aufgrund neuer Erfahrungen ständig modifizieren: „RIGs und MODs werden zu Elementen besonderer Art, die Episoden mit Wiederholungscharakter bündeln" (Moser und v. Zeppelin 1996, 29). In anderen Worten: Solche generalisierten Interaktionserfahrungen (RIGs) bleiben mehr oder weniger in der ursprünglichen Form mit konfliktiven oder traumatischen Erlebnissen im Gedächtnis verbunden und werden „unverändert", d.h., vor allem mit den unveränderten, (heftigen, traumatischen) Affekten, in strukturell analogen neuen Situationen aktiviert (vgl. Durchbruch von Panik im Traum).

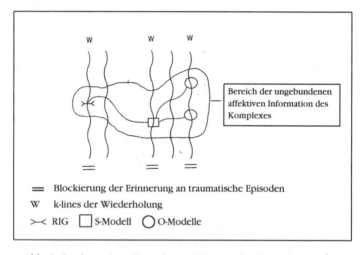

Abb. 3: Struktur eines Komplexes (Moser und v. Zeppelin 1996, 31)

Legende: RIG = generalisierte Interaktionsrepräsentanzen [representations of interactions generalized] nach Stern (1986). Aus den episodischen Repräsentanzen wird laufend ein generalisiertes Gedächtnis über diese Episoden entwickelt. Es entstehen auf diese Weise von den einzelnen Situationen abstrahierende prototypische Repräsentanzen, z.B. RIGs. Sie bestimmen als „Muster" die Erwartungen an neue, aktuelle Interaktionsepisoden. Nach Stern gehört zu jeder RIG ein evozierter Gefährte (evoked companion), mit oder gegenüber dem sich die Selbstempfindung (sense of self) konstituiert.

In Abänderung und Präzisierung des Sternschen Konzeptes wird nun postuliert, daß ein RIG verknüpft ist mit Attributen, die formulieren, was für Eigenschaften Subjekt- und Objektmodelle, RIGs und MODs haben müssen, damit in einer aktuellen Episode ein RIG instantiiert wird.

Wichtig ist ferner, daß Wissen, das in Form von RIGs gespeichert ist (Elemente von Episoden und Verknüpfungen innerhalb Episoden), mit der Generalisierung zunehmend entaffektualisiert wird.

Es wird angenommen, daß die in den episodischen Repräsentanzen direkt gespeicherten Affekte nicht immer wieder in den einzelnen RIGs des RIG-Netzes gespeichert werden. Hingegen sind immer all jene RIGs durch eine k-line (vgl. Minski 1988) verknüpft, die Verbindung ist somit direkte Präsenz eines invariaten Affektes. So ist es auch jederzeit möglich, über eine k-linie, die RIGs verbindet, zum spezifischen Affekt zu gelangen.

Für die Psychoanalyse scheint mir das Gedächtnismodell, bezogen auf klinische Beobachtungen mit so schwer traumatisierten Patienten wie Frau B., auf Anhieb plausibel, u.a. weil es postuliert, daß die konfliktiven und traumatischen Komplexe im Gedächtnis isoliert sind und nicht als Träger der dazugehörigen Affekte dienen können. Zudem hat keine Desaffektualisierung stattgefunden. Die auf diese Weise entkoppelten Affekte bilden eine ungebundene, affektive Information („Panik" bei Frau B.), die zwar den Komplexen noch assoziativ zugeordnet (z.B. dem Wunsch nach Nähe zu einer „wichtigen, heilenden" Bezugsperson), aber eben „frei flottierend" und unintegriert die psychische Weiterentwicklung determinieren.

> „Bei Lösungsversuchen ist es aber unabdingbar notwendig, daß die affektive Information wieder in eine Beziehungsrealität zurückverwandelt werden muß, daß es zu intentionalem Erleben des Selbst, zu Erfahrungen am Objekt und zur affektiven Kommunikation kommen muß. Die ungebundene Affektivität des Komplexes muß in gebundene zurückverwandelt werden" (Moser und v. Zeppelin, 30).

Damit wird meines Erachtens nach einleuchtend beschrieben, was in der „Durcharbeitungsphase" mit schwer traumatisierten Patienten „in deren Gedächtnis" erstrebt wird: die ungebundene (traumatische) Affektivität des Komplexes wird in der Übertragungsbeziehung mit Objekt- und Selbstrepräsentanzen in Verbindung gebracht.

Analoge analytische Prozesse haben wir in unserem Fallbeispiel beschrieben. Zum Beispiel stellte das sukzessive Verstehen der Panikattacken, aber auch von archaischer Wut und Aggression, in den analytischen Sitzungen einen Schlüssel für die therapeutischen Veränderungen dar, was ich aber in diesem Rahmen nicht weiter ausführen kann.

3.4 Gedächtnismodelle in der „Klassischen" und Embodied Cognitive Science – einige Anmerkungen

Moser und v. Zeppelin beziehen sich in ihren Gedächtnismodellen vor allem auf Konzeptualisierungen der „Klassischen" Cognitive Science. Abschließend noch einige kurze Bemerkungen, wie in der sogenannten Embodied Cognitive Science solche Gedächtnismodelle eingeschätzt werden (vgl. Pfeifer und Scheier 1999, Leuzinger-Bohleber und Pfeifer 1998 und in Druck).

Auf einer deskriptiven Ebene beschreiben Moser und v. Zeppelin die Gedächtnisprozesse präzise und plausibel. Doch darf man diese Beschreibungsebene (vgl. oben) nicht mit festen Strukturen im Gehirn verwechseln, die in einer bestimmten Situation aktualisiert werden, d.h., nicht mit den wirklichen Mechanismen, die im Gehirn neurophysiologisch ablaufen und zu bestimmten Gedächtnisleistungen, wie Erinnerungen, führen: Das Modell befindet sich ausschließlich auf einer deskriptiv-psychologischen Ebene. Im Gehirn gibt es keine Speicher, die Wissen aus früheren Situationen enthalten, das in einer neuen Situation abgerufen und benutzt werden kann.

Betrachten wir diese Analysen auf einer rein deskriptiven Ebene, sind sie auch heute noch plausibel. Doch wie wir an anderer Stelle ausführlich diskutiert haben, darf man diese deskriptive Ebene nicht mit den Prozessen im Gehirn verwechseln, die parallel zur Traumproduktion bzw. dem Erinnern ablaufen (vgl. dazu ausführlich Leuzinger-Bohleber und Pfeifer in Druck). So hat u.a. die biologisch orientierte Gedächtnisforschung inzwischen belegt, daß die Computermetapher, die der „Klassischen" Cognitive Science, aber auch in vielen psychologischen Lehrbüchern heute noch verbreitet ist („gespeicherte Informationsstrukturen", die im Langzeitgedächtnis wie auf einer Speicherplatte eingeritzt sind und bei einer strukturell analogen, aktuellen Informationssituation von dort abgerufen werden), grundlegend falsch ist. Lebende Systeme sind, wie dies Moser und v. Zeppelin in ihrem Traummodell ebenfalls postulieren, zu einer ständigen Adaptation an eine ständig sich verändernde Umwelt gezwungen. Ein kurzes Beispiel dazu: Würde unser Gedächtnis analog zu einem Computer funktionieren, könnten wir nicht erkennen, daß unser Nachbar ein Motiv aus dem Weihnachtsmoratorium von J.S. Bach auf dem Klavier spielt. Die Töne auf dem Klavier produzieren nicht die gleichen akustischen Signale wie ein Chor in Begleitung eines Orchesters, das die gleiche Passage spielt. Satt dessen hat unser Gedächtnis die kreative Fähigkeit, in einer konstruierenden seelischen Tätigkeit, die wahrgenommenen Stimuli mit jenen, die es beim Hören des Oratoriums empfangen hat, in einen neuen Zusammenhang zu bringen und darin die Analogie zwischen den aktuellen und der früheren Wahrnehmungen zu erkennen. Daher wird Gedächtnis nun verstanden als ein aktiver, kreativer Vorgang des gesamten Organismus, der auf sensomotorisch-affektiven Koordinationsprozessen und damit in Zusammenhang stehenden „automatischen", sich ständig adaptierenden Rekategorisierungsprozessen beruht. Gedächtnis beinhaltet daher kein vorwiegend kognitives Geschehen, sondern ist immer „embodied".

Erinnerungsprozesse an traumatische Kindheitserfahrungen sind demnach nur in einer neuen Interaktion mit einem bedeutungsvollen Anderen (z.B. in der Übertragung) möglich. Sie sind an die situative, sensorisch-affektive und schließlich rekonstruierend-verstehende Interaktion gebunden. Erinnern ist abhängig von einem inneren oder äußeren Dialog mit einem Objekt, einem interaktiven Prozeß, einem ganzheitlichen, „embodied", sensomotorisch-affektiven und kognitiven Geschehen in und zwischen zwei Personen. Frau B. konnte sich nicht allein für sich an ihre frühen traumatischen Objektbeziehungserfahrungen erinnern, sondern erst in der neuen Objektbeziehung zur Analytikerin (vgl. dazu Leuzinger-Bohleber und Pfeifer 1998 und in Druck).

Erst die vermehrte „differenzierend rekategorisierende" Erfahrung einer tragenden analytischen Beziehung zu mir ermöglichten es z.B. Frau B. im zweiten Analysejahr, den erwähnten Traum zu erzählen und die basalen Ängste vor einer „Beziehung als Kampf um Leben und Tod" in der Übertragung darzustellen und die traumatischen frühen Objektbeziehungserfahrungen zu „erinnern".

4. Zusammenfassung

In diesem Beitrag versuchte ich wenigstens andeutungsweise zu illustrieren, daß und wie Theorien zu Traum und Gedächtnis unsere klinische Wahrnehmung und unser Verständnis therapeutischer Veränderungen (oft unerkannt) beeinflussen. Anhand des Traumgenerierungsmodells von Moser und v. Zeppelin wurde darauf verwiesen, daß diese Autoren, der Tradition der „Klassischen" Cognitive Science folgend, in ihrer Theoriebildung den Stand der experimentellen Traumforschung, der Neurobiologie, der Entwicklungspsychologie und der Psychoanalyse integrieren. Anhand eines Fallbeispiels wurde diskutiert, daß solche interdisziplinären Modelle ein vertieftes Verständnis der Generierung eines Traums in einer bestimmten Übertragungssituation ermöglichen. Schließlich wurde das Gedächtnismodell, das Moser und v. Zeppelin ihrer Traumgenerierungstheorie zugrunde legen, skizziert und aus der Sicht der Embodied Cognitive Science betrachtet.

Ich hoffe, daß ich zeigen konnte, daß sich ein fremder, triangulierender Blick auf die eigene psychoanalytische Praxis als Herausforderung für ein vertieftes Verständnis erweist und sich der interdisziplinäre Dialog als lohnenswert erweist, trotz aller Verunsicherungen und Labilisierungen, die immer mit der Begegnung mit dem Fremden verbunden sind (vgl. dazu auch Leuzinger-Bohleber, Mertens und Koukkou 1998).

Literatur

Bohleber, W. (2000), Die Entwicklung der Traumatheorie in der Psychoanalyse. *Psyche 54*, 797-840

Brenneis, B.C. (1996), Memory systems and the psychoanalytic retrieval of memories of trauma. *Journal of the American Psychoanalytic Association 44*, 1165-1187

Dewan, E.M. (1969), The P-hypotheses for REM's. AFCRL-69-0298. Phys. Science Research Papers, 388

Fischer, G. und P. Riedesser (1998), *Lehrbuch der Psychotraumatologie*. München: Reinhardt

French, T.M. (1952), *The integration of behavior, Vol. 1*: Basic postulates. Chicago: University of Chicago Press

Keilson, H. (1979), *Sequentielle Traumatisierung bei Kindern*. Stuttgart: Enke

Klinger, E. (1971), Structure and functions of fantasies. New York: Wiley

Koukkou, M. und D. Lehmann (1980), Psychophysiologie des Träumens und der Neurosentherapie. Das Zustands-Wechsel-Modell, eine Synopse. *Fortschritte der Neurologie, Psychiatrie und ihrer Grenzgebiete 48*, 324-350

Krystal, H. (1988), *Intergration and self-healing*. Hillsdale: The Analytic Press

Laub, D. (2000), Eros oder Thanatos? Der Kampf um die Erzählbarkeit des Traumas. *Psyche 54*, 860-895

Leuzinger-Bohleber, M. (2001), The 'Medea-fantasy'. An unconscious determinant of psychogenic sterility. *International Journal of Psychoanalysis 82*, 323-345

Leuzinger-Bohleber, M. und U. Stuhr (1997), *Psychoanalysen im Rückblick*. Gießen: Psychosozial-Verlag

Leuzinger-Bohleber, M. und R. Pfeifer (1998), Erinnern in der Übertragung - Vergangenheit in der Gegenwart? Psychoanalyse und Embodied Cognitive Science: ein interdisziplinärer Dialog zum Gedächtnis. *Psyche 52*, 884-919

Leuzinger-Bohleber, M. und R. Pfeifer (in Druck), Remembering a depressive primary object? Psychoanalysis and embodied cognitive science in dialogue. *International Journal of Psychoanalysis*

Leuzinger-Bohleber, M., W. Mertens und M. Koukkou (Hrsg.) (1998), *Erinnerung von Wirklichkeiten*. Psychoanalyse und Neurowissenschaften im Dialog, *Bd. 2*: Folgerungen für die psychoanalytische Praxis. Stuttgart: Verlag Internationale Psychoanalyse

Minsky, M. (1988), *The society of mind*. New York: Simon and Schuster

Morton, J. (1997), Cognitive perspectives on recovered memories. In: J. Sandler und P. Fonagy (eds.), *Recovered memories of abuse*. True or false? London: Karnac Books, 39-64

Moser, U. und I. v. Zeppelin (1991), *Cognitive-affective processes*. New ways of psychoanalytic modeling. Berlin: Springer

Moser, U. und I. v. Zeppelin (1996), *Der geträumte Traum*. Wie Träume entstehen und sich verändern. Stuttgart: Kohlhammer

Pfeifer, R. und M. Leuzinger-Bohleber (1986), Application of cognitive science methods to psychoanalysis. A case study and some theory. *International Review of Psycho-Analysis 13*, 221-240

Pfeifer, R. und C. Scheier (1999), *Understanding intelligence*. Cambridge: MIT Press

Sandler, J. und P. Fonagy (eds.) (1997), *Recovered memories of abuse*. True or false? London: Karnac Books

Stern, D. (1986), *Die Lebenserfahrung des Säuglings*. Stuttgart: Klett, 1992 van der Kolk, B., A.C. McFarlane und L. Weisaeth (eds.) (1995), *Traumatic stress*. The effects of overwhelming experience on mind, body, and society. New York: Guilford Press

Winnicott, D.W. (1971), *Vom Spiel zur Kreativität*. Stuttgart: Klett, 1973

STEPHAN HAU

Vom Traum zum Traumbild
Über das Zeichnen von Träumen

Die Zeichnungen von Traumerinnerungen sind bisher noch nicht systematisch untersucht worden, obwohl Traumbilder mehr als Traumtexte geeignet erscheinen, das allgemeine Verständnis über die Entstehungs- und Bearbeitungsprozesse visueller Traumbilder zu erweitern. Bereits 1912 vertrat Marcinowski in seiner Untersuchung über *Gezeichnete Träume* die Ansicht, daß Traumzeichnungen Landschaftsdarstellungen beschreiben würden, zugleich aber auch, Kippfiguren oder Vexierbildern ähnlich, „symbolische Umdichtungen" von „Mutterleibs- und Vaterleibsphantasien" sein können.

Die wohl berühmteste Traumzeichnung der psychoanalytischen Literatur findet sich in der Krankengeschichte des „Wolfsmannes" (Freud 1918b).[1] In nur wenigen Veröffentlichungen setzten sich Psychoanalytiker mit einzelnen Traumzeichnungen auseinander bzw. stellten behandlungstechnische Fragen über den Umgang mit Traumzeichnungen in den Mittelpunkt. So wurden die Vor- und Nachteile diskutiert, Traumzeichnungen in Therapien einzusetzen, um die Darstellung verbal nicht gut vermittelbarer Inhalte zu erleichtern (z.B. Slap 1976, Brakel 1993). Brakel ist der Meinung, daß Traumzeichnungen systematisch in die therapeutische Technik integriert werden könnten und dies kein Parameter gegenüber der ursprünglichen psychoanalytischen Technik sei. Die dargestellten Inhalte seien hauptsächlich visueller Natur und stammten aus vorsprachlichen Lebensphasen. Leuschner und Hau (1995) haben gezeigt, daß experimentelle

---

[1] Traum, Traumzeichnung und Fallgeschichte sind ausführlich untersucht worden. Unter anderem widmete sich die zweite Traumtagung des Sigmund-Freud-Instituts ausschließlich dem *Traum des Wolfsmannes* (dokumentiert in: Bareuther et al. 1993).

Befunde zu Traum und Zeichnung Hinweise auf gestengängige Erinnerungen liefern, die in den Zeichnungen enthalten sind, das Verhältnis von verbaler und zeichnerischer Erinnerung im Rahmen von Analysen jedoch keinesfalls geklärt ist.

Traumzeichnungen wurden aber vor allem von Psychoanalytikern auch aus anderer Perspektive untersucht. Sie wurden als Medium zur Darstellung von Trauminhalten im Rahmen von Stimulusapplikationsversuchen genutzt, um Effekte der Wiederkehr von Stimulusmaterial zu belegen. Auf diese Weise ließen sich unbewußte psychische Verarbeitungsprozesse studieren und die Erkenntnisse über Schlaf und Traum erweitern (vgl. Fisher 1954, 1957; Fisher und Paul 1959; Shevrin und Luborsky 1961; Shevrin 1986; Shevrin in diesem Band; Leuschner et al. 1994; Leuschner, Hau und Fischmann 1999). Auch diese Untersuchungen zu Traumzeichnungen sind insgesamt unsystematisch. Hobson (1988) bemerkt, daß, obwohl der sensorische Modus in den Träumen vorzuherrschen scheint, er keinen Versuch kenne, die Trauminhalte in direkten visuellen Repräsentationen wie z.B. Zeichnungen zu untersuchen.

Zwar bleibt die Aussagekraft von Traumzeichnungen zunächst unklar, doch das, was in den Traumzeichnungen dargestellt erscheint, ist keinesfalls beliebig, die Zeichnungen stehen in einer engen Beziehung zum zuvor erlebten Traum. Offen muß aber zunächst bleiben, wie von dem „Beobachtungsgegenstand" Traumbericht oder Traumzeichnung auf den „Erkenntnisgegenstand" Traum geschlossen werden kann (vgl. Lorenzer 1985).

Allgemein läßt sich zur Traumentstehung feststellen, daß, nachdem aus einer bestimmten Quelle (z.B. Tagesreste, somatische Quellen oder infantile Wünsche) Material für den Traum zur Verfügung gestellt wurde („Input"), dieses für den Traum bearbeitet wird.[2] Schließlich kommt es zur Traumerfahrung, dem Träumen des Traums. Aber erst bei der Traumerinnerung setzen die Untersuchungen zum Traum an,

---

[2] Etwa entlang von Dissoziierungs-Reassoziierungs-Prozessen (vgl. Leuschner und Hau 1995).

egal ob verbale Traumberichte oder Zeichnungen vom zuvor Erlebten untersucht werden. Der Traum erfährt zwischen dem Traumerlebnis und dem Traumbericht weitere Umarbeitungen, denn der erinnerte Traum unterscheidet sich vom geträumten Traum ebenso wie der zu „berichtende" Traum, der in Sprache transformiert wird, vom erinnerten Traum. Weitere Veränderungen erfährt der Traum, wenn er in zu zeichnende Bilder transformiert wird. Dann unterscheidet er sich sowohl vom erinnerten Traum als auch vom in Sprache transformierten Traum. Der zu zeichnende Traum muß, als dreidimensionales Erlebnis, über den Umweg motorischer Handlungskoordination, auf ein zweidimensionales Zeichenblatt transformiert werden, was weitere Veränderungen impliziert. Schließlich unterscheidet sich der gezeichnete/berichtete Traum zum Zeitpunkt t_1 vom gezeichneten/berichteten Traum zum Zeitpunkt t_2.

Es ließen sich noch weitere veränderungsrelevante Faktoren nennen: Der Bewußtseinszustand ändert sich beim Wechsel von Schlaf- bzw. Traumzustand in den Wachzustand (vgl. Fiss 1986), ebenso wie die Darstellungsintention. Der Traum, ursprünglich Privatsache des Träumers, wird nun einem Dritten mitgeteilt, was weitere Veränderungen nach sich zieht.

Die Untersuchung von Traumzeichnungen und Zeichnungen Freier Imaginationen

Bei einer systematischen Untersuchung der Zeichnungen von Träumen interessierte besonders, ob sich formale Kriterien für Unterschiede zwischen Traumzeichnungen und Wachzeichnungen (Zeichnungen von „Freien Imaginationen") finden lassen[5]. Hierzu wurde ein Beurteilungsbogen entwickelt, dessen 79 Items Hinweise auf allgemeine, bei der Gestaltung von Traumzeichnungen wirksame Gesetz-

---

[5] Für eine ausführliche Darstellung der Untersuchung, inklusive der bei der Erforschung von Träumen entstehenden Problematik vgl. Hau (1999).

mäßigkeiten geben sollten, um so Rückschlüsse auf das Traumgeschehen zu ermöglichen.

Da bei den meisten Erwachsenen der Zeichenstil mit ca. 14 Jahren zu einem Entwicklungsstillstand kommt, ergab sich daraus die Frage, ob in den Traumzeichnungen Hinweise auf Regressionsprozesse zu finden sind, die sich in einem „kindlichen" Zeichenstil niederschlagen könnten, m.a.W., ob Zeichenstilmerkmale in den (Traum-)Bildern auftauchen, die auf ein früheres Entwicklungsalter (als 14 Jahre) hinweisen.

Die Entwicklungslinien der Zeichenfähigkeit in Kindheit und Jugendalter sind gut untersucht, so daß, hypothesengeleitet, für den Beurteilungsbogen auch entsprechende Merkmale und Kategorien aus der Literatur über Kinderzeichnungen extrahiert wurden, um diese dann für die Beurteilung der Traumzeichnungen Erwachsener zu verwenden. Ausgangspunkte waren formale Kriterien für die Einteilung von Kinderzeichnungen, wie sie in verschiedenen Entwicklungsmodellen beschrieben werden (Merkmale der „Kritzelphase", „Vorschemaphase" und des „Schemabildes", vgl. Richter 1987, Widlöcher 1965; „Raumkonzepte" und „Farbverwendung" in den Kinderzeichnungen, vgl. Piaget und Inhelder 1941, Richter 1987; oder verschiedene Modelle der „Bilderzählung", vgl. Luquet 1927).

Es wurden 962 Zeichnungen (581 Traumzeichnungen, davon 437 REM-Traumzeichnungen und 381 Freie Imaginationen) von insgesamt 46 Probanden (23 Frauen und 23 Männer) untersucht.[4] 34 Probanden (17 Frauen, 17 Männer) hatten an Traumuntersuchungen im Schlaflabor des SFI teilgenommen, waren in REM-II, REM-III und REM-IV geweckt und nach Träumen befragt worden (REM-Traumzeichnungen), morgens und abends zeichneten sie Freie Imaginationen. 12 Probanden (6 Frauen, 6 Männer) verbrachten die Nacht zuhause und berich-

---

[4] Das Durchschnittsalter der Frauen lag bei 24,6 Jahren (19-37), das der Männer bei 27,3 Jahre (22-42).

teten/zeichneten morgens im Labor ihre Traumerinnerungen und zeichneten ebenfalls Freie Imaginationen.[5]

Bezüglich der Auswertung waren keine expliziten Hypothesen (im Sinne von H_0 oder H_1) formuliert worden. Insofern ist die Untersuchung hypothesengenerierend zu verstehen. Dennoch waren zwei Überlegungen zentral: Erstens betrifft dies Hinweise auf mögliche Regressionsphänomene in den Zeichnungen; zweitens finden sich Hinweise, wonach Traumzeichnungen, im Vergleich zu Freien Imaginationen, als „regressiver" eingestuft werden, also mehr Merkmale enthalten, die aus frühen Entwicklungsstadien der kindlichen Zeichenfähigkeit stammen.

Andererseits erfaßt diese Interpretation sicherlich nur einen Aspekt eines multiplen Prozeßgeschehens. Träume und auch Traumzeichnungen lassen sich nicht nur unter „defizitären" Aspekten betrachten. Das Erinnern und Synthetisieren von Traumeindrücken, die anschließende Transformation und Anfertigung der Zeichnung stellt eine hochkomplexe Ich-Leistung dar. So kann man auch fragen, welche Hinweise sich auf mögliche kreative Merkmale und Eigenschaften finden lassen, um die schwierige Aufgabe der zeichnerischen Darstellung von mentalen Ereignissen zu lösen.

Bei 37 von 76 Items fanden sich signifikante Unterschiede zwischen REM-Traumzeichnungen und Freien Imaginationen. Anhand der folgenden Beispiele sind einige markante Differenzen dargestellt.[6]

---

[5] Jede einzelne Zeichnung wurde von 5 unabhängigen Blind-Ratern (2 Frauen und 3 Männer) untersucht. Die Reihenfolge, in der die Zeichnungen vorgelegt wurden, war randomisiert. Es standen Transkriptionen und zusammenfassende Notizen über die Trauminhalte zur Verfügung. Die Interraterreliabilitäten wurden paarweise für jeden Rater berechnet. Die Kappa-Koeffizienten reichten von .50 bis .79 und sind als zufriedenstellend bis sehr gut zu bezeichnen (vgl. Lienert 1969). Auf der Grundlage des Beurteilungsbogens wurden insgesamt 76 Einzelvergleiche durchgeführt, was eine α-Fehler-Korrektur erforderlich machte ($p \geq 0{,}00068$).

[6] Für eine ausführliche Darstellung vgl. Hau (1999).

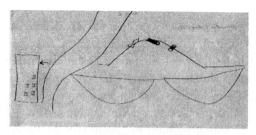

Abb. 1: REM-Traumzeichnung.
Ein Schrottplatz. Da, wo Kies aufgeladen wird.
Das Abbaugebiet, Fässer und Schrott.

REM-Traumzeichnungen sind für die Beurteiler unverständlicher als Freie Imaginationen. Die Traumzeichnungen sprechen, ohne die Hinzunahme eines erklärenden Kommentars, weniger „für sich". Bei der Abb. 1 handelt es sich um eine solche Zeichnung. Die spontanen Assoziationen zu dieser Zeichnung gehen beim Betrachter von „Bergen" über „Brille" bis zu „Wäscheleine". Erst durch die Hinzunahme des verbalen Kommentars wird „deutlich", daß es dem Zeichner um die Abbildung eines im Traum vorkommenden „Schrottplatzes" geht.

Im Gegensatz zur Traumzeichnung ist die folgende Zeichnung einer Freien Imagination (Abb. 2) sofort verständlich:

Abb. 2: Freie Imaginationszeichnung.
Ein Haus auf einer Wiese mit Wolken.[7]

---

[7] In der Zeichnung ist viel mehr Information darüber enthalten, wie der Zeichner die Inhalte imaginierte: Das Haus ist mit Türen und Fenstern versehen, hat eine bestimmte Größe, steht an einem bestimmten Ort in der Szene. Durch die Art der Strichführung beim Zeichnen von Wiese und Himmel, vor allem aber durch die gezeichnete Rauchwolke, wird der Eindruck von Bewegung und Wind erzeugt. Obwohl einer Photographie ähnlich, erhält das Bild dadurch seine besondere Dynamik.

An dieser Stelle lassen sich bereits erste Überlegungen formulieren, wie es dazu kommt, daß die Zeichnung eines Traumes unverständlicher erscheint als die Zeichnung einer Freien Imagination. Gelingt es in den Traumzeichnungen graphisch weniger eindeutig, Symbole, Anordnungen und andere Darstellungsweisen zu finden und einzusetzen, um einem Betrachter die Bedeutung mitzuteilen, also eine genügend adäquate Mitteilungsform zu finden? Daß die Traumzeichnungen unverständlicher sind, könnte an den Besonderheiten der Trauminhalte liegen oder an den vielen nur persönlich für den Träumer relevanten Bedeutungszusammenhängen, die für einen Außenstehenden, ohne die entsprechenden Erläuterungen, nicht zugänglich werden. Eine andere Erklärungsmöglichkeit könnte sein, daß der Traumzeichner, wenn er nachts die Zeichnung anfertigt, die Aufmerksamkeit weiterhin (narzißtisch) nach innen gerichtet hat, mehr oder weniger mit sich selbst und seinem Traum beschäftigt ist und den Anderen, die Perspektive des Beobachters, nur unvollständig berücksichtigt.

Weiterhin wäre denkbar, daß durch die Weckungen aus der REM-Phase der Traumprozeß unterbrochen wird. Der Traum liegt dadurch nicht vollständig ausgearbeitet vor, befindet sich noch im „Rohbau". Erst im Zuge der sekundären Bearbeitung werden die gröbsten Unklarheiten beseitigt, die Brüche geglättet.

Weitere deutliche Unterschiede zwischen REM-Traumzeichnungen und Freien Imaginationen lassen sich bei der Raumorganisation erkennen. REM-Traumzeichnungen weisen häufiger frühe Formen der Raumorganisation auf als Freie Imaginationen. Dabei sind die einzelnen Gegenstände eher topologisch angeordnet auf das Zeichenblatt gemalt.[8] Abb. 3 zeigt eine REM-Traumzeichnung, in der die Perspektive uneinheitlich ist: sind die Autos aus der Draufsicht von oben dargestellt (mit Umklappungen der Reifen auf der linken Seite), ist die Ampel von vorne gezeichnet; zu der nach oben gezeichnete Straße pas-

---

[8] Vgl. Shevrin in diesem Band. Er beschreibt Befunde aus experimentellen Untersuchungen, mit denen belegt werden kann, daß im Traum der relationale Bezug eher verloren geht.

sen wiederum die Häuser nicht, deren kubische Form nur angedeutet wurde. Der Blick des Betrachters erkennt dabei im Wechsel einmal die Draufsicht bzw. eine Ansicht von vorne.

In den Freien Imaginationszeichnungen hingegen ist der Standort des Betrachters meist eindeutig. Die Gegenstände und Objekte sind der Zentralperspektive entsprechend eingeordnet, einer gesamtheitlichen Anordnung angepaßt, was auf eine komplexe Koordinierungsleistung hinweist und die hohen Anforderungen an das strukturierende Ich verdeutlicht. Dies könnte auch als Hinweis darauf gesehen werden, daß die Wachzeichnungen bereits aus einer Betrachterperspektive und nicht aus einer Erlebensperspektive bearbeitet werden. Bei den Traumzeichnungen verfügen die Zeichner über diese Distanzierungsleistung nicht, befinden sich eher noch „in" der Handlung.

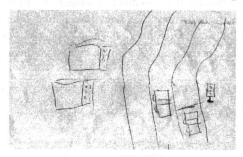

Abb. 3: REM-Traumzeichnung
Ich fahre schnell mit dem Auto auf einer breiten, mehrspurigen Straße und überfahre ein paar rote Ampeln.
Ein Auto stand bei Rot vor der Ampel
Ich überhole im anderen Auto. Hochhäuser, Ampel.

Ein weiterer Unterschied zwischen REM-Traumzeichnungen und Freien Imaginationen betrifft die Blattfläche, die in REM-Traumzeichnungen nur zum Teil bzw. signifikant weniger genutzt wird als in Freien Imaginationen. Ist die wenig vereinheitlichte perspektivische Darstellung und die geringere Nutzung der Zeichenfläche für die Trauminhalte nun im Sinne einer möglichst ökonomischen Darstellung zu verstehen, die sich auf das Wesentliche beschränkt, oder sind die Fähigkeiten zur Ausführung der Zeichnung nach der REM-Weckung in der Nacht, aufgrund der dann verfügbaren Ich-

Leistungen, einfach noch nicht ausreichend, um eine elaboriertere Darstellung anzufertigen? Eine Erklärungsmöglichkeit liegt möglicherweise in der Eigenschaft des Traumerlebnisses selbst begründet: Der Traumort, an dem der Traum geschieht, der „Traumraum" (vgl. Strümpell 1874), in dem sich der Träumer seine Bilder von Handlungen, Interaktionen und Inhalten vorstellt, hat keinen richtigen Hintergrund, ist eher einer Theaterbühne vergleichbar, einem Kammerspiel. Diese Eigenschaft fände sich somit markant in den Zeichnungen durch die Auslassungen (z.B. des Hintergrunds) wieder dargestellt.

Hinsichtlich der Bildkonzeption, des Bildaufbaus, weisen alle Variablen mit signifikanten Unterschieden zwischen REM-Traumzeichnungen und Freien Imaginationen in die gleiche Richtung: Kategorien, die auf frühe Raumorganisationsversuche verweisen („Nebeneinander", „Umklappungen"), kommen häufiger in REM-Traumzeichnungen vor, während Kategorien wie „Bodenlinie" oder „Himmelslinie", die in der Entwicklung des kindlichen Zeichenstils zu einem späteren Zeitpunkt auftauchen, vor allem in den Freien Imaginationen zu finden sind.

Ein Beispiel für eine frühe Raumorganisation zeigt die REM-Traumzeichnung in Abb. 4:

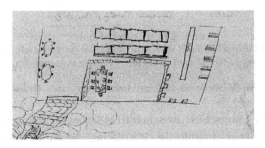

Abb. 4: REM-Traumzeichnung.
Das Lokal war im Nebengebäude von einem Schwimmbad. Der Tisch, verschiedene Leute, das Hallenbad. Schwimmbecken kam nicht vor. Es war Abend. Theke, Tische, Kabine.

Ist die Auffahrt zu dem Lokal noch perspektivisch dargestellt, so ist das Haus, im Sinne einer „Röntgenzeichnung", durchsichtig gezeichnet. Weitere Merkmale für die Bildkonzeption sind die erkennbaren „Umklappungen" und die Darstellung der Inneneinrichtung als „Draufsicht", in Form eines Plans.Auf die allerersten Schemata und Darstellungsformen der Kindheit wird aber bei der Anfertigung von Traumzeichnungen nicht zurückgegriffen. Die frühen Formen zeichnerischen Ausdrucks wie etwa „Kritzelgebilde", aber auch Vorschemata wie „Kopffüßler" oder „Kastenformen", weisen keine signifikanten Unterschiede zwischen REM-Traumzeichnungen und Freien Imaginationen auf. Hier scheint sich eine „Grenze" in der Entwicklungsreihe der Zeichenfähigkeit anzudeuten, hinter welche die Darstellungsformen Erwachsener nicht mehr zurückfallen, wenn sie Inhalte zeichnerisch darstellen und kommunizierbar machen wollen. Die später in der Entwicklung erworbenen Fähigkeiten der Darstellung bleiben auch in der Nacht, nach REM-Weckungen, erhalten, werden „aktiviert" und sind dem Ich verfügbar.

Die Fähigkeit zur Symbolisierung in den Zeichnungen geht ebenfalls nicht verloren. Sowohl in Traumzeichnungen als auch in Freien Imaginationen finden sich Symbolisierungen, in den Traumzeichnungen sogar besonders häufig. So sind es ikonenhafte Darstellungen von Objekten (aber auch „Strichmännchen"), die auf wesentliche Grundmerkmale reduziert sind und die vermehrt in den Traumzeichnungen (bei fast 60%) auftauchen.

Auch „Zeichen" werden in den REM-Traumzeichnungen signifikant häufiger eingesetzt als in den Freien Imaginationen. Da es hier um Markierungen geht, die anstelle eines Objektes, einer Handlung oder einer Szene in der Zeichnung angebracht werden, kann vermutet werden, daß es sich dabei vor allem um die Versuche einer verkürzten Darstellung handelt. Die Ausführungskonzepte scheinen in der Nacht nicht verfügbar, und die Zeichner können auf dieses Darstellungs- oder Abbildungswissen nicht zurückgreifen. So behelfen sie sich mit „Zeichen" (z.B. Kreuzen, Strichen, Pfeilen), als symbolische Verweise auf das eigentlich Darzustellende. Angesichts der komplexen Prozesse bei der Umsetzung von visuell Imaginiertem in die zeichnerische Darstellung, erscheint dies immer noch der „einfachere" Weg für die Traumzeichner zu sein.

Weiter ließe sich überlegen, ob man es hier nicht mit einem „Nachklang" des Traumes zu tun hat. Dabei spiegelt sich etwas von dem vorangegangenen Bewußtseinszustand wider (im Sinne eines carry-over-Prozesses). Diesen „Nachhall" der Prozesse, die während des Traumzustands wirksam waren, wird nun spezifisch durch die Traumzeichnungen aufgefangen. So wie Radioteleskope Signale aus weit entfernten Welten auffangen und damit Einsichten in Vergangenes gewähren, wären die Traumzeichnungen Fangnetze bei der Darstellung für den Nachklang zurückliegender psychischer Ereignisse, eben den Traum.

Ein weiterer Unterschied findet sich bei Bewegungsdarstellungen. Diese sind schwierig differenziert zu zeichnen und erscheinen vermehrt in den Freien Imaginationen. Die „Bewegungsdarstellungen", aber auch die „Personendifferenzierungen", die hohe Anforderungen an die zeichnerische Umsetzung stellen, lassen sich somit besser bewältigen, wenn das Ich des Zeichners für das Malen über ausreichendes Darstellungswissen verfügt und die motorische Umsetzung flexibel steuern kann. Abb. 5 zeigt Bewegung für Menschen und Objekte.

Abb. 5: Freie Imaginationszeichnung.

Leute auf der Straße. Aus dem Leben gegriffen. Kinder. Sie regen sich auf, daß er auf dem Straßenrand Fahrrad fährt. Der Kinderwagen ist rot und hat ein großes Rad.

Freie Imaginationen sind auch häufiger differenziert ausgestaltet. Ob es das Herausgreifen und besonders genaue Darstellen eines bestimmten Merkmals ist, ob Verzierungen und Ausschmückungen in den Zeichnungen dargestellt werden, sich um eine realistische Darstellung bemüht wird oder bestimmte Teile der Zeichnung differenziert ausgeführt sind, es sind zunächst die Freien Imaginationen, bei denen die Binnendifferenzierungen der dargestellten Objekte signifikant ausgeprägter sind. Ein Proband zeichnete z.B. in einer Freien Imagination einen Balkon und gab sich große Mühe, möglichst präzise (fotorealistisch) die Geländerverzierungen, Blumenkisten, Blätter der Pflanzen, Blüten etc. darzustellen.

So zeigte sich bei der Beurteilung der Maltechnik, daß Freie Imaginationen weniger umrißhaft, eher flächig und farbiger gezeichnet sind als Traumzeichnungen. Vor allem in den REM-Traumzeichnungen überwiegt die Schwarz-Weiß-Darstellung gegenüber der meist mehrfarbig gezeichneten Freien Imaginationen.

In den Traumzeichnungen tauchen signifikant mehr Personen auf. In mehr als 50% der Bilder von Träumen sind Menschdarstellungen zu sehen. Dieses vermehrte Auftauchen von Menschen in den Traumzeichnungen erscheint nicht verwunderlich, sind doch die Träume Erwachsener in der Regel mit ihren Inhalten handlungs- und interaktionsorientiert (vgl. Strauch et al. 1997).

Durch eine Beurteilung der Zeichenfähigkeit insgesamt, unter Berücksichtigung des Eindrucks aller Bilder eines Zeichners, sollte das „Zeichenalter" des einzelnen Bildes auf einer Altersskala von 2-15 Jahren eingestuft werden. Dabei wurde das Zeichenalter für die REM-Traumzeichnungen mit durchschnittlich 8,6 Jahren (für die gesamte Zeichnung) signifikant niedriger eingeschätzt als das für die Freien Imaginationen (10,2 Jahre). Bei einzelnen Objekten auf den Zeichnungen fallen die durchschnittlichen Alterseinschätzungen noch jünger aus. Sie liegen für die REM-Traumzeichnungen bei 7,0 Jahre, für die Freien Imaginationen bei 8,3 Jahre. Zwischen Freien Imaginationen und REM-Traumzeichnungen liegen also durchschnittlich 1½ Entwicklungsjahre (dieser Unterschied ist signifikant). Die signifikanten Unterschiede zwischen REM-Traumzeichnungen und Freien Imaginationen sind im folgenden nochmals zusammengefaßt dargestellt:

REM-Traumzeichnungen sind weniger verständlich, haben weniger Perspektive, sind von der Raumaufteilung weniger gut beurteilbar, füllen das Zeichenblatt weniger aus, weisen mehr topologische Anordnungen der dargestellten Objekte auf, haben mehr Umklappungen, aber weniger Bodenlinien und Himmelslinien;

In REM-Traumzeichnungen finden sich häufiger symbolhafte Darstellungen durch Ikonen, Zeichen, Schrift, sie wirken weniger realistisch, weisen weniger Bewegungsdarstellungen auf, sowohl von Objekten als auch von Menschen;

Es finden sich in REM-Traumzeichnungen aber mehr Personendarstellungen (ohne Gesicht), weniger Binnendifferenzierungen der dargestellten Objekte, weniger Farben, dafür mehr Umrißdarstellungen, die Proportionen sind seltener richtig gezeichnet;

Das durchschnittliche „Zeichenalter" für die gesamte REM-Traum-Zeichnung liegt bei 8,57 Jahren (Freie Imaginationen: 10,16), das für einzelne Objekte in der REM-Traum-Zeichnung bei 7,04 Jahren (Freie Imaginationen: 8,27).

Diskussion

Die Traumzeichnung wird als Produkt aufgefaßt, das mit dem ursprünglichen Erlebnis Traum in Zusammenhang steht, wobei in den Zeichnungen etwas von dem zuvor Erlebten – wenn auch gebrochen und abgewandelt – wiederkehrt. Der Traum ist als eigenständiger kognitiver Prozeß anzusehen, der nicht die gleichen Bestandteile aufweist und im gleichen Ausmaß den Regulations- und Verarbeitungsprinzipen unterliegt, wie die Wahrnehmungserlebnisse während der Sehtätigkeit im Wachzustand. Die Traumzeichnung kann somit, wie die verbale Traumerinnerung, als „Produkt" verstanden werden, dessen Ursprung in einem anderen Bewußtseinszustand liegt. Als Resultat des Erinnerungsprozesses läßt sie sich jedoch deskriptiv beschreiben, ohne Überlegungen zu möglichen funktionalen Aspekten zu formulieren.

Lassen sich somit Hinweise auf Regressionsvorgänge, wie sie von Freud für die Traumprozesse postuliert wurden (vgl. Freud 1900a, 547ff.), auf einer formalen Ebene bei der Anfertigung von Zeichnungen finden?[9] Die größere Unverständlichkeit von REM-Traumzeich-

---

[9] Diese Unterschiede in den Merkmalen der Zeichnungsarten, als Auswirkungen regressiver Prozesse verstanden, sind mit anderen Theorien und Befunden kompatibel, in denen ebenfalls regressive Prozesse im Zusammenhang mit Träumen postuliert werden. Freud (1900a, 554) hatte Regressionsvorgänge für die Traumbildung als wirksam und notwendig beschrieben und drei verschiedene Regressionstypen

nungen, die häufigeren Umriß- und die selteneren Bewegungsdarstellungen, die spärlichere Verwendung von Bodenlinien und Himmelslinien, um nur einige Beispiele zu nennen, verweisen auf solche Merkmale. So ließe sich z.b. auch die geringere Farbverwendung in den Traumzeichnungen als eine Regression der Zeichenstilentwicklung auf ein Entwicklungsniveau willkürlicher Farbwahl interpretieren.

Ein Ergebnis, das im Hinblick auf die Frage der Regression von Bedeutung ist, fällt jedoch auf: das durchschnittliche Zeichenalter für einzelne Objekte in den REM-Traumzeichnungen wird mit sieben Jahren angegeben. Dies entspricht in der Theorie Piagets dem Alter bzw. Zeitpunkt des Übergangs von der Stufe des voroperatorischen Denkens zur konkret-operatorischen Stufe, was einer weiteren Ablösung des Denkens vom konkreten Wahrnehmungserlebnis gleichkommt. In der Untersuchung der Entwicklungsverläufe der Kinderträume, die Foulkes (1982) durchführte, ist dies genau das Alter, ab dem „Bewegung" in die Träume der Kinder kommt, also Handlungsabläufe und komplexere soziale Interaktionen in den Träumen auftauchen. An diesem Übergang vom wahrnehmungsbezogenen zum operatorischen Denken finden sich die REM-Traumzeichnungen vom Zeichenalter her eingestuft.

Die Hinweise für Regressionsvorgänge, die aus den Merkmalen der Traumzeichnungen erschlossen werden, lassen sich aber auch ganz anders interpretieren, etwa als Versuch der Verarbeitung, im Sinne eines Rekategorisierungsprozesses. Die Freien Imaginationen stellen eine Momentaufnahme eines vorgestellten Bildes dar, die REM-Traumzeichnungen versuchen, Abläufe und Sequenzen abzubilden, werden somit auf einer anderen Grundlage entwickelt. Aufgrund dieser unterschiedlichen Ausgangssituationen ließen sich auch die Unter-

---

voneinander abgegrenzt (zeitliche, topische und formale Regression). Die Annahme wirksamer Regressionsprozesse bei der Traumtätigkeit findet sich ebenfalls im „Zustands-Wechsel-Modell" von Koukkou-Lehmann (1998), in den von Fiss (1986) entdeckten „carry-over-Phänomenen" oder in der von Federn (1934) beschriebenen „Orthriogenese".

schiede zwischen Traumzeichnungen und Freien Imaginationen neu erklären.

Bei der Freien Imagination kommt es somit zu einer Trennung von Bild und Geschichte, ein Einfall wird nachträglich mit einem Bild versehen. Dabei handelt es sich eigentlich um zwei getrennte Vorgänge. Nachdem zunächst die Idee vorhanden ist, wird in einem weiteren Schritt ein Bild dazu erfunden. Die Freien Imaginationen stellen also Konstruktionen dar.

Bei der REM-Traumzeichnung hingegen handelt es sich um das Bemühen, ein zeitlich umfassenderes Geschehen, eine Geschichte, in einem Bild unterzubringen. Hier geht es um die Erinnerung, die nachträgliche Rückholung eines bereits abgelaufenen Erlebniseindrucks. In der Traumzeichnung wird dabei ein Spagat versucht: die Gedankenabfolge (der Erinnerung) und die Bildabfolge (des wahrgenommenen und erinnerten Traumerlebnisses) sollen zusammengebracht und dargestellt werden. Hierbei kommt es zwangsläufig zu Brüchen, Zusammenfassungen, Verdichtungen, zu Perspektivewechseln, die für den Beobachter dann als dissoziierte Einzelelemente imponieren mögen. Für den außenstehenden Betrachter wäre dies natürlich als regressiver Prozeß interpretierbar, der zumindest im Dienste einer schwierigen Sache steht. Der Ablauf der Handlung in Raum und Zeit wird im Bild verdichtet dargestellt, zusammengezogen und ergibt keinen einheitlichen raumzeitlichen Bezug für eine perspektivische Darstellung.

Diese Spur läßt sich aber noch ein Stück weiter verfolgen. In den REM-Traumzeichnungen werden disparate Elemente dargestellt. Der Traum aber wird vorbereitet, indem Fragmentierungen, Dissoziationen bei der Verbildlichung wieder (bzw. neu) zusammengefügt werden. In den formal-regressiven Merkmalen der REM-Traumzeichnungen kommt nun etwas von dieser Struktur des Traumgeschehens zum Vorschein, was durch keinen verbalen Traumbericht erkennbar würde: auf einer formalen Ebene stellt die Traumzeichnung etwas von der Traumstruktur selbst dar. Der Prozeß der Regression, der sonst als Vorbereitung der Verbildlichung der Traumgedanken zu verstehen ist, wird in der Zeichnung gewissermaßen umgekehrt. REM-Traumzeichnungen sind demnach als Narrationen zu verstehen, die mit Hilfe von regressiv *erscheinenden* Techniken zusammengebaut werden.

Daß in der Traumzeichnung weit Auseinanderliegendes zusammengepackt ist, räumlich und vor allem auch zeitlich Getrenntes verdichtet wird, dafür gibt es wiederum Hinweise aus anderen Forschungskontexten.[10] REM-Traumzeichnungen können ebenfalls als Narrationen betrachtet werden, die mit Hilfe reassoziativer Prozesse die Verknüpfungen und Neukontextualisierungen herstellen. Dabei erscheinen diese Prozesse nur vordergründig regressiver, verdeutlichen sie doch vielmehr den Versuch der Verbildlichung von Traumgedanken.

Die in den REM-Traumzeichnungen dargestellten Narrationen haben deshalb eher Schriftcharakter, denn sie sind in erster Linie eingesetzt, um zu erzählen, nämlich den Traum in seinem erinnerten Ablauf konkret oder symbolisch darzustellen. Freie Imaginationen hingegen haben eher Bildcharakter. Sie sind als Standbild zu verstehen, das aus einer Szene herausgeschält oder zu einem Gedanken hinzuerfunden wird.

Freud (1900a, 547ff.) beschreibt, wie die Regression für die Vorbereitung eines Traums notwendig ist. Die Gedanken werden fragmentiert, dissoziiert, eine Lockerung, wenn nicht gar Abkopplung der Wortvorstellungen von den Sachvorstellungen findet statt.[11] Dabei geht die Kohärenz grundsätzlich verloren und erst in einem nächsten Schritt können die Traumgedanken visuell verwandelt werden. Die Regressionsvorgänge wirken demnach traumvorbereitend.

Die Traumzeichnungen geben nun ein Element dieser „Traumarbeit" formal wieder, was ein Traumbericht so nicht erkennen lassen würde. Es ist diese unmittelbare Darstellung von Traumarbeitsmechanismen, welche die Traumzeichnungen so wertvoll macht.

Folgt man Freuds Gedanken, dann ist die Traumdeutung nichts anderes als die Umkehrung der Traumarbeit. Mit den Traumzeichnun-

---

[10] Vgl. Hartmanns Theorie der Kontextualisierungsprozesse (Hartmann 1999) oder das Konzept der Reassoziierungsschwäche (Leuschner und Hau 1992).

[11] Die Entkoppelung ist in dem Konzept der Auftrennung in „Radikale" (Objektuntereigenschaften), im Rahmen der Dissoziierungsprozesse, noch weitergehend gedacht (vgl. Leuschner und Hau 1995).

gen verhält es sich nicht viel anders. Mit ihnen läßt sich die Traumarbeit jedoch unmittelbarer und direkter beobachten und zwar als *Umkehrung der traumvorbereitenden Arbeit*. Anders als die Sprache ist die Traumzeichnung in der Lage, diese (kognitiven) Regressionsprozesse darzustellen. Sie ist mit dem Zeichenvorgang näher am Bildhaften orientiert. Dies ist der große Gewinn, der in den Traumzeichnungen verborgen liegt und den es gilt, ans Tageslicht zu befördern.

Literatur

Bareuther, H., K. Brede, M. Ebert-Saleh und N. Spangenberg (Red.) (1993), *Der Traum des Wolfsmannes*. Tagung zur Psychoanalytischen Traumforschung im Sigmund-Freud-Institut, Frankfurt a.M., am 26./27. Februar 1993. (Materialien aus dem Sigmund-Freud-Institut, 13). Münster: Lit Verlag

Brakel, L.A. (1993), Shall drawing become part of free association? Proposal for a modification in psychoanalytic technique. *Journal of the American Psychoanalytic Association 41*, 359-393

Federn, P. (1934), Das Erwachen des Ichs im Traume. *Internationale Zeitschrift für Psychoanalyse 20*, 109-112

Fisher, C. (1954), Traum und Wahrnehmung. Die Rolle der vorbewußten und primären Wahrnehmungsformen in der Traumbildung. In: G. Ammon (Hrsg.), *Psychoanalytische Traumforschung*. Hamburg: Hoffmann und Campe, 1974, 104-148

Fisher, C. (1957), A study of the preliminary stages of the constructions of dreams and images. *Journal of the American Psychoanalytic Association 5*, 5-60

Fisher, C. und I. Paul (1959), The effect of subliminal visual stimulation on images and dreams. A validation study. *Journal of the American Psychoanalytic Association 7*, 35-83

Fiss, H. (1986), An empirical foundation for a self psycholgy of dreaming. In: R. Haskell (ed.), *Cognition and dream research*. (The Journal of Mind and Behavoir, 7). New York: The Institute of Mind and Behavior, 161-191

Foulkes, D. (1982), *Children's dreams*. Longitudinal studies. New York: Wiley

Freud, S. (1900a), Die Traumdeutung. *GW 2/3*

Freud, S. (1918b), Aus der Geschichte einer infantilen Neurose. *GW 12*, 27-157

Hartmann, E. (1999), Träumen kontextualisiert Emotionen. Eine neue Theorie über das Wesen und die Funktion des Träumens. In: H. Bareuther, K. Brede, M. Ebert-Saleh, K. Grünberg und S. Hau (Hrsg.), *Traum, Affekt und Selbst*. (Psychoanalytische Beiträge aus dem Sigmund-Freud-Institut, 1). Tübingen: Edition diskord, 115-157

Hau, S. (1999), Vom Traum zum Traumbild - eine Untersuchung der zeichnerischen Darstellung von Träumen. Dissertation, Universität Kassel

Hobson, A. (1988), *The dreaming brain*. New York: Basic Books

Koukkou, M. und D. Lehmann (1998), Ein systemtheoretisch orientiertes Modell der Funktionen des menschlichen Gehirns und die Ontogenese des Verhaltens. Eine Synthese von Theorien und Daten. In: M. Koukkou, M. Leuzinger-Bohleber und W. Mertens (Hrsg.), *Erinnerungen von Wirklichkeiten*. Psychoanalyse und Neurowissenschaften im Dialog. *Bd. 1*. Stuttgart: Verlag Internationale Psychoanalyse, 287-415

Leuschner, W. und S. Hau (1992), *Zum Processing künstlich induzierter Tagesreste*. (Materialien aus dem Sigmund-Freud-Institut, 12). Frankfurt a.M.: Sigmund-Freud-Institut

Leuschner, W. und S. Hau (1995), Die Traumzeichnung des Wolfmannes im Lichte experimenteller Befunde. *Psyche 49*, 609-632

Leuschner, W., S. Hau und T. Fischmann (1999), Ich-Funktionen im Schlaf. In: H. Bareuther, K. Brede, M. Ebert-Saleh, M., K. Grünberg und S. Hau (Hrsg.), *Traum, Affekt und Selbst*. (Psychoanalytische Beiträge aus dem Sigmund-Freud-Institut, 1). Tübingen: Edition diskord, 261-276

Leuschner, W., S. Hau, E. Brech und S. Volk (1994), Disassociation and reassociatian of subliminally induced stimulus material in drawings of dreams and drawings of waking free imageries. *Dreaming 4*, 1-27

Lienert, G. (1969), *Testaufbau und Testanalyse*. Weinheim: Beltz

Lorenzer, A. (1985), Das Verhältnis der Psychoanalyse zu ihren Nachbardisziplinen. *Fragmente, Nr. 14/15*, 8-22

Luquet, G.H. (1927), *Le dessin enfantin*. Paris: Alcan

Marcinowski, J. (1912), Gezeichnete Träume. *Zentralblatt für Psychiatrie 2*, 490-518

Piaget, J. und B. Inhelder (1941), Die Entwicklung des räumlichen Denkens beim Kinde. In: J. Piaget, *Gesammelte Werke 6*. Stuttgart: Klett, 1975

Richter, H. (1987), *Die Kinderzeichnung*. Entwicklung, Interpretation, Ästhetik. Düsseldorf: Schwann-Bagel

Shevrin, H. (1986), Subliminal perception and dreaming. In: R. Haskell (ed.), *Cognition and dream research*. (The Journal of Mind and Behavoir, 7). New York: The Institute of Mind and Behavior, 379-396

Shevrin, H. (2002), Der Stellenwert des Traumes in der psychoanalytischen Forschung (in diesem Band)

Shevrin, H. und L. Luborsky (1961), The rebus technique. A method for studying primary-process transformations of briefly exposed pictures. *Journal of Nervous and Mental Disease 133*, 479-488

Slap, J. (1976), A note on the drawing of dream details. *Psychoanalytic Quarterly 45*, 455-456

Strauch, I., N. Kaiser, S. Lederbogen, P. Pütz und Y. Traber (1997), *Träume und Wachphantasien von der späten Kindheit bis zur Adoleszenz* – Ergebnisse einer Längsschnittuntersuchung. (Berichte aus der Abteilung Klinische Psychologie, 39). Universität Zürich

Strümpell, L. (1874), *Die Natur und Entstehung der Träume*. Leipzig: von Veit

Widlöcher, D. (1965), *Was eine Kinderzeichnung verrät*. Frankfurt a.M.: Fischer, 1984

WOLFGANG LEUSCHNER

Tagesgedanken als Traumerreger

Fragestellung

Verpönte sexuelle Wünsche infantiler Herkunft gelten seit Freuds Entdeckungen als die eigentlichen Schöpfer des Traums. Sie finden ihren formulierbaren Ausdruck in verborgenen Traumgedanken. Im manifesten Traum kommen sie entstellt zutage, eingekleidet in Erlebnisrelikte des Vortages. Als Einzelbausteine haben diese Tagesreste zwar auch gewisse traumgestaltende Eigenschaften, aber nur kraft jener Triebwünsche, die unter den Bedingungen des Schlafes durch Regression aktiviert werden. Nächtlich aktive Triebwünsche führen und bewegen also den Traum wie Hände die Marionetten. Zu entdecken sind diese im Traum versteckten sexuellen Wünsche durch systematische Rekonstruktion aus Bestandteilen, die in einer Abfolge gewonnen werden: aus Assoziationen zu Bruchstücken des manifesten Trauminhaltes, die zu Zwischengedanken und diese dann zu Traumgedanken und diese dann zu den Triebwünschen führen.

Mir ist diese Rückführung von manifestem Trauminhalten via Traumgedanken bis zurück zu den Traumwünschen auf dem genannten Kreuzweg allerdings höchst selten gelungen, schon gar nicht, wenn ich mich an Forderungen zu halten versuchte, die Kramer (2000) vor kurzem formuliert hat. Zu oft hatte ich das ungute Gefühl, daß ich mich, zusammen mit dem Träumer, durch zu viele Zwischenschritte und auf zu willkürliche Weise vom manifesten Text entfernen müßte. Freud blieb gegen solche Einwände bekanntlich stur. Er hielt dagegen, daß die genannte Schrittfolge von einem unbewußten Zwang geleitet ist. „Die Herrschaft über den Vorstellungsablauf" verbleibe letztlich bei „verborgenen Zielvorstellungen". Oberflächlich erscheinende Assoziationen seien „nur ein Verschiebungsersatz ... für unterdrückte tiefer gehende" (Freud 1900a, 536f.) mit Verknüpfungen gesetzmäßiger Natur, die unausweichlich zum anstößigen infantil-sexuellen Wunsch als eigentlicher Traumquelle führten.

Die Schwierigkeiten der davon abgeleiteten Traumdeutungspraxis sind meines Wissens aber so allgemein, daß ich hier die Frage noch einmal untersuchen möchte, ob die unbewußte Zielvorstellung, die die genannte Schrittfolge bei der Analyse des Traumwunsches leitet, vom Träumer letztlich nicht doch – und anders als Freud vermutet – „fahren (ge)lassen (werden) kann" (ebd., 537). Setzt der unbewußte Assoziationszwang wirklich niemals aus? Muß er das nicht sogar, denn die leitende Zielvorstellung unterliegt logischerweise Zensureinflüssen, und sollte das keine Folgen auf das Assoziieren haben? Aber selbst wenn eine solche Gesetzmäßigkeit auf Seiten des Träumers noch unterstellt werden könnte, da Traumdeutung in Psychoanalysen eine Angelegenheit immer auch des aufklärenden Analytikers ist, bleibt zu fragen, ob sich dessen Zielvorstellungen jenen des Träumers analog zur Geltung bringen und die Assoziationen zu den manifesten Elementen auch wirklich zielgenau zu den korrekten Zwischengedanken und zu den korrekten Traumgedanken hinführen helfen oder nicht vielmehr stören und ablenken. Freud hat diese Frage beiseite gelassen, vermutlich weil er – zumindest was seine Traumbeispiele in der Traumdeutung anbetrifft – ja Analytiker und Träumer in einer Person war.

Deshalb ist zu fragen, ob man den Weg der Traumarbeit nicht anders beschreiben muß, und ich behaupte, daß das, was wir als Traumwunsch bezeichnen, in Wirklichkeit einen anderen Weg nimmt, um schließlich entstellt im manifesten Traum zu erscheinen. Er kleidet sich dazu nicht in Traumgedanken ein (und diese dann weiterhin in einen Flickenteppich von Tagesresten). Die Motive, die im Schlaf zum Traum werden, sind vielmehr in umgewandelten Tagesgedanken enthalten. Sie setzen sich unmittelbar in den Schlaf hinein fort und gestalten hier den Traum.

Das steht natürlich in völligem Widerspruch zu Freuds Annahmen. Zwar waren für ihn Besorgnisse, Unerledigtes, „current concerns", Phantasien, unverstandene Wahrnehmungen des Tages nicht bloß für die Darstellung der Triebwünsche herangeholte Hüllen oder Vehikel, sondern nicht selten sogar notwendige Anreger der unbewußten Wünsche. Das hat er in seinem Gleichnis von Traumkapitalist und Traumunternehmer, die gelegentlich zu einer Person verschmelzen können, deutlich gemacht (vgl. Freud 1900a, 567). Dennoch ist es unmöglich, Freuds Haltung so zu deuten, daß er jene Gedanken, Sorgen usw. definitiv als originären Traumerreger aufgefaßt hätte. Den Satz: „Es ist durch die Tagesarbeit ein unbewußter Wunsch angeregt worden", schloß er schließlich mit der apodiktischen Wendung: „und der schafft den Traum" (ebd.). Die Tageselemente in der Nähe der Wunscherfüllung haben demnach mit deren Sinn letztlich nur ein lockeres, fakultatives Verhältnis, der eigentliche Herr im Hause des Traums war und ist ein autonomer Wunsch, weil nur dieser über die erforderliche traumerzeugende Triebkraft verfügt.

Eine andere Erklärung scheint das Phänomen auch von empirischer Seite her gar nicht zuzulassen. Roussy et al. (2000) haben kürzlich noch einmal versucht, Tagesereignisse, Mentationen, aktuelle Lebensconcerns, Tagesgedanken, Ideationen mit dem manifesten Traum in Verbindung zu bringen und bezeichnen dieses Unterfangen als „unsucceful matching attempts". Die Autoren fanden, daß sich das Traummaterial gar nicht, allenfalls in geringem Grade auf vorhergehende Tagesereignisse beziehen läßt. Unabhängige Beobachter seien nicht in der Lage, eine klare Beziehung zu erkennen. Sie vermuten, daß das Material für die Traumbildung aus einer Kombination von Erfahrungen stammt, die vom vorhergehenden Tag über Tage, Monate und sogar Jahre reichen und keinerlei Prioritäten erkennen lassen, daß Trauminhalte also in breiten Erfahrungen und anderen psychischen Vorgängen verankert sind.

Diese Vorstellung wurde bereits von Hacker (1911) geäußert, der in systematischer Weise speziell der manifesten Wiederkehr von Tagesgedanken im Traum nachgegangen war. Hackers Befunde sind sogar noch interessanter und wichtiger als die aktuellen von Roussy et al., weil sie erst- und einmalig zeigen, daß aktuelle Tagesgedanken und Traumgedanken nicht nur nicht nachweisbar sind, sondern geradezu negativ miteinander korreliert scheinen: Hacker wies nach, daß speziell die zeitlich an den Traumschlaf heranreichenden Tagesgedanken in den nachfolgenden Träumen gerade nicht wieder aufgefunden werden können.

Die experimentelle Traumforschung kann nun aber zeigen, daß sich Tageseindrücke zwar schwer in den Traum hinein verfolgen lassen, nichtsdestoweniger diesen Weg nehmen. Sie kann erklären, warum wir uns hier täuschen, denn sie kann nachweisen, daß man üblicherweise immer nach Inhalten gesucht hat, die man dann aber nicht deshalb vermißt, weil sie nicht vorhanden sind, sondern weil sie getarnt vorhanden sind. Zusammenhängende Inhalte aus dem aktuellen Tagesdenken werden infolge einer spezifischen Entstellung so verändert, daß sie kaum wiederzuerkennen und deshalb bisher nicht identifiziert worden sind. Was Freud für die Ausdrucksmöglichkeiten der libidinösen Wünsche im manifesten Traum postulierte – daß sie nur entstellt gelingen – das gilt nach Befunden der experimentellen Traumforschung gleichermaßen für die Tageserlebnisse auch, für einen Vorgang „von oben".

Experimentell erzeugte Tageserlebnisse als umfassende Gestalter von Träumen

Wie auch in den Beiträgen von Fischmann und Hau in diesem Band dargestellt, gelingt es mit Hilfe von Subliminalisierungsverfahren, optische und akustische Stimulusinhalte direkt in das Traumprocessing einzuschleusen. Das wiederkehrende Stimulusmaterial kann dann qualitativ und quantitativ, auch in längerem zeitlichen Verlauf in nachfolgenden Traumberichten und Traumzeichnungen nachgewiesen werden (vgl. Leuschner, Hau und Fischmann 2000). Speziell mit der Verwendung gesprochener Texte gelang es uns allerdings auch, Perzepte zu erzeugen, die den Eigenschaften von Tagesgedanken nahe kommen. Bei dem dazu verwendeten Verfahren der Tachyakusie werden Stimulustexte per Computer auf die 2,5fache Geschwindigkeit beschleunigt und den Versuchspersonen präsentiert. Weitergehend als im Falle optischer Stimulationen, sind die Inhalte solcher Stimuli also bewußt komplett unverständlich. Die Texte werden nun nur noch vorbewußt verstanden und sie werden auch nur unwillkürlich und unwissentlich wieder reproduziert. Dazu ein

Beispiel, bei dem wir den folgenden Stimulustext, 2,5fach beschleunigt, schlafenden Probanden in REM-II darboten:

> „Ich klettere den langen Aufstieg die Berge hinauf. Die Steinlawine donnert in die Tiefe. Über die hellen, schneebedeckten Gipfel fliegt ein Adler."

Am nächsten Morgen erhielten wir den folgenden Traumbericht:

> „Ich habe geträumt, wie ich auf einem Bergplateau bin. Weg nach oben. Oben steht ein Tisch mit aufgeschlagenen dicken Büchern. Daneben auch noch ein Bücherstapel. Rechts eine Brücke. Im Hintergrund ein Bergmassiv. Ich stehe mit anderen auf dem Plateau. Es zieht ein Unwetter auf, in der Ferne hört man ein Grollen. Regen kommt scharf von der Seite. Die anderen bringen sich in Sicherheit. Mich trifft der Regen nicht, aber die Bücher werden naß. Ich schütze mich mit einer Decke, in die ich mich einwickele."

Auch diesem Probanden blieb völlig verborgen, daß er von Stimulusinhalten geträumt hatte. Nach Weckung aus REM-II der folgenden Nacht[1] berichtete er von einem weiteren Traum, der zeigt, daß er hierbei träumend erneut auf den Stimulusinhalt (die Steinlawine) Bezug nimmt:

> „Unten im Tal. Von oben Blick auf eine Wiese. Dort liegen lauter zerdepperte weiße Kloschüsseln oder Zylinder, auf jeden Fall weißes Porzellan."

Deutlich wird: künstlich induzierte Wahrnehmungsinhalte kehren nicht wortwörtlich, sondern in einer thematischen Annäherung wieder, häufig in Form eines „Oberthemas", (gelegentlich findet man jedoch auch unentstellte Begriffe wieder, z.T. sogar äußerst ungewöhnliche Stimuluswörter wie „Sahnetorte"). Untersucht man die Wiederkehr von Stimulusmaterial in Träumen systematisch anhand größerer Fallzahlen, so findet man in den Wiederdarstellungen typische Bearbeitungsschritte. Danach zerfallen die Stimulusperzepte sofort nach der Darbietung regelmäßig in mehr oder weniger locker

---

[1] Diese Nachwirkungen sind regelmäßig anzutreffen, wir bezeichnen sie als Späteffekte.

miteinander verbundene kleinere Stimulusbestandteile, wir sagen: sie dissoziieren. Nachweisbar ist ein Zerfall in Einzelobjekte und in deren Subkategorien Form, Konzept (Morpheme), Wortklang (Phoneme), Farbe. Diese Subkategorien bezeichnen wir als „Radikale"[2].

Hinsichtlich der späteren Einfügung in den Traum ist besonders bemerkenswert, daß die konzise, wörtliche Bedeutung der inhaltlichen Aussage am weiteren „Processing" gehindert wird, wir sagen mit Freud „gesperrt". Damit wird die zentrale Aussage gewissermaßen „enthauptet", während einige freigewordene Seitenbedeutungen aus der Bedeutungssphäre des Textinhaltes sukzessive ins weitere „Processing" gelangen.

Um dann aber zum Traumbestandteil zu werden, müssen die Fragmente in neuen Zusammenhängen untergebracht, „verdichtet", zu einem neuen dream-plot und schließlich zu einem bewegten halluzinatorischen Erlebnis gemacht werden (vgl. Leuschner 2000). Diese Rekombination der Fragmente bezeichnen wir als Reassoziierung und stellen diese den vorherigen Zerlegungsschritten, der genannten Dissoziierung, als prozessoralen Gegenspieler gegenüber.

Im Gegensatz zur Klinik und zu empirischen Untersuchungen finden wir in Experimenten also Hinweise darauf, daß Tageseindrücke das Traumleben in außergewöhnlich umfassender Weise gestalten können, in unserem Beispiel sogar noch Träume der zweiten Nacht nach der Stimulation. Die experimentellen Daten zeigen ferner, daß Tageserlebnisse in den Traum eingebaut werden, ohne als solche kenntlich zu sein. Der Träumer befindet sich daher, was die Herkunft seiner Trauminhalte anbetrifft, in einem Zustand von Unwissenheit. Logischerweise kennt allein der Experimentator die wirklichen Traumquellen, weil die Traumreize zuvor ja subliminal, also unterhalb der Wahrnehmungsschwelle präsentiert worden sind. Und selbst dann, wenn dem Träumer am Ende eines Versuches die

---

[2] Hoff und Pötzl (1934) haben solche radikalen Dissoziationen im Falle zerebraler Läsionen beschrieben. Sie sprechen dabei von einem „Freiwerden akustischer Elementaranordnungen" (ebd., 616).

zuvor präsentierten Stimuli zur bewußten Kenntnis gebracht werden und evidenten Effekten im Traum zugeordnet werden können, erntet man regelmäßig ungläubiges Staunen.

Das scheint nach all dem, was bisher gesagt worden ist, nur zu verständlich zu sein. Das wiedergebrachte Stimulusmaterial ist ja nicht nur (durch Fragmentierung, Verschiebung und Verdichtung) entstellt worden, es erscheint der Versuchsperson als etwas völlig Neues. Aber das „jamais vu" erfährt noch eine andere Erklärung, die nun auch für das Verständnis im Falle natürlicher Traumbildung äußerst relevant ist. Auch diese Erklärung stammt aus Befunden der experimentellen Traumforschung. Wie nämlich schon Pötzl (1917) herausfand, werden selbst bei sehr rascher tachistoskopischer Präsentation immer wieder Bildanteile des Stimulusbildes von den Probanden auch erkannt. Pötzl (1927) fand nun heraus, daß genau diese bewußt erkannten Bildanteile gerade nicht in den Traum gelangen, sondern nur solche, die nicht bewußt wahrgenommen worden waren. Das bewußt Erkannte ist also gewissermaßen uninteressant und wird aussortiert. Anders formuliert, nur was wir nicht oder höchst unvollständig identifizieren konnten, wird für die Traumbildung, wie ein „unerledigter Rest" relevant.[5] Das Experiment legt dann nahe, daß auch unter natürlichen Verhältnissen nur ausgewähltes Tagesmaterial in den Traum gelangen dürfte und nicht jede x-beliebige Wahrnehmung, Erinnerung, Phantasie oder jeder beliebige Gedanke.

Varendoncks Randgedanken

Wenn man also fragt, was unter den normalen Tageserlebnissen ein natürliches Äquivalent subliminaler Reize sein könnte, so liegt nahe, dafür zumindest zwei Eigenschaften zu fordern: 1. der traumrelevante Reiz des Tages muß am Rand oder außerhalb unserer Aufmerksamkeit liegen und 2. er muß die Eigenschaften eines „unerledigten

---

[5] Heute bezeichnen wir das als „Pötzelsches Ausschlußgesetz".

Restes" haben. Letzteres beinhaltet, daß es beim Traumreiz um mehr als um eine bloß unverstandene Wahrnehmung gehen muß, nämlich um Gedanken, denn um die Eigenschaft des Unerledigten zu bekommen, muß der Reiz dem Denken ausgesetzt gewesen sein. Gerade auch durch Stimulationsexperimente ist sehr gut belegt, daß diese Gedankenwerdung von Sinnesreizen zum Wesen der Traumarbeit gehört (Leuschner, Hau und Fischmann 2000).

Ich meine nun, daß man einen solchen Denktyp tatsächlich im Wachleben findet, nämlich in jenen seelischen Akten, die Alvarez (2000) kürzlich als prä-, para- oder halbbewußtes Denken beschrieben hat.[4] Singer (1978) hat dafür den Begriff „Rand-Gedanken" gefunden, ein Terminus, den ich sehr passend finde. Differentialdiagnostisch können sie von Phantasien, Tagträumen, gerichtetem Denken, Zwangsgedanken, Grübeln u.a.m. abgegrenzt werden, worauf ich hier aber nicht näher eingehen kann. Was genau ist aber mit Randgedanken gemeint?

Ausführlich untersucht und beschrieben wurde dieser Gedankentyp von Varendonck (1922).[5] Zur Illustration hier eine seiner Gedankenfolgen, die ihn nach einem Flohstich beschäftigten:

> „Das Mittel (ein Büschel Kamillen) scheint nicht viel zu helfen. - Immerhin rede ich mir jetzt wenigstens ein, daß ich die Stiche weniger fühle. - Aber es kann kein Floh sein, sonst würden ihn die Kamillen verjagen. - Die Stiche sind auch zu groß und die Anschwellungen haben andere Formen als bei einem Flohbiß. - Wenn es eine Wanze wäre, würde sie mich doch bei Tag nicht beißen. - Das dauert jetzt schon eine Woche. - Neulich, am letzten Montag haben mir meine Bemühungen (Wäschewechsel) nichts genützt. (Ich sehe mich in

---

[4] Alvarez forderte deshalb zu Recht, daß diese in moderne Theorien der Symbolbildung und des Denkens weitergehend einbezogen werden müssen.

[5] Varendonck kämpfte im ersten Weltkrieg als Soldat auf Seiten der Engländer und hatte in der Etappe offenbar viel Zeit, die Randgedanken durch Selbstbeobachtungen genauer zu untersuchen. Seine Arbeit wurde später von Anna Freud übersetzt und sie versah sie mit einem wenig geglückten Titel: „Über das vorbewußte phantasierende Denken", (weil das, was Varendonck beschreibt und was das Wesen der Tagesgedanken ausmacht, eben nicht deskriptiv unbewußt, also vorbewußt, sondern bewußt ist). Freud selbst schrieb dazu ein Vorwort.

meiner Vorstellung noch einmal alle Handlungen ausführen, die das Wort „Bemühungen" andeutet.) Wahrscheinlich ist der Floh wieder auf mich gesprungen. – Und wenn ich mich in einem anderen Zimmer noch einmal ausziehen und nackt hierher zurücklaufen würde? – Dann könnte mich aber die Hausfrau sehen. – Und wenn ich mich hier ausziehe und den Floh auf den kalten Fußboden springen lasse? Vielleicht lähmt ihn die Kälte. Ich könnte dann mit meinen schweren Schuhen im ganzen Zimmer herumstampfen und ihn zertreten. – Oder ich könnte es mit einer Walze versuchen (wie man sie in England für Rasenflächen verwendet). – Nur ist ein Floh so klein, daß er sich in den Spalten verkriechen kann, wo die Walze nicht hinkommt. – Und wenn ich ihn so lange behalte, daß er anfängt Eier zu legen und sich in meinem Hemd zu vermehren? – Glücklicherweise habe ich nur einen. – Aber Flöhe können doch bisexuell sein? – Und ich kann ihn nicht fangen, weil er auf meinem Khakihemd nicht genug absticht. – Hätte ich nur ein weißes Hemd. – Wenn ich eines im Spital bekäme oder doch ein Mittel gegen den Floh. – Und wenn ich einen Versuch mit Insektenpulver machen und es mit einem kleinen Zerstäuber zwischen Hemd und Haut einstreuen würde? – Vielleicht verträgt aber meine Haut das Pulver nicht" (Varendonck 1922, 43f.).

Varendonck bezeichnete diese Folgen als „Gedankenketten". Der gliedartige Charakter entstünde dadurch, daß die Gedanken immer wieder unterbrochen werden. Die bewußten Gedankenglieder, aber auch ganze Ketten, können verschwinden und im Verborgenen, auf eine neue Gelegenheit zum Hervorkommen warten. Die Gedanken springen also scheinbar von einem zu einem anderen, während sich das vorherige Kettenglied ins Vorbewußte zurückzieht. Sie befinden sich dann im Zustand der Latenz, um u.U. später wieder nach oben zu drängen. So entsteht das typische Bild, daß Gedankenketten „mäandern". Eine äußere Wahrnehmung bildet oft das erstes Glied. Dieses verbindet sich sofort mit einer unbewußt aktivierten Erinnerung, die die erste Wahrnehmung dann in den Hintergrund treten läßt. In anderen Fällen werden die Gedankenketten durch innere Wahrnehmungen angestoßen. In jedem Falle sind die Quellen dieser Gedankenketten tiefere unbewußte Wünsche und Triebtendenzen. (Auch für diese Tagesgedanken gilt damit, was Freud für die Traumgedanken beanspruchte: Triebimpulse übernehmen auch hier die Rolle eines Kapitalisten.) Richtungsänderungen oder Unterbrechungen entstehen nach Varendonck dann, wenn die Triebkraft des Wunsches aussetzt, weil neue Eindrücke oder Erinnerungen auftauchen, die unter dem Einfluß anderer unbewußter Impulse geraten oder schon stehen. Ein Glied „verdrängt" somit ein anderes.

Ihre wechselhafte Gestalt, ihre mäanderartige Struktur, ihre Abgerissenheit sind Ausdruck ihrer Funktion. Unwillkürliche Randgedanken des Tageslebens stellen eine Ich-Tätigkeit dar: eine Seelentätigkeit des Erfindens und der Inspiration. Varendonck meinte, daß diese Tagesgedanken Auslegungen und Hypothesen vorspielen. Sie sind weiterführende Annahmen und Einwürfe, Frage und Antwort, Wenn-dann-Folgen, Gedankenspiele, ein Simulieren verschiedener Möglichkeiten, wie beim Schachspiel, ein Probehandeln im besten Sinne des Wortes. (Im Frankfurter Dialekt nennt man das randständige Denken daher völlig zu recht „simmelieren".) Als hypothetische Weiterungen von Erlebtem werden die verschiedenen eigenen Reaktions- und Handlungsmöglichkeiten ausgelotet, Angriffe, Gegenangriffe und Rechtfertigungen imaginiert.

Die Randgedanken handeln immer von einem selber, in Beziehung zu anderen Personen, aber auch von sachlichen Aufgaben und Problemen. Das Ich kommt immer vor, als Akteur und Zuschauer zugleich. Bei meinen eigenen Tagesgedanken und denen meiner Patienten, geht es inhaltlich meist um Fragen aus unerledigter Realität, um Freuds „Besorgnisse". Das sind Auseinandersetzungen mit Nachbarn, mit Arbeitskollegen, Vorgesetzten, Fragen nach der eigenen Zukunft, beruflichem Erfolg, Krankheiten, eigene und solche der Angehörigen, Liebesgeschichten, Probleme mit Kindern, Selbsterhöhungsbedürfnisse u.ä.m. Es geht um Größe, um Lebensverbesserung, Beschwörung von Gefahren und deren Abwehr. Anders als bei Varendonck spielen bei mir und meinen Patienten v.a. Reden und Redeentwürfe im Rahmen von gedachten Dialogen eine besonders große Rolle. Ein Patient bezeichnete sie als „meine Verteidigungsreden". Unwillkürliche Tagesgedanken sind Vermittler zwischen Vergangenheit und Zukunft."

---

[6] Den Aspekt der Bildhaftigkeit von Tagesgedanken hat Varendonck vernachlässigt. Tagesgedanken sind aber nicht bloß Gedanken, sondern immer auch bebilderte

Tagesgedanken treten unwillkürlich auf, aber nicht allein – wie Varendonck meinte – in Zuständen von Zerstreutheit und Geistesabwesenheit (beim Autofahren, beim Abwaschen, Bücherlesen, Zuhören u.a.m.). Allerdings sie sind hier besonders gut zu erkennen. Will man sie in genaueren Augenschein nehmen, so verflüchtigen sie sich in ähnlicher Weise, wie dies Träume beim Erwachen tun.

Besonders aufschlußreich sind m.E. die Beobachtungen von Gefühlen und Stimmungen, die mit den Randgedanken aufs Engste verknüpft sind. Gefühle und Stimmungen stellen m.E. immer affektive Relikte eines „untergegangenen" Tagesgedankens dar, indem diese auf der Wahrnehmungsoberfläche nur noch mit seinem Gefühlsanteil persistieren. Auf diese Weise machen sie, wie eine Markierungsboje, einen unerledigten Gedanken kenntlich, der in den Hintergrund oder in den Untergrund abgedrängt worden war. Von den Stimmungen und Gefühlen aus läßt er sich dann in der Regel auch recht leicht wieder hervorholen. (Also gerade die Untersuchung der Stimmungen zeigt, daß dabei zentrale Gedanken zwar bewußt verlassen werden, aber unter einer Aufmerksamkeitsschwelle oder vorbewußt bleiben sie lebendig und werden hier für vorbewußte Bearbeitung zugänglich.)

Topisch sind die Randgedanken nicht festzulegen, sie sind bewußt und vorbewußt, sie fluktuieren durch die beiden Systeme, aber unübersehbar ist, daß sie in einer engen Beziehung zum dynamisch Unbewußten stehen, in tieferliegenden Triebbedürfnissen wurzeln. Damit werden Randgedanken zu Vermittlern nicht nur zwischen Innen und Außen, sondern zwischen Vbw und Bw. Diese fluktuierende Qualität ist auch der Grund dafür, warum es so schwer fällt, einen treffenden Ausdruck für sie zu finden und sich begrifflich festzulegen.[7]

Gedanken oder scheinbar sogar gedankenlose Einsprengsel von kurzen Szenen oder Standbildern.

[7] Deswegen ist ihre Zuordnung der Kognitionspsychologie (Kihlstrom 1984) zu „kobewußten" Mentationen unzutreffend.

Randgedanken sind autonome Traumgestalter

Mit dem Varendonckschen Tagesgedankentyp glaube ich nun einen unerledigten Gedankenrest vorweisen zu können, der auf eigenständige Weise bei der Traumbildung wirksam ist. Ungeachtet der Definitionen Freuds, kann man sich dabei m.E. auch auf ihn selber beziehen. Auffallend ist nämlich, daß dieser *Tages*gedankentyp seinen *Traum*gedanken ungewöhnlich ähnlich ist. Als Beispiel dafür nehme ich Freuds zweite Gedankenkette aus dem „Traum von der botanischen Monografie". Da heißt es zum Traumteil „Monographie und gewisse Pflanze":

> „Dazu fällt mir ein, daß ich am Vormittag des Tages nach dem Traume (zu dessen Deutung ich erst abends Zeit fand) des Kokains in einer Art von *Tagesphantasie* gedacht habe. Wenn ich je Glaukom bekommen sollte, würde ich nach Berlin reisen und mich dort bei meinem Berliner Freunde von einem Arzt, den er mir empfiehlt, inkognito operieren lassen. Der Operateur, der nicht wüßte, an wem er arbeitet, würde wieder einmal rühmen, wie leicht sich diese Operationen seit der Einführung des Kokains gestaltet haben; ich würde durch keine Miene verraten, daß ich an dieser Entdeckung selbst einen Anteil habe. An diese Phantasie schlossen sich Gedanken an, wie unbequem es doch für den Arzt sei, ärztliche Leistungen von Seiten der Kollegen für seine Person in Anspruch zu nehmen. Den Berliner Augenarzt, der mich nicht kennt, würde ich wie ein anderer entlohnen können. Nachdem dieser Tagtraum mir in den Sinn gekommen, merke ich erst, daß sich die Erinnerung an ein bestimmtes Erlebnis hinter ihm verbirgt. Kurz nach der Entdeckung Kollers war nämlich mein Vater an Glaukom erkrankt; er wurde von meinem Freunde, dem Augenarzt Dr. Königstein, operiert, Dr. Koller besorgte die Kokainanästhesie und machte dann die Bemerkung, daß bei diesem Falle alle drei Personen sich vereinigt fänden, die an der Einführung des Kokains Anteil gehabt haben" (Freud 1900a, 176; Hervorheb. W.L.).

Deutlich ist, daß diese Assoziation formal wie die Gedankenketten Varendoncks aufgebaut ist: aus Folgen kurzer Phantasie-Glieder besteht. Grammatisch handelt es sich gleichermaßen um Konsekutiv-Sätze, Wenn-dann-Folgen, die inhaltlich von Besorgnissen handeln, Hypothesen über zukünftige Lösungsmöglichkeiten bilden und Freuds Anerkennungsbedürfnisse „simulieren". Freuds eigene Bezeichnung ist „Tagesphantasie".

Zwar ist das noch nicht der komplette Traumgedanke, aber ein wichtiger Bestandteil, und deshalb ist zu fragen, was die Traumgedanken, die durch im Wachzustand erhobene Assoziationen am Ende gebildet werden, von Wachgedanken überhaupt unterscheidet. Handelt es sich bei den Traumgedanken nicht ebenfalls um einen Typ von Tagesgedanken? Insofern sie durch im Wachleben erhobene Einfälle ergänzt werden, kam Freud dieser Annahme nahe. Der Behauptung, daß sie dann aber auch noch mit den *traumerregenden* Tagesgedanken identisch seien, hätte er widersprechen müssen, da er davon ausging, daß die zwischen die Traumbruchstücke eingefügten Tagesgedanken, die dann zur Bildung der Zwischengedanken führen, aus der Zeit *nach* dem Traumvorgang stammen würden. Aber sind das wirklich *nachträgliche* Einfälle? Wie wir bei Varendonck und durch das Experiment erfahren können, lassen sich die Entstehungsmomente solcher Einfälle überhaupt nicht exakt bestimmen, ihre Geburtsstunde bleibt für den Träumer unbestimmt. Und so kann das, was zwischen die Traumbruchstücke assoziativ eingefügt wird, mit ebenso gutem Recht als Späteffekt und Abkömmling von Tagesgedanken des Vortages bezeichnet werden und gerade nicht als „frisches Gedankenmaterial des Tages" (Freud 1900a, 537). Mit gutem Recht kann vermutet werden, daß die Traumbruchstücke, zu denen im Wachen assoziiert wird, Erinnerungen an Vortagsgedanken aktivieren. Deren Wiederdarstellung kann man sich als assoziativ erzwungen denken, ähnlich wie subliminal präsentiertes Stimulusmaterial. Die Traumfragmente übernehmen dabei die Rolle der im Falle der Randgedanken spontan in den Fluß der Tagesgedanken einbrechenden aktuellen Wahrnehmungen aus der Außenwelt und aus dem Unbewußten. Der Traumgedanke wird demnach konstruiert aus dem bereitliegenden *älteren und unbeachteten Material der Tagesgedanken des Vortages*. Der Traumgedanke ist dann ein rekonstruierter Tagesgedanke, der den Traum gestaltet, dessen Herkunft jedoch verdunkelt ist.

Freud (1900a, 560) hätte dagegen schließlich noch eingewandt, daß aus dem Wachleben stammende Gedanken keinen direkten und unmittelbaren Zugang zur Traumbildung, keinen direkten Ausdruck im Traum finden könnten. Allenfalls gelinge dies bei der sekundären

Bearbeitung oder beim „funktionalen Phänomen" Silberers. Er begründete dies damit, daß die Tagesgedanken dafür im Schlaf zu schwach seien, unsere Denkkraft „erlahme hier" (ebd.). Aber auch dagegen lassen sich eine Reihe von empirischen Daten anführen. Die Untersuchungen über Wahrnehmungen im Schlafzustand zeigen eindrucksvoll, wie intensiv und zum Teil sehr präzise hier wahrgenommen und gedacht wird. 25% aller aus NREM-Phasen erhobenen Traumberichte ergeben gedankenartige Vorstellungen, „sie beziehen sich meistens in realistischer Weise unmittelbar auf das Wacherleben", so Strauch und Meier (1992, 129). Die Tatsache, daß uns solche Gedanken vom Schlaf abhalten können – das ist schließlich der Hauptgrund für die so verbreiteten Einschlafstörungen – oder aus dem Schlaf wecken können, weist darauf hin, wie eng die Triebimpulse mit diesen Tagesgedanken verschwistert sind. Was nun stark genug ist, uns vom Schlaf abzuhalten oder zu wecken, muß auch stark genug sein, einen Traumerzeuger abzugeben.

Das heißt, daß die traumbildende Bedeutung des libidinösen Traumwunsches mit dieser Annahme überhaupt nicht aus der Welt geschafft ist. Seine Einflußnahme ist nur anders zu beschreiben. Er ist als *„in den Tagesgedanken versteckt" zu denken und nicht in von ihnen getrennten Traumgedanken*. Er steckt in den dem Bewußtsein zugänglichen „Tagesresten" genau auf die Weise, wie er in Fehlhandlungen, der Argelanderschen „Szene" oder in Symptomen enthalten ist: deren Oberfläche ist bewußt, der unbewußte Anteil aber bleibt verdrängt. Das heißt, der Traum bleibt unverändert ein „Es"-Produkt, eine Bildung „von unten", die unbewußten Wünsche bleiben wirksam, aber eben via Tagesgedanken. In ihnen finden wir dann die Triebimpulse wieder, genau so, wie wir sie *in* den Symptomen wiederfinden und nicht an ihnen vorbei. Die Zensurschranke ist wirksam in den Randgedanken selbst. Das erklärt vielleicht auch, warum die Tagesgedanken so gar nicht „verpönt" erscheinen, sondern harmlos (was man vom Erscheinungsbild der Traumgedanken Freuds im übrigen genauso behaupten muß).

So betrachtet ist der Traum eine Metamorphose der Tagesgedanken. Wenn also Freud (1920a, 294) erklärt: „Der Traum ist nicht das 'Unbewußte', er ist die Form, in welche ein aus dem Vorbewußten oder selbst aus dem Bewußten des Wachlebens erübrigter Gedanke umgegossen werden konnte", dann ist das genau die Ansicht, die ich hier vertrete. Wenn Freud dann aber fortfährt: „Im Schlafzustand hat er (der Traum; W.L.) die Unterstützung unbewußter Wunschregungen gewonnen und dabei die Entstellung durch die 'Traumarbeit' erfahren, welche durch die fürs Unbewußte geltenden Mechanismen bestimmt wird", so mache ich hierzu zwei Unterschiede geltend, ohne daß damit eine „Entwürdigung des Unbewußten" (ebd.) verbunden wäre.

Schlußfolgerungen und Zusammenfassung

Traumgestaltende Gedanken des Tages sind von Bildvorstellungen durchsetzte bzw. bebilderte Gedankenketten, die sich unwillkürlich und am Rande unserer Aufmerksamkeit ausbreiten. Sie gehören damit, anders als es Freud für die Traumgedanken postulierte, nicht oder nicht ausschließlich dem „nicht bewußt gewordenen Denken an" (Freud 1900a, 510). Sie werden von aktuellen exogenen und endogenen Wahrnehmungen angestoßen und bestehen aus kurzen aneinandergereihten Phantasiefragmenten. Ihre Funktion besteht darin, Pläne zu bilden und Hypothesen über Erlebnisse, vergangene und zukünftige Handlungen zu kreieren. Inhaltlich kreisen sie um Besorgnisse, d.h. um ungelöste Aufgaben, Schuldideen, Rechtfertigungsbedürfnisse, Scham, Liebe, Angst, Anerkennungswünsche und – von besonderer Relevanz für das Verständnis von Träumen, die in Analysen und Therapien geträumt werden – um Übertragungsgedanken.

Die Randgedanken-Besorgnisse werden schon am Tage, anders als Freud annahm, mit kräftiger Triebladung versehen. Deshalb sind sie in der Lage, aus sich heraus Träume zu induzieren und zu gestalten. Im manifesten Traum sind die Besorgnisse nur schlecht wiederzuerkennen, zum einen, weil sie am Tage „nur am Rande unseres Bewußtseins" wahrgenommen werden. Zum anderen werden die Gedankeninhalte bei der Inkorporation in den Traum entstellt, so daß sie auch von daher nicht leicht als Tagesgedanken wiederzuerkennen sind. Träumen ist damit das Erzeugen von Nebengedanken von Besorgnissen. Befunde Hackers, der, wie oben ausgeführt, in seinen Träumen gerade auffallend wenig wiederkehrende Tagesgedanken entdecken konnte, können deshalb nicht nur als passend bezeichnet werden; deren Fehlen kann jetzt geradezu als ein Beweis für die Annahme gelten, daß Tagesgedanken zu Traumgedanken werden. Durch eine Frage wie, „was haben Sie denn gestern so gedacht?", sind sie nicht zu eruieren.

Wie die Traumgedanken Freuds, können die Tagesrandgedanken bei der Traumanalyse nur assoziativ erschlossen werden. Dieser Vorgang ist nun aber topisch anders zu verorten, denn traumgestaltende Randgedanken des Tages sind nicht verdrängt. Assoziation heißt jetzt „Wiedererinnerung bewußtseinsfähiger Elemente". Die Assoziation zu Traumelementen zum Zwecke der Rekonstruktion der Tagesgedanken schöpft dabei aus dem System Bw und Vbw. Der libidinöse Traumwunsch schließlich bleibt verdrängt und kann durch die Besorgnisse des Tages hindurch erschlossen werden, unter Auflösung der Zensur, die in den Randgedanken selbst wirksam war. Nach dem Motto: andere Traumarbeit – andere Deutungswege, verspricht die Analyse entstellter Randgedanken des Tages einen einfacheren Zugang zum verborgenen Sinn des Traumes, über sie führt dann der Weg zum Traumwunsch. Dabei kann davon ausgegangen werden, daß die Tagesgedanken im Schlaf (vorwiegend in REM) alterierten Zuständen ausgesetzt sind, was dazu führt, daß die mit ihnen primär verschmolzenen Triebwünsche nun von den Gedanken abgekoppelt werden. Beide dissoziieren hier weitergehend voneinander, (ohne die Bindung ganz zu verlieren), so daß die Triebwünsche nun – nach der Schlafpassage und durch Lockerung der Zensur ein Stück weit von den Tagesgedanken entbunden[a], besser sichtbar sind als vor dem Traum.

Aus metapsychologischer Perspektive nimmt diese Sicht dem Traum ganz sicher einiges von dem ihm zugeschriebenen radikalen, kulturfeindlichen Charakter. Mit der Annahme, daß die Triebwün-

---

[a] Analog dem Vorgang der Affektentbindung.

sche nächtens nicht mehr wie fremde Impulse in den Schlaf einbrechen, sich vielmehr schon am Tage an die Randgedanken geheftet haben und sich auf diesem Wege maskiert und gezähmt zur Geltung bringen, wird der Traum ein ziemlich soziales seelisches Ereignis. Als Vertreter des Primärprozesses steht er nun geschwächt da, ist nun, mehr als früher, durch die realitätsbezogenen Leistungen des Tagesdenkens neutralisiert.

Wenn Freud den Traumwunsch zum eigentlichen Traumgestalter gemacht hat, dann auch deshalb, weil er die Möglichkeit einer Entstellung der Tagesreste als Leistung des Vorbewußten noch nicht kannte. Um die Entstellung zu erklären, mußte er die Mechanismen der Traumarbeit als innerpsychische Mittel und Instrumente von gesellschaftlich geforderten Zensurabsichten darstellen. Die hier beschriebenen Entstellungen, denen die beschriebenen Tagesgedanken auf dem Wege zur Traumbildung ausgesetzt sind, müssen nun als primär autonome Mechanismen des „Vorbewußten Processing Systems" aufgefaßt werden. Sie sind hier nicht mehr motivischer Natur. Gegen diese autonomen Mechanismen müssen sich die Triebimpulse nun wie gegen eine zweite Abwehrfront behaupten, die über der eigentlichen motivierten Verdrängung aufgebaut ist. Damit ist die Ausdrucksmöglichkeit des Lustprinzips im Traum leider weitergehend behindert, als wir bisher vermutet haben.

Literatur

Alvarez, A. (2000), Unbewußte Phantasie, Denken und Bewegung. Unveröffentlichtes Manuskript

Fischmann, T. (2002), Verarbeitungsprozesse im Vorbewußten Processing System: Träume, Freie Imaginationen, Wachphantasien (in diesem Band)

Freud, S. (1900a), Die Traumdeutung. *GW 2/3*

Freud, S. (1920a), Über die Psychogenese eines Falles von weiblicher Homosexualität. *GW 12*, 271-302

Hacker, F. (1911), Systematische Traumbeobachtungen mit besonderer Berücksichtigung der Gedanken. *Archiv der Gesamten Psychologie 21*, 1-131

Hau, S. (2002), Vom Traum zum Traumbild. Über das Zeichnen von Träumen (in diesem Band)

Hoff, H. und O. Pötzl (1934), Über eine Zeitrafferwirkung bei homonymer linksseitiger Hemianopsie. *Zeitschrift für Neurologie und Psychologie 151*, 599-641

Kihlstrom, J.F. (1984), Conscious, subconscious, unconscious. A cognitive perspective. In: K. Bowers und D. Meichenbaum (eds.), *The unconscious reconsidered*. New York: Wiley

Kramer, M. (2000), Does dream interpretation have any limits? An evaluation of interpretations of the dream of „Irma's injection". *Dreaming 10*, 161-178

Leuschner, W. (2000), Traumarbeit und Erinnern im Lichte von Dissoziierungs- und Reassoziierungsoperationen des Vorbewußten. *Psyche 54*, 699-720

Leuschner, W., S. Hau und T. Fischmann (2000), *Die akustische Beeinflußbarkeit von Träumen*. (Psychoanalytische Beiträge aus dem Sigmund Freud-Institut, 3). Tübingen: Edition diskord

Pötzl, O. (1917), Experimentell erregte Traumbilder in ihren Beziehungen zum indirekten Sehen. *Zeitschrift für Neurologie 37*, 278-349

Pötzl, O. (1927), Analyse eine Traumes mit Zoopsie. *Psychiatrisch-neurologische Wochenschrift*, Heft 18, 222-225

Roussy, F., M. Brunette, P. Mercier, I. Gonthier, J. Grenier, M. Sirois-Berliss, M. Lortie-Lussier und J. De Koninck (2000), Daily events and dream content. Unsuccessfull matching attempts. *Dreaming 10*, 77-84

Singer, J. (1978), *Phantasie und Tagtraum*. München: Pfeiffer

Strauch, I. und B. Meier (1992), *Den Träumen auf der Spur*. Bern: Huber

Varendonck, J. (1922), *Über das vorbewußte phantasierende Denken*. Leipzig: Internationaler Psychoanalytischer Verlag

MANFRED SAUER

Traum und Koma
Eine phänomenologische Betrachtung

Vorbemerkungen

Benedetti (1998, 15) beschreibt den Traum als jenen „psychischen Ort", wo an die Stelle der Wahrnehmung die Imagination getreten ist. Sie (die Imagination) ist „in der Evolution des Lebens wie eine Vorbereitung des menschlichen Erlebens; denn sie ist eine Voraussetzung der Symbolisation, die schließlich nur beim Menschen auftritt" (ebd.). Die Symbolisation ist eine spezifisch menschliche Fähigkeit, die an das Bewußtsein gebunden ist (Deacon 1997).

Als Koma wird in der Medizin ein Zustand der Bewußtlosigkeit definiert, der mit Verlust der Reagibilität verbunden ist (Lücking und Wallesch 1992).

Auf den ersten Blick scheinen sich daher Traum und Koma auszuschließen. Das dennoch Verbindende zwischen beiden Begriffen soll die folgende phänomenologische Betrachtung zeigen.

Einleitung

Zur Einstimmung sei eine kurze Passage aus einer Arbeit von Hannisch (1994, 51) zitiert, die den Titel trägt: „Beziehung und Interaktion mit Bewußtlosen". Diese Passage beschreibt die Situation, in der sich ein Bewußtloser befand, und läßt etwas von dem Erleben dieses Patienten spüren, über welches er im nachhinein auch selbst berichtete:

„Regungslos liegt der 52jährige Patient in seinem Bett auf der Intensivstation. Seit seiner Einlieferung vor 23 Tagen mit einem Zustand nach Herztransplantation wird seine Bewußtseinslage als komatös eingeschätzt ...

Die Behandelnden sind hinsichtlich des Zustandes des Patienten besorgt und ratlos. An seinem Krankenbett findet eine Vielzahl von Visiten statt, in denen man den Einsatz sämtlicher zur Verfügung stehender therapeutischer Mittel diskutiert. Fast ständig ist eine Pflegende an seinem Bett tätig, um die notwendige Behandlungs- und Grundpflege durchzuführen. Insgesamt herrscht in dem Zimmer eine angespannte Hektik und Betriebsamkeit, der sich keiner entziehen kann.

Die Konzentration der Behandelnden ist ganz auf die Technik ausgerichtet, der Zustand des Patienten wird anhand der Beatmungsparameter und Kurvenwerte festgestellt. Kaum ist ein Blick für den Patienten vorhanden, der mager, sehr angestrengt und in jeder Hinsicht erschöpft erscheint.

Ein Interview, welches im nachhinein auf die Erlebniswelt des Patienten in der Bewußtlosigkeit eingeht, enthüllt, daß sich der Patient in dieser Zeit auf einem mittelalterlichen Schlachtfeld wähnte. Er selbst habe das Gefühl gehabt, daß er sich tot stellen müsse, um nicht von den umher marodierenden Rittern – gemeint waren die Behandelnden – getötet zu werden. In seiner Verkennung der Situation deutete er die rote Blutdruckmanschette über seinem Krankenbett als Feuerlöscher, das Hämofiltrationsgerät als Bombe, die ständig zu explodieren drohte. Die laute und formelhafte Ansprache durch das Personal erlebte er als Versuche, sich seiner zu bemächtigen. (Der Patient) wurde dabei von einer Musiktherapeutin betreut, die im Rahmen eines Forschungsprojektes Komatöse auf der Intensivstation begleitete. Er wähnte sie im Gegensatz zu den umher marodierenden Rittern als ein junges Mädchen, das auf einer Schalmei ganz allein für ihn spielte. Er meinte, sich ihr anvertrauen zu können. Der erste Schritt aus der Selbstaufgabe war damit getan".

Es soll hier nicht auf einzelne inhaltliche Elemente der Schilderung eingegangen werden, sondern auf den folgenden Sachverhalt: Offensichtlich hatte der Patient die Umgebung auf der Intensivstation in seinem Sinne wahrgenommen und außerordentlich bedrohlich erlebt. Das Szenario, über das er im nachhinein berichtete, hatte es ihm erlaubt, sich situationsgerecht *entsprechend seinem Erleben* zu verhalten. Das heißt nichts anderes, als daß er *durch sein Verhalten seine subjektive Umwelt* interpretiert hat.

Die Beobachtungen, über die im Folgenden berichtet wird, stammen von Patienten, die sich im Koma befanden. Wie an anderer

Stelle ausführlich beschreiben, wird das Koma durch die Intensivmedizin zunächst intensiviert, so daß auf Seiten des Organismus nur noch vegetative Phänomene zu beobachten sind (Sauer, Emmerich und v. Uexküll 1996). Hinzu kommt, daß die Patienten durch das traumatische Ereignis Hirnschäden erlitten haben, die ihrerseits zu einer Veränderung des Verhaltens beitragen, was bei der Beschreibung ebenfalls zu berücksichtigen ist.

Die Interpretation der Phänomene eines zunächst rein vegetativen oder durch die Neurologie veränderten Verhaltens hängt nun davon ab, nach welchem Modell der Beobachter implizit oder explizit seine Beschreibung vornimmt.

Wesentliche Begriffe

Koma als ein Phänomen des Leibseelischen beschäftigt die Menschen seit jeher. Die Medizin deutet Koma als Folge meist komplexer Hirnschäden. Die Frage, welche Bedeutung den psychosozialen Bedingungen insbesondere für die späteren Blockaden des Bewußtwerdens zukommt, bleibt in der Regel unbeantwortet.

Zahlreiche Beobachtungen, die im Rahmen eines mit Emmerich entwickelten, integrierten neuro-psychotherapeutischen Behandlungskonzeptes gemacht wurden, sprechen dafür, daß bereits während des Komas Prozesse der Informationsverarbeitung einsetzen, das heißt, unter anderem Wahrnehmung erfolgt (wie es das zu Anfang zitierte Beispiel anschaulich zeigt). Doch wie sieht Wahrnehmung ohne Bewußtsein aus? Und, welche Bedeutung haben die ihr zugrunde liegenden Prozesse für das Bewußtwerden?

Im Unterschied zur Untersuchung der vorbewußten Wahrnehmung und ihrer Verarbeitung während des Schlafes und zum Traum sind Phänomene im Koma mit dem Patienten nicht direkt kommunizierbar.

Als erstes werden vegetative Phänomene im Koma betrachtet, die der Außenstehende beobachtet und die auf ein Erleben der Umgebung im Koma hinweisen. Daraus läßt sich auf eine Verarbeitung von Wahrnehmung ohne Bewußtsein schließen. Dann werden physiologische Phänomene des Schlafes und ihre Beziehung zu Umgebungsfaktoren beschrieben und danach nochmals Vorstellungen aufgezeigt, die eine Verbindung zwischen Schlaf, Traum und Koma schlüssig erscheinen lassen.

Abschließend werden die Betrachtungen zu einer Art Spurensuche zusammengefaßt. Für eine Spurensuche sind Zeichen notwendig. Zeichen haben Bedeutungen, die in zwei Richtungen weisen, zum Beispiel in eine physiologische und in eine psychologische. Physiologische Phänomene können Zeichencharakter bekommen, wenn ihre duale Bedeutung verstanden wird.

Piaget (1959) hat diesen Zusammenhang wie folgt formuliert: Für die *physiologischen Phänomene* des Organismus stellt sich das *psychologische Problem* in dem Augenblick, „da man die Physiologie nicht mehr in ihrer Abhängigkeit von den inneren Prozessen des Körpers, sondern in ihrer Beziehung zur äußeren Umwelt, so wie sie sich der Tätigkeit des Individuums entgegenstellt, ins Auge faßt" (ebd., 35).

Phänomene vorbewußter Wahrnehmung im Koma

Auch im Koma haben die physiologischen Phänomene den bereits erwähnten Charakter von Zeichen mit zweifacher Bedeutung. Die eine leitet sich ab aus den Folgen der Verletzungen des Organismus, die andere aus den Problemen, die sich für die Aufrechterhaltung der Beziehung des verletzten Organismus mit seiner Umgebung ergeben. Beides zeigt im Koma eine Veränderung über die Zeit. Das heißt, analog erscheinende Phänomene können im Verlaufe des Komas einen Bedeutungswandel erfahren.

Dies machen die folgenden Fallbeispiele anschaulich. Sie stammen von Kindern im Koma bzw. Wachkoma.

Das erste zu betrachtende physiologische Phänomen ist der Hirndruck. Er wird während des Komas kontinuierlich gemessen. Steigt der Mitteldruck über einen Grenzwert, wird der intrakranielle Blutfluß blockiert, und es droht der neuronale Zelltod. Im Extremfall resultiert daraus der sogenannte dissoziierte Hirntod.

Fallbeispiel 1

Max hatte im Treppenhaus der Schule während der großen Pause geturnt. Dabei war er in die Tiefe gestürzt und nach mehreren Metern mit dem Kopf auf den Steinboden geschlagen. Zum Zeitpunkt des Unfalls war Max 16 Jahre alt. Es wurde berichtet, er habe zunächst furchtbar geschrieen, dann sei er bewußtlos geworden. Der Notarzt war alarmiert worden. Er leitete noch im Schulgebäude die notwendigen intensivmedizinischen Maßnahmen ein und ließ Max ins nahe gelegene Klinikum bringen. Es stellte sich heraus, daß er durch den Unfall eine Quetschung des Hirngewebes erlitten hatte und daß sich eine Blutung zwischen Schädelknochen und Gehirn entwickelte, die entfernt werden mußte. Er war im tiefen Koma, weshalb der Hirndruck fortlaufend registriert wurde.

Hirndruckwerte im Koma (16jähriger Patient)

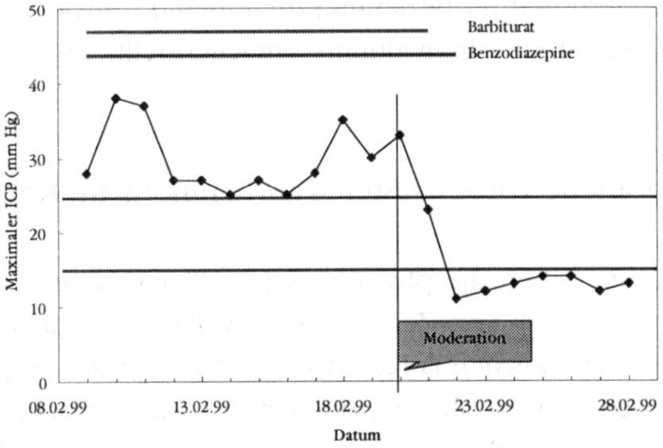

Abb. 1: Verlauf der Hirndrucke

Bei 25 mm Hg. ist die Grenze markiert, ab der die Hirndurchblutung gefährdet ist. Die Balken am oberen Rand geben Medikamente zur Senkung des Druckes an. Die Werte der Kurve für die Mitteldrucke waren erhöht, und die Steigerung des erhöhten Druckes dauerte ungewöhnlich lange.

Am elften Tag – durch die senkrechte Linie markiert – wurde ein erstes Gespräch mit beiden Eltern geführt. Dabei wurden mehrere Themen ausführlich besprochen. Als erstes ging es darum zu klären, ob die Eltern in dieser Akutphase psychisch stabil sind oder ob sie selbst Auswirkungen eines Psychotraumas zeigten.

Vor allem die Mutter von Max wirkte gefaßt. Sie äußerte, daß sie sich ab-

solut sicher sei, daß Max wieder völlig gesund würde. Dann berichtete sie, daß sie von Anfang an jeden Tag, solange wie möglich, bei ihrem Sohn sei, weil sie fühle, daß ihm das gut tue. Auf die Frage, wie sie diese Zeit verbringe, berichtete sie: man habe ihr gesagt, sie solle Max dort abholen, wo er stehen geblieben sei. Deshalb erzähle sie ihm, was alles im Augenblick zu Hause passiere und lese ihm aus Büchern vor, die Max vor dem Unfall besonders geliebt habe.
Nun zeigte sich, daß dies vor allem Bücher über den Zweiten Weltkrieg und Horrorgeschichten waren. Sie wollte wissen, was wir ihr in dieser Situation raten würden.
Wir gaben zu bedenken, daß zunächst niemand wisse, wo Max im Augenblick und in dieser Situation in seiner Entwicklung stehe, da aus zahlreichen Beobachtungen abzuleiten sei, daß im Koma zunächst ein Rückschritt auf frühe Ebenen der Entwicklung erfolge und sich von da aus wieder eine progressive Entwicklung vollziehe. Das Ausmaß dieses Rückzugs könne jedoch erst in einem längeren therapeutischen Prozeß erschlossen werden. Für den Moment rieten wir ab, die erwähnten Bücher weiter vorzulesen. Wir empfahlen vielmehr, wie bisher bei ihrem Sohn zu sein und ihn die Nähe körperlich spüren zu lassen. Weiter überlegten wir gemeinsam mit der Mutter, was sie während dessen tun könne, um selbst, so gut als möglich, in Ruhe zu sein. Sie entschied, sich selbst durch Lesen abzulenken, und bat uns um eine Empfehlung, die wir ihr gaben.

Die Eltern setzten die Empfehlungen weitgehend um. Schon am nächsten Tag beobachtete die Mutter, daß es Max besser ging. Nach einem weiteren Tag hatten sich die Druckwerte normalisiert und blieben danach dauerhaft stabil.

Diese Fallvignette sollte ein Beleg dafür sein, daß es eine zeitliche Koinzidenz gibt zwischen der Dynamik des Hirndrucks, einem physiologischen Phänomen und der Änderung der Umgebungsfaktoren im beschriebenen Sinne.

Die nächste Fallvignette soll zeigen, daß dafür auch einzelne Faktoren in Betracht kommen können.

Fallbeispiel 2

Die 2jährige Patientin, wir wollen sie Sandra nennen, erlitt ebenfalls ein Schädelhirntrauma und verlor das Bewußtsein.
Der Unfall war während einer Fahrt der ganzen Familie mit dem PKW auf der Autobahn passiert. Alle Insassen hatten schwere Verletzungen

erlitten. Alle wurden zur Behandlung in verschiedene Krankenhäuser gebracht. Sandra kam auf die Intensivstation des Klinikums. Sie war nur wenige Tage im Koma. Die Hirndruckmessung hatte aber immer wieder sehr hohe Druckwerte ergeben, weshalb die Meßsonde zur Kontrolle noch belassen wurde.

Die Beobachtungen stammen aus einer Zeit des Übergangs vom Koma ins Wachkoma. Sandra lag völlig bewegungslos in ihrem Gitterbettchen auf der Kinderstation. Während dessen hatte sie die Augen geöffnet. Das Bewußtsein war deutlich beeinträchtigt. Sandras Verhalten, ihre nähere Umgebung und der Monitor für die Hirndruckmessung wurden mittels einer Videokamera gefilmt.

Die folgende Abbildung zeigt die Zuordnung verschiedener Situationen zu einzelnen Werten des Hirndruckes.

Hirndruckwerte bei einem 2jährigen Kleinkind

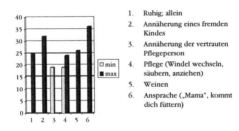

1. Ruhig; allein
2. Annäherung eines fremden Kindes
3. Annäherung der vertrauten Pflegeperson
4. Pflege (Windel wechseln, säubern, anziehen)
5. Weinen
6. Ansprache („Mama", kommt dich füttern)

Abb. 2 (aus Sauer 1999)

Im ruhigen Wachsein allein schwankten die Werte bis maximal 25 mm Hg (1), die Annäherung eines fremden Kindes führte zu einem deutlichen Anstieg auf 32 mm Hg (2), während bei der Annäherung der vertrauten Pflegeperson (3) der Druck unter den Wert des ruhigen „Alleinseins" sank, bei den verschiedenen Manipulationen der Pflege (4) schwankten die Werte zwischen 19 und 24, und als Sandra während dessen zu weinen begann, stieg der Wert nur unwesentlich höher auf 26 (5), der Anstieg auf 36 mm Hg bei Ansprache des Kindes durch die Schwester (6) war zunächst völlig unerklärlich. Die Schwester war sicher, gesagt zu haben: „Jetzt komme ich dich füttern", beim Abspielen des Bandes war aber zu hören: „Mama kommt dich füttern".

Sandra ließ sich in dieser Zeit nicht füttern. Da ihr Zustand es schnell erlaubte, wurde sie zurück zu den Eltern verlegt, die sich immer noch im Krankenhaus befanden. Dort normalisierte sich der Hirndruck innerhalb eines Tages und das Bewußtsein kehrte sehr rasch danach wieder zurück.

Mit dieser Fallvignette sollte auf die Abhängigkeit des Hirndruckes von unterschiedlichen Eigenschaften der Umgebung hingewiesen werden. Zum Beispiel hatte die Annäherung einer Person, eines fremden Kindes und der schon bekannten Schwester, ganz unterschiedliche Auswirkungen. Was den Unterschied ausmacht, wissen wir nicht.

Es ist aber zu vermuten, daß hier Zusammenhänge mit Erfahrungen bestehen, die Sandra in ihrer früheren Entwicklung gemacht hatte und daß sie daraus resultierend auch unterschiedliche Reaktionen fremden Menschen gegenüber zeigte.

Ähnliche Beobachtungen einer Korrelation zwischen der Dynamik des Hirndruckes und unterschiedlichen Faktoren der Umgebung konnten auch bei anderen Patienten während des Komas gemacht werden. Hierzu noch ein weiteres Fallbeispiel. Diesmal steht nicht die Beobachtung des Hirndrucks im Zentrum, sondern die circadiane Synchronisation des Wach-/Schlafverhaltens.

Fallbeispiel 3

Thea wurde im Alter von fünf Jahren beim Überqueren einer Straße von einem PKW erfaßt und an Kopf und Körper verletzt. Vor allem die Hirnschäden waren so schwer, daß man befürchtete, Thea würde diese Verletzungen nicht überleben. Sie wurde 14 Tage künstlich beatmet. Man machte dann einen Luftröhrenschnitt (Tracheostoma), weil sie weiterhin ohne Bewußtsein und die Atemregulation instabil war. Thea wurde über eine Bauchwandfistel ernährt. Als wir sie das erste Mal sahen, hatte sie die Augen geöffnet.

Sie lag mit angewinkelten Armen und gestreckten Beinen im Bett. Das mehr oder weniger starre Haltungsmuster, das sie bot, entsprach der neurologischen Störung einer Tetraspastik.

Wie üblich nach schweren Verletzungen des Zentralnervensystems, zeigte sich auch bei Thea eine Beeinträchtigung des Schlaf-/Wachverhaltens. Am Tage schlief sie und war die Nacht über meistens wach. Während des Wachseins verschlechterte sich ihre Verfassung von Mal zu Mal mehr. Die Augenlider waren weit geöffnet, sie schwitzte, atmete schwer, Puls und Blutdruck stiegen an.

Eins der ersten Ziele des integrierten Behandlungskonzeptes ist eine natürliche circadiane Synchronisation des Wach- und Schlafverhaltens. Welche individuellen Voraussetzungen in der Entwicklung dafür nötig waren, können wir von den Eltern erfahren. Ebenso können die Eltern sagen, was ihr Kind zur Bewältigung von Streß- oder anderen Ausnahmesituationen bisher benötigt hatte.

Für Theas Eltern war klar, daß sie nur im Beisein von einem von ihnen wieder schlafen würde. Deshalb war die Mutter bereit, nachdem es ihre häusliche Situation zuließ, nachts im Bett neben Thea zu schlafen. Dies hatte aber nicht den gewünschten Effekt.
Daraufhin bot der Vater sich an, einige Nächte bei seiner Tochter zu wachen. Diesmal schlief Thea von der ersten Nacht an durch, und sehr bald danach stabilisierte sich eine natürliche circadiane Synchronisation.

Was waren die Unterschiede, und wie läßt sich eine solche Entwicklung verstehen? Von Thea war darüber nichts erfahren. Sie war zu der Zeit noch im Zustand des sogenannten Wachkomas.

Die Mutter berichtete, daß sie selbst größte Mühe hatte, in der fremden Umgebung zu schlafen. Außerdem habe sich Thea sehr aufgeregt und mußte ständig beruhigt werden. Sie, die Mutter, habe aber zunächst nicht gewußt, wie sie Thea beruhigen solle. Deshalb habe sie sich die Physiotherapeutin als Vorbild genommen und das eingesetzt, was sie bei ihr in den Therapiestunden beobachtet hatte, um Thea zu beruhigen.
Der Vater berichtete, daß er keine Probleme mit dem Schlafen gehabt habe, vielmehr sei er, nachdem er seinen Arm auf Thea gelegt habe, sofort eingeschlafen und hatte, wie später von der Nachtschwester zu erfahren war, seine Anwesenheit durch tiefe Schnarchgeräusche deutlich werden lassen.

Auch dieses Beispiel unterstreicht die duale Bedeutung der physiologischen Phänomene.

Die beschriebene Tag-/Nachtumkehr des Schlafverhaltens kann nicht allein als Folge der durch die Verletzungen des Organismus veränderten Physiologie interpretiert werden. Das zeigt die Normalisierung der circadianen Synchronisation, die bei Thea durch eine Veränderung der Umgebungssituation erreicht wurde.

Ihr Verhalten spricht dafür, daß der Organismus auch im Wachkoma die Umgebung nach seinen Bedürfnissen interpretiert hat. Der Vater gab offensichtlich in dieser Situation für die Wahrnehmung außerhalb des Bewußtseins die beste Gewähr für einen Schutz, indem er Thea ein ihr vertrautes Verhalten zeigen konnte. Außerdem war er berufsbedingt gewohnt, Gefahren abzuwehren.

Die Mutter fühlte sich selbst unsicher und ängstlich, wie sie sagte. Sie hatte sich auf eine Umgangsweise mit Thea gestützt, die dieser nicht vertraut war, ihr als Mutter aber in dieser Situation ein Gefühl der Kompetenz und Sicherheit zu geben schien.

In der Fortsetzung der Betrachtung werden Phänomene der elektrischen Hirnaktivität, die mit dem EEG registriert werden, beschrieben mit dem Fokus auf einen Aspekt, der als Arousal bezeichnet wird.

Was ist damit gemeint: Der Begriff Arousal umfaßt verschiedene physiologische Regulationen:
- eine, die der Bereitstellung von Wahrnehmung im Schlaf dient, also Wahrnehmung auf oder aus einer un- oder vorbewußten Sphäre,
- eine, die der Bereitschaft des Organismus zum Wachwerden dient,
- und eine Regulation, die gleichzeitig den Schlaf erhält.

Wie der Organismus im einzelnen diese Aufgaben bewältigt, die zum Teil gegenläufig erscheinen, sich aber in ihrer Gesamtheit ergänzen, ist ein Geheimnis der Natur. Es können aber an dieser Stelle Phänomene betrachtet werden, die mit solchen Arousals korrelierbar sind. Dazu sei zuvor ein kurzer Exkurs in die Schlafphysiologie erlaubt.

Die Schlafstadien unterscheiden sich unter anderem bezüglich ihrer Weckschwelle. Sie wird mit zunehmender Tiefe des NREM Schlafes immer höher. Die Abfolge der Stadien des NREM Schlafes und der REM Phasen ist als Makrostruktur des Schlafes definiert.

Daneben gibt es über die NREM Stadien hinweg eine Mikrostruktur, deren Charakteristikum sogenannte zyklisch alternierende Muster oder CAPs sind (Terzano, Parrino und Spaggiari 1988). Sie bestehen aus zwei Segmenten, einer kurzen Phase erhöhter Arousalbereitschaft im oben beschriebenen Sinne (Phase A), gefolgt von einem etwas längeren Segment (Phase B) verminderter Arousalbereitschaft. Beide Segmente sind gekoppelt. Ihre Dauer liegt im Dekasekunden-Bereich zwischen 10 - 40 - 60 Sek.

Zwischen den gekoppelten Segmenten, den CAPs, gibt es Phasen, die frei sind von zyklisch alternierenden Mustern, man nennt sie N-CAPs.

Die Mikrostruktur des NREM Schlafes stellt demnach eine physiologische Organisation von erhöhter und verminderter Arousalbereitschaft (CAPs) dar.

Mit anderen Worten, Makro- und Mikrostruktur des Schlafes bilden einen Rahmen, der den Schlaf sichert, der an den Schlaf gebundene Prozesse ermöglicht und die Beziehung des Organismus zur Umgebung aufrecht erhält.

Im Koma - gleich welcher Ursache - löst sich als erstes die Makrostruktur des Schlafes auf. Damit geht der Verlust der Reagibilität einher. Im Unterschied dazu überleben Elemente der Mikrostruktur in Form „periodischer Oszillationen eines basalen Arousalmodulators". Von diesen mikrostrukturellen Eigenschaften ausgehend, kann sich wieder die Makrostruktur des Schlafes entwickeln.

Warum ist das Erwachen aus dem Koma aber so problematisch? Um dies besser zu verstehen, werden weitere Beispiele ausgeführt.

Fallbeispiel 4

Serge, ein 14jährige Patient, wurde wegen einer chronischen Lungenerkrankung aus einem osteuropäischen Land zur Behandlung ins Klinikum verlegt. Sein Leiden hatte vor mehreren Jahren begonnen und war immer schlimmer geworden, so daß er schon mehr als ein Jahr beatmet werden mußte. Für den Transport hatte er verschiedene Medikamente zur Sedierung bekommen. Er war daher beim Eintreffen in der Intensivstation der Klinik ohne Bewußtsein. Die künstliche Beatmung erfolgte über ein Tracheostoma, also eine Kanüle, die man nach einem Luftröhrenschnitt eingeführt hatte. Um Serge aufwachen zu lassen, setzte man alle Medikamente ab, jedoch ohne Erfolg. Er zeigte keinerlei äußerlich erkennbare Reaktion auf Reize, Ansprache oder die immer wieder erfor-

derlichen Manipulationen im Rahmen der Pflege und Therapie. Eine organische Erklärung für das eingeschränkte Bewußtsein gab es nicht. Nach den EEG-Kriterien lag ein Koma 2.-3. Grades mit einer deutlichen Beeinträchtigung der Makrostruktur des Schlafes vor. Im Unterschied dazu zeigte sich ein erstaunliches Verhalten der mikrostrukturellen Eigenschaften des Schlafes.

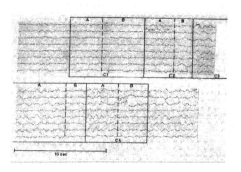

Abb. 3

Auf der Abbildung 3 sind mehrere der bereits erwähnten CAPs, C1 bis C4, zu sehen. Sie folgen dicht aufeinander. C1 trat spontan auf. Die Phase A in C1 hat Ähnlichkeit mit einem EEG während des Einschlafens.

Bei C2 spricht die Mutter Serge mit seinem Namen an. Man sieht eine gleichlange Aktivierung des EEG während A, also der Arousal aktiven Phase danach, aber eine Verkürzung der Phase B, also des Arousal inaktiven Segmentes, und dann einen abrupten Wechsel des Musters. C3 und C4 entsprechen den CAPs der Stadien 3 und 4, also einem tieferen Schlaf entsprechend einer paradoxen Reaktion.

Die Makrostruktur, also die NREM und REM Schlafphasen, und die mikrostrukturellen Eigenschaften, also die CAPs, N-CAPs und ihre jeweilige Organisation, bilden insgesamt eine Arousal-Hierarchie. Im Idealfall gewährleistet sie die Zyklizität und Aufrechterhaltung des Schlafes, bewahrt zur gleichen Zeit flexiblen Kontakt zwischen Schläfer und Umgebung und stellt die Möglichkeit bereit, für den Fall einer biologischen Gefahr zu erwachen.

Bei Serge hatte die Ansprache bzw. der Versuch, ihn zu wecken, offenbar einen paradoxen Effekt. Es wurde ein CAP, das normalerweise einem tieferen Stadium zugerechnet wird, evoziert. Wenn man die Registrierung aber weiter verfolgt, blieb der Schlaf auf diesem Niveau nicht stabil, sondern oszillierte ständig zwischen Stadium 1 und 2 bzw. 3 und 4. Das Phänomen läßt noch eine andere Deutung zu: die Aktivierung eines Musters, wie auf der Abbildung (Abb. 3) zu sehen, entspricht der Physiologie einer Weckreaktion im Säuglings- und Kleinkindalter (Besser 1992). Die Dynamik der Phänomene könnte unter diesem Aspekt auch als Rekurrieren auf die innere Organisation einer früheren Entwicklungsphase im Schlaf interpretiert werden.

Beide Interpretationen haben eine Gemeinsamkeit. Sie können als physiologische Phänomene einer Dissoziation natürlich zusammengehöriger Teile eines Ganzen betrachtet werden. Psychotraumatologisch gesehen kommt es zu Dissoziationen durch traumatische Ereignisse, durch welche eine Diskrepanz erlebt wird zwischen den situativen Anforderungen und den eigenen Bewältigungsmöglichkeiten (Fischer und Riedesser 1998). Die dahinter verborgene traumatische Erfahrung führt situativ zur Desintegration von Bewußtsein und Erleben, in deren Folge eine dissoziative Amnesie entsteht. Was normalerweise für das Wachbewußtsein beschrieben ist, hätte hier bei Serge ein Pendant während des Schlafes. Hierzu abschließend die letzte Fallvignette.

Fallbeispiel 5

Im Alter von 14 Jahren traten bei Tanja die ersten Symptome einer neurologischen Erkrankung auf. Im Zentrum des Krankheitsgeschehens stand eine Störung bis Blockade der Erregungsleitung zentraler Nervenbahnen durch Entzündungsherde.
In den folgenden Monaten traten immer wieder Schübe der Erkrankung mit schweren neurologischen Symptomen auf. Tanja mußte nach fünf Monaten seit Beginn der Erkrankung von ihrem Vater im Rollstuhl gefahren werden. Für ihn und die übrige Familie „war eine Welt zusammengebrochen", wie er sich ausdrückte.
Der fünfte Krankheitsschub brachte eine katastrophale Verschlechterung innerhalb weniger Stunden nach der stationären Aufnahme. Sie bot das Bild eines sogenannten Locked-in-Syndroms, das Syndrom des Eingeschlossenseins, und mußte zur Beatmung auf die Intensivstation verlegt werden.

Das erste EEG war auffällig im Sinne einer abnormen Bereitstellung zyklisch alternierender Muster des Schlafstadiums 1 und 2, obwohl sie wach erschien. Die Phänomene traten sowohl ohne erkennbaren äußeren Anlaß auf als auch dann, wenn Tanja angesprochen wurde. Begleitend waren vegetative Reaktionen wie Veränderungen der Hautfarbe, des Pulses und des Blutdrucks sowie Schwitzen zu beobachten. Tanja war vollständig gelähmt, der einzig mögliche Ausdruck war, die Augenlider weit zu öffnen.

Tanja hat wider Erwarten das Locked-in-Syndrom überlebt. Nachdem sie wieder sprechen konnte, äußerte sie, daß ihr die Erinnerung an die Intensivbehandlung vollständig fehle. Diese Zeit war für sie „ein großes schwarzes Loch mit einem Schloß davor".

Die Amnesie wurde anschließend in einem therapeutischen Prozeß bearbeitet.

In dessen Verlauf entwickelte Tanja eine Vorstellung und fand wieder Worte für das während der Intensivzeit amnesierte Erleben. Sie hat zugestimmt, hierzu die folgende Passage aus ihrem Tagebuch zu zitieren:

„Und dann war da das schrecklich dunkle Zimmer auf K. (Name der Intensivstation: eig. Anm.). Alles war schwarz. Und die furchtbaren Maschinen, die mich sehr bedroht haben. Jedesmal, wenn die Maschine los ging (jetzt weiß ich, daß es die Sauerstoffmaschine war), bin ich fast zu Tode erschrocken. Auch dieses schwarze Ding an meinem Finger (die Meßsonde für das Sauerstoff-Monitoring: eig. Anm.), ich dachte, es würde meinen Finger verschlingen. Und der Zugang am Hals (das Tracheostoma: eig. Anm.). Auch das war furchtbar. Jedesmal, wenn ich abgesaugt w(u)rde, dachte ich, die saugen etwas aus mir heraus, was mir gehört und was ich auf keinen Fall hergeben wollte. Und dann sollte ich auch noch husten, damit es besser rauskommt, aber ich wollte es doch behalten. Ich glaube, ich bestand nur noch aus Angst".

Mit dem Einsetzen des Erinnerns konnte Tanja wieder über Träume berichten. Ihr Erlebnisbericht schließt an die Erfahrung des zu Beginn gegebenen Beispiels an.

Wenn jetzt nochmals die Betrachtungen zu der bereits erwähnten Spurensuche zusammengefaßt werden, so läßt sich bezogen auf die Phänomene Traum und Koma folgendes sagen: Koma als Reaktion des Organismus auf ein den Körper schädigendes Ereignis bringt den Menschen in eine existentiell bedrohliche Situation.

Neben den destruktiven Elementen, die dieser Zustand zweifellos enthält, darf der Charakter eines „reaktiven Schutzes", der im Koma ebenfalls enthalten ist, nicht übersehen werden.

Der Organismus kann das Koma nur überleben, wenn vollkommen aktive Hilfe gewährleistet ist. Vieles spricht für ein Rekurrieren auf frühe Stufen der Entwicklung im Koma. Diese Regression wird durch die intensivmedizinischen Maßnahmen bis auf ein vegetatives Niveau aller Körperfunktionen unterstützt.

Das Entwöhnen von diesem künstlichen Koma bringt den Patienten in ein bedrohliches Dilemma. Er ist noch ohne Wachbewußtsein, und die formale Organisation des Schlafes ist aufs empfindlichste gestört. Die beschriebenen Phänomene des Hirndrucks und der circadianen Synchronisation zeigen übereinstimmend, daß die Umgebung erlebt wird. Es gibt offenbar ein vorbewußtes System der Informationsverarbeitung, welches nicht schläft.

Die Betrachtung der elektroencephalographischen Phänomene hat gezeigt, daß physiologische Eigenschaften, wie zum Beispiel die Arousal Bereitschaft in Form der CAPs, auch im Koma erhalten bleiben. Sie sind ebenfalls sensitiv für Veränderungen der Umgebung.

Im ersten Fallbeispiel wird sehr eindrucksvoll die Bedeutung der Imagination beschrieben. Sie erzeugt eine zur Umgebung passende Umwelt. Solange die Faktoren der Umgebung existentiell bedrohlich erlebt werden, verharrt das Bewußtsein auf einer (quasi) präsymbolischen Stufe. Erst mit dem Erreichen einer Erlebnisqualität, die dem Patienten Sicherheit und Vertrauen gewährleistet, gelang der Schritt zum weiteren Bewußtwerden.

Daß auf diesem Weg ständig Entgleisungen möglich sind, zeigt das letzte Fallbeispiel. Hier war primär das Bewußtsein erhalten, und dennoch entstand im Laufe der Behandlung eine totale Amnesie. Sie kann als Reaktion auf situative traumatische Erfahrungen und wie das Koma als Schutz verstanden werden. In der nachträglichen therapeutischen Bearbeitung der Amnesie spielten Imagination und Träumen eine wichtige Rolle als Vorbereitung für das bewußte Erinnern des während der Intensivzeit Erlebten.

Literatur:

Benedetti, G. (1998), *Botschaft der Träume*. Göttingen: Vandenhoeck und Ruprecht

Besser, R. (1992), EEG-Veränderungen im Koma. In: H.C. Hopf, K. Poeck und H. Schliak (Hrsg.), *Neurologie in Praxis und Klinik, Bd. 1*. Stuttgart: Thieme, 218-233

Deacon, T.W. (1997), *The symbolic species*. New York/London: Norton

Fischer, G. und P. Riedesser (1998), *Lehrbuch der Psychotraumatologie*. München: Reinhardt

Hannisch, H.J. (1994), Beziehung und Interaktion mit Bewußtlosen. In: C. Bienstein und A. Fröhlich (Hrsg.), *Bewußtlos: eine Herausforderung für Angehörige, Pflegende und Ärzte*. Düsseldorf: Selbstbestimmtes Leben

Lücking, C.H. und W. Wallesch (1992), Phänomenologie und Klinik der Bewußtseinsstörungen. In: H.C. Hopf, K. Poeck und H. Schliak (Hrsg.), *Neurologie in Praxis und Klinik, Bd. 1*. Stuttgart: Thieme, 2.1-2.18

Piaget, J. (1959), *Das Erwachen der Intelligenz beim Kinde*. München: dtv, 1992

Sauer, M. (1999), Neurotraumatologie. In: B. Hontschik und T. von Uexküll (Hrsg.), *Psychosomatik in der Chirurgie*. Stuttgart: Schattauer, 191-203

Sauer, M., S. Emmerich und T. von Uexküll (1996), Reorganisation des Bewußtseins. Integrierte Therapie bei Kindern und Jugendlichen nach Koma. *Therapiewoche 19*, 1019-1024

Terzano, M.G., L. Parrino und M.C. Spaggiari (1988), The cyclic alternating pattern sequences in the dynamic organization of sleep. *Electroencephalography and Clinical Neurophysiology 69*, 437-447

TAMARA FISCHMANN

Verarbeitungsprozesse im „Vorbewußten Processing System"

Träume, Freie Imaginationen, Wachphantasien

Experimentelle psychoanalytische Traumforschung wird im Traumforschungslabor durchgeführt. Es gilt, auf empirischem Wege mehr Wissen über Traumproduktion und das Prozessieren von Träumen zu erzeugen, ohne die Erkenntnisse Freuds aufzugeben, wonach Träume Bedeutung und Funktion haben und unbewußte Wünsche als erfüllt darstellen (Freud 1900a). Mit der Entdeckung der REM-Schlafphasen (Aserinsky und Kleitmann 1953) erfuhr die experimentelle Traumforschung einen enormen Anstoß. Im Traumforschungslabor herrschte von da an „Hochsaison", denn Träume konnten nun erhoben werden, sooft man dies wollte (Strauch und Meier 1992). An der von der Entdeckung des REM-Schlafes ausgelösten empirischen Traumforschung beteiligten sich von Anfang an namhafte Psychologen und Psychoanalytiker wie George Klein, Howard Shevrin, Lester Luborsky, Charles Fisher, Harry Fiss, Milton Kramer u.a.m.

Beschäftigten sich die empirischen Traumforscher bis dahin mit der Frage, welchem psychologischen und biologischen Zweck der Traum dient, so orientierten sich die klassischen Methoden verpflichteten Analytiker ihrerseits zunehmend am manifesten Traum, der, so wurde vermutet, auch unmittelbar inhaltlich und formal vorbewußte Gedankeninhalte und Beziehungsmuster abzubilden vermag. Das Manifeste diente nun der Illustration der Symptomgenese und als Spiegel von Psychopathologie (Rohde-Dachser 1983, Kohut 1977). Diese Be-Forschung des Manifesten und die Abkehr vom schlecht erschließbaren Latenten, rief eine Vielzahl an neueren Traumtheorien hervor und auch die psychoanalytische Theorie selbst wurde vielgestaltiger (Übersichten bei Battegay und Trenkel 1987, Flanders 1993).

Garma (1966) und andere lehnten die Existenz eines (latenten) Traumwunsches schließlich ganz ab. Das Manifeste selbst war nun sinnvolles Gebilde, das der Illustration der Entstehung von Symptomen dient. Kohut (1977) bezeichnete es als Spiegel der Psychopathologie und Segal (1971) verstand es als Spiegel der Übertragungsbeziehung. Im Zuge der immer geringeren Gewichtung der Traumgedanken nahm die Rolle von Ich und Über-Ich bei der Traumbildung zu (Arlow und Brenner 1964). Der Traum wurde mehr als *nur* „Hüter des Schlafes", ihm wurden psychobiologische Funktionen zugeschrieben: so z.B. „traumatolytische Fähigkeiten" (Ferenczi 1934), der Traum als „Problemlöser" (French und Fromm 1964) oder als „Garant der psychischen Struktur" (Greenberg und Pearlman 1975) und „Barriere gegen den Todestrieb" (Pontalis 1965).

Doch diese Hinwendung zum Manifesten hatte auch zur Folge, daß das Vorbewußte als der zentrale Prozessor für die Traum- und Symbolbildung, und hier speziell der Sach-Wortvorstellungs-Komplex im Grenzbereich zum Unbewußten, seine heuristische Bedeutung verlor und damit letztlich dann auch die Traumbildungstheorie und Traumanalysepraxis Freuds. Rein naturwissenschaftliche Traumforscher bezogen sich in der Folge auf diese Abwendung vom Latenten und behaupteten, auf alte Modelle zurückgreifend, der Traum sei ein Beiwerk sinnloser subkortikaler Aktivität im Hirnstamm (z.B. Hobson 1988). Erst mit dem Nachweis, daß vollwertige Träume auch aus NREM-Phasen anzutreffen sind, wurde die Isomorphismus-Annahme Hobsons (ebd.) von Traum und REM-Phase hinfällig.

Im Kontext experimenteller Traumforschung erwies sich immer wieder, wie fruchtbar diese Forschung nicht nur für die Bestimmung der Eigenschaften des Traums, sondern auch für die vertiefende Bestimmung der Funktionen des „Vorbewußten Processing Systems" (VPS) ist (Leuschner und Hau 1992). Dies gilt insbesondere für die Anwendung der Pötzl-Methode. Hierbei wird Stimulusmaterial tachystoskopisch dargeboten, um es in das „Traumprocessing" einzuschleusen. Pötzls Methode wurde von Fisher (1960) zur Unterscheidung von bewußter und der davon unabhängigen vorbewußten Wahrnehmung systematisiert. Leuschner und Hau (1992) konnten mit der tachystoskopischen Methode auch statistisch signifikante Effekte, d.h. die Wiederkehr von bewußt nicht wahrnehmbarem

Stimulusmaterial, in Zeichnungen von Träumen und Freien Imaginationen nachweisen. In einer ihrer Studien befanden sich unter den Untersuchten zufällig auch zwei schielblinde Probanden, die auf einem Auge fast blind waren. Erstaunlicherweise zeigten sie Effekte wie die anderen Probanden auch, obwohl der Stimulus ihnen auf eben diesem amblyopen Auge dargeboten wurde.

Würden sich diese Befunde in einer eingehenderen Untersuchung bestätigen, so wäre davon auszugehen, daß sich die Effekte bei Stimulation von Amblyopen weder qualitativ noch quantitativ von jenen Sehgesunder unterscheiden. Das heißt, die Amblyopie ändert nicht das „Stimulusprocessing", vielmehr fallen hier jene Teil-Operatoren von optischen Reizen weg, die Verknüpfungen mit dem Bewußtsein herstellen, was dazu führt, daß das Stimulusmaterial direkt und ohne Umwege über das Bewußtsein in den intakten vorbewußten Anteil des optischen „Apparates" inkorporiert wird. Damit wäre die Möglichkeit gegeben, die Leistungen des VPS unmittelbar zu beobachten und zu beschreiben.

Untersuchung

Diese Erwägungen waren die Grundlage für das Forschungsvorhaben, aus dem nun hier einige Ergebnisse vorgestellt werden.

In der dazu durchgeführten Versuchsreihe wurden insgesamt 32 amblyope Probanden tachystoskopisch auf dem schielblinden Auge stimuliert, während das sehgesunde Auge abgedeckt wurde. Die im Anschluß berichteten Träume und Freien Imaginationen wurden auf Hinweise nach Stimulusmaterial untersucht. Um Anhaltspunkte für ein optimales „vorbewußtes processing" zu erhalten, wurde die Darbietungsgeschwindigkeit der Stimuluspräsentation variiert, je ein Drittel der Probanden wurde subliminal, supraliminal und maskiert stimuliert (vgl. Tabelle 1).

Tabelle 1: Stimulationsarten

N	Stimulationsart	Stimulationsdauer	Stimulusinhalt
12	subliminal	8 Millisekunden	„Afrikalandschaft"
10	supraliminal	30 Sekunden	„Afrikalandschaft"
10	„maskiert"	3 Sekunden	„Hirsch / Liebespaar"

Für die supra- und subliminale Darbietung wurde jeweils derselbe Stimulus verwendet: eine afrikanische Landschaft (s. Abb. 1). Bei subliminaler Stimulation wurde der Stimulus für die ultrakurze Darbietungszeit von 8 msec – einem Aufblitzen gleich – gezeigt. Bei der supraliminalen Darbietung des Materials erfolgt dies für die Dauer von 30 sec – hier können Normalsichtige Material bewußt wahrnehmen. Ausgehend von der Definition der Amblyopie im Pschyrembel (1990) als eine „funkt(ionale) Schwachsichtigkeit mit Herabsetzung der zentralen Sehschärfe ohne erkennbaren pathol(ogischen) Befund; (bei der es sich um einen Mechanismus) zur Unterdrückung störender Doppelbilder (handelt. Dazu) wird nur die opt(ische) Information des zur Fixation benutzten Führauges ausgewertet, diejenige des schielenden Auges durch zentrale Hemmung unterdrückt" erschien es fragwürdig, ob amblyope Probanden den Stimulus überhaupt oder allerhöchstens verschwommen oder fragmentiert bei dieser für sie doch relativ hohen Darbietungsgeschwindigkeit bewußt wahrnehmen können. Als letzte Variation wurde deshalb noch die „maskierte", also 3 Sekunden dauernde (und damit für Normalsichtige eigentlich auch supraliminale) Stimuluspräsentation angewendet. Der hier benutzte Stimulus bestand aus einem Bild, welches zwei distinkte Themen in sich birgt, weshalb er den Namen „maskiert" bekam (Abb. 2). Wie aus früheren Untersuchungen an Normalsichtigen bekannt, erkennen Probanden bei dieser Präsentationsdauer spontan eines der beiden Themen, ohne das andere Thema bewußt wahrzunehmen (vgl. hierzu das „Gattin-Schwiegermutter"-Bild (von Boring 1935) oder die Kippfigur „Vase-Profile").

Abb. 1: Stimulus Afrikalandschaft

Im Stimulusbild der afrikanischen Landschaft wurden erwünschte Verfremdungseffekte eingefügt, die später das Auffinden von Stimulusmaterial erleichtern sollte. Auf dem Stimulus ist ein schwarzer Junge zu sehen, der an einer vermeintlichen Bushaltestelle wartet. Bei näherem Hinsehen sieht man jedoch, daß das Bushaltestellenschild durch den Kinderreim: „Backe, backe Kuchen" mit der Auflistung der 7 Zutaten: Eier und Schmalz, Butter und Salz, Milch, Mehl und Safran, ersetzt wurde. Weiterhin wurde das Bild durch Plazierung einer Cola-Kiste auf der Straße und eines Ibis' in der unteren linken Ecke verfremdet.

Diesen Stimulus verwendeten wir sowohl für die subliminale als auch für die supraliminale (30 Sek.!) Stimulation.

Auf dem sogenannten maskierten Stimulus sieht man entweder Kopf und Geweih eines Hirsches oder ein sich umarmendes Liebespaar vor einem blattlosen Baum. Der Hintergrund ist für beide Themen der Gleiche: ein sternenklarer Nachthimmel mit Vollmond.

Abb. 2: „maskierter" Stimulus mit den Themen Hirsch / Liebespaar

Diesen Stimulus bekamen die Probanden für 3 Sekunden zu sehen. Von den insgesamt 32 amblyopen Probanden, die an der Untersuchung teilnahmen, waren 2/3 der Kategorie der hochgradig Amblyopen (nach Bangerter 1953) zuzurechnen. Der Rest der Probanden gehörte zu den Kategorien der gering- und mittelgradig Amblyopen. Jedem Probanden wurde je nach Gruppenzugehörigkeit (s. Tabelle 1) einer der drei Stimuli dargeboten. In einem Kontrolldurchgang wurde den Probanden für die je gleiche Präsentationsdauer eine Leerdia gezeigt. Die Reihenfolge von Stimulus- und Leerdiagabe war kontrolliert. Der Versuchsleiter wußte zu keinem Zeitpunkt über die Stimuli Bescheid, war also „blind". In Tabelle 2 ist das Design der Studie wiedergegeben:

Tabelle 2: Design des Experiments, N = 32

Durchgang	Zeitpunkt	Stimulationsart	Abrufart
1.	Abend	Stimulation: Stimulus/Leerdia	FI
	Nacht	Heimschläfer	
	Morgen		Träume und FIM
2.	Abend	Stimulation: Leerdia/Stimulus	FI
	Nacht	Heimschläfer	
	Morgen		Träume und FIM

Die Probanden kamen an zwei aufeinanderfolgenden Abenden und dem folgenden Morgen ins Labor. Die Stimuli wurden den wachen Probanden an beiden Abenden präsentiert. Nach der Stimulusgabe wurden drei Freie Imaginationen (FI) abgerufen, zu denen die Probanden jeweils Zeichnungen anfertigten. Die Probanden kehrten dann am nächsten Morgen ins Labor zurück, nachdem sie die Nacht zu Hause verbracht hatten, um uns von ihren Träumen zu berichten. Auch hier wurden sie gebeten, zu den wichtigsten Szenen Zeichnungen anzufertigen. Anschließend forderten wir die Probanden wiederum dazu auf, frei zu imaginieren, wie schon am Abend zuvor: insgesamt drei Mal. Diese Prozedur wiederholte sich am darauffolgenden Abend und Morgen. So erhielten wir 598 Berichte und Zeichnungen von Freien Imaginationen und Träumen (vgl. Tabelle 3).

Tabelle 3: Anzahl der Freien Imaginationen und Träume

Stimulus	Freie Imaginationen	Träume
Afrika – subliminal	141	23
Afrika – supraliminal	111	18
Hirsch – „maskiert"	113	18
Leerdia – subliminal	48	10
Leerdia – supraliminal	45	12
Leerdia – 3 Sek	51	8
TOTAL	509	89

Auswertung

Die 598 Zeichnungen von Freien Imaginationen und Träume wurden von sechs „Ratern" im Hinblick auf Stimuluswiederkehr beurteilt. Das „rating" basierte auf einer Stimulusliste, die sämtliche Stimuluselemente beider Stimuli enthielt. Zu keiner Zeit hatten die

"Rater" Kenntnis von den Stimuli, noch wußten sie über die Stimulusgabe Bescheid und arbeiteten unabhängig voneinander. Die durchschnittliche Interrater-Reliabilität betrug κ = .76 (Cohens Kappa) und schwankte zwischen .70 und .83, was als eine insgesamt gute bis sehr gute Interrater-Reliabilität gewertet werden kann.

Die folgenden Ergebnisse beziehen sich alle auf Daten direkt nach Stimulation, entstammen also Träumen und Freien Imaginationen, die direkt nach Stimulusgabe erhoben wurden.

Ergebnisse

Für die Auswertung wurde das Ausmaß wiederkehrenden Stimulusmaterials nach Stimulation mit „zufällig" auftretendem Stimulusmaterial nach Gabe des Leer-Dia verglichen. Der „Wilcoxon-Rangsummen-Test für abhängige Stichproben" kam hier als Signifikanztest zur Anwendung.

Tabelle 4: Ergebnisse des Wilcoxon Rangsummentest für abhängige Stichproben

Amblyopie	N	Afrikalandschaft subliminal	Afrikalandschaft supraliminal	Hirsch / Liebespaar „maskiert"
hochgradig	450	n. s. (.7706)	n. s. (.3775)	* .0220
geringgradig	148	* .0431	n. s. (.3149)	n. s. (.2775)
Gesamt	598	n. s. (.3912)	n. s. (.0802)	* .0119

Die Ergebnisse für die Gesamtstichprobe weisen einen signifikanten Effekt für die direkte Wiederkehr von Stimuluselementen nach Stimulation mit dem maskierten Stimulus auf. Differenziert man nach Schwere der Amblyopie – also zwischen gering- und hochgradig Amblyoper –, so zeigen sich signifikante Effekte nach maskierter Stimulation nur bei den hochgradig Amblyopen. Die geringgradig – also besser sehenden – Amblyopen zeigten keine signifikante Wiederkehr von Stimulusmaterial in ihren Träumen oder Freien Imaginationen.

Darüber hinaus traten signifikante Ergebnisse in der Gruppe der geringgradig Amblyopen nach subliminaler Stimulation auf.

Diese Ergebnisse lassen zweierlei Schlußfolgerungen zu:

1. Indem Probanden mit eingeschränktem Sehvermögen supraliminal (bzw. maskiert) stimuliert wurden, entstand ein „künstlicher Tagesrest", der, allein aufgrund der verminderten Sehfähigkeit, nur vorbewußt wahrgenommen und weiter prozessiert wurde.

2. Je besser die Probanden sehen können, desto schneller muß der Stimulus verabreicht (subliminalisiert) werden, um vorbewußt wahrgenommen und später reproduziert werden zu können.

Exemplarische Einzelfalldarstellungen

Deutlicher als die statistischen Daten zeigen die Analysen der Zeichnungen, wie die Perzepte auf der vorbewußten Ebene systematisch analysiert, semantisch verstanden und weiter prozessiert werden, um letztlich mit anderen dazu passenden Erinnerungen verbunden und schließlich in automatischer Weise wiedergebracht zu werden. Wie die folgenden Beispiele verdeutlichen, sind die Stimulusperzepte im Verlauf bestimmten Dissoziierungstendenzen ausgesetzt. Beginnend mit der Stimulation werden die Bilder in Fragmente zerlegt (Farbe, Form, Konzept und Wortklang). Diese Fragmente werden mehr oder weniger separat weiterprozessiert und zum Zwecke der Wiederdarstellung durch vereinheitlichende Reassoziierungsfaktoren wieder zusammengefügt.

Die folgenden Zeichnungen von Träumen und Freien Imaginationen belegen diesen Dissoziations-Reassoziierungs-Vorgang eindrucksvoll.

Bei dem ersten Beispiel handelt es sich um eine Freie Imagination, nachdem der „maskierte" Stimulus verabreicht wurde. Die geringgradig amblyope Probandin zeichnet folgende Zeichnung und kommentiert dazu:

„Hirschkühe im Dickicht. Ein Jäger, der den Hirsch beobachtet."

Die Probandin hatte zunächst die beiden „Hirschkühe im Dickicht" links gezeichnet, also das Paar, umrahmt von zwei Bäumen des Stimulusbildes. Beide Konzepte erscheinen zusammengezogen, wobei das Paar so gezeichnet ist, als befänden sie sich mitten im Liebesakt. Dann zerteilte sie mit einem Strich das Blatt und zeichnete spontan den Jäger und den Hirsch. Der Jäger ist durch das Fenster eingerahmt wie der Hirsch im Stimulusbild, dessen Kopf in der Zeichnung spiegelverkehrt zu sehen ist.

In der sich anschließenden zweiten Freien Imagination zeichnet dieselbe Probandin folgendes:

„Sternenhimmel mit Vollmond."

Nachdem die Probandin in der vorangegangen Freien Imagination mit dem Inhalt „Paar" und „Hirsch" beschäftigt war, kommt jetzt der

Hintergrund „Sternenhimmel mit Vollmond" zum Vorschein. Es handelt sich hierbei um eine sequentialisierte Abarbeitung des Stimulusmaterials.

Das folgende Beispiel demonstriert, wie der Stimulus in Fragmente zerlegt und prozessiert wird. Nachdem ein Proband subliminal mit der Afrikalandschaft stimuliert wurde, hatte er einen Traum, den er wie folgt zeichnet und kommentiert:

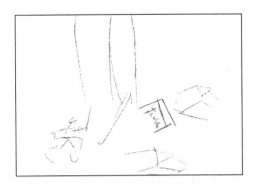

„Szene am Ortsende. Ich orientiere mich auf dem Fahrrad. Landschaft mit Bäumen, Tankstelle und ein paar vereinzelten Häusern."

Die Ähnlichkeit im Bildaufbau und der Plazierung der Farben fällt auf. An Stelle der Cola-Kiste zeichnet der Proband die Tankstelle als Quadrat – Farbe und Form bleiben erhalten, mit dem Konzept nähert sich der Proband der Cola-Kiste: Flüssigkeit (Cola/Benzin). Die Figur im linken unteren Quadranten könnte eine Zusammensetzung aus „Junge" und „Vogel" sein.

Eine hochgradig amblyope Probandin imaginiert am Morgen nach supraliminaler Stimulation mit der Afrikalandschaft, wie sie in ihrer Küche einen Kuchen backt. Als die Probandin über den Stimulusinhalt aufgeklärt wird, beschäftigt die Probandin das Schild „Backe, backe Kuchen", das in das Stimulusbild eingefügt war und das sie nicht erkannt hatte. In der morgendlichen Freien Imagination tauchen die Inhalte des Kinderreims wieder auf:

„Ich bin in meiner Küche und backe Kuchen. Eine Waage mit Mehl, im Glas Eier, Milch (eckige Tüte) und der Mixer."

Diskussion

Ausgehend von der Frage, was mit der experimentellen Traumforschung möglich ist, läßt sich anhand des hier dargestellten Untersuchungsmaterials zeigen, daß das Experiment Prozesse des VPS sichtbar werden läßt. Es wirkt wie ein Mikroskop. Versucht man die hier sichtbar gemachten Prozesse zusammenfassend zu formulieren, so läßt sich das in allgemeiner Weise etwa folgendermaßen beschreiben: Setzt man Stimulusmaterial einer vorbewußten Bearbeitung aus, so scheint es, als würde Zusammenhängendes auseinanderbrechen, in „Elementarteilchen" zerfallen, die wir „Radikale" nennen und die letztlich viel kleiner sind als die traumbildenden Gedächtnisrohelemente von Foulkes (1985). Dieser Zerfall ist kein Artefakt, kein bloßes experimentelles Produkt. Er erfolgt nicht zufällig, sondern an natürlich vorhandenen Sollbruchstellen, wie jene, die Freud beim Sach-Wort-Vorstellungskomplex beschrieben hat. Zugleich ist jedes dieser Elemente wie ein Puzzleteil eines Bauplans. Anders ausgedrückt: Die Fragmente sind Teile einer Syntax, die auf verschiedenen Niveaus die Verbindung der Elemente über Assoziationen (oder Reassoziationen) herstellt. Solche Assoziationsbahnen sind bereits von Palombo (1992) durch einen „Assoziationsbaum" oder von E.

Hartmann (1998) durch das Konzept „nets of mind" charakterisiert worden. Insgesamt hat sich das VPS in unseren Experimenten als Wahrnehmungsapparat erwiesen, der neben dem bewußten Wahrnehmungsapparat existiert und eben speziell über solche assoziativen Fähigkeiten verfügt. Unklar ist nach wie vor, wie diese beiden Wahrnehmungsapparate zusammenarbeiten. Vorstellbar ist, daß sie sich gegenseitig ergänzen. Im Schlaf scheint das VPS wach zu bleiben, allerdings nur unter bestimmten Bedingungen, denn nicht jeder verabreichte Stimulus wird hier von ihm weiterverarbeitet.

In bezug auf das vorbewußte Sehvermögen der Amblyopen läßt sich behaupten, daß diese über ein Auge für „vorbewußtes" und ein Auge für „bewußtes" Wahrnehmen verfügen. Bei unseren Untersuchungen ließ sich dieses vorbewußte Sehvermögen sogar quantifizieren: je „bewußter" ein amblyopes Auge noch zu sehen in der Lage ist, desto kürzer muß das Perzept präsent sein, um vorbewußt weiter prozessiert zu werden. Das paßt zu dem, was Pötzl (1917) schon als „Ausschlußgesetz" für Sehgesunde beschrieben hat, und damit bestätigen unsere Untersuchungen bei Amblyopen diese Annahme Pötzls und erweitern somit den Gültigkeitsbereich dieses Gesetzes. Neue Untersuchungen werden sicherlich auch hierzu weitere Erkenntnisse bringen.

Literatur

Arlow, J. und C. Brenner (1964), *Grundbegriffe der Psychoanalyse*. Reinbek bei Hamburg: Rowohlt, 1976

Aserinsky, E. und N. Kleitmann (1953), Regularly ocurring periods of eye mobility and concomitant phenomena during sleep. *Science 118*, 273-274

Bangerter, A. (1953), *Amblyopiebehandlung*. Basel: Karger

Battegay, R. und A. Trenkel (Hrsg.) (1987), *Der Traum aus der Sicht verschiedener psychotherapeutischer Schulen*. Bern: Huber

Ferenczi, S. (1934), Gedanken über das Trauma II: Zur Revision der Traumdeutung. *Internationale Zeitschrift für Psychoanalyse 20*, 7-10

Fisher, C. (1960), Introduction. In: O. Pötzl, R. Allers und J. Teller, *Preconscious stimulation in dream, associations and images*. Classical studies. (Psychological Issues, Monograph 7). New York: International Universites Press, 1-40

Flanders, S. (1993), *The dream discourse today*. London: Routledge

Foulkes, D. (1985), *Dreaming*. A cognitive-psychological analysis. Hillsdale: Erlbaum

French, T.M. und E. Fromm (1964), *Dream interpretation*. New York/London: Basic Books

Freud, S. (1900a), Die Traumdeutung. *GW 2/3*

Garma, Á. (1966), *The psychoanalysis of dreams*. New York: Dell

Greenberg, R. und C. Pearlman (1975), REM sleep and the analytic process. A psychobiology bridge. *The Psychoanalytic Quarterly 44*, 392-403

Hartmann, E. (1998), *Dreams and nightmares*. New York: Plenum Press

Hobson, J.A. (1988), *The dreaming brain*. New York: Basic Books

Kohut, H. (1977), *Introspektion, Empathie und Psychoanalyse*. Frankfurt: Suhrkamp

Leuschner, W. und S. Hau (1992), *Zum Processing künstlich induzierter Tagesreste*. (Materialien aus dem Sigmund-Freud-Institut, 12). Frankfurt: Sigmund-Freud-Institut

Palombo, S.R. (1992), Connectivity and condensation in dreaming. *Journal of the American Psychoanalytic Association 40*, 1139-1159

Pötzl, O. (1917), Experimentell erregte Taumbilder in ihren Beziehungen zum indirekten Sehen. *Zeitschrift für Neurologie 37*, 278-349

Pontalis, J.-B. (1965), *Nach Freud*. Frankfurt: Suhrkamp, 1974

Pschyrembel klinisches Wörterbuch (1990). 256. Auflage. Berlin/New York: de Gruyter

Rohde-Dachser, C. (1983), *Das Borderline-Syndrom*. Bern: Huber

Segal, S. (1971), Processing of the stimulus in imagery and perception. In: dies. (ed.), *Imagery*. Current cognitive approaches. New York: Academic Press, 69-100

Shevrin, H. und C. Fisher (1967), Changes in the effects of waking subliminal stimulus as a function of dreaming and non-dreaming sleep. In: R.R. Holt und E. Peterfreund (eds.), *Psychoanalysis and contemporary science, Vol. 1*. New York: Macmillan, 69-100

Strauch, I. und B. Meier (1992), *Den Träumen auf der Spur*. Bern: Huber

CYBÈLE DE SILVEIRA

Affektive und kognitive Aspekte der Traumberichte schizophrener Patienten

Einleitung

Die Beziehung zwischen Traum und Schizophrenie hat in den Wissenschaften schon seit der Antike ein besonderes Interesse ausgelöst. Zunächst die Philosophie, später die Psychologie und insbesondere die Psychoanalyse sowie auch die Psychiatrie diskutierten Zusammenhänge und erhofften sich Aufklärung durch die Erforschung beider Phänomene. So finden sich zahlreiche Überlegungen bezüglich einer Verwandtschaft zwischen Schizophrenie bzw. Wahn und Traum. Der Vergleich zwischen Halluzination und Traum wurde immer wieder gezogen, ebenso wie eine phänomenologische Gleichsetzung von Traum und psychotischer Störung (vgl. z.B. Siebenthal 1953).

Freud erhoffte sich durch die Erforschung des Traums zugleich eine Aufklärung der Psychosen, und Bleuler wurde durch die Traumlehre Freuds in seinem Verständnis der Schizophrenien beeinflußt (vgl. Scherbaum 1992). Insofern ist es verwunderlich, daß in der ansonsten regen Traumforschung des zwanzigsten Jahrhunderts empirische Forschungen zu diesem Thema eher selten vorzufinden waren und aktuelle Studien besonders rar sind. Möglicherweise ist dieser Umstand damit zu begründen, daß die experimentell-psychologische Traumforschung mit akut schizophrenen Probanden wegen der den Schizophrenien immanenten Problematik (Problem der Unterscheidung von Wahn und Realität, Risiko der Exazerbation, Konzentrationsstörungen etc.) ein störanfälliges Forschungsgebiet ist. Noch plausibler erscheint es aber, daß es an einer Aktualisierung von Theorien und Hypothesen über die Traumgegebenheiten schizophrener Patienten mangelt. Wie die bisherigen oftmals inkonsistenten Forschungsergebnisse vermuten lassen, scheint zudem die Heterogenität dieses Störungsbildes sich systematischen Aussagen erschwerend entgegenzustellen.

Es wird im folgenden eine eigene Studie vorgestellt, die als wissenschaftliche Abschlußarbeit an der Universität Landau (Prof. Dr. van Quekelberghe) in Kooperation mit der Universität Saarbrücken (Prof. Dr. Krause), der Universität Ulm (Sektion für Informatik in der Psychotherapie, PD Dr. Mergenthaler) und dem Sigmund-Freud-Institut (Grundlagenforschungsgruppe Experimentelle Traumforschung, Dr. Leuschner) durchgeführt wurde. Anliegen dieser explorativ-experimentellen Studie war es zu untersuchen, wie sich die Affektivität in den spontanen Traumberichten schizophrener Patienten darstellt. Da die Thematik „Traum, Affektivität und Schizophrenie" bisher von der empirischen Traumforschung, aber auch von der empirischen Affektforschung vernachlässigt wurde, ist mit dieser Studie weitgehend Neuland betreten worden. Ziel war es von daher, zunächst einmal Hinweise über die Darstellung der Affektivität und zusätzlich, da damit verknüpft, auch über die Kognition in den Traumberichten schizophrener Patienten zu erhalten.

Untersuchungsplan und Datenerhebung

Die mündliche Befragung der schizophrenen Patienten fand in den akuten psychiatrischen Aufnahmestationen des Philippshospitals (Zentrum für Soziale Psychiatrie, Riedstadt) und dem Bamberger-Hof, Frankfurt a.M., statt. Neben der Diagnose und dem stationären Aufenthalt war Auswahlkriterium für die Experimentalgruppe, daß die Patienten Träume erinnerten und bereit waren, diese zu erzählen. Nach dem Bericht eines Traumes wurde nach den darin enthaltenen Gefühlen gefragt. Die Interviews wurden auf Tonband aufgezeichnet und nach den Richtlinien der Ulmer Textbank (Mergenthaler 1992) transkribiert und kontrollgehört.

Von der Experimentalgruppe (N=10) wurden insgesamt 52 (durchschnittlich 5,2) und von der gesunden Kontrollgruppe (N=10)[1] 66

---

[1] Die gesunde Kontrollgruppe wurde aus dem entfernten Bekanntenkreis der Interviewerin rekrutiert. Auswahlkriterium war auch hier, daß die Probanden angaben, Träume zu erinnern, und bereit waren, diese zu berichten.

(im Durchschnitt 6,6) Träume berichtet, wobei sich der Unterschied nicht signifikant zeigt.

Stichprobenbeschreibung

Die beiden Gruppen der gesunden und schizophrenen Versuchspersonen bestanden aus je fünf männlichen und fünf weiblichen Probanden. Die diagnostische Zuordnung der schizophrenen Probanden erfolgte nach den Kriterien des ICD-10-Schlüssels (Dilling Mombour und Schmidt 1999). Es wiesen hier sechs Personen eine paranoide Schizophrenie (ICD-10: F20.0) auf.[2] Die restlichen vier Patienten wiesen einmal eine schizoaffektive Störung (ICD-10: F25.09, Beobachtungszeitraum weniger als ein Jahr), zweimal eine undifferenzierte Schizophrenie (ICD-10: F20.30, kontinuierlich), (ICD-10, episodisch, mit stabilem Residuum) sowie einmal eine Schizophrenia Simplex (ICD-10: F20.60, kontinuierlich) auf. Die schizophrenen Probanden wurden nach Alter und Geschlecht mit der gesunden Kontrollgruppe parallelisiert.[3]

Kontrolle des Medikamenteneinflusses

Um den Einfluß der einzelnen Neuroleptika auf die Traumerzählungen wenigstens annähernd vergleichbar zu machen, wurde die relative neuroleptische Potenz der einzelnen Präparate als Richtwert genommen. Die Dosierungen der verschiedenen Medikamente wurden in Chlorpromazineinheiten (CPZ) umgerechnet und mit der individuellen Anzahl der berichteten Träume sowie der durchschnitt-

---

[2] Die Verlaufsbilder nach dem ICD-10 zeigten sich wie folgt: F20.00: kontinuierlicher Verlauf; F20.01 (zweimal vertreten): episodisch mit zunehmenden Residuum; F20.02: episodisch mit stabilem Residuum; F20.04: in unvollständiger Remission; F20.09: Beobachtungszeitraum weniger als ein Jahr.

[3] Das Durchschnittsalter betrug bei der schizophrenen Gruppe 38,4 Jahre (Altersrange: 22-48 Jahre) und bei der Kontrollgruppe 37, 4 Jahre (Altersrange: 22-54 Jahre). Der Unterschied ist nicht signifikant.

lichen Traumlänge korreliert. Die Ergebnisse zeigen, daß der Einfluß in der vorliegenden Studie jedoch nicht signifikant ist.

Die Computergestützte Textanalyse

Zunächst wird das verwendete Auswertungsverfahren der computergestützten Textanalyse von Mergenthaler (1997) grob erläutert, um dann auf die Ergebnisse einzugehen.

Das Verfahren geht auf die Methode der automatischen Inhaltsanalyse von wortwörtlichen Gesprächsprotokollen zurück. Wortlisten, die Kategorien zugeordnet sind, werden mit dem zu untersuchenden manifesten Textmaterial verglichen. Dann werden die gefundenen Wörter ausgezählt und den Kategorien zugeordnet. Anschließend wird eine Häufigkeitsverteilung der Kategorien ermittelt. Für die computergestützte Textanalyse gilt nun hierzu abgrenzend, daß nicht Kategorien, sondern Hinweise auf Konstrukte quantifiziert werden. Die betreffenden Konstrukte sind Emotion und Abstraktion. Anhand des Vergleichs der Gesprächsprotokolle mit den Abstraktions- und Emotionswortlisten wird der entsprechende Gehalt eines Transkriptes quantifiziert.

Mergenthaler begreift Affekte als eine der Ausprägungen von Emotion. Da er sich auf die Erscheinungsformen von Emotionen, wie sie sich in Transkripten darstellen, beschränkt, können die physiologischen, gestischen oder mimischen Ausdrucksformen von Emotionen nicht erfaßt werden. Von daher wird Emotion als „Emotionale Tönung" eines Textes verstanden. Dies gilt somit auch für die vorliegende Untersuchung.

Ergebnisse[4] der statistischen Auswertungen

Vergleich von Traumhäufigkeit und Traumlänge[5]

Tab. 1: Mittelwert und Standardabweichung der Traumhäufigkeit und der Traumlänge getrennt für die Experimental- und die Kontrollgruppe (p aus t-Test für unabhängige Stichproben, einseitig)

	Experimentalgruppe N = 10	Kontrollgruppe N = 10	t-Test p
Traumhäufigkeit	M 5.2 SD 2.4	M 6.6 SD 4.5	.20 n.s.
Traumlänge	M 209.3 SD 163.3	M 225.2 SD 114.3	.40 n.s.

Tabelle 1 zeigt, daß sich die Probanden der Kontrollgruppe nicht signifikant von den Probanden der Experimentalgruppe hinsichtlich der Anzahl bzw. Länge der berichteten Träume unterscheiden. Da allerdings die Effektstärken der empirischen Differenzen für die Traumhäufigkeit d = 0.37 Standardabweichungen und für die Traumlänge d = 0.11 Standardabweichungen betragen, wird ersichtlich, daß für die Traumhäufigkeit zumindest lediglich die geringe Stichprobengröße für das nicht signifikante Ergebnis verantwortlich ist.

---

[4] Auf alle Traumberichte wurde die computergestützte Textanalyse (Software TAS/C; Mergenthaler 1993) angewandt. Es erfolgte eine Segmentierung der einzelnen Träume, um den relativen Anteil der Traumsegmente am Gesamttext zu erhalten. Mit diesen relativen Werten wurden die statistischen Berechnungen durchgeführt. Aufgrund der intervallskalierten abhängigen Variablen wurden zur Überprüfung der Hypothesen parametrische Tests berechnet. Zudem wurden angesichts der kleinen Stichprobe Effektstärkenanalysen (Mean-Difference-Statistic; Cohen 1988) durchgeführt. Ein 5% Signifikanzniveau wurde als adäquates Kriterium gewertet, um zufällige von überzufälligen Ergebnissen zu unterscheiden.

[5] Als Maß der Traumlänge wurde die Wortzahl der Traumberichte gewertet.

Vergleich der „Emotionalen Tönung" (ET) zwischen Experimental- und Kontrollgruppe

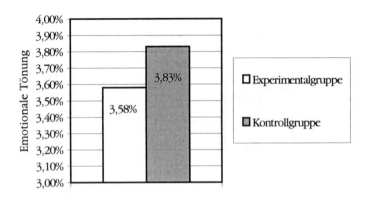

Abb. 1: Vergleich der mittleren prozentualen ET bei Experimental- und Kontrollgruppe (Ordinate beginnt bei 3%)

Tabelle 2 zeigt, daß dieser Unterschied der „Emotionalen Tönung" zwischen beiden Gruppen signifikant ist (p<0.04). Dieses Ergebnis ist mit einer Effektstärke von 1.01 Standardabweichungen als sehr stark anzusehen.[6] Der Unterschied ist somit praktisch bedeutsam:

Tab. 2: Mittlerer Anteil in Prozent und Standardabweichung der „Emotionalen Tönung" (ET) für die Experimental- und die Kontrollgruppe (p aus t-Test für unabhängige Stichproben, beidseitig)

Emotionale Tönung	Experimentalgruppe N = 10	Kontrollgruppe N = 10	t-Test p<
	M 3.58 SD .28	M 3.83 SD .18	.04*

---

[6] Im Kontext dieser Ergebnisse ist die Frage interessant, ob die unterschiedlich hohen Neuroleptikadosierungen für die durchschnittlich niedrigere ET der schizophrenen Patienten verantwortlich sind. Zur Überprüfung dieser Fragestellung wurde eine einfaktorielle Kovarianzanalyse berechnet, wobei die Höhe der Neuroleptikaeinnahme als Kovariate fungierte. Das Ergebnis (F = 3,7; p< .046) weist darauf hin, daß auch nach Eliminierung des Einflusses der Medikation der Unterschied hinsichtlich der ET zwischen schizophrenen und gesunden Personen signifikant bleibt.

*Vergleich der positiven und negativen „Emotionalen Tönung"
zwischen Experimental- und Kontrollgruppe*

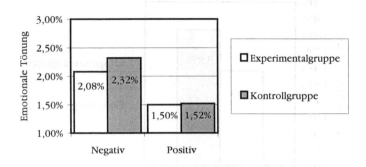

Abb. 2: Vergleich der mittleren prozentualen negativen und positiven ET bei Experimental- und Kontrollgruppe (Ordinate beginnt bei 1 %)

Tabelle 3 ist zu entnehmen, daß bei den Traumberichten der gesunden Probanden signifikant mehr negative ET als bei den schizophrenen Probanden besteht. Dieser Effekt ist mit d = 0.93 Standardabweichungen ebenfalls sehr stark. In der positiven ET besteht kein signifikanter Unterschied zwischen Experimental- und Kontrollgruppe.

Tab. 3: Mittlerer Anteil in Prozent und Standardabweichung der negativen sowie positiven „Emotionalen Tönung" (ET) für die Experimental- und die Kontrollgruppe (p aus t-Test für unabhängige Stichproben, einseitig)

Emotionale Tönung	Experimentalgruppe N = 10	Kontrollgruppe N = 10	t-Test p<
Negativ	M 2.08 SD .30	M 2.32 SD .18	.02*
Positiv	M 1.50 SD .45	M 1.52 SD .24	.49 n.s.

Vergleich der Abstraktionswerte (AW)

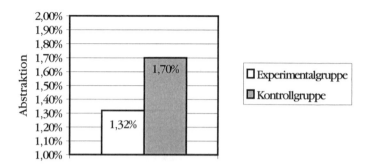

Abb. 3: Vergleich der mittleren prozentualen AW der Probanden von Experimental- und Kontrollgruppe (Ordinate beginnt bei 1 %)

Tabelle 4 gibt die Abstraktionswerte für die Experimental- und die Kontrollgruppe getrennt wieder. Es ist zu entnehmen, daß bei den Traumberichten der gesunden Probanden signifikant mehr AW als bei den schizophrenen Probanden vorliegen.

Tab. 4: Mittlerer Anteil in Prozent und Standardabweichung der Abstraktion (AW) für Experimental- und die Kontrollgruppe (p aus t-Test für unabhängige Stichproben, einseitig)

Abstraktion	Experimentalgruppe N = 10	Kontrollgruppe N = 10	t-test p<
	M 1.32 SD .65	M 1.70 SD .30	.05*

Die Berechnung der Effektstärke ergibt einen Effekt von d = .76 Standardabweichungen, was als mittlerer Effekt zu bewerten ist.[7]

---

[7] Es läßt sich erneut fragen, ob der Unterschied zwischen gesunden und schizophrenen Probanden durch die Medikamenteneinnahme erklärbar ist. Das Ergebnis einer einfaktoriellen Kovarianzanalyse mit der Medikamentendosis als Kovariate (F=3,04; p< 0.74) weist darauf hin, daß die Medikation keine hinreichende Erklärung für den Unterschied zwischen den zwei untersuchten Gruppen liefern kann.

Diskussion der Ergebnisse

Es besteht zunächst kein bedeutsamer Unterschied zwischen Traumlänge und Traumhäufigkeit von schizophrenen und gesunden Traumerzählern. Es zeigt sich jedoch, daß die Kontrollgruppe in beiden Variablen höhere Werte hat. Von daher müßten die Ergebnisse an einer größeren Stichprobe repliziert werden. Diese Resultate weisen aber auch darauf hin, daß die Bereitschaft und Fähigkeit, Träume wiederzugeben, auch für stationäre, schizophrene Patienten relativ hoch ist.

Die Ergebnisse zeigen weiterhin, daß die Traumtexte gesunder Träumer mehr Emotionen enthalten als die der schizophrenen Patienten. Für dieses Ergebnis hinsichtlich der reduzierten Affektivität in den Traumberichten schizophrener Patienten bieten sich drei grundsätzliche hypothetische Erklärungsmodelle an (Ausgangspunkt ist hier das Syndrom der Affektverflachung und damit die veränderte Affektivität):

1. Es besteht ein Teilausfall der Affektivitätsprozesse schizophrener Patienten per se (aufgrund grundlegender struktureller Ausfälle), und von daher erscheinen generell und zwangsläufig auch weniger Emotion im Traumprozeß.
2. Es besteht störungsbedingt eine grundlegende Veränderung in der Affektivität und die Reduzierung derselben, d.h., es herrschen auch im Traum hauptsächlich wenige, ganz bestimmte Emotionen vor (sogenannte „Leitaffekte", z.B. Verachtung, analog Krause 1994).
3. Es besteht eine Veränderung der Affektivität mit den bekannten Befunden, aber keine grundlegende, auch auf das „Traumleben" bezogene Reduzierung. Jedoch besteht das Unvermögen (aufgrund von primären und sekundären Störungsprozessen), das affektive Erleben im Traum zu verdeutlichen.

Als Erklärungsmodell soll hier die dritte Überlegung herangezogen werden: Empirische Untersuchungen von Krause (1992, 1994, 1997, 1998) und Steimer-Krause (1996) belegen, daß schizophrene Patienten in ihren expressiven, interaktiven Affekten erheblich eingeschränkt sind. Es muß aber nicht als Rekurs auf eine allgemein reduzierte Affektivität im Traumerleben verstanden werden. Dies wird auch durch die Untersuchungen über das Ausdrucksverhalten schizophrener Patienten von Hufnagel, Steimer-Krause und Krause (1991) deutlich: Trotz der affektiven mimischen Reduktion zeigte sich das affektive Erleben der Patienten als intensiv. Ebenso fanden sich in einer Untersuchung von Muhs (1986) bei Patienten einer psychiatrischen Aufnahmestation im psychotischen, akuten Schub hohe Angst- und Aggressionsaffekte. Auch Kring und Neale (1996) konnten zeigen, daß trotz des geringen Emotionsausdrucks schizophrener Patienten durchaus Emotionen erlebt und berichtet werden.

Die weitestgehende Manifestierung der „Affektverflachung" zeigt sich wahrscheinlich in der katatonen Starre. Patienten in diesem Stadium besitzen aber dennoch eine hohe Sensitivität gegenüber den Vorgängen in ihrem Umfeld. Die Affektstarre ist somit im weitesten Sinne äußerlich manifestiert.

Ciompi (1994) benennt in der Affektverflachung der Schizophrenien die Funktion eines Schutzsymptoms: „Unerwartet heftige plötzliche Reaktionen auf spezifische Reize – besonders häufig einen Wechsel in der täglichen Routine – zeigen im übrigen, daß selbst beim schizophrenen Langzeitpatienten diese Gleichgültigkeit in Wirklichkeit oft nur ein krampfhaft aufrechterhaltener Schutzpanzer ist, hinter dem sich ein weiterhin verängstigter und hochempfindlicher, aber in einer Art Totstellreflex erstarrter Mensch verbirgt" (ebd., 230).

Aus dieser Sichtweise heraus kann davon ausgegangen werden, daß der Traumprozeß von schizophren Erkrankten dennoch ein wahrscheinlich sogar intensives, emotionales Erleben beinhaltet. Dies könnte sich auch in den Schlafschwierigkeiten in der akuten Phase (besonders paranoid-) schizophrener Patienten (Jovanovich 1976), aber auch in der affektiven Gespanntheit der prämorbiden Phase bzw. in den häufig prämorbiden Alpträumen ausdrücken (Hartmann 1984, Levin und Stiritz Daly 1998).

Dementsprechend können die vorliegenden Ergebnisse wie folgt interpretiert werden: Emotionale Inhalte des Traumkontinuums können sich in den Traumberichten schizophrener Patienten noch weniger abzeichnen, als dies schon bei gesunden Probanden aufgrund der Mechanismen der Traumerinnerung der Fall ist.

Für konkrete Emotionalität in den Traumberichten schizophrener Patienten spricht auch die Aussage Benedettis (1983), daß in deren Träumen Gedanken des „inneren Absterbens" stark präsent sind und zwar nicht manifest, sondern in direkter latenter Gestalt: „Vergebens hält man Ausschau nach Zensuren – nach der alles verschleiernden Verdrängung etwa –, die dieses Sterben verbergen würde. Im Gegenteil: Der psychische Tod nimmt im Traum noch absolutere Züge an als im psychopathologischen Zustand des Wachzustandes" (ebd., 249).

Desgleichen zeigt die Einzeldurchsicht der dieser Untersuchung zugrundeliegenden Traumtexte schizophren Erkrankter teilweise sehr deutliche Affektivität. Im folgenden sollen Textpassagen aus Traumerzählungen eines Patienten (Herr Y) herangezogen werden. Bei dem Probanden liegt die Diagnose paranoide Schizophrenie (ICD-10: F20.32) vor. Er hatte mit 20 Jahren seinen ersten psychotischen Krankheitsausbruch, auch war er längere Zeit katatan. Seitdem ergaben sich wiederholte stationäre Psychiatrieaufenthalte. Der Patient unternahm zudem einen Selbstmordversuch durch Selbstverletzungen mit Messerstichen in den Bauch.

Während der folgenden Traumberichte von Herrn Y war in der Gegenübertragungssituation deutlich der emotionale Umschwung im Vergleich zu den vorher von ihm erzählten Träumen zu spüren. Die Schwere der inhaltlichen Thematik, wie sie sich für den Probanden sichtlich darstellte, machte sich in einem bedrückenden, körperlichen Gefühl bemerkbar, während das (zweieinhalbstündige) Interview insgesamt sehr positiv verlief, da der Patient dem Anschein nach gerne und zudem sehr lange erzählte:

P: ja und dann gibt's die astralen Träume hab ich auch gehabt (I: was sind astrale Träume?) die sind so unheimlich. da war ich mit meiner Schwester in dem alten Stadtteil wo wir wohnten und die Häuser waren alt und zerstört nicht aber runtergekommen. das war alte Zeit das Licht von früher oder so. (I: hmhm) wie das früher war das Licht das war grau gewesen und das hat mir nicht gefallen. und das weiß ich noch sind wir wieder hochgelaufen am Wasserhäuschen wo ich jetzt wohne. und: – da war meine Schwester weg und 'ich geh jetzt in die Zukunft zurück' hat sie gesagt (I: hmhm) und ich bin in der Vergangenheit geblieben. in der astralen- in der Astralheit in der Astralerhebung.

I: was heißt das?

P: astral heißt was was zu Tode halt gehört also nicht zu was Lebendigem zum Toten also Vergangenheit – ich war in dieser Gegend und das hat mir nicht gefallen das war alles alles alt. das war so nicht Mittelalter aber so was Totes irgendwie. aber so ne Vision wie Keller oder so / / das war wieder was anderes aber das war auch unheimlich ich bin ja gewaffnet mit Gott. mir kann nichts passieren. die Träume sind Unheil. den Traum hab ich hier. (zeigt auf seinen Bauch) jeden Traum hab ich hier. (I: hmhm) – das war unangenehm. und meine Schwester kam. sie hat nur zu mir gesprochen 'kommst du mit in die Zukunft' und dann war der Traum weg. (I: ah ja) – die Astralträume sind nicht gut.

I: und wieso meinen Sie die sind nicht gut?

P: die sind unheimlich bringen Verdruß und Unheil und: Vergangenheit und Todesfrust Vergängnis. Es gibt noch einen Traum. aber der liegt zurück bevor ich psychisch krank geworden bin. nach zwei drei Tagen bin ich dann psychisch krank geworden. da war ich in einem Raum da kam meine Mutter rein die war schwarz gekleidet. aber mit so kurze Kleid aber mit so Unterkleid. ich hab mit der geschlafen also Sex gemacht. so'n bißchen dann bin ich zu nem hohen Turm gekommen. da kam noch jemand dazu so'n Holzturm und der is- wurde abgestürzt ist abgestürzt. – und: ja da bin ich aufgewacht. den hab ich aufgeschrieben den Traum (...)

I: den ham Sie aufgeschrieben den Traum?

P: ja weil der so intensiv war und so deutlich und ich mit meiner Mutter geschlafen hab. da hätte ich nie dran gedacht aber als Kind hat man immer irgendwas mit der Mutter grad als Bub ja. der Turm der war aus Holz so Holz da da bin ich hochgestiegen und bin abgestürzt – und nach einer Woche war ich dann krank (I: hmhm) hab ne Psychose gekriegt wollt mir das Leben nehmen. hab mich hier aufgeschlitzt hier aufgeschlitzt. (zeigt auf seinen Bauch) – ja jetzt fällt mir nichts mehr ein. (...)

I: und wenn Sie sich da noch mal an die Stimmung oder an das Gefühl erinnern?

P: ja schmerzlich. das war eine Trennung von der Mutter oder Abschied. dann bin ich krank geworden.

Das zitierte Traumbeispiel soll exemplarisch wiedergeben, daß hier deutliche, insbesondere negative Affektivität auftritt. Angesichts dessen sind die Resultate hinsichtlich der positiven und negativen Emotionalität der Traumberichte um so auffälliger. Wie dargelegt, besitzen die gesunden Versuchspersonen gegenüber den schizophrenen Probanden mehr negative Emotionalität. Da es sich bei der vorliegenden Untersuchung um eine spontane Traumerhebungsmethode handelt, muß davon ausgegangen werden, daß nur eine ganz bestimmte Auswahl von Träumen erzählt wird. Wie etwa die Studien von Strauch und Meier (1992) zeigen, werden spontan hauptsächlich intensive und dramatische Träume berichtet, da diese am ehesten in der Erinnerung bleiben. Dies scheint sich besonders für die gesunde Untersuchungsgruppe hinsichtlich negativer Trauminhalte abzuzeichnen. Für die positiven Träume gibt es so gut wie keine Differenz zwischen den beiden Gruppen. Exemplarisch verdeutlicht an den oben aufgeführten Traumbeispielen, zeigen sich – qualitativ betrachtet – gleichwohl auch negative und dramatische Trauminhalte bei der Experimentalgruppe. Unabhängig voneinander wurde aber auch von zwei schizophrenen Probanden erwähnt, gerne zu träumen, da die „Traumwelt schöner ist als die Realität", was von keinem der gesunden Probanden mitgeteilt wurde. Es zeigt sich anscheinend als ein „gesundes", ubiquitäres Phänomen, spontan vermehrt negative Trauminhalte zu berichten. Da der Emotionsgehalt der schizophrenen Traumerzähler auch in der vorliegenden Untersuchung insgesamt reduziert ist, überrascht es, daß ihre Traumberichte, anders als in den Studien zu mimischen Interaktionssituationen, gerade weniger negative Emotionalität enthalten und zudem einen nahezu identischen Gehalt an positiver emotionaler Tönung mit den gesunden Träumern aufweisen. Es kann vermutet werden, daß die Konfrontation mit negativen Trauminhalten besonders für die schizophrenen Probanden weniger erträglich ist und hier ebenfalls ein Reizvermeidungsverhalten auftritt. Trifft die Beobachtung Benedettis zu, daß die Träume schizophrener Patienten nicht manifest maskiert sind, wie bei gesunden Träumern, wäre die Konfrontation mit negativen Trauminhalten für die Kranken sehr viel direkter und schonungsloser, während demgegenüber bei gesunden Probanden immer noch eine Traumzensur durch die Traumarbeit des Ichs zwischengeschaltet ist.

Aufgrund des inneren Zusammenhanges von Affekt und Kognition, bzw. affektiven und kognitiven Störungskomponenten, wurden zusätzlich die Abstraktionswerte der beiden Untersuchungsgruppen ausgewertet. Hier zeigt sich, ebenso deutlich wie bei der Emotion, daß der Abstraktionsgehalt in der gesunden Gruppe überwiegt. Im Informationsverarbeitungsbereich sind bei den Schizophrenien Störungen in komplexen kognitiven Funktionen zu verzeichnen. Hierzu zählen, neben anderen Störungen, Defizite in der Abstraktionsfähigkeit (Nüchterlein et al. 1992). Insofern wird dieser Befund durch die vorliegende Untersuchung auch für die Traumerzählungen schizophrener Patienten bestätigt.

Abschließend sind methodenkritisch eventuelle Beeinträchtigungen durch das vorliegende Untersuchungsdesign zu erwähnen: Da sich Menschen in starken psychischen Krisensituationen, wie es bei akut schizophrenen Patienten der Fall ist, in der Regel selten unbeeinträchtigt einer Sache widmen können, wie es bei sehr viel weniger belasteten Personen gewöhnlich gegeben ist, wäre es zweifelsohne günstiger gewesen, als Kontrollpersonen eine nichtpsychotische, aber ebenfalls klinische Gruppe aus dem stationären Bereich heranzuziehen (z.B. Psychosomatiker). So wäre auch der umgebende Rahmen der Befragungssituation für beide Gruppen konstant gehalten worden. Da die Kontrollgruppe der Studie aus gesunden Probanden bestand, die in alltäglichen Umgebungen befragt wurden, ergaben sich hierdurch schon große Unterschiede in Erzählvermögen und Untersuchungsrahmen. Weiterhin ist zu vermuten, daß dadurch, daß die Stichproben nicht nach ihrem Bildungsstand parallelisiert wurden, auch hier sprachliche und auf das Ausdrucksvermögen bezogene Unterschiede ins Gewicht gefallen sein können. Ebenso wenig erfolgte eine Kontrolle des Versuchsleitereinflusses, der sich ebenfalls störend ausgewirkt haben kann. Darüber hinaus ist in Ermangelung an vergleichbaren Alternativen der Medikamenteneinfluß nur ungenügend über die Berechnung der neuroleptischen Potenz (Chlorpromazinwerte) zu erfassen und von daher nur unzureichend kontrollierbar.

Ein generelles Problem der Befragung schizophrener Patienten ergibt sich zudem dadurch, daß Befragungen und elektronische Aufzeichnungsgeräte ein vorhandenes Mißtrauen oder Verfolgungsempfinden verstärken können. Von daher kann die Haltung der Befragenden nicht wie bei psychologischen Untersuchungen vorgeschrieben, vollends distanziert und gleichbleibend sein. Ein individuelles Eingehen auf den jeweiligen Probanden sowie ein positiver Rapport sind Voraussetzung für die Materialgewinnung. Es ist nicht auszuschließen, daß sich dies auf das erhobene Material beeinflussend ausgewirkt hat. Da die Ergebnisse an einer ziemlich kleinen Stichprobe gewonnen wurden, sind sie zudem trotz der relativ hohen Effekte nur unter Vorbehalt verallgemeinerbar. Es ist für weitere Untersuchungen deshalb zu empfehlen, zwei größere klinische Gruppen von zwei gegengeschlechtlichen Versuchsleitern auf Station mit Weckungen aus dem Schlaf zu untersuchen. Des weiteren wäre es sicherlich interessant, auch Traumzeichnungen der Probanden zu erheben. Ein Versuch einer Annäherung an das affektive Traumkontinuum (akut-)schizophrener Patienten stellt aus meiner Sicht, trotz der damit verbundenen Schwierigkeiten, ein lohnenswertes Ziel für weitere Forschungen dar.

Literatur

Benedetti, G. (1983), *Todeslandschaften der Seele*. Göttingen: Vandenhoeck und Ruprecht, 1994

Ciompi, L. (1994), *Affektlogik*. Über die Struktur der Psyche und ihre Entwicklung; ein Beitrag zur Schizophrenieforschung. Stuttgart: Klett-Cotta, 1982

Cohen, J. (1988), *Statistical power analysis for the behavioral science*. Hillsdale: Erlbaum

Dilling, H., W. Mombour und M.H. Schmidt (Hrsg.) (1999), *Internationale Klassifikation psychischer Störungen*. ICD-10. Kapitel F2. Bern: Huber

Hartmann, E. (1984), *The nightmare*. The psychology and biology of terrifying dreams. New York: Basic Books

Hufnagel, H., E. Steimer-Krause und R. Krause (1991), Mimisches Verhalten und Erleben bei schizophrenen Patienten und bei Gesunden. *Zeitschrift für klinische Psychologie* 20, 356-370

Jovanovic, U.J. (1976), Sleep disturbances in neuropsychiatric patients. *Waking and sleeping 1*, No. 6, 7-88

Krause, R. (1992), Mimisches Verhalten und Erleben. In: J. Neuser und R. Kriebel (Hrsg.), *Projektion*. Grenzprobleme zwischen innerer und äußerer Realität. Göttingen: Hogrefe, 173-186

Krause, R. (1994), Schwer, früh und unbehandelbar? In: U. Streek und K. Bell (Hrsg.), *Die Psychoanalyse schwerer psychischer Erkrankungen*. Konzepte - Behandlungsmodelle - Erfahrungen. München: Pfeiffer, 61-79

Krause, R. (1997), *Allgemeine psychoanalytische Krankheitslehre*. Bd. 1: Grundlagen. Stuttgart: Kohlhammer

Krause, R. (1998), *Allgemeine psychoanalytische Krankheitslehre*. Bd. 2: Modelle. Stuttgart: Kohlhammer

Kring, A.M. und J.M. Neale (1996), Do schizophrenic patients show a disjunctive relationship among expressive, experiental and psychophysiological component of emotion? *Journal of Abnormal Psychology 105*, 249-257

Levin, R. und R. Stiritz Daly (1998), Nightmares and pychotic decompensation. A case study. *Psychiatry 61*, 217-222

Mergenthaler, E. (1992), *Die Transkription von Gesprächen*. Eine Zusammenstellung von Regeln mit einem Beispieltranskript. 3., neu überarbeitete Auflage. Ulm: Ulmer Textbank

Mergenthaler, E. (1993), *TAS/C user manual*. Ulm: Ulmer Textbank

Mergenthaler, E. (1997), *Emotions/Abstraktionsmuster in Verbatimprotokollen*. Ein Beitrag zur computergestützten lexikalischen Beschreibung des psychotherapeutischen Prozesses. Frankfurt a.M.: VAS

Muhs, A. (1986), *Wut, Angst, Schizophrenie*. Ängstliche und aggressive Affekte schizophrener Patienten. Regensburg: Roderer

Nüchterlein, K.H., M.E. Dawson, M. Giltlin, J. Ventura, M.J. Goldstein, K.S. Snyder, C.M. Yee und J. Mintz (1992), Developmental processes in schizophrenic disorders. Longitudinal studies of vulnerability and stress. *Schizophrenia Bulletin 10*, 300-312

Scherbaum, N. (1992), Psychiatrie und Psychoanalyse - Eugen Bleulers „Dementia praecox oder Gruppe der Schizophrenien" (1911). *Fortschritte der Neurologischen Psychiatrie 60*, 289-295

Siebenthal, W. von (1953), *Die Wissenschaft vom Traum*. Ergebnisse und Probleme. Eine Einführung in die allgemeinen Grundlagen. Berlin: Springer, 1984

Steimer-Krause, E. (1996), *Übertragung, Affekt und Beziehung*. Theorie und Analyse nonverbaler Interaktionen schizophrener Patienten. Bern: Lang

Strauch, I. und B. Meier (1992), *Den Träumen auf der Spur*. Ergebnisse der experimentellen Traumforschung. Bern: Huber

TIRMIZIOU DIALLO

Traum und Traumdeutung in Afrika

> In der Nacht träumte ich, ich sei ein Schmetterling.
> Bin ich denn tagsüber ein Schmetterling, der träumt er sei ein Mensch?[1]

1. Einführung

Angesichts der Vielfalt der Völker und deren Kulturen in Westafrika ist es ein Wagnis, das Thema, um das es hier geht, in ein paar Seiten abhandeln zu wollen. Man unterliegt der Gefahr der Vereinfachung, der Verallgemeinerung oder sehr stark selektiv zu sein. Zwischen zwei Übeln werden wir ganz bewußt den zweiten Weg nehmen, indem wir uns darauf beschränken, einige Aspekte des Traumes, die uns als wichtig aus der Sicht des modernen Menschen erscheinen, darzustellen.

Auch wenn andere Kulturen – europäische (christliche und moderne), orientalische (islamische) – Eingang in Afrika gefunden haben, sind wir der Ansicht, daß die traditionelle afrikanische Kultur nach wie vor dominant bleibt. Das zeigt sich mit besonderer Deutlichkeit bei der zentralen Rolle, die der Traum im Alltag des Afrikaners einnimmt, unabhängig davon, ob er in der Stadt oder auf dem Dorf lebt, einerlei, ob er Christ oder Muslim ist. Der Traum ist offensichtlich nicht nur eines der geheimnisvollsten und umfassendsten, sondern auch eines der wichtigsten und ereignisvollsten Erlebnisse, die der Mensch kennt. Auch wenn der Mensch nicht das Monopol

---

[1] Eine in der Tradition bekannte Frage, die vielen Weisen in den Mund gelegt wurde. Die ältesten schriftlichen Zeugnisse weisen auf Lao Tse zurück.

des Traumes besitzt, so wird für ihn dessen zentrale Bedeutung nicht dadurch geschmälert.²

Für ein besseres Verständnis des Stellenwerts des Traumes und dessen Deutungsmustern im traditionellen Afrika, ist es notwendig die Art und Weise, wie die Welt und der Mensch, sowie die Wechselwirkung von beiden in diesem Kulturkreis wahrgenommen werden, kurz zu skizzieren.

1.1 Traditionelle afrikanische Vision vom Menschen in der Welt³

Im Idealfall bildet in der afrikanischen Tradition die Einheit des Universums als Urprinzip die Grundlage aller Betrachtungen und aller Handlungen. Kraft des Einheitsprinzips steht all das, was das Universum ausmacht, in einem unauflöslichen solidarischen Zusammenhang. Mehr noch – alles was geschieht, wird im ganzen Universum registriert, egal ob es sich um eine äußere Handlung, um einen Gedanken oder um ein Gefühl handelt. Die Welt oder der Kosmos ist nicht nur unendlich vielfältig, sondern auch unendlich groß.

Das Weltbild im traditionellen Afrika ist ein ganzheitliches in dem Sinne, daß alles miteinander in Verbindung steht. Es gibt keinen Körper, kein Wesen isoliert und unabhängig von den anderen, sowohl einzeln betrachtet wie auch in der Welt als Ganzes.

In der traditionellen afrikanischen Kultur geht man davon aus, daß das Bild, das sich der Mensch von der Welt macht, analog dem

---

² Bereits in der griechischen Antike ging man davon aus, daß auch Tiere träumen.
³ Wir gebrauchen ganz bewußt den Terminus „Mensch in der Welt", weil wir die gängige Formulierung „Mensch und Natur" in diesem Fall unzutreffend finden. Der Ausdruck „Mensch und Natur" entspricht der modernen Sichtweise, die sich mit der traditionellen afrikanischen nicht deckt. Er suggeriert eine Trennung von Mensch und dem, was in der Moderne als Natur postuliert wird. In der afrikanischen traditionellen Sichtweise wird zwar eine Unterscheidung zwischen den verschiedenen Erscheinungsformen und Ebenen derselben in der Welt gemacht, wobei der Mensch – auch wenn ihm eine zentrale Bedeutung zugewiesen wird - nur als Teil und Aspekt von der Welt wahrgenommen wird. Es wird zwischen den Erscheinungsformen keine Trennung vorgenommen.

Bild ist, das er sich von sich selbst macht. Der Afrikaner versteht sich als eine physische, psychische und spirituelle Einheit mit göttlichen Dimensionen. Er macht keine Trennung zwischen sich und dem, was der moderne Mensch Natur nennt.[4] Er versteht sich als Teil der Schöpfung und ist in einer permanenten und substantiellen Interaktion mit der ganzen Schöpfung, unabhängig von der jeweiligen subjektiven Wahrnehmung. Diese Interaktion verläuft sowohl auf der seelisch-geistigen als auch auf der körperlichen Ebene. Die Welt des Menschen besteht nicht nur aus der sinnlich wahrnehmbaren materiellen Welt, sondern auch aus der unsichtbaren Welt.[5] Demnach gibt es zwei Welten oder besser gesagt, zwei Ebenen der einen Welt, in denen sich der Mensch bewegt: die sichtbare, d.h. die sinnlich wahrnehmbare und die unsichtbare Welt, wobei die eine unten (die sichtbare) und die andere (die unsichtbare)[6] oben angesiedelt wird. Im oberen Teil der Welt wohnen u.a. zwei Arten von Menschen:

- die Urahnen, d.h. die „Gestorbenen" und
- die noch nicht geborenen Menschen.

Der untere Teil wird von den sichtbaren Menschen bewohnt. Durch diese drei menschlichen Daseinsformen entsteht eine Art interaktives Dreiecksverhältnis, in dem sich das Leben des Einzelnen abspielt. Wir können hier nicht auf die Komplexität dieses Verhältnisses eingehen. Wir wollen nur vermerken, daß hier Zeit und Raum,

---

[4] Der moderne Begriff von Natur ist hier untauglich, besonders dann, wenn mit ihm so etwas wie „Übernatürliches" postuliert wird. Sogenannte übernatürliche Kräfte sind eine reine Erfindung des modernen Geistes. Es besteht zwar eine hierarchische Ordnung in dem, was wir Natur nennen, es gibt aber keine andere außer ihr, geschweige denn über ihr.

[5] Die wortwörtliche Übersetzung des Namen eines der Völker in der Casamance in Westafrika *Diola*, bedeutet die „sichtbaren Lebenden" oder die „sichtbaren Menschen".

[6] Das Wort „unsichtbar" gibt nicht das wieder, was in der afrikanischen geistigen Tradition gemeint wird. Das Wort „Verborgene" entspricht eher dem, was hier gemeint ist. Denn Sichtbarkeit oder Unsichtbarkeit von etwas hängt weniger von diesem Etwas als vielmehr vom Vermögen des Einzelnen ab, es zu erkennen. Im Sichtbaren ist immer etwas - meist das Wesentliche - Verborgenes vorhanden. Auch das Verborgene bzw. das Unsichtbare ist nicht für jeden verborgen oder unsichtbar.

Vergangenheit, Zukunft und Gegenwart, Leben und Tod eine ganz andere Bedeutung erhalten, wie sich z.B. an der Bedeutung des Traumes zeigen wird.

1.2 Traditionelles Menschenbild in Afrika

Der Mensch *Neddo* wird als ein Mikrokosmos aufgefaßt, d.h. als ein Wesen, das alle sichtbaren und unsichtbaren Elemente des Universums in sich trägt. Das bedeutet, daß der Mensch u.a. potentiell – analog dem Universum – als eine Art Rezeptor für alles, was im Universum geschieht, fungiert. Äußerlich gesehen besteht der Mensch aus einer sichtbaren und zwei unsichtbaren Ebenen:

Körper *Bandu*
Seele *Wonkii*
Geist *Hakkille*

Zwischen diesen drei Ebenen besteht eine hierarchische Ordnung.

Während Körper und Seele in einem Abhängigkeitsverhältnis zueinander stehen, ist der Geist – als Urquell von beiden – völlig unabhängig. Der Körper ist nicht nur von Zeit und Raum abhängig (d.h. Veränderungen unterworfen). Er setzt sich aus einer subtilen und groben Materie zusammen. Der subtile Teil des Körpers verleiht ihm das, was wir im allgemeinen Leben nennen. Bei vielen Völkern Afrikas wird er mit der Nase in Verbindung gebracht, oder sogar wortwörtlich eine Nase, *Bakkan,* genannt, wie bei den Wolof im Senegal (vgl. Samb 1998, 85). Er entspräche somit dem, was Lebenshauch genannt wird. Beide sind sterblich und unzertrennlich mit einander verbunden. Die Seele ist zwar von Zeit und Raum abhängig (d.h. auch Veränderungen unterworfen), aber unsterblich. Sie wandert zwischen dem Geist und dem Körper. Ihre Beschaffenheit in Zeit und Raum hängt von ihrer Nähe bzw. Entfernung von einer dieser beiden Pole ab: dem Geist und dem Körper. Das, was wir Traum nennen und seine jeweilige Beschaffenheit, spielt sich hauptsächlich in diesen Wanderungspfaden ab. Nach dem Tod des Körpers zieht sich die Seele in die Welt der Ahnen zurück. Der Geist ist weder von

Zeit und Raum abhängig, noch ist er sterblich. Dazu sagt man in Pular:

> *Mayde timmintaa wonkii –*
> der Tod erschöpft die Seele nicht
>
> *Juutal balde horsintaa hakkille –*
> die Zeit kann den Geist nicht erschöpfen

Im empathischen Sinn betrachtet man den Menschen als einen Kosmos in Miniatur, d.h. als ein Wesen, das alle sichtbaren und unsichtbaren Bestandteile des Universums in sich trägt. Das bedeutet, daß der Mensch von seiner Potentialität her gesehen – analog dem Universum – als eine Art Rezeptor für alles, was im Universum geschieht, fungiert.

Als Mikrokosmos wird der Mensch – analog zum Kosmos – als einheitliches Ganzes mit einer unendlich komplexen Vielfalt betrachtet. Die Vielfalt der menschlichen Eigenschaften ist aber nur in der Potentialität vorhanden. Deswegen sagt man, daß der Mensch zunächst nur potentiell Mensch ist, d.h., daß er erst Mensch wird (zum wahren bzw. vollständigen Menschen), wenn er die in ihm vorhandene Vielfalt realisiert bzw. wahrgenommen hat.

In der afrikanischen Tradition geht man davon aus, daß es eine stetige und fließende Wechselwirkung zwischen dem Menschen und der ihn umgebenden Welt gibt. Aber noch wichtiger ist die Auffassung, daß das Verhältnis, das der Mensch zu der ihn umgebenden Welt gestaltet, dem Verhältnis entspricht, das er zu sich selbst hat.

In diesem Zusammenhang ist es bemerkenswert, daß der Begriff Verwandtschaft nicht auf die Blutsverwandtschaft beschränkt ist. Kraft dieser Eigenschaft ist er mit allem verwandt und hat potentiell Zugang zu allen Elementen und Gattungen der Schöpfung.

2. Ätiologie (Quellen) des Traumes

Es versteht sich von selbst, daß der Traum sich vorwiegend während des Tiefschlafes vollzieht. Er ereignet sich aber auch im Halbschlaf oder im wachen Zustand. Tiefschlaf, Halbschlaf oder wacher Zustand können nur formale Ausgangspunkte sein und können daher nicht a priori die Qualität des Traumes bestimmen. Es wird allerdings eine deutliche Linie zwischen richtigen und wahren Träumen auf der einen Seite und falschen auf der anderen Seite gezogen. Träume, die auf körperliche (physiologische), ja sogar psychologische Erlebnisse bzw. Zustände zurückzuführen sind, werden zwar wahrgenommen, gelten aber als belanglos. Physiologisch bedingte Träume können durch Körperhaltung oder Berührung fremder Körper während des Schlafes, aber auch durch Krankheitszustände hervorgerufen werden. Psychologisch bedingte Träume können Ausdruck von unerfüllten Wünschen, Ängsten etc. sein. Eine Frage stellt sich hier: Warum wird, im Unterschied zur modernen Auffassung, diese Art von Träumen in der traditionellen Sichtweise in Afrika als belanglos bzw. als bedeutungslos betrachtet? Hängt es mit einem Mangel an Ich-Bildung bei den Afrikanern zusammen, wie manche es postuliert haben[7], oder mit der Tatsache, daß es in der traditionellen Gemeinschaft kaum zu einem Verdrängungsprozeß, d.h. auch zur Bildung eines Unbewußten im Sinne Freuds kommt?[8]

Von der afrikanischen Sichtweise her ist die Bildung eines Ichs bzw. einer Ich-Identität außerhalb des Einheitsprinzips kaum vorstellbar. Sollte es dennoch so etwas geben, dann würde es sich um ein reines künstliches Gebilde, um einen Schatten ohne Licht handeln.[9]

Es werden in der Regel folgende Quellen des Traumes wahrgenommen. Entsprechend ihrer jeweiligen Quellen werden die Träume gewichtet und hierarchisch geordnet.

Die Träume, verstanden als Botschaften, können:
- von göttlichem Ursprung sein
- von den Ahnen kommen

---

[7] So z.B. Lévy-Bruhl (1922) in seinem berühmten Buch *La Mentalité Primitive*, ein Buch, das die Sichtweise vieler Wissenschaftler geprägt hat.
[8] Eine verbindliche Antwort auf diese Fragen würde den hiesigen Rahmen sprengen. Wir können lediglich darauf hinweisen, daß es offensichtlich mit dem Bild zusammenhängt, das sich jeweils der Mensch in der Tradition und der Mensch in der Moderne von der Welt und vom Menschen machen.
[9] In diesem Zusammenhang fällt uns das Höhlengleichnis von Plato ein.

- von geistigen Wesen kommen, die sich entweder im Himmel oder auf Erden aufhalten. Manche von ihnen gelten als Vermittler zwischen Gott und dem Menschen
- psychischen Ursprungs sein
- und physischen Ursprungs sein.

2.1 Die Träume göttlichen Ursprungs

Die Träume göttlichen Ursprungs gelten im Allgemeinen als die wichtigsten Träume. Sie dienen als Orientierungsmuster zur Weitsichtigkeit hin. Sie haben entweder einen prophetischen oder theophanischen Charakter. Es wird davon ausgegangen, daß Gott mittels der Träume sich mit dem Menschen in Verbindung setzt. Ein *Seereer*[10] Namens A. Dione erzählt:

„*C'est bien Dieu qui est l'auteur de la plupart des rêves qui font les hommes. Les rêves sont en quelque sorte des lettres qu'Il nous écrit dans une langue qu'il faut savoir déchiffrer et dont seuls les Anciens*[11] *possèdent en général le code*" (Samb 1998, 155).

Die Träume göttlichen Ursprungs gelten als Ausdruck der reinen Wahrheit. Sie können nur falsch gedeutet werden aufgrund menschlicher Unzulänglichkeit. Um einer falschen Interpretation vorzubeugen, werden solche Träume oft mit einem Opfer begleitet, weil letzten Endes allein Gott die Wahrheit kennt.

---

[10] Die *Seereer* sind ein Volk im Senegal. Leopold Sedar Sengor, der 1968 den Friedenspreis des Deutschen Buchhandels erhielt und damaliger Präsident der Republik Senegal war, kommt aus dem Volk der *Seereer*.

[11] Mit den Anciens, die Alten, werden jene gemeint, die man auch die Weisen nennt, d.h. jene Menschen, die den Weg der Initiation gegangen sind und die eine gewisse Entwicklungsstufe bzw. eine gewisse Erkenntnisstufe erreicht haben, die ihnen ermöglicht die symbolische Sprache der Träume zu lesen.

2.2 Die Träume, die von unsichtbaren Wesen kommen

Unter der Rubrik unsichtbarer Wesen werden alle Wesen, die sich zwischen Himmel und Erde befinden, ebenso solche, die auf der Erde leben, zusammengefaßt. Sie können gute oder böse „Geister" sein. Zu dieser Kategorie gehören u.a. Menschen wie Zauberer und Menschenfresser. Sie sollen sich in Tiere und Pflanzen aller Art verwandeln, Seelen von anderen Menschen besetzen und sie zu bestimmten Taten, aber ebenso zu Träumen verführen können.[12]

2.3 Träume, die von den Ahnen kommen

Wie bereits gesagt, ist der Tod in der afrikanischen Sichtweise kein entgültiger Tod. Er ist Ausdruck eines Übergangs von einer Weise des Seins in eine andere. Man könnte sagen, daß der Tod lediglich eine Umkehrung des Lebens ist. Der Tod auf der einen Ebene der Welt ist eine Geburt auf der anderen Ebene derselben Welt. In der afrikanischen Tradition gibt es die Vorstellung einer anderen Welt bzw. eines Jenseits nicht. Es handelt sich lediglich um unterschiedliche Ebenen ein und derselben Welt, versehen mit verschiedenen Übergängen. Man könnte in modernem Jargon sagen, daß es sich um durchlässige Grenzen handelt, die man von beiden Seiten überqueren kann. So können die Wesen der einen Sphäre zu den Wesen der anderen Sphäre gehen und miteinander kommunizieren. Die Menschen können mittels des Traumes ihre Vorfahren besuchen oder sie in der eigenen Welt empfangen. Die Ahnen können in das Geschehen ihrer Nachkommen eingreifen und den Alltag mit gestalten, indem sie vorwarnen oder Ratschläge zur Lösung von Konflikten geben. Auch in der europäischen Tradition gab es die Vorstel-

---

[12] Diese Menschen gelten in der Regel als Menschen, die auf dem Weg zur Initiation steckengeblieben oder abgeleitet worden sind. Die Initiation gilt als der goldene Weg zur Erkenntnis vom wahren Menschen bzw. zur Erleuchtung. Manche bleiben unterwegs stecken, weil sie Gefallen an der relativen Macht, der Fähigkeit zur Manipulation der Natur gefunden haben. Sie verfallen somit ihren animalischen Trieben.

lung von einer Welt mit unterschiedlichen Sphären, durch die man wandern kann. Es sei nur an die *Divina Comedia* von Dante erinnert. Beatrice, die Begleiterin von Dante auf seinem Initiationsweg, war keine Person mit Haut und Knochen, sondern eine Symbolfigur, deren sich andere vor ihm zum gleichen Zweck bedient haben.

3. Funktionen des Traumes

Djibril Samb (1998), der eingehende Forschungen über den Traum in der Region Sénégambie[13] durchgeführt hat, fand vier Funktionen, die man dem Traum zuordnet. Ihm zufolge wird dem Traum eine kognitive, eine divinatorische, eine kathartische und eine kommunikative Funktion zugewiesen.

Die zentrale Bedeutung des Traums in der afrikanischen Gemeinschaft wird besonders dadurch deutlich, als er ein privilegiertes Mittel zur Erkenntnis, d.h. als Erkenntnismethode betrachtet wird. Die damit gemeinte Erkenntnis erstreckt sich auf den ganzen praktischen Bereich, den das Leben des einzelnen und der Gemeinschaft betrifft; so z.B. bei der Herstellung einer Diagnose und der Bestimmung einer adäquaten Therapie im Falle einer Krankheit – mag sie körperlicher oder seelischer Natur sein. Viele therapeutische Methoden und Medikamente werden durch den Traum vermittelt. Sich anbahnende individuelle und gemeinschaftliche Schicksale können im Traum vorhergesehen werden.

Dem Traum wird eine sehr große Bedeutung zugemessen, weil die Botschaft, die er vermittelt, nicht ausschließlich die träumende Person betrifft. Der Inhalt eines Traumes kann auch andere betreffen, z.B. einen Freund, ein Familienmitglied, manchmal die gesamte Gemeinschaft, ja die gesamte Menschheit. Deswegen werden die Träume immer erzählt, analysiert und gedeutet. In jedem Dorf gibt

---

[13] Die Region Sénégambie umfaßt den Sénégal, Gambia, Guinea, Guninée-Bissau und Mali. Diese Region hat einen recht homogenen historischen und kulturellen Hintergrund, trotz einer Vielfalt der Völker und der Sprachen.

es einen Traumdeuter, der auch bei schwierigen Fällen einen anderen Traumdeuter kennt, der kompetenter ist. Bei manchen Völkern werden die Träume der Dorfbewohner jeden Morgen von den Ältesten gedeutet. Nicht selten werden einzelne Entscheidungen und Vorhaben, die das Dorf betreffen, erst danach gefällt und durchgeführt. Ein Traum kann das Schicksal einzelner Personen betreffen, aber auch das einer Familie, eines Dorfes oder eines Nachbardorfes. Es ist auch gängig, daß der Inhalt eines Traumes eine Person betrifft, die weit entfernt ist. Die Botschaft des Traumes wird dem Adressaten oder seiner Familie bzw. einem Freund mitgeteilt, damit die notwendigen Maßnahmen getroffen werden.

Im Allgemeinen stellt der Traum eine besonders wichtige Erkenntnisquelle dar und umfaßt alle Lebensbereiche des Individuums und der Gemeinschaft. Träumen ist eine Tätigkeit, die sich nicht nur auf die Gegenwart beschränkt, sie kann zugleich in die Vergangenheit und in die Zukunft führen. Sie dient im Falle einer Krankheit – mag sie körperlicher oder seelischer Natur sein – zur Herstellung der Diagnose und zur Bestimmung einer adäquaten Therapie. Durch die Traumtätigkeit kann man sogar einen Einblick ins Jenseits bekommen.[14]

4. Schlußbemerkung

Die hier formulierten Standpunkte bezüglich der afrikanischen Sicht der Welt und des Menschen und somit auch des Traumes sind keineswegs in ihrer Essenz allein den traditionellen afrikanischen Kulturen eigen. Es sind Standpunkte, die in allen traditionellen Kulturen

---

[14] Wir haben es hier mit einer anderen Zeitdimension zu tun, die sich nicht linear reduzieren läßt, denn hier ist Vergangenheit keineswegs Vergangenheit. In der afrikanischen traditionellen Kultur gibt es nichts, das aufgehört hat zu existieren. Hier ist der Tod nicht der Tod, den wir meinen. Er ist eine Verwandlung, eine Metamorphose. Zukunft ist nicht das, was noch nicht ist, sondern das, was ist, sich aber erst später ereignen wird (oder kann). Vergangenheit, Gegenwart und Zukunft sind koexistent in einer zirkulären kosmischen Gegenwart.

gelten. Sie mögen je nach kulturellen und historischen Bedingungen formell anders ausgedrückt werden, die Essenz bleibt dieselbe. Am wichtigsten dabei ist das Einheitsprinzip, das als Ausgangspunkt und als Endpunkt gilt. Demnach wird jede Erscheinung, mag sie unendlich klein oder unendlich groß sein, erst eine Bedeutung und einen Inhalt erhalten, indem sie in die Einheit überführt wird. Deswegen wird der Traum in der traditionellen afrikanischen Gesellschaft erst ein wahrer und ernstzunehmender Traum, wenn er in das Ganze überführt worden ist. Man könnte sich fragen, welche Perspektiven solche Ansichten für die Emanzipation des Menschen eröffnen können? Dies setzt das Bemühen voraus, sie erst einmal ernsthaft zu betrachten und sie nicht als überholte primitive Formen des Denkens abzutun.

Literatur

Dante: *Die Göttliche Komödie*. (Die Tempel-Klassiker). Berlin: Tempel-Verlag, 1958

Lèvy-Bruhl, L. (1922), *Die geistige Welt der Primitiven*. Düsseldorf: Diederichs, 1959

Samb, D. (1998), *L'Interprétation des rêves dans la région Sénégambienne*. Suivi de la clé des songes de la Sénégambie, de l'Égypte pharaonique et de la tradition islamique. Dakar: Les Nouvelles Éditions Africaines du Sénégal

GERTRUD KOCH

Traumleinwand – filmtheoretische Ausdeutungen eines psychoanalytischen Konzepts

Im Folgenden möchte ich zwei Punkte diskutieren, in denen sich die theoretischen Pfade der psychoanalytischen Traumtheorie und der Filmtheorie kreuzen, auch wenn sie in unterschiedliche Richtung weisen. Der erste Punkt bezieht sich auf die Frage, ob und wie Träume sich filmisch repräsentieren lassen, der zweite Punkt auf die Frage, ob Filme und Träume eine wie auch immer geartete Ähnlichkeit haben.

Beide Punkte lassen sich von Beginn an sowohl durch die Geschichte der Psychoanalyse verfolgen als auch durch die Filmgeschichte. Bekanntlich war Freud selbst äußerst skeptisch geblieben gegenüber allen Versuchen, sich des Films zu bedienen, um über die Psychoanalyse aufzuklären. Ihm wollte nicht einleuchten, daß ausgerechnet eine visuelle Darstellungsform geeignet sein sollte, die komplexen Abstraktionen der Psychoanalyse populär zu erläutern. Dennoch sind im Kreis der Wiener und Berliner Analytiker etliche Anstrengungen unternommen worden: Vor allem Hanns Sachs, Karl Abraham und Siegfried Bernfeld waren an diesem Projekt beteiligt. Eines der von diesen Diskussionen beeinflußten Ergebnisse war Georg Wilhelm Pabsts Film *Geheimnisse einer Seele*, ein anderes der nie realisierte Gegenentwurf von Bernfeld, der dieses Jahr zumindest in seiner Papierform publiziert worden ist (vgl. Sierek und Eppensteiner 2000). Zur Ironie der Geschichte gehört es da schon, daß entgegen Freuds Wunsch gerade die Therapie es war, die im Zuge der Psychoanalyse-Erfolge zum populären Filmstoff wurde. Ich darf nur an jene amerikanische Fernsehserie erinnern, in der die drei Instanzen Ich, Es und Über-Ich des jungen männlichen Protagonisten von drei Schauspielern gespielt werden, die sich permanent über anstehende Entscheidungen streiten.

Damit ist aber auch eines der Probleme umrissen, die den „psychoanalytischen Film" von Anfang an begleitet haben: das Abrutschen in ein rein illustratives Verfahren, das zur Parodie geradezu herausfordert. Schon in Pabsts Film sind einige Traumsequenzen ziemlich nahe an den Rand der unfreiwilligen Komik gerückt. Daß dem so ist, liegt an der Reduktion der Traumerfahrung auf die illustrative Darstellung einiger *Mechanismen* der Traumarbeit und ihrer Symbolbildung wie z.B. Verschiebung, Verdichtung etc., die mit filmischen Verfahren von Mehrfachbelichtung und Überblendung in eins gesetzt werden. Ein solches Verfahren nun sieht von den spezifischen *filmischen Mechanismen* ab, die eine Grenze zwischen dem Raum mentaler Bilder des Traums und räumlichen Bildern des Films legen.

Die Konstruktion des filmischen Raumes erfolgt über die perspektivische Darstellung, die aufgrund des fotografischen Apparates und seines Linsensystems vorgegeben ist. Dadurch gelingt es, tiefenwirksame Illusionsräume auf die zweidimensionale Fläche der Leinwand zu projizieren. Dieser Raum ist auf eine Blickposition hin ausgerichtet, die die Kamera vorgibt. Mentale Bilder laufen aber nicht als dreidimensionale Illusionsbilder vor uns ab, sondern entstehen als pars pro toto-Bilder, die nicht unbedingt naturalistische Illusionen erwecken. Die im filmischen Bild immer anwesende, wenn auch unsichtbar bleibende Kamera schiebt sich als externe Instanz automatisch zwischen Bild und Betrachter. Der filmische Raum wird solchermaßen niemals ganz als subjektiver, mentaler Bildraum eines einzigen Bewußtseins aufgefaßt werden können. Auch deswegen bemühen sich Filme über Träume immer so verzweifelt, den Wechsel vom Illusionsraum der Diegese zu dem der mentalen inneren Bilder des Traums zu markieren.

Spannend im psychoanalytischen Sinne ist die affektive Spannung. Sie begleitet das Traumgeschehen, das zumindest teilweise auch daraus resultiert, daß der Träumer sich selbst etwas entwirft, sich etwas zeigt. Die privilegierte Stellung des Träumers zum Traum – es sind schließlich von ihm selbst vorgenommene „Arbeiten" – führt dazu, daß er, auch wenn er ihn selbst „nicht versteht", doch einen anderen epistemologischen Status ihm gegenüber einnimmt. Dagegen bleibt der Kinozuschauer dem Geschehen auf der Leinwand immer äußerlich: nur in metaphorischer Rede träumt er im Film. Außerdem hat der Film selbst bereits einen kognitiv anderen Status als ein Traum, er ist immer eine Konstruktion, allenfalls also eine visuelle Erzählung von einem Traum, aber niemals dieser selber.

Der Traum hat als Grundlage eine eigentümliche Positionierung des Träumers: der den Traum hervorbringt, sieht sich in der Regel nicht als Autor des Traumes, sondern als dessen Betrachter oder Mitspieler. Dennoch muß man davon ausgehen, daß die eigentümliche Traumerfahrung von gleichzeitiger Nähe und Distanz, Intimität und Entfremdung vom Film so nicht restituierbar ist. So konnte man einerseits zu der Auffassung gelangen, daß die filmische Darstellung eines Traumes eine konstruierte Deutung ist, die dem Zuschauer vorführt, wie Träume funktionieren. Ein Unterfangen, das nicht sehr aussichtsreich ist und vielleicht Freud in seiner Skepsis gar nicht einmal so verkehrt eingeschätzt hat.

Dieser gemeinsame Teil der Film- und Psychoanalysegeschichte ist mittlerweile recht gut erforscht und dokumentiert. Komplizierter liegen die Verhältnisse in bezug auf die psychoanalytisch argumentierende Filmtheorie. Während die Hoffnung, im Medium des Films einen analytischen Bezug zum Traum herstellen zu können, rasch wieder in der Versenkung verschwand, erwiesen sich andere Ansätze als weitaus interessanter.

Der Vergleich zum Traum wurde nun nicht mehr direkt gezogen, sondern zu traumähnlichen Bewußtseinszuständen wie halluzinatorischen Projektionen. Im Anschluß an Betrand Lewins Begriff von der „Traumleinwand" (1946) fand sich prima facie ein sehr viel plausibleres Konzept, da es nicht illustrativ, sondern an spezifischen Bewußtseinszuständen ansetzt. Das spezifische Entgleiten von Träumen rückt ins Zentrum des Interesses:

> „Der Traum, den ich Ihnen erzählen wollte, war eben noch greifbar für mich, aber dann hat er sich, während ich noch hier lag und ihn betrachtete, von mir weggedreht – es war, als würde er sich aufwickeln und wie zwei sich überschlagende Akrobaten von mir wegrollen" – so zitiert Lewin einen Patiententraum (zit. nach Baudry 1975, 1064).

Die Definition der Traumleinwand gibt Lewin folgendermaßen:

> „Die Traumleinwand ist eine Oberfläche, auf welcher der Traum projiziert erscheint. Sie ist der weiße Hintergrund (*the blank background*, der leere Hintergrund/die blanke Oberfläche; G.K.), der im Traum präsent ist, auch wenn er nicht unbedingt gesehen wird; der

üblicherweise wahrgenommene manifeste Trauminhalt hat seinen Ort auf oder vor ihm." „Theoretisch ist er zwar Bestandteil des latenten oder des manifesten Inhalts, aber diese Unterscheidung ist akademisch. Die Traumleinwand wird von den Analysanden nicht häufig bemerkt, und in der Praxis der Traumdeutung hat der Analytiker mit ihr nichts zu schaffen" (ebd., 1065).

Lewin geht davon aus, daß das erinnerte visuelle Objekt die Brust sei, an deren runder, leerer Fläche der Säugling in Schlaf gefallen war. Daraus leitet er seine These vom „Leer-Traum" ab, der nichts anderes als diese leere Fläche reproduziere. Der Traumhintergrund, die Brust als Fläche, bildet die Leinwand für die Erinnerung an die Befriedigung der oralen Bedürfnisse. An der Schwelle zum Schlaf halluziniert der Säugling, noch wach, auf die Fläche. Das Festhalten an der Erinnerung an die Befriedigung ist die Möglichkeit, in Schlaf zu fallen. Der Traum ist aber auch der vom Wachsein, vom Gewecktwerden, das dem Füttern vorhergeht: ein Traum, die Augen offen zu haben. Auf die spezifischen halluzinatorischen Effekte zwischen Einschlafen und Wachbleiben stützt sich Jean-Louis Baudry in seiner Apparatus-Theorie des Films. Er sieht darin:

> „*etwas-Realeres-als-real*, das gerade der Traum, als Dispositiv und als Wiederholung eines besonderen, zur oralen Phase gehörenden Zustandes betrachtet, herbeizuführen vermag. Nur der Traum?
> Lewins Hypothese, die die Ansichten Freuds über die Entstehung des Traums in Bezug auf das mit ihm verbundene Realitätsgefühl ergänzt und fortsetzt, bietet unseres Erachtens den interessanten Vorschlag, ein Stadium der Bildung oder Konstitution des Traums anzunehmen, von dem man denken könnte, daß es im Kino-Effekt seine Wirkung erzielt. Im Realitätseindruck und in dem, was wir als Kino-Wunsch bezeichnet haben, sofern das Kino in seinem Gesamt-Dispositiv eine Form der archaischen, vom Subjekt erlebten Befriedigung nachahmt und deren Szene reproduziert" (Baudry 1975, 1066).

Allerdings hat die Traumtheorie Lewins bedenkenswerte Einwände auf sich gezogen, die es nicht unproblematisch erscheinen lassen, inwieweit die neue Formel von der „Leer-Leinwand", mit der zumindest das Problem einer rein illustrativen Traumdarstellung in bezug auf das Kino überwunden schien, tatsächlich als Traumtheorie des Kinos haltbar ist.

In Reaktion auf Isakowers (1936) und Lewins erste Versuche einer Theorie visueller Wahrnehmung aus psychoanalytischer Sicht hat René A. Spitz in einigen wesentlichen Punkten widersprochen, die nicht nur die Traumtheorie betreffen als vielmehr das Objekt, an welchem sich die Erinnerung an die erste visuelle Wahrnehmung knüpft. Spitz meinte, in eigenen empirischen Untersuchungen nachgewiesen zu haben, „daß die erste visuelle Wahrnehmung des Kindes das menschliche Gesicht ist, genauer ausgedrückt, eine Konfiguration mit Gestaltqualität innerhalb des menschlichen Gesichts" (Spitz 1955, 642f.).

Die sowohl von Isakower wie auch von Lewin beschriebenen Phänomene bezögen sich demnach nicht auf die Brust, sondern auf das sich übergroß nähernde oder sich entfernende Gesicht, zu dem der Säugling sich bereits beim Stillen mit Blickkontakt wendet, das er weit mehr fixiert als die Brust selbst. Nimmt man Spitz' Beobachtung ernst, dann scheint es so, als sei das Stillen, die Befriedigung des Oralen, bereits mit einem stabilen visuellen Eindruck verknüpft, der erste Akt des Sehens also keineswegs identisch mit dem halluzinatorischen Projizieren auf eine leere Fläche.

Als Beispiel möchte ich dabei zurückgehen auf Lotte Eisners analytische Beschreibung der Sequenz von G.W. Pabsts Film *Die Büchse der Pandora*, wo es heißt, daß „das Gesicht" „verwischt", „zu einer glatten, schräg über die Leinwand hin reichenden Scheibe" wird, „die Kamera beugt sich gleichsam über eine Mondlandschaft, deren Kurven sie erfassen will", während „die schimmernde Oberfläche verblaßt" (Eisner 1975, 313). Diese Beschreibung nun ist nicht weit entfernt von denen des sogenannten Isakowerschen Regressionsphänomens, dem Gefühl, im Übergang von Wachzuständen in Schlaf- oder Traumzustände, etwas an Händen, Haut und Mund zu verspüren:

> „In der visuellen Vorstellung erscheint dieses Etwas als schattenhaft, unbestimmt, meist rund, beim Herannahen immer größer werdend und dann plötzlich zu einem Nichts zusammenschrumpfend" (Spitz 1955, 642).

Die Blickeinstellungen, mit denen Jack the Ripper in *Die Büchse der Pandora* sich des Objekts seines Blickes dadurch zu entledigen scheint, daß er sich durch erzwungene Nähe gerade die Distanz des Verschwimmens verschafft, die den aggressiven Tötungsakt erlaubt, beziehen sich noch in ihrer Verwischung auf das Gesicht als primäres Objekt des Blicks. Ein anderer oraler Beißer der Filmgeschichte des Tötens, Hannibal Lecter aus *Silence of the Lambs*, ist ein gutes Beispiel für eine psychoanalytisch getönte orale Theorie des Lesens als Verschlingen eines Gesichtes. Glaubt man den Spitzschen Annahmen, dann ist das visuelle Wahrnehmen zwar ein später auftretendes Konzept sensueller Welterfahrung, nach Mundhöhle, Hand und Haut, aber doch bereits so früh mit diesen anderen verbunden, daß das Gesicht als ein eigenständiges Perzept in der Genese der visuellen Wahrnehmung aufgefaßt werden muß.

Die Traumtheorie von Lewin und die sich ihr anschließende Filmtheorie gehen von einem spezifisch räumlichen Modell aus, in dem die Position des Betrachters sistiert wird im eigentümlich starren und fixierten Blick auf die „Leinwand". Nun hat uns Spitz belehrt, daß der Raum des Säuglings nicht leer ist, sondern vom Gesicht der Bezugsperson und ihrer Blicke konstituiert wird. Erst wenn der Blickaustausch gelungen ist, läßt sich der Säugling in den Schlaf fallen. Damit ist man aber dann auch wieder am Ende der Analogie. Denn ganz sicher geht man nicht ins Kino, um in Schlaf zu fallen, vielleicht aber schon, um mit den Gesichtern in Großaufnahme zu kommunizieren.

Die Diskussion über die Übertragung oder Anwendung von Begriffen der Traumtheorie auf das Kino, den Film, ist dennoch äußerst produktiv gewesen, auch wenn sie in der Regel metaphorisch aufgefaßt werden muß. Ich gehe also davon aus, daß die Analogien metaphorischer Natur sind, aber heißt das, daß sie falsch sind? Ich denke nicht, in der metaphorischen Übernahme des Begriffes der Traumleinwand sind einige prinzipielle Fragen der Filmtheorie neu gesehen und gestellt worden; insbesondere das Verhältnis, das der Zuschauer zur Leinwand hat und das nur adäquat beschrieben werden kann, wenn die spezifische Subjektposition darin analysiert wäre. Man kann also sagen, daß der Umweg über die Traumtheorie dabei geholfen hat, jenes Phänomen genauer zu beschreiben, das man im Anschluß an Christian Metz (1994) den „Realitätseindruck" des Kinos genannt hat, ein Eindruck, der zwar weder ein Traum noch eine Halluzination ist, aber mit diesen Bewußtseinszuständen die Bereitschaft teilt, etwas für anwesend zu halten, das nicht anwesend ist.

Definiert man Film als Bilder von und in Bewegung, dann passiert diese bekanntlich lediglich als eine optische Täuschung, die dadurch zustande kommt, daß einzelne Bilder in einer gewissen Geschwindigkeit projiziert werden. Insofern liegt es nahe, daß gerade der Film immer wieder in den Bildern und Begriffen von mentalen Bildern beschrieben wurde, obwohl er auch ein externes, vom Bewußtsein des Zuschauers unabhängiges Objekt ist. Die komplexe Subjektposition, die der Zuschauer vor der Leinwand einnimmt, die Bereitschaft, sich in den vorgestellten Fiktionsraum zu begeben, ohne ständig Realitätskontrollen vorzunehmen, macht aus dem Filmbetrachter einen begabten Spieler von Träumen. Es ist aber ein ästhetischer Traum, ein Sinneseindruck und kein Traum im Sinne der Psychoanalyse.

Die psychoanalytische Traumtheorie sollte erklären, warum die Filmwahrnehmung, die, technisch gesehen, aus Projektion und Illusionserzeugung besteht, einen so starken Realitätseindruck vermittelt, daß es schwer zu sein scheint, sich aus diesem vorgestellten Raum zu lösen, wie es auch schwer zu sein scheint, sich aus manchen Träumen zu lösen, obwohl man weiß, daß es „nur" Traum und nicht Realität ist. Die Traummetapher hat hier ihren Sinn und ihre explikative Kraft entfaltet.

Kulturhistorisch allerdings rückt die Behauptung, daß es sich beim Kino um Vorstellung von Träumen handelt, dieses in eine ganz andere Nähe. Das Erzählen von Träumen vor einem Publikum ist ja eine alte kulturelle Praktik, die den Traum als einen privilegierten Bewußtseinszustand ansieht, in dem sich Wissen manifestiert. Der Träumer sieht etwas, von dem er noch kein Bewußtsein hat, das er im Traum aber schon weiß. Daß man aus den Träumen etwas lernen kann, daß sie eine Art Wissen über ihren Autor stauen, ist eine psychoanalytische Traumdeutung. Das Kino spielt mit den epistemischen Modi des Sehens, und in dieser Hinsicht arbeitet es mit ähnlichen Mitteln wie der Traum; wie der Traum ist es rhetorisch an den Betrachter adressiert, auch wenn der gar nicht vorkommt.

Die visuellen Konstruktionen eines Films teilen mit denen des Traums, daß sie epistemische Köder auslegen, über die der Schläfer mit dem eigenen Bewußtsein kommuniziert bzw. der Filmzuschauer mit dem eigenen Bewußtsein vom Film als ganzem. Als Beispiel möchte ich eine Traumsequenz aus Alfred Hitchcocks *Vertigo* heranziehen. In diesem Film gibt es eine Traumsequenz, die keinerlei Ähnlichkeit mit der psychoanalytisch sich verstehenden Praxis der filmischen Traumdarstellung aufweist, wie sie aus *Spellbound* bekannt geworden ist. Es ist eben nicht die Simulation eines Traumes, sondern eine experimentelle Collage aus gegenständlichen und abstrakten Motiven. In dieser Collage werden über visuelle Motive epistemische Bezüge hergestellt, die als Trauminhalt auftauchen, aber noch nicht ins Bewußtsein des Träumers vorgedrungen sind. Sie haben den Status einer enormen Beunruhigung, insofern sie sich an der Schwelle von Leben und Tod befinden. Sie markieren eine tiefe Ambivalenz: Die Lebende repräsentiert in *Vertigo* ja eine Tote, deren Wiedergängerin sie spielen soll. Im Traum wird die Kette der toten Frauen reaktiviert durch das Bild des Gemäldes, auf dem die längst verstorbene Ahnherrin der Toten abgebildet ist. Alltagsrest dieses Traumes ist der Besuch auf dem Friedhof am Grab der Toten. Das Schmuckstück auf dem Gemälde wird später die Identität von lebender und toter Frau enthüllen. Im Traum wird dem Träumer wie dem Filmzuschauer dieses Wissen als rätselhafte Wiederkehr, Erinnerung an ein Detail, das noch an nichts erinnert, mitgegeben. Dabei wird der Traum zur rhetorischen Figur eines Mehr-Wissens, das die Beunruhigung, das Unheimliche der Identität einer Lebenden mit einer Toten ausmacht. Im Traum kommt zum Vorschein, daß der Träumer von dem Bild einer Frau angezogen wird, die schon lange tot ist.

Es gehört zu den ironisch-romantischen Zügen im Werk von Hitchcock, daß er Romanze und Actionfilm ineinanderwebt. Die tote Mutter, die am Ende von *Psycho* im Sohn überlebt, der sie inkorporiert hat, scheint als Wiedergängerin aller toten und lebenden Frauen auf.

Die Beunruhigung ist an der Grenze zwischen Schlaf und Wachsein, Leben und Tod angesiedelt. Der Träumer wird dabei als wach gezeigt, er träumt mit weit aufgerissenen Augen.[1] Lewin war davon ausgegangen, daß der Säugling davon träumt, geweckt zu werden und zu leben. Der Träumer in *Vertigo*, der mit offenen Augen träumt, wie übrigens auch der Träumer in G.W. Pabsts *Geheimnisse einer Seele*, träumt von einem Bewußtsein, in dem sich Leben und Tod nicht mehr vermischen: Das tote Objekt, das Schmuckstück wird so zur Markierung der Differenz zwischen Lebenden und Toten. Die Verkörperung der Toten scheitert am Ende von *Vertigo* ironischerweise an der Leiche. Am Ende des Films verkörpert sie endgültig die Tote, sie wird selbst zur Leiche, deren Schmuck sie getragen hat.

Traum als Metapher im Film geht auf den rituellen und magischen Bezug des Traums zurück, wie ihn die Anthropologie kennt, weit mehr jedenfalls als auf die Aufklärungsinteressen der psychoanalytischen Diagnose. Er umspielt die verschiedenen Episteme des Sehens und Denkens. Damit behauptet er einen Status ästhetischer Wahrnehmung, der sich nicht therapeutisch auffassen und analysieren läßt. So kann man am Ende vielleicht sagen, daß die Analogie von Film und Traum bei aller Fragwürdigkeit doch als Arbeitshypothese produktiv geworden ist, auch wenn Film keineswegs das privilegierte Medium der Traumdarstellung geworden ist, das sich einige Analytiker einmal erhofft hatten.

Vielmehr scheinen sich im Film diejenigen kulturellen Praktiken erhalten zu haben, die im magischen Ritual, in der Beschwörung der Vorahnung und des latenten Wissens sich festmachen. Traum im Film hat da, wo er nicht gerade didaktisch in Dienst genommen wird, den Status entweder der Mitteilung von Wünschen und Ängsten oder eines visuellen Wissens. Im beschriebenen Traum aus *Vertigo* sieht das aufgerissene Auge des Träumers Dinge, die so in Zusammenhang gebracht werden, daß der Zuschauer bereits mehr *sieht*, als der Träumende *weiß*. Diese Rolle wird in traditionellen Kontexten dem Schamanen oder dem Künstler zugeschrieben. Ein

---

[1] *Eyes wide shut* ist der Titel von Stanley Kubricks Verfilmung der Schnitzlerschen *Traumnovelle*. Auch hier geht es um die Verwischung der Grenzen zwischen Projektion, Fiktion und Beobachtung.

Künstler wie Joseph Beuys hat das Schamanentum ausgespielt und aus einer Traumerzählung eine *Performance* gemacht. Daß im Film die Träumer mit offenen Augen träumen, läßt sich also vermutlich nicht nur als Wecktraum deuten, sondern verweist auf diesen Zug des Traums als Praxis, als Tun und Tätigkeit, auf den performativen Zug des Traums. Am deutlichsten treten diese Züge natürlich an denjenigen Träumen zutage, die praktische Folgen haben, wie wenn man träumt, daß man bereits aufgestanden sei, während man um so ungehinderter weiterschläft. Die performative Macht des Traums über den Träumer verdichtet sich zur Allmachtphantasie des Traumdeuters und des Schamanen.

Victor Stoichita hat in seiner kunsthistorischen Studie zum Motiv des Schattens die *Aktion tote Maus* von Beuys im Anschluß an Marcel Maus sorgfältig analysiert und auf ihre schamanische Praxis bezogen (unter anderem im Kleidungsritual), die sich im Gewande der Aktionskunst präsentiert:

„Die paranormalen Fähigkeiten der Schamanen konkretisieren sich in zwei verschiedenen Richtungen: einmal in der Gabe außergewöhnlicher Kenntnisse (so in der Fähigkeit, die Sprache der Tiere zu verstehen und Träume lesen zu können), zum anderen in der Fähigkeit zu außerordentlichen Taten. Der, wie bezeugt wird, vorausgeahnte Tod der Maus betrifft die erstgenannte Klasse schamanischer Kräfte. Die Journalistin Helga Meister, die bei der Aktion zugegen war, berichtet bedeutungsvolle Einzelheiten: Beuys habe ihr erzählt, die Maus sei ihm, in ein Murmeltier verwandelt, im Traum erschienen und habe ihm dreimal in die Hand gebissen. Daraus habe er geschlossen, daß die Maus, die seit drei Jahren unter seinem Bett lebte, gestorben sei. Das Verständnis der Traumsprache, das Beuys' Äußerungen bezeugt, beruht einerseits auf der Fähigkeit des Träumers, den überdeterminierten Inhalt des Traumes zu entziffern (drei Bisse = drei Jahre; Verwandlung ins Murmeltier = Tod), andererseits auf dem Postulat, daß die Maus (und durch sie die Natur, die Existenz, die Welt) mit dem Träumer kommunizieren will" (Stoichita 1999, 237f.).

Träume in ihrer ästhetischen Verwendung als Erzählung, Bilderrätsel oder Sehen – das zeigt nicht nur der Traum im Film – sollten nicht mißverstanden werden als Abbildung eines aus mentalen Bildern bestehenden Traumes. Ein Traum im Film ist immer schon ein kommuniziertes und adressiertes Zeichen; allerdings wird es wiederum als Zeichen einer bestimmten Art der Kommunikation interessant:

als Zeichen einer performativen Praxis, etwas vermitteln zu wollen, das weder klar sagbar noch explanativ ist, sondern auf etwas hinweist, eine Zeigehandlung ist. So wird das scheinbar handlungsärmste aller Geschehen, der Traum, zum Medium eines kommunikativen Handelns.

Die Vorstellung, daß Kunst Magie und Zauberei sei, mit der sich alles in alles verwandeln ließe, mag zwar zum alten Eisen gehören, aber im Traum als ästhetischem Zeichen hat sich davon etwas erhalten. Entweder weist der Traum auf etwas hin, auf das hin sich Handlung formieren wird, oder er weist auf etwas zurück, das sich dem gegenwärtigen Wissen entzieht, aber handlungsrelevant ist. So kann man also sagen, daß die „eyes wide shut" der filmischen Träume immer da auftauchen, wo die Gegenwart in die Vergangenheit sich zurückbiegt oder auf die Zukunft vorausweist. Ist der erste Modus kongruent mit der Zeit der Erinnerung, so der zweite mit dem des vorauseilenden Probehandelns.

Kunst und ästhetische Praxis lassen sich niemals ganz im Unbewußten verdampfen, sie basieren auf experimentellen und kognitiv komplexen Entscheidungsprozessen. In dieses Handlungsmodell paßt der Traum als rein intrinsisch mentales Geschehen nicht unbedingt. Insoweit aber der Traum selber eine performative Tätigkeit ist, können seine Strukturen ästhetisch wirksam werden. In seinem Buch über den *Witz und seine Beziehung zum Unbewußten* stellt Freud einen interessanten Vergleich zwischen Traum und Witz an, der vielleicht erklären helfen kann, wie der Unterschied dem ästhetischen Feld zugeordnet ist:

> „Der Traum ist ein vollkommen asoziales seelisches Produkt; er hat einem anderen nichts mitzuteilen; innerhalb einer Person als Kompromiß der in ihr ringenden seelischen Kräfte entstanden, bleibt er dieser Person selbst unverständlich und ist darum für eine andere völlig uninteressant. Nicht nur daß er keinen Wert auf Verständlichkeit zu legen braucht, er muß sich sogar hüten verstanden zu werden, da er sonst zerstört würde; er kann nur in der Vermummung bestehen" (Freud 1905c, 204).

Aus dem von Freud gezogenen Vergleich geht der Witz als der Sieger im ästhetischen Spiel hervor, da er adressiert ist, sein Spiel nur soweit treibt, wie es noch mitvollziehbar ist und sich nicht hermetisch abkapselt. Für die ästhetische Dimension aber, so könnte man geltend machen, kommen beide Tendenzen, die zur „Vermummung" wie die zur Adressierung, zusammen. Mit dem Traum teilt die ästhetische Dimension den Ernst und die Vermummung, mit dem Witz das Performative und das Spiel. Der Traum, als Motiv in der Kunst und auch im Film, bezeichnet also meistens den Übertritt zwischen verschiedenen Ebenen: Wachen und Schlafen, Leben und Tod, Wissen und Nicht-Wissen, Handlung und Vorstellung.

Literatur

Baudry, J.-L. (1975), Das Dispositiv. Metapsychologische Betrachtungen des Realitätseindrucks. *Psyche 48*, 1994, 1047-1074

Eisner, L. (1975), *Die dämonische Leinwand*. Frankfurt a.M.: Kommunales Kino

Freud, S. (1905c), Der Witz und seine Beziehung zum Unbewußten. *GW 6*

Isakower, O. (1936), Beitrag zur Pathopsychologie der Einschlafphänomene. *Internationale Zeitschrift für Psychoanalyse 22*, 466-477

Lewin, B.D. (1946), Sleep, the mouth, and the dream screen. *Psychoanalytic Quarterly 15*, 419-434

Metz, C. (1994), Der fiktionale Film und seine Zuschauer. *Psyche 48*, 1004-1046

Sierek, K. und B. Eppensteiner (Hrsg.) (2000), *Der Analytiker im Kino*. Siegfried Bernfeld, Psychoanalyse, Filmtheorie. Frankfurt a.M./Basel: Stroemfeld/Nexus

Spitz, R.A. (1955), Die Urhöhle. Zur Genese der Wahrnehmung und ihrer Rolle in der psychoanalytischen Theorie. *Psyche 9*, 1956, 641-667

Stoichita, V.I. (1999), *Eine kurze Geschichte des Schattens*. München: Fink

EDDA HEVERS

Vom Traumtheater zum Gruselkabinett
Schicksale des *Bildes* in der Theorieentwicklung Sigmund Freuds

I.

Das Medium der *Psychoanalyse* ist unzweifelhaft die Sprache. Die Entwicklung der *talking cure*, wie eine der ersten Patientinnen Freuds ihre Behandlung nannte, bedeutete für Freud in mehrfacher Hinsicht den Verzicht aufs Visuelle. Im Zuge der Etablierung seiner psychoanalytischen Praxis verzichtete er sowohl auf die apparativ geprägte, gleichsam mit *bewaffnetem Auge* durchgeführte, anatomisch-histologische Forschung im Labor Ernst Brückes, wie er sich auch vom psychiatrisch-diagnostischen Blick und suggestiven Techniken distanzierte. Doch die frühere Labortätigkeit hinterließ in Freuds späterem Werk dennoch ihre Spuren. Wie er im Laufe seiner Selbstanalyse feststellte, machte er auch weiterhin *Analysen* (nur eben *Psycho-Analysen*), und auch die optische Apparatur überlebte, wenn auch nur in der psychoanalytischen Theorie. So fordert Freud in der „Traumdeutung" seine Leser auf,

> „daß wir uns das Instrument, welches den Seelenleistungen dient, vorstellen wie etwa ein zusammengesetztes Mikroskop, einen photographischen Apparat u. dgl. Die psychische Lokalität entspricht dann einem Orte innerhalb eines Apparats, an dem eine der Vorstufen des Bildes zustande kommt" (Freud 1900a, 541).

Wenn er auch einräumt, daß solchen Vergleichen lediglich der Status einer *Fiktion*, einer *Hilfsvorstellung* zukomme, so ist das optische Instrumentarium hier doch mehr als nur ein Mittel der Veranschaulichung. Durch alle Modifikationen hindurch handelt es sich um eine Freuds Theorie bis zu seinen letzten Schriften prägende Modellvorstellung.

Freuds *psychischer Apparat* ist nicht nur, wie schon oft beschrieben, Instrument der Reizverarbeitung und Energieumwandlung, er ist auch ein in optischen Konzepten begriffenes, bildverarbeitendes System:

„Wir stellen uns also den seelischen Apparat vor als ein zusammengesetztes Instrument, dessen Bestandteile wir *Instanzen* oder der Anschaulichkeit zuliebe *Systeme* heißen wollen. Dann bilden wir die Erwartung, daß diese Systeme vielleicht eine konstante räumliche Orientierung gegeneinander haben, etwa wie die verschiedenen Linsensysteme des Fernrohres hintereinanderstehen" (Freud 1900a, 542).

Die verschiedenen *Systeme* werden dabei jedoch nicht nur von der Erregung *durchlaufen* - in dem Sinne, wie *Licht* „die verschiedenen 'Systeme' durchläuft" (Laplanche und Pontalis 1967, 230f.) -, sondern diese wird auch als *Erinnerungsspur* gespeichert. Dabei kann, wie Josef Breuer es ausdrückte, der „Spiegel eines Reflexteleskops nicht zugleich photographische Platte sein".[1] Die aufnehmende Schicht kann ihrer Funktion der unterschiedslosen Aufnahme von Eindrücken nur nachkommen, wenn sie immer wieder neu und unverändert aufnahmefähig ist, wenn die dauerhafte Fixierung erst in den dahinter liegenden Systemen stattfindet. Das Problem der Gedächtnisfähigkeit des psychischen Apparats hatte übrigens schon einen der Lehrer Freuds, Theodor Meynert, beschäftigt, und schon dieser hatte dabei die Ebene der Netzhaut als aufnehmende Schicht von der Ebene der Speicherung der Erinnerungsbilder in der Großhirnrinde getrennt:

„Man hat mit oft wiederholter Vorliebe das Auge mit einer camera obscura verglichen und die Retina mit der Projektionstafel einer solchen. Denken wir uns das percipierende Wesen als einen Wanderer, der mit dieser Camera von Landschaft zu Landschaft zieht und die sich verdrängenden Bilder seiner Projectionstafel ... in blassen Skizzen in ein Album eingeprägt, so findet in diesem der Bilderreichthum, der auf jener im Nacheinander sich ablöste und verdrängte, in wenn auch unvollkommeneren Erinnerungsbildern sein dauerndes Nebeneinander" (Meynert, zit. n. Breidbach 1997, 207).

Für genau diesen Zweck hatte schon am Ende des 17. Jahrhunderts Robert Hooke die tragbare *Camera obscura* erfunden (Hammond

---

[1] Es handelt sich hier um eine von Freud in der „Traumdeutung" nur *angedeutete* (Freud 1900a, 543) und erst von den Herausgebern der „Studienausgabe" (Bd. II, 514) explizit zitierte Aussage Breuers aus einer Fußnote aus dem ersten Abschnitt seines theoretischen Beitrages zum Hysterie-Buch.

1981, 22ff.), und knapp hundertfünfzig Jahre später, 1833, fragte sich – wiederum auf einer Reise – William Fox Talbot, ob es nicht eine Möglichkeit gäbe, die mit der Camera obscura zwar relativ einfach eingefangenen, dann jedoch nur durch mühsames Abzeichnen zu fixierenden Bilder sich gleichsam automatisch abzeichnen zu lassen. In der Folge entwickelte Talbot ein photo-graphisches Verfahren, durch das sich solche *(Erinnerungs-)Bilder* auf einem mit einer lichtempfindlichen Schicht bedeckten Papier gewissermaßen *selbst einprägten*. Auf bestimmte Weise behandeltes Papier wurde in einer Camera obscura belichtet. Zunächst war dann nichts darauf zu sehen bis, bei Licht betrachtet, langsam, wie durch spontane Selbstentwicklung, eine Zeichnung erschien. Als, wie Talbot es nannte, *latentes Bild*[2] wurde dieses dann zur Grundlage des Negativ-Positiv-Verfahrens und damit der modernen Fotografie, die sich im Laufe des 19. Jahrhunderts wiederum von einem „authentischen Abdruck dessen, was real ist", wandelte zu einem gerade das sichtbar machenden Verfahren, was das menschliche Auge eben nicht sehen kann (vgl. Frizot 1994, 282).

Es war Jacques Lacan, der immer wieder die Bedeutung *optischer* Modelle für die psychoanalytische Theoriebildung betonte (z.B. Lacan 1978, 101f.), und in seiner Nachfolge verwies bereits Sarah Kofman auf die modellbildende Funktion gerade auch der *Camera obscura* (Kofman 1973, 21ff.). Doch nicht nur optische Apparate, auch die damit verbundenen *Verfahren* dienten Freud zur Konzeptualisierung bzw. Veranschaulichung seiner Theorie. So lassen sowohl die *latenten Traumgedanken* der „Traumdeutung" an Talbots *latentes Bild* bzw. dessen Negativverfahren denken als auch jene Stellen aus der *Dora* (Freud 1905e, 210) oder den „Drei Abhandlungen zur Sexualtheorie" von 1905 (Freud 1905d, 65), in denen Freud die Neurose als das *Negativ der Perversion* bezeichnete. Explizit auf

---

[2] Zu Talbots „latentem Bild" vgl. beispielsweise die kurze Zusammenfassung bei Busch 1995, 188ff.

das fotografische Modell verwies Freud 1912 in den „Bemerkungen über den Begriff des Unbewußten":

> „Eine grobe, aber ziemlich angemessene Analogie dieses supponierten Verhältnisses der bewußten Tätigkeit zur unbewußten bietet das Gebiet der gewöhnlichen Photographie. Das erste Stadium der Photographie ist das Negativ; jedes photographische Bild muß den 'Negativprozeß' durchmachen, und einige dieser Negative, die in der Prüfung gut bestanden haben, werden zu dem „Positivprozeß" zugelassen, der mit dem Bilde endigt" (Freud 1912g, 436).

Noch in einem seiner letzten Texte, im „Mann Moses", verglich Freud die *Eindrücke* der frühen Kindheit mit einer *photographischen Aufnahme*, die „nach einem beliebigen Aufschub entwickelt und in ein Bild verwandelt werden mag" (Freud 1939a, 234).

Talbots Negativverfahren, die diesem eigene *Nachträglichkeit*, macht jedoch auch deutlich, daß Freuds Interesse an den Abbildungseigenschaften des psychischen Apparats weniger dessen Aufnahmefähigkeit für die äußeren Bilder galt, als vielmehr der *inneren* Bildgenese. Insgesamt gesehen ist sein Apparat weniger *Camera obscura* denn *Laterna magica*, eine Art Projektionsraum für *innere Bilder*. Sowohl beim Träumen als auch auf der Couch geht es um das, was passiert, wenn die Augen geschlossen sind, wenn der *Weg zur Motilität* unterbrochen ist. Es geht um die Wahrnehmung jener *Gedankenzüge*, die sichtbar werden, wenn der Patient „zum Zwekke seiner Selbstbeobachtung ... eine ruhige Lage einnimmt und die Augen schließt" (1900a, 105). Oder wie es an einer anderen Stelle heißt:

> „Sagen Sie also alles, was Ihnen durch den Sinn geht. Benehmen Sie sich so, wie zum Beispiel ein Reisender, der am Fensterplatz des Eisenbahnwagens sitzt und dem im Inneren Untergebrachten beschreibt, wie sich vor seinen Blicken die Aussicht verändert" (Freud 1913c, 468f.).

Durch die *Abschließung von der Außenwelt* nimmt die systeminterne Bildverarbeitung einen, wie es im 7. Kapitel der „Traumdeutung" heißt, *rückläufigen* Weg. Das *System Wahrnehmung* wird bis zur *vollen sinnlichen Lebhaftigkeit* in *umgekehrter Richtung*, das heißt *von den Gedanken her* besetzt. Innere Reize, Triebwünsche werden zu *Vorstellungen* (oder *Bildern*), die sich beispielsweise nachts als *latente Traumgedanken* in einem komplexen Übertragungs- und Übersetzungsprozeß in den *manifesten Traum* verwandeln (vgl. Freud 1900a, 547ff.). *Gedanken* werden in Bilder verwandelt, werden *objektiviert*, als *Szene dargestellt*, „gegenwärtig und mit den Sinnen wie ein Erlebnis des Wachens" (Freud 1900a, 540). Dabei *durchläuft* die Erregung in Freuds Vorstellung den *psychischen Apparat* zwar so wie die Linsensysteme eines Fernrohrs vom Licht durchlaufen werden, doch handelt es sich insgesamt gesehen um mehr als nur einen „Übergang von einem Milieu in ein anderes mit einem unterschiedlichen Brechungsindex" (Laplanche und Pontalis 1972, 190). Es ist auch die Rede von einem Kräftespiel, von einem *Zusammenwirken* sich gegenseitig *beeinflussender Momente*: Anziehung und Abstoßung, Sichtbarmachung und Verbergung (vgl. Freud 1900a, 553).

Photochemisch gedacht entwickeln sich die (inneren) Bilder in einer Art zweiseitigem Projektionsprozeß *zwischen den Systemen*[3] bzw. *Instanzen*. Für Freud steht „das System *Vbw* ... wie ein Schirm zwischen dem System *Ubw* und dem Bewußtsein" (Freud 1900a, 620), ebenso wie er auch jene *kritisierende Instanz* einen *Schirm* nennt, die zwischen der *kritisierten* und dem Bewußtsein steht (vgl. ebd., 545). An diesem *Schirm* nun werden unbewußte Vorstellungsinhalte in sinnliche Bilder umgearbeitet bzw. *umgegossen*, werden die an den Vorstellungen haftenden Intensitäten von einer zur anderen *übertragen*. „Was wir bei der Analyse der Traumarbeit als die „Rücksicht auf Darstellbarkeit" beschrieben haben, dürfte auf die auswählende Anziehung der von den Traumgedanken berührten, visuell erinnerten Szenen zu beziehen sein" (Freud 1900a, 553). Ei-

---

[3] So schrieb Sandór Ferenczi um 1918 an Freud: „Ich lege die interessanten Ausführungen von *F. Schanz* über die Lichtempfindlichkeit bei. Ich glaube: die Art, wie das Licht zuerst auf den *Bildträger* wirkt und die darüberliegende 'photochemische' Substanz erst von den Veränderungen des Bildträgers 'sensibilisiert' wird, dürfte vorbildlich sein für Veränderungen im neuropsychischen Apparat überhaupt. Die Veränderung käme also wirklich (wie Sie vermuteten) *zwischen den Systemen* ... zustande, erst diese 'sensibilisiert' das für die Erregung sonst 'durchsichtige' (durchgängige) Nervenelement" (Freud und Ferenczi 1996, 197).

nerseits wird dem *Vordringen des Gedankens zum Bewußtsein* Widerstand entgegensetzt, andererseits gibt es eine *Anziehung*, die „sinnesstark vorhandene Erinnerungen auf ihn ausüben" (ebd.), wobei allerdings nur solche unbewußten Inhalte die Möglichkeit der *Rückverwandlung in das sinnliche Bild* erhalten, „welche mit unterdrückten oder unbewußt gebliebenen Erinnerungen in intimem Zusammenhange stehen" (ebd., 549).

Der Begriff der *Anziehung* führt jedoch noch zu einem weiteren Anschauungsmodell: dem der *Traumverkleidung*. Und hier sind wir an einem Punkt, an dem die gewählten Metaphern in gewisser Weise ihre Unschuld verlieren. Während die vorwiegend optisch-instrumentelle Metaphorik eher Distanz zu ihrem Untersuchungsgegenstand schafft, so kommt mit dem vergleichsweise anthropomorphen Bild der *Traumverkleidung* auf einmal der Autor selbst in den Blick. Denn vergessen wir nicht, es sind zum großen Teil Freuds eigene Träume, mit denen er uns über mehrere hundert Seiten in seinen Bann zieht, und wenn er an einer Stelle schreibt, seine Träume seien „weniger reich an sinnlichen Elementen, als die anderer" (Freud 1900a, 552), so fragt man sich, warum sie denn nicht prächtig sein dürfen. Man spürt die exhibitionistische Tendenz und realisiert noch einmal, daß man es hier mit einer von vielen Zeitgenossen als skandalös empfundenen Selbstdarstellung, wenn nicht gar Selbstenthüllung zu tun hat, und dies wiederum erklärt vielleicht etwas den für die „Traumdeutung" so zentralen Begriff der *Zensur*.

Freud verwendete den Begriff *Zensur* zum ersten Mal Ende 1897 in einem Brief an Fließ: „Hast Du einmal eine ausländische Zeitung gesehen, welche die russische Zensur an der Grenze passiert hat? Worte, ganze Satzstücke und Sätze schwarz überstrichen, so daß der Rest unverständlich wird" (Freud 1985, 315). Fast unverändert verwendete er diese Passage dann auch in der „Traumdeutung" (Freud 1900a, 534). Doch während er in dieser die *Zensur* noch als einen vergleichsweise mechanisch aufgefaßten Zensur*mechanismus* begriff, wandelte sich dieser zwischen 1910 und 1914 zum *Traumzensor*, zu einer personalisiert gedachten *Instanz*, die in den zwanziger Jahren schließlich in die sogenannte Strukturtheorie mit ihrem Konzept des Über-Ich einmündete. Schon in dem kleinen Text über „Die psychogene Sehstörung" von 1910 heißt es über die *Schaulust*, daß sie die *Gegenwehr* der zur Selbsterhaltung des Individuums dienenden Kräfte auf den Plan rufen könne, so als „erhöbe sich in dem Individuum eine strafende Stimme, welche sagte: 'Weil du dein Sehorgan zu böser Sinneslust mißbrauchen wolltest, geschieht es dir ganz recht, wenn du überhaupt nichts mehr siehst'" (Freud 1910i, 100). Es ist dies eine Stelle, die vorausweist auf Freuds „Narzißmus"-Text von 1914. Das *Idealich* wird dort eingeführt als eine „besondere psychische Instanz ..., welche ... das aktuelle Ich unausgesetzt beobachtet und am Ideal mißt ...; eine ... Macht, die alle unsere Absichten beobachtet, erfährt und kritisiert" (Freud 1914c, 162f.), und die Freud schließlich *Ichzensor* nannte (Freud 1916-17a, 444). Dieser Ausdruck nun geht wiederum zurück auf den ebenfalls im Narzißmus-Text erstmals auftauchenden *Traumzensor* (Freud 1914c, 165), einen Text, den Freud während jenes Rom-Aufenthaltes 1913 schrieb, während dem er täglich die *Moses*-Statue besuchte.[4]

II.

Je mehr sich die Psychoanalyse entfaltete, desto deutlicher habe sie sich als *Konfliktlehre*, als *Beziehungspsychologie* profiliert. „Konfliktuöse Beziehungen aber kulminieren in Szenen, verdeutlichen sich als Szenen", und diese betrachte der Analytiker nicht mehr aus *beschaulicher Distanz*, wie aus einer *Theaterloge*, sondern er ist selbst auf der Bühne. „Er nimmt real am Spiel teil" (Lorenzer 1983, 112f.). In diesem Sinne nun wurde auch Freuds Verstehen in dem Moment zu einem *szenischen*, in dem er sich selbst, seine Position und die damit verbundenen Phantasien in den Verständnisprozeß miteinbezog. In einer zentralen Stelle im Moses-Aufsatz heißt es: „Von keinem Bildwerk (habe ich) je eine stärkere Wirkung erfahren ... Wie oft bin ich die steile Treppe vom unschönen Corso Cavour hinaufgestiegen zu dem einsamen Platz, auf dem die verlassene Kir-

---

[4] Am 1. Oktober 1913 schrieb Freud in einem Brief an Jones: „At Rome I began to do some work, I attacked the matter of Narzissm and wrote a first paper on it" (Paskauskas 1993, 227f.).

che steht, habe immer versucht, dem verächtlich-zürnenden Blick des Heros standzuhalten, und manchmal habe ich mich dann behutsam aus dem Halbdunkel des Innenraumes geschlichen, als gehörte ich selbst zu dem Gesindel, auf das sein Auge gerichtet ist" (Freud 1914b, 175f.).

Michelangelos *Moses* scheint Freuds Phantasie über Jahre hinweg beschäftigt zu haben. Ihren Höhepunkt erreichte die Auseinandersetzung mit der Statue 1912/1913. Im Sommer 1912 diskutierte Freud mit Jones über die Plastik. Im September des gleichen Jahres schrieb er an seine Frau, daß er die Statue *täglich* besuche, daran denke, *einige Worte* über sie zu schreiben (Freud 1960, 292), und er brachte sich einen kleinen Gipsabguß mit nach Hause. Als im Dezember Jones nach Rom reiste, bat ihn Freud um Fotos und eine Zeichnung des unteren Randes der Tafeln (Paskauskas 1993, 186). 1913 dann stand Freud, wie er sich später erinnerte, durch *drei einsame September-Wochen* hindurch „alltäglich in der Kirche vor der Statue, habe sie studiert, gemessen, gezeichnet"[5], bis ihm endlich jenes Verständnis aufgegangen sei, das er dann zwischen Weihnachten und Neujahr 1913 niederschrieb.

Freuds Text „Der Moses des Michelangelo" setzt, nach allgemein einleitenden Bemerkungen über die *Macht der Bilder*, bei der Betrachtung der Figur selbst an: „Der Moses des Michelangelo ist sitzend dargestellt", schreibt Freud, „den Rumpf nach vorne gerichtet, den Kopf mit dem mächtigen Bart und den Blick nach links gewendet" usw. (Freud 1914b, 175). Doch was zunächst wie die präzise Beschreibung einer vermeintlich objektiven Wahrnehmung wirkt, wird bereits ein paar Sätze weiter vom Autor wieder in Frage gestellt. Denn akribisch zusammengestellte kunsthistorische Beschreibungen zeigten, daß jeder *mit anderen Augen* sieht, bzw. jeder einen anderen Moses wahrnimmt. Einigen sage die Plastik *überhaupt nichts*, andere beklagen im heftigen Gegenaffekt *die Brutalität der Gestalt*. Mal *ruhen* die Gesetzestafeln unter dem rechten Arm, wäh-

---

[5] Freud an Edoardo Weiß am 12. April 1933 (zit. n. Jones 1960-62, Bd. II, 433).

rend sie ein anderes Mal in eben diesem Moment zu Boden zu fallen scheinen, und Moses greift *erschüttert* oder nur *nervös spielend* in seinen Bart. Dabei zeigt sich die *Verschiedenheit in der Auffassung* nicht nur im Blick auf seine Gesten, sondern auch in der Deutung des Gesichtsausdrucks. Im einen Fall zeigen seine Züge eine komplexe Mischung von *Zorn, Schmerz und Verachtung*. Andere sehen eine ganze *Furie wilder Leidenschaften*, während wieder andere nur das Potential eines *ungeheuren Zornes* wahrnehmen oder die Fähigkeit zur Kontrolle der *inneren Erregung*, ganz zu schweigen von der ebenfalls beobachteten *stolzen Einfachheit* oder *beseelten Würde*.

Am Ende wagt Freud dennoch eine eigene, wenn auch zunächst nur anonym veröffentlichte Interpretation. Dabei ist es die genaue Wahrnehmung eines Details, die Haltung der rechten, in den Bart verwickelten Hand, die ihn mittels präziser szenischer (Re-)Konstruktion zu einer anderen, neuen Sichtweise des *Moses* führt.[6] Freud entwirft das Bild einer *Rückbewegung*: „Was wir an ihm sehen ist nicht die Einleitung zu einer gewaltsamen Aktion, sondern der Rest einer abgelaufenen Bewegung". Moses *wollte* zwar in einem *Anfall von Zorn* aufspringen, aber „er wird jetzt so sitzen bleiben ... Er wird auch die Tafeln nicht wegwerfen, ... denn gerade ihretwegen hat er seinen Zorn bezwungen" (Freud 1914b, 194), eine Betrachtungsweise, die er übrigens den Beobachtungen zweier Kunsthistoriker verdanke. Denn es sei die von Justi und Knapp übernommene Idee des in seiner Bewegung *gehemmten* Moses gewesen, die ihm einen längeren Blick auch auf scheinbar Nebensächliches erlaubt habe. Sie erst habe ihm ermöglicht, das zu sehen, was „man sonst, von der Allgemeinwirkung überwältigt und gleichsam gelähmt, zu beachten versäumt" (Freud 1914b, 181).

Wie Spector es ausdrückte, gewann Freud dadurch *Einblicke in sich selbst*, in seine *Wahrnehmungen und Motivierungen*, daß er seine *ästhetischen Reaktionen* analysierte (Spector 1972, 92). Vor

---

[6] Wobei ihm die neuere Forschung zum Teil Recht gibt (vgl. Verspohl 1991).

allem die Betrachtung der Moses-Statue scheint für Freud hochbesetzte und deutlich mit dem *Blick* verbundene Beziehungskonstellationen wiederbelebt zu haben. Das Thema des daraus entstandenen Textes ist wesentlich das eigene *Sehen:* eine durch Ängste bedrohte, gehemmte, dann wieder sich in aller Scharfsichtigkeit am Detail entfaltende und schließlich ich-syntone Wahrnehmung. „Der Moses des Michelangelo" bezeugt wechselnde und stark an das Motiv des Blicks gebundene Identifikationen, die Freuds Historiographen immer wieder beschäftigt haben. So fragte sich Jones, ob Moses hier die *mächtige Vater-Imago* darstellt, oder ob sich Freud *selbst mit ihm identifizierte?* (vgl. Jones 1960-62, Bd. II, 431). Bei Yerushalmi heißt es: „Im Michelangeloaufsatz ist Freud auf einer Ebene vielleicht Moses, doch im gefühlsbetontesten Passus des Aufsatzes muß Moses ein anderer sein." Wenn sich Freud in dieser „fast schon halluzinatorischen Äußerung dem götzendienerischen Mob zurechnet ... wer sonst als sein Vater Jakob kann dann in diesem Augenblick Michelangelos Moses sein?" (Yerushalmi 1991, 110). Fuller schließlich rückte die Identifizierung mit Brücke und dessen wissenschaftlichen Methoden in den Blick (vgl. Fuller 1980, 51f.).

Während Freud *Moses* zu Beginn als jemanden schildert, dem er sich kaum unter die Augen traut, wandelt sich die Plastik im Laufe der Argumentation vom furchterregenden Patriarchen zur positiven Vater-Imago, mit der er sich, wie eine Postkarte an Ferenczi bezeugt[7], schließlich selbst identifiziert zu haben scheint. Über Michelangelo schreibt er jedenfalls am Ende, dieser habe eine *Umwandlung* mit dem *Charakter des Moses* vorgenommen. Aus *inneren Motiven* habe jener sich von dem Bibeltext *unabhängig gemacht* (vgl. Freud 1914b, 197).

Bereits im Januar 1914, also unmittelbar nach Abschluß der *Moses*-Arbeit, soll Freud Jones die Grundideen von „Trauer und Melancholie" geschildert haben (Jones 1960-62, Bd. II, 389). Ein erster

---

[7] Am 13. Sept. 1913 schickte Freud Ferenczi aus Rom eine Postkarte mit dem Bild der Statue: „Moses erwidert Ihren Gruß und theilt ganz ihre Meinung über den Kongreß in München. Ihr Freud" (Marinelli 1998, 39).

Entwurf wurde im Dezember des gleichen Jahres in der *Mittwochsgesellschaft* vorgestellt (Nunberg und Federn 1976-1981, Bd. IV, 265f.), die Textfassung erschien dann 1917. Freud beschreibt darin die Trauer als einen Ich-verändernden Verinnerlichungsprozeß, in dem man sich nach einem Verlust mit dem Objekt *identifiziert*, die *Existenz des verlorenen Objekts psychisch fortsetzt*. Doch während bei der normalen Trauer die Objektbesetzung ins Ich zurückgenommen wird, um die Libido schließlich auf ein neues Objekt zu richten, werde diese bei der Melancholie auf Dauer *ins Ich zurückgezogen*. Beim Melancholiker stelle sich ein Teil des Ichs dem anderen gegenüber, als eine vom Ich abgespaltene kritische, „gewöhnlich *Gewissen* genannte Instanz" (Freud 1917e, 433), was an die schon erwähnte, bereits im Narzißmus-Aufsatz beschriebene *psychische Instanz* erinnert, welche das „Ich unausgesetzt beobachtet und am Ideal mißt" (Freud 1914c, 162). Leicht abgewandelt verwendete Freud diesen Satz, neben „Trauer und Melancholie", dann auch am Ende der 26. seiner „Vorlesungen" von 1916/17, und er kehrte schließlich in „Das Unheimliche" wieder, mit einem bezeichnenden Zusatz: „Im pathologischen Falle des Beachtungswahnes wird sie [die kritische Instanz] isoliert, vom Ich abgespalten" (Freud 1919h, 247).

III.

Nach Donald Meltzer kostete es Freud vermutlich *erhebliche innere Kämpfe*, sich von den „neurophysiologischen Vorurteilen der Fließ-Periode und dem Plan für eine wissenschaftliche Psychologie zu befreien, um schließlich zum phänomenologischen Psychologen zu werden, der anerkennen konnte, daß die Vergangenheit in der Struktur der Persönlichkeit gegenwärtig (ist) und nicht nur als *Erinnerung* im verdrängten Unbewußten" (Meltzer 1984, 11). Doch die Vergangenheit prägt nicht nur die psychische Struktur, sie prägt auch die Wahrnehmung. Es war eine der entscheidenden Einsichten des späten Freud, daß traumatische Erlebnisse sich in der Gegenwart aktualisieren, daß sie wie *Fremdkörper* in die Gegenwart hineinragen und wesentlich deren Wahrnehmung prägen können. Eine solche *Wiederkehr des Verdrängten* nannte Freud unter bestimmten Umständen *unheimlich*.

Das Wort *unheimlich*, mit dem Freud sich zu Beginn seines Spätwerks so ausführlich beschäftigte, läßt sich in seinem Werk bis zur „Traumdeutung" zurückverfolgen. Im „non vixit" genannten Traum heißt es: „daß ich P. durch einen Blick vernichte. Seine Augen werden dabei so merkwürdig und *unheimlich* blau". In seinem Kommentar verband Freud diese Traumszene mit der Erinnerung an ein Erlebnis aus der Zeit im Labor Brückes, bei dem dieser den mehrmals Zuspätkommenden abgefangen hatte: „Das Überwältigende waren die fürchterlichen blauen Augen, mit denen er mich ansah, und vor denen ich verging" (Freud 1900a, 425). Zum Thema wurde das *Unheimliche* dann sehr viel später, in dem gleichnamigen Text, den Freud in einem Brief an Ferenczi allerdings als *alte Arbeit* bezeichnete, die er *wieder vorgenommen* habe, und deren Anfänge die Herausgeber der „Studienausgabe" auf das Jahr 1912/13 datierten.

Im Zentrum von Freuds Text über „Das Unheimliche" steht die ausführliche Nacherzählung einer Erzählung E.T.A. Hoffmanns über einen jungen Studenten, Nathaniel, der fixiert bleibt auf ein *angsterregendes Bild*: den *Sandmann*, einen geheimnisvollen Besucher, der in seiner Kindheit seine Neugier erregt hatte. Eines Abends nun habe er versucht herauszufinden, wie dieser *aussehe*, erkannte den schrecklichen *Advokaten Coppelius*, der ihm daraufhin drohte, er werde ihm *glutrote Körner* in die Augen streuen. „Eine tiefe Ohnmacht und lange Krankheit beenden das Erlebnis", das seine *schreckliche Fortsetzung* bei einem weiteren Besuch in einer Explosion und im Tod des Vaters fand (vgl. Freud 1919h, 240). Zum Zeitpunkt der eigentlichen Erzählung ist Nathaniel ein junger Student, der sich vor kurzem verlobt hat und in einem obskuren Optiker, Coppola, nun plötzlich *Coppelius* wiederzuerkennen glaubt. Er kauft ihm ein *Taschenperspektiv* ab, mit dem er wie beiläufig in die gegenüberliegende Wohnung hinüberblickt, wo er Olimpia sieht, eine Automate, in die er sich heftig verliebt. Doch ihre Erfinder beginnen bald, sich um Olimpia zu streiten. Coppola versucht, ihr die Augen herauszureißen und löst so bei Nathaniel erneut einen

Wahnsinnsanfall aus. Wieder genesen macht dieser nun eines Tages mit seiner Braut Clara einen Spaziergang durch die Stadt. Clara schlägt vor, auf den Ratsturm zu steigen, von wo aus *eine merkwürdige Erscheinung* ihre Aufmerksamkeit auf sich zieht, und Freud schließt: „Nathaniel betrachtet dasselbe Ding durch Coppolas Perspektiv ..., wird neuerlich vom Wahnsinn ergriffen und ... will ... das Mädchen in die Tiefe schleudern. ... Unter den Menschen ... ragt der Advokat Coppelius hervor ... Wir dürfen annehmen, daß es der Anblick seiner Annäherung war, der den Wahnsinn bei Nathaniel zum Ausbruch brachte" (Freud 1919h, 241).

Freud beschreibt Nathaniel als jemanden, der seine *Erinnerungen* nicht bannen kann, der gebunden bleibt an ein *inneres Bild* oder genauer an einen angsterregenden Anblick. Doch nicht nur Nathaniel bleibt gebunden an den Blick Coppelius'/Coppolas, an die teuflische, böse Hälfte der durch *Ambivalenz* in zwei Gegensätze zerspaltenen *Vater-Imago*. Auch Freud hat, wie es so schön bei Samuel Weber heißt, *Augen allein für den Sandmann* (vgl. Weber 1981, 137): dieser scheint sich auch immer wieder in das Denken und das Gesichtsfeld Freuds zu drängen. Alle Elemente der Geschichte werden auf diese eine Figur zurückgeführt, bis hin zu einer bezeichnenden Fehlleistung am Ende.

Wie schon erwähnt war es für Freud der *Anblick* Coppolas, der Nathaniel in den Wahnsinn treibt. Doch in Hoffmanns Erzählung trieb nicht der Anblick Coppolas Nathanael in den Wahnsinn, sondern das Scheitern seines Versuchs, durchs Perspektiv *etwas* zu sehen: „'Sieh doch den sonderbaren kleinen grauen Busch, der ordentlich auf uns loszuschreiten scheint', frug Clara. Nathanael faßte mechanisch nach der Seitentasche; er fand Coppolas Perspektiv, er schaute seitwärts – Clara stand vor dem Glase! – Da zuckte es krampfhaft in seinen Pulsen und Adern – totenbleich starrte er Clara an" (Hoffmann 1817, 362), wird wahnsinnig und stürzt sich vom Turm. Doch wenn Clara *vor dem Glase* stand, konnte Nathanael *in* diesem eigentlich nur *nichts* sehen, und daß dies nicht so einfach ist, haben nicht zuletzt unfreiwillig jene Freud-Interpreten deutlich gemacht, die in ihrer Wiedergabe der Schlußszene des „Sandmann" zwar auf Freuds Fehlleistung hinwiesen, aber nun ihrerseits *im* Perspektiv *etwas* sahen, und zwar *Klaras rollende Augen*."

Freud hat immer wieder die Unzerstörbarkeit der unbewußten Inhalte betont, jener inneren *Bilder*, die darauf drängen sich – wenn auch auf Umwegen und in entstellter Form – dem Bewußtsein, meist im Zuge aktueller Ereignisse, die das verdrängte Material wachrufen, bemerkbar zu machen, *wiederzukehren*. An der *Sandmann-Geschichte* interessierte Freud vor allem Nathaniels von Neugier und Angst geprägte Beziehung zum *Sandmann*. Viele *Züge der Erzählung* ergaben für ihn erst *Sinn* durch die Verbindung zwischen Augenangst und Kastration, dadurch, daß „man für den Sandmann den gefürchteten Vater einsetzt, vom dem man die Kastration erwartet" (Freud 1919h, 244).

In „Das Unheimliche" schreibt Freud über die Kastrationsangst, daß es sich um ein „besonders starkes und *dunkles* Gefühl" handele (Freud 1919h, 243, Hervorheb. E.H.). Am Ende des Texts nennt Freud dann *Einsamkeit, Stille und Dunkelheit* jene *Momente*, „an welche die bei den meisten Menschen nie ganz erlöschende Kinderangst geknüpft ist" (Freud 1919h, 268), und noch an einer weiteren Stelle werden die „Unheimlichkeit der Stille, des Alleinseins, der Dunkelheit" (Freud 1919h, 261) erwähnt. Es sei dies ein Gefühl, als ob man „im unbekannten, dunklen Zimmer wandert, um die Tür oder den Lichtschalter aufzusuchen und dabei zum xtenmal mit demselben Möbelstück zusammenstößt" (Freud 1919h, 250), bzw. sich „im Hochwald, etwa vom Nebel überrascht, verirrt hat und nun trotz aller Bemühungen, einen markierten oder bekannten Weg zu

---

" So heißt es bei Friedrich Kittler: „Er will ihn durchs Perspektiv beobachten, sieht aber Klara mit 'rollenden Augen' und sucht sie als ein Holzpüppchen vom Turm zu stürzen" (Kittler 1977, 141). Francoise Meltzer fragte sich: „Why does Nathanael go mad once again upon staring at Clara's eyes through the telescope?" (Meltzer 1982, 234), und bei Sarah Kofman heißt es: „Nathaniel takes the spy-glass from his pocket and, more than the appearance of Coppola, it is the use of this telescope that triggers off his madness. Through the spy-glass, it is the face of Clara ... which appears terrifying to him, a veritable Medusa's head, as he imagined her in his poem" (Kofman 1991, 133).

finden, wiederholt zu der einen, durch eine bestimmte Formation gekennzeichneten Stelle zurückkommt" (Freud 1919h, 250). Das letzte Bild erinnert dabei an eine Stelle aus der „Traumdeutung", in der Freud seinen Argumentationsweg mit einem Spaziergang vergleicht, bei dem „von dem Moment an, da wir in die seelischen Vorgänge beim Träumen tiefer eindringen wollen, ... alle Pfade ins Dunkel münden" (Freud 1900a, 515), was schließlich an die berühmte Passage über den *Nabel des Traums* denken läßt, jene *dunkle Stelle* „an der er dem Unerkannten aufsitzt. Die Traumgedanken ... müssen ja ... nach allen Seiten hin in die netzartige Verstrickung unserer Gedankenwelt auslaufen. Aus einer dichteren Stelle dieses Geflechts erhebt sich dann der Traumwunsch wie der Pilz aus seinem Mycelium" (Freud 1900a, 530).

Nichts zu sehen führt also dazu, daß man immer wieder das gleiche sieht, und zwar so forciert, das man sich dort, wo man nichts sieht, stößt. Wo wir etwas Unheimliches wahrnehmen, *sehen* wir also um jeden Preis *etwas*, wo eigentlich *Nichts* ist und zwar an einer Stelle, wo etwas sein sollte – was wir aber nicht sehen wollen. Weshalb sich genau an dieser Stelle dann oft etwas findet, das komplementär oder kompensatorisch zur *dunklen Stelle* entweder besonders hervorragt, hervorsticht oder durch ständige *Wiederholung* insistiert (wie der Pilz aus seinem Mycelium).

In der „Traumdeutung" beschreibt Freud es als die wichtigste Aufgabe des *psychischen Apparats*, Erregung abzuführen. Die primitivste Art der Abführung ist dabei der *Abfluß in die Motilität*. Das *hungrige Kind* schreit oder *zappelt*, was allein jedoch wenig nützt:

„Eine Wendung kann erst eintreten, wenn auf irgendeinem Wege ... durch fremde Hilfeleistung, die Erfahrung des Befriedigungserlebnisses gemacht wird, das den inneren Reiz aufhebt. Ein wesentlicher Bestandteil dieses Erlebnisses ist *das Erscheinen einer gewissen Wahrnehmung* ... deren *Erinnerungsbild* von jetzt an mit der Gedächtnisspur der Bedürfniserregung assoziiert bleibt. Sobald dies Bedürfnis ein nächstesmal auftritt, wird sich, dank der hergestellten Verknüpfung, eine psychische Regung ergeben, welche das Erinnerungsbild jener Wahrnehmung wieder besetzen und die Wahrnehmung selbst wieder hervorrufen, also eigentlich die Situation der ersten Befriedigung wiederherstellen will. Eine solche Regung ist das, was wir einen Wunsch heißen" (Freud 1900a, 571; Hervorheb. E.H.).

Die *erste psychische Tätigkeit* zielt also auf *Wahrnehmungsidentität*, auf die „Wiederholung jener Wahrnehmung, welche mit der Befriedigung des Bedürfnisses verknüpft ist" (ebd.). Doch an dieser Stelle hat der *seelische Apparat* zwei Möglichkeiten. Er kann, wie Freud es ausdrückte, seine „psychische Leistung in der Festhaltung des gewünschten Objekts erschöpfen" (ebd., 572), also gewissermaßen halluzinieren, er kann aber auch eine *zweckmäßigere Verwendung der psychischen Kraft* erreichen. Dazu ist es „notwendig, die volle Regression aufzuhalten, so daß sie nicht über das Erinnerungsbild hinausgeht und von diesem aus andere Wege suchen kann" (ebd.).

So gesehen sind alle *Bilder* Ersatzbildungen, Tröstungen. Wie Freud schreibt, verlangt der Säugling nach der *Wahrnehmung der Mutter*. Dabei ist es jedoch nicht das gleiche, ob der Stellvertreter-Charakter des *Bildes* mitgedacht, dieses als ein solches anerkannt wird (und es damit einen *Rahmen* hat) oder ob es übergangslos, wie ein Stück Realität halluzinatorisch in das *Weltbild* eingebaut wird. Nur im ersten Fall wäre das Bild ein Bild-Objekt im wahrsten Sinne des Wortes, und nur in diesem Fall blieben Phantasie und Wirklichkeit unterscheidbar, bliebe, wie Freud es ausdrückte, ein gewisses „Maß von Überlegenheit erhalten ..., kraft dessen die anscheinende Realität doch immer wieder als Spiegelung einer vergessenen Vergangenheit erkannt wird" (Freud 1920g, 17).

Es ist ein Unterschied, ob das Symbol die Stelle des Symbolisierten nur vertritt oder sich für dieses selbst ausgibt, und genau um diese Differenzierung ging es Freud u.a. in der sogenannten *Wende von 1920*, wobei er das Phänomen des Wiederholungszwanges von der Wunscherfüllung unterschied. Die *Herrschaft des Lustprinzips* (und seine Modifikation zum Realitätsprinzip) könne sich *erst nach erfolgter Bindung durchsetzen*. Bis dahin aber würde die „andere Aufgabe des Seelenapparates, die Erregung zu bewältigen oder zu binden, voranstehen, zwar nicht im Gegensatz zum Lustprinzip, aber unabhängig von ihm und zum Teil ohne Rücksicht auf dieses" (Freud 1920g, 36). In der Auseinandersetzung mit dem *Trauma* gewann für Freud die *Bindungs*funktion in dem Maße erneut Bedeutung, wie sie sich als gefährdet erwiesen hatte. Die traumatischen Neurosen wie auch die Phänomene des Wiederholungszwanges hatten ihm gezeigt, daß die Fähigkeit zu träumen und zu phantasieren, in sich selbst bereits eine psychische Errungenschaft darstellt. Die Fähigkeit, von der *Dunkelheit des Nichts* zur *Wahrnehmung* zu kommen (vgl. Knellessen 2001) hängt von einer Art innerpsychischem System ab, das nicht vorausgesetzt werden kann.

Für J.-B. Pontalis diente die *ganze Spekulation* von „Jenseits des Lustprinzips" Freud letztlich dazu, deutlich zu machen, daß der psychische Apparat seine Bindungsfunktion nicht erfüllen kann, bevor nicht grundsätzlich eine Art *Verbindung* hergestellt ist. Der *Traumvorgang* könne nicht funktionieren, solange nicht der innere Raum – das *psychische System Traum* – als solches gebildet ist. Dabei werde jedes *Traumbild* „gewissermaßen auf eine Leinwand projiziert"; es setze *Raum*, einen *Rahmen* oder eine *Bühne voraus*, in bzw. auf dem/der *die Darstellung vollzogen werden könne* (Pontalis 1997, 34), ein *psychisches System*, das Pontalis unter Rückgriff auf Bertram Lewins „dream screen" (Lewin 1946) mit einer Art innerer *Leinwand* verglich:

„Der Ort – der Raum – des Traums ist nicht ohne Beziehung zu dem, was die Malerei zu umschreiben versucht, zum gemalten Bild" (Pontalis 1997, 33).

Literatur

Breidbach, O. (1997), *Die Materialisierung des Ichs*. Zur Geschichte der Hirnforschung im 19. und 20. Jahrhundert. Frankfurt a.M.: Suhrkamp

Busch, B. (1995), *Belichtete Welt*. Eine Wahrnehmungsgeschichte der Fotografie. Frankfurt a.M.: Fischer

Freud, S. (1900a), Die Traumdeutung. *GW 2/3*

Freud, S. (1905d), Drei Abhandlungen zur Sexualtheorie. *GW 5*, 27-145

Freud, S. (1905e), Bruchstück einer Hysterie-Analyse. *GW 5*, 161-286

Freud, S. (1910i), Die psychogene Sehstörung in psychoanalytischer Auffassung. *GW 8*, 94-102

Freud, S. (1912g), Bemerkungen über den Begriff des Unbewußten in der Psychoanalyse. *GW 8*, 430-439

Freud, S. (1913c), Weitere Ratschläge zur Technik der Psychoanalyse: I. Zur Einleitung der Behandlung. *GW 8*, 453-478

Freud, S. (1914b), Der Moses des Michelangelo. *GW 10*, 172-201

Freud, S. (1914c), Zur Einführung des Narzißmus. *GW 10*, 138-170

Freud, S. (1916-17a), Vorlesungen zur Einführung in die Psychoanalyse. *GW 11*

Freud, S. (1917e), Trauer und Melancholie. *GW 10*, 428-446

Freud, S. (1919h), Das Unheimliche. *GW 12*, 229-268

Freud, S. (1920g), Jenseits des Lustprinzips. *GW 13*, 3-69

Freud, S. (1939a), Der Mann Moses und die monotheistische Religion. *GW 16*, 101-246

Freud, S. (1960), *Briefe 1873-1939*. Hrsg. von E.L. Freud. Frankfurt a.M.: Fischer

Freud, S. (1985), *Briefe an Wilhelm Fliess 1887-1904*. Hrsg. von J.M. Masson. Frankfurt a.M.: Fischer, 1986

Freud, S. und S. Ferenczi (1996), *Briefwechsel*. Bd. II/2: 1917-1919. Wien/Köln/ Weimar: Böhlau

Frizot, M. (Hrsg.) (1994), *Neue Geschichte der Photographie*. Köln: Könemann, 1998

Fuller, P. (1980), Moses, mechanism and Michelangelo. In: Ders., *Art and psychoanalysis*. London: The Hogarth Press, 1988, 28-70

Hammond, J.H. (1981), *The camera obscura*. A chronicle. Bristol: Hilger

Hoffmann, E.T.A. (1817), Der Sandmann. In Ders., *Fantasie- und Nachtstücke*. Hrsg. von W. Müller-Seidel. München: Winkler, 1960, 331-363

Jones, E. (1960-62), *Sigmund Freud*. Leben und Werk. Bd. I-III. Bern: Huber

Kittler, F.A. (1977), „Das Phantom unseres Ichs" und die Literaturpsychologie. E.T.A. Hoffmann – Freud – Lacan. In: Ders. und H. Turk (Hrsg.), *Urszenen*. Literaturwissenschaft als Diskursanalyse und Diskurskritik. Frankfurt a.M.: Suhrkamp, 139-166

Knellessen, O. (2001), Der Traum zwischen Tod und Töten. Von der Geburt der Wahrnehmung. In: R. Heinz und W. Tress (Hrsg.), *100 Jahre Traumdeutung*. Zur Aktualität der Freudschen Traumtheorie. Wien: Passagen, 261-276

Kofman, S. (1991), The double is/and the devil. The uncanniness of "The Sandman" ("Der Sandmann"). In: Dies., *Freud and fiction*. Cambridge: Polity Press, 119-162

Kofman, S. (1973), *Camera obscura of ideology*. London: The Athlone Press, 1998

Lacan, J. (1978), *Freuds Technische Schriften*. Das Seminar von Jacques Lacan, Buch I (1953-1954). Olten/Freiburg: Quadriga

Laplanche, J. und J.-B. Pontalis (1967), *Das Vokabular der Psychoanalyse*. Frankfurt a.M.: Suhrkamp, 1972

Lewin, B.D. (1946), Sleep, the mouth, and the dream screen. *Psychoanalytic Quarterly 15*, 419-434

Lorenzer, A. (1983), Sprache, Lebenspraxis und szenisches Verstehen in der psychoanalytischen Therapie. *Psyche 37*, 97-115

Marinelli, L. (Hrsg.) (1998), *„Meine ... alten und dreckigen Götter"*. Aus Sigmund Freuds Sammlung. Frankfurt a.M.: Stroemfeld

Meltzer, F. (1982), The uncanny rendered canny: Freud's blind spot in reading Hoffmann's „Sandman". In: S.L. Gilman (Hrsg.), *Introducing psychoanalytic theory*. New York: Brunner/Mazel, 218-239

Meltzer, D. (1984), *Traumleben*. Eine Überprüfung der psychoanalytischen Theorie und Technik. München/Wien: Verlag Internationale Psychoanalyse, 1988

Nunberg, H. und E. Federn (Hrsg.) (1976-1981), *Protokolle der Wiener Psychoanalytischen Vereinigung (1906-1918)*. Bd. I-IV. Frankfurt a.M.: Fischer

Paskauskas, R.A. (Hrsg.) (1993), The complete correspondence of Sigmund Freud and Ernest Jones. 1908-1939. Cambridge/London: Harvard University Press

Pontalis, J.-B. (1997), Zwischen Traum als Objekt und Traumtext. In: Ders., *Zwischen Traum und Schmerz*. Frankfurt a.M.: Fischer, 1998, 23-72

Spector, J. (1972), *Freud und die Ästhetik*. Psychoanalyse, Literatur und Kunst. München: Kindler, 1973

Verspohl, F. (1991), Der Moses des Michelangelo. *Städel Jahrbuch 13*, 155-176

Weber, S.M. (1981), Das Unheimliche als dichterische Struktur. Freud, Hoffmann, Villier de l'Isle-Adam. In: C. Kahane (Hrsg.), *Psychoanalyse und das Unheimliche*. Essays aus der amerikanischen Literaturkritik. Bonn: Bouvier, 122-146

Yerushalmi, Y.H. (1991), *Freuds Moses*. Endliches und unendliches Judentum. Berlin: Wagenbach

JOACHIM CARLOS MARTINI

Der Traum in der Musik
Einleitende Bemerkungen zu einer matineé musicale

> „If music is the food of love,
> play on"
> (William Shakespeare)

Ich war kein Kind mehr, aber noch sehr jung, als dieser träumerische Seufzer in meine Seele fiel. Der Klang dieser Worte, ihre wundersame Melodie hat mich bis zum heutigen Tage nicht mehr freigegeben. Wohl, weil er wie kaum ein anderes sprachliches Bild mein Dasein als Musiker zu reflektieren vermag, so wie er auch mein und unser aller Dasein träumend reflektiert, die wir doch alle ausübend oder hörend, ständig von Musik umgeben sind.

In freier Abwandlung zu Emile Zola: „La vie, écoutée par un petit soupir au sujet de la musique" („Das Leben, erhört durch einen kleinen Seufzer über die Musik") ließe sich sagen:

Musik, der Liebe Nahrung,
Musik, Nahrung, Stärkung, Heil bringende Quelle,
Musik, segnende Kraft einer Liebe,
die allein die Verstrickungen der Herzen zu entwirren,
die allein die versteinert aufgeworfenen Verwirrungen des Geistes zu lösen,
die allein die Seele aus der tiefen Einsamkeit des Ichs zu führen vermag,
aus einer Welt unversöhnlicher Widersprüche,
aus einer Welt unendlicher Prüfungen,
aus einer Welt schieren Entsetzens.
Aber wohin?

Die Flöte begleitet den Tamino an der Seite der Geliebten durch Wasser, Feuer und höllische Versuchungen in die klare Welt freimaurerischer Gerechtigkeit, in die wohlgeordnete „pädagogische Provinz" der „Turmgesellschaft" des „Wilhelm Meister"; der Gesang des Orpheus führt aus der erbarmungslosen Kälte der Unterwelt in die Seligkeit Arkadiens, die Syrinx des Pan aus der morgendlich kühlen „ratio" in die alles schmelzende Wärme des Mittages: Sie alle führen in Welten, in denen die Versöhnung aller Gegensätze, alles Fremdsein unter den Menschen aufzuheben verspricht. Aber ist das so?

Hält das Märchen, hält der Mythos, hält der Traum stand in dieser unserer heillosen Welt religiöser, nationaler oder sozialer Konflikte? Und, hielten sie je stand? Die Lyra des Apoll? Die Harfe des David? Der Gesang des Solomon?

Musik ist ein Traum! Musik ist eine Vision! Musik ist Utopie! Musik enthält in sich die Sehnsucht nach Menschlichkeit, nach Liebe und nach der Nähe des Göttlichen. Musik lebt in der Spannung, die sich zwischen der Welt des Dionysos und der Welt der Pallas Athene aufbaut, und sie entwirft aus diesem Spannungsbogen heraus die weitläufigen Landschaft der Seele.

Dies sind Beispiele für diese Innenräume der Seele: Die unstillbare Trauer des John Dowland, der Aufschrei des Henry Purcell, sich allen wohlfeilen Ausgleich verweigernd, beide zitternd vor dem Abgrund Dantes. Die schwarze Nacht in Johann Sebastians Arie aus der Passion nach dem Evangelisten Matthäus: „Sehet, Jesus hat die Hand, uns zu fassen, ausgespannt", die mit ihren Klängen eher an die mörderischen Partien aus dem „Le Sacre du Printemps" des Igor Strawinski gemahnt als an die stille Frömmigkeit eines sächsischen Pietisten. Hier stöhnt eine tiefsitzende Angst davor, eine Hand zu greifen, die uns über die Grenze des Todes hinweg in ein anderes Dasein zu ziehen verspricht. Die Vision des Abgrunds in Gustav Mahlers X. Sinfonie. Ist das bereits die „Shoa"?

In dem Oratorium „L'Allegro, il Pensero ed Il Moderato" entwerfen John Milton, der Dichter, und Georg Friedrich Händel, der Komponist, beide mit leichter Hand Träume in die Lüfte, Bilder in den Farben eines William Turner: Bilder, Zauber, Verwandlung, tausendfältige Spieglungen menschlicher Güte, menschlicher Härte, tiefster Verzweiflung, höchsten Glückes.

Der tänzerische Zauber des Oktetts des Felix Mendelssohn. Die herzliche Wärme des Themas aus dem Finalsatz der 1. Sinfonie, c-moll, von Johannes Brahms.

Und überhaupt Brahms: Die wunderbare Melodie des Horns seines 2. Klavierkonzertes in B-Dur, die unendliche, nicht zu erfassende Süße seines Violinkonzertes. Und wenn Brahms, dann doch auch Haydn, Mozart oder Beethoven. Der Mensch, die Menschen, die Menschheit in der Traumwelt des Paradieses: Hieronymus Bosch.

Jetzt denken Sie gewiß, daß ich ins Schwärmen gekommen bin? Nein, ich beschreibe Ihnen nur meine Befindlichkeit als Musiker! In all diesen Musiken wird ein Traum, eine Utopie real, hier nimmt sie Gestalt an, versöhnt uns mit unseren Widersprüchen, nimmt das vermeintlich Fremde als bereichernde Variation des Eigenen wahr und gibt uns Kraft zum Widerspruch gegen alle Einschränkung dieser ersehnten Metamorphosen, in denen allein wir uns zu verwandeln vermögen.

Dieses Moment des Utopischen in der Musik, es sollte nicht verwechselt werden mit den utopischen Visionen der Aufklärung. Musik enthält beides in sich, Dionysos und Athene, Apoll und Pan, Aufklärung und Schamanentum. Ihr dionysischer Anteil steht in nicht ungefährem Widerspruch zu aller aufklärerischen Rigidität. Nicht umsonst haben die gesellschaftlichen Utopien Platons, die Feuer der Inquisition, der schwarze Mantelwurf der Calvinisten in Genf, die steif gestärkten weißen Halskrausen der englischen Puritaner, die Sonnenfinsternis über Moskau den permanenten Widerspruch aller musikalischen Utopien als eine permanente Quelle der Gefahr für sich ausgemacht, denunziert und mit allen Mitteln der Despotie auszurotten gesucht.

Hier geht es mir allerdings nur um Traum und Musik.

Im folgenden werde ich einige musikalische Beispiele für die Anführung und Verwendung des Traumes in der Musik in Oratorien, Opern und Liedern bringen. Ich berichte allerdings nur über musikalische Zusammenhänge, aus denen ich erwachsen bin, in denen ich mich vertraut fühle. Ich berichte daher auch nur über einen sehr schmalen Ausschnitt musikalischer Möglichkeiten. Mit der Frage der inneren Zusammenhänge von Traum und Musik, der Vergleichbarkeit von Aufbau, Strukturen und Kompositionsmotiven bin ich nicht vertraut und glaube im übrigen auch, daß man hier nur sehr vorsichtig theoretisieren sollte. So geht es mir also um die thematische Verwendung des Traums in der Musik. Generell dient der „klassischen" Musik als Stoff Traumliteratur aus Märchen, dramatischer und lyrischer Dichtung. Meine besondere Vorliebe zu Händel, meine besondere Beschäftigung mit seinen Werken hat mich aber erkennen lassen, daß sich immer wieder – natürlich nicht nur bei ihm, aber vornehmlich bei ihm – eine besonders häufige Bezugnahme auf Träume aus dem Alten Testament und den Apokryphen findet. Ich habe deshalb eine Aufstellung und Charakterisierung dieser Träume vorgenommen, die unabhängig der Bezugnahme bei Händel von Interesse sein dürfte. Dieses Material habe ich dem Sigmund-Freud-Institut übergeben, damit es dort in der Traumdatenbank für Interessierte in zugänglicher Weise gespeichert wird und dann abrufbar ist.

Ich werde nun einige Beispiele angeben, die ich dann zu Gehör bringen möchte. Zunächst ein Ausschnitt aus Georg Friedrich Händels Attalia, Händelwerke Verzeichnis 52. Der hier verwendete Text fußt auf dem zweiten Buch der Chronik, Kapitel 22, Vers 2ff. Der Traum der Attalia ist in der biblischen Vorlage nicht zu finden. Samuel Huffreys, der Autor des Librettos, hat diese Szene seiner französischen Vorlage, dem geistlichen Drama Attali von Jean Rasin übernommen. Was man hier sehr schön erkennen kann, ist, daß dieser Alptraum auch prophetische Ingredienzen hat. Wie man an sich selber erleben kann, haben Chor und Arien eine äußerst beruhigende und gleichsam therapeutische Funktion.

Als ein weiteres Beispiel für die Verwendung von Träumen in der Musik möchte ich aus dem Rosenkavalier von Richard Strauß vorspielen.

Im ersten Akt scheint mir, als würden in der Auseinandersetzung der beiden Liebenden, bedingt durch ihre unterschiedlichen Charaktere (Altersunterschied, unterschiedliches Geschlecht, unterschiedliche Intelligenz etc.), heterogene Deutungen des Traumes gegeben, wobei sich verständlicherweise die Deutungen des Dichters wie die des Komponisten vermischen.

Marie Theres träumt einen Albtraum, der, wie sie andeutet, mit einem in der Vergangenheit zurückliegenden Erlebnis verknüpft ist.

Der Traum strahlt für sie eine nicht ungefähre Bedrohung aus, die sie mit der Bemerkung „Ich schaff' mir meine Träume nicht an" abzuwehren sucht. Allein, der Fortgang des Gespräches erweist, daß ihr das nicht gelingen will.

Ein schlechtes Gewissen indes scheint sie nicht zu haben. Ihre Lebenserfahrungen – das macht der Dichter im weiteren Verlauf seiner „Komödie für Musik" (die ja in Wahrheit eher eine Tragödie ist) deutlich – bestätigen ihr ein, wie ich es nennen möchte, Recht darauf, lieben zu dürfen und geliebt zu werden.

Per saldo: Octavian empfindet die Tatsache, daß Marie Theres von einem anderen Mann geträumt hat, als eine Verletzung, die um so schärfer wahrgenommen wird, als dieser Mann ja der Feldmarschall, der Ehemann der Geliebten ist. Der Traum ist für ihn mehr als nur ein „Gespinst", vielmehr umschreibt er eine psychische wie physische Realität, die mit seiner euphorischen wahrgenommenen Realität konkurriert, ihn auf den Boden der Wirklichkeit zurückholt und ihn damit in seiner Eitelkeit verletzt. Dabei schert ihn nicht, daß er mit seinem Ausbruch die Geliebte verletzt.

Im dritten Akt bilden für mich die Dichtung und die Musik per se einen einzigen Traum, an dessen Ende erst das Wort „Traum" ausgesprochen wird, nun aber in einem dem Fortgang der Handlung wie der Musik gewissermaßen querliegenden Sinne: Traum als etwas Irreales. Beide, Octavian wie Sophie, erliegen ihrer Wirklichkeit wie im Traum. Die Wirklichkeit der Marie Theres geht in ihrem Traum unter. Und das scheint mir eine Tragödie zu sein. Ich habe als Student erlebt, wie zu den Vorstellungen, die der Premiere folgten, die Wiener in hellen Scharen von den oberen Rängen das Geschehen auf der Bühne und im Orchestergraben verfolgten und „Rotz und Wasser" heulten. Ich auch, und wenn ich mich in Gedanken mit dieser so komplexen Schöpfung beschäftige, dann kämpfe ich auch heute noch mit meinen Tränen. Ich halte das für einen Moment der Katharsis, und daß der mir geschenkt worden ist, dafür bin ich Hugo von Hofmannsthal wie Richard Strauss unendlich dankbar.

Viele weitere schöne Beispiele für die Verwendung von Träumen finden wir auch bei Heinrich Schütz, bei Johann Sebastian Bach in der Matthäus-Passion und noch mal von Georg Friedrich Händel in

„L'Allegro, il Pensoeroso ed il Moderato" im Händel-Werkeverzeichnis 55 für sechs Violoncelli (1987).

Alles in allem habe ich Ihnen damit sicherlich aber auch nur einen schmalen Ausschnitt der vielen Verwendungen von Träumen gezeigt. Das empfinde ich als Mangel, ich hoffe aber, daß diese Erfahrung des Mangels Anfang neuer Fülle sein kann. Das wünsche ich mir, und das wünsche ich auch Ihnen.

Musikverzeichnis

Georg Friedrich Händel (1685-1759): „Athalia", HWV 52, Oratorio in three acts, Text: Samuel Humphrey. Joachim Carlos Martini, I, Nr. 10-20

Georg Friedrich Händel (1685-1759): „Joseph and his Brethren", HWV 59, Oratorio in three parts, Text: James Miller. Robert King, hyperion CDA 671 71/3I, Nr. 7-10

Georg Friedrich Händel (1685-1795): „L'Allegro, il Penseroso ed il Moderato", HWV 55, Oratorio in three parts, Text: John Milton (1632), bearbeitet und um „Il Moderato", ergänzt von Charles Jenns. Robert King, hyperion, CDA 672 83/4, II, Nr. 7 und 8

Joseph Haydn (1732-1809): Poco adagio, „Der Traum" aus dem Streichquartett, op. 50, 5 aus den Friedrich Wilhelm II von Preußen gewidmeten sogenannten „Preußischen Quartetten". Amati Quartett, DIVOX Nr. 2

Heinrich Schütz (1585-1672): „Weihnachts-Historie", SWV 435, Historia der freudenund gnadenreiche Geburt Gottes und Marien Sohnes, Jesu Christi. René Jacobs, harmonia mundi, France, 90 13 10, Nr. 13-18

Robert Schumann (1810-1856): „Träumerei", op. 15, 7, aus „Kinderszenen" (1853). Martha Argerich, DG 410 653-2, Nr. 7 (2'55)

Richard Strauss (1864-1949): „Der Rosenkavalier", Komödie für Musik, Text: Hugo von Hofmannsthal. Herbert von Karajan, EMI classics 7243 5 556242 2 2, Feldmarschallin: Elisabeth Schwarzkopf, Octavian: Christa Ludwig, Sophie: Teresa Stich-Randall

Autoren

BENJAMIN BARDÉ, Dr. phil., Dipl.-Psych., Dipl.-Soz., Psychoanalyse (DGPT), Gruppenanalyse (DAGG), Organisationsanalyse (DGSV), wissenschaftlicher Mitarbeiter im Sigmund-Freud-Institut.

HEINRICH DESERNO, Dr. med., Psychoanalytiker, Facharzt für Psychotherapeutische Medizin, wissenschaftlicher Mitarbeiter im Schwerpunkt Theoretische und experimentelle Grundlagenforschung im Sigmund-Freud-Institut und Lehranalytiker am Frankfurter Psychoanalytischen Institut.

TRIMIDZIOU DIALLO, Dr. phil., Dipl.-Soz., Lehrbeauftragter an der Johann Wolfgang Goethe-Universität im Fachbereich Gesellschaftswissenschaften, Lehrtätigkeit an der Universität Dakar (Senegal) über interkulturelle Kommunikation und Gastprofessor an der FU Berlin, Ethnologie.

TAMARA FISCHMANN, Dr. rer. nat., Dipl.-Psych., wissenschaftliche Mitarbeiterin im Schwerpunkt Theoretische und experimentelle Grundlagenforschung im Sigmund-Freud-Institut.

HARRY FISS, Ph.D., emeritierter Professor der University of Hartford (Connecticut). Gründer eines der ersten experimentellen Labore zur Traumforschung in den USA, Lehrtätigkeit im In- und Ausland.

STEPHAN HAU, Dr. phil., Dipl.-Psych., Psychoanalytiker, wissenschaftlicher Mitarbeiter im Schwerpunkt Theoretische und experimentelle Grundlagenforschung im Sigmund-Freud-Institut.

EDDA HEVERS, Dr. phil., freiberufliche Kunsthistorikerin, Forschungen zur Anwendung psychoanalytischer Theorien auf Werke bildender Kunst.

BRIGITTE HOLZINGER, Mag. Dr., Studium der Psychologie in Wien und Stanford (Kalifornien). Psychotherapeutin für Integrative Gestalttherapie, Supervisorin, Klinische und Gesundheitspsychologin. Leiterin des Institutes für Bewußtseins- und Traumforschung.

GERTRUD KOCH, Prof. Dr. phil., Professuren an der Ruhr-Universität Bochum und dem Kulturwissenschaftlichen Institut Essen. Seit 1999 Professur für Filmwissenschaft an der FU Berlin.

MILTON KRAMER, M.D., Psychoanalytiker und Psychiater. Professor für Psychiatrie an der New York University School of Medicine, langjähriger Leiter des Schlaflabors an der University of Cincinnati (Ohio). Zahlreiche Veröffentlichungen u.a. über Schlafstörungen oder die stimmungsregulatorische Funktion der Träume.

WOLFGANG LEUSCHNER, Dr. med., Psychoanalytiker und Psychiater. Leiter des Labors für experimentelle Traum- und Gedächtnisforschung, wissenschaftlicher Mitarbeiter im Schwerpunkt Theoretische und experimentelle Grundlagenforschung im Sigmund-Freud-Institut.

MARIANNE LEUZINGER-BOHLEBER, Prof. Dr. phil., Psychoanalytikerin. Professorin für Psychoanalytische Psychologie an der Universität Kassel, Direktorin im Sigmund-Freud-Instituts. Vorsitzende der Forschungskommission der Deutschen Psychoanalytischen Vereinigung, Co-Vorsitzende des Forschungskomitees der Internationalen Psychoanalytischen Vereinigung und Lehranalytikerin am Frankfurter Psychoanalytischen Institut.

JOCHEN MARTINI, Germanist, Historiker, Dirigent und international renommierter Händel-Interpret. Konzeption und Organisation der Ausstellung: Musik als Form geistigen Widerstandes (Frankfurt a.M., Chicago u.a.). Entdeckungen und Aufführungen bisher unbekannter Händel-Oratorien und Forschungen über jüdische Musiker während der Nazi-Zeit.

MANFRED SAUER, Prof. Dr. med., Facharzt für Neurologe und Pädiatrie. Oberarzt der neuropädiatrischen Abteilung der Universitätskinderklinik Freiburg. Forschungsschwerpunkte: Koma und Neurophysiologie in existentiellen Grenzsituationen.

CYBÈLE DE SILVEIRA, Dipl.-Päd., Dipl.-Psych., Frankfurter Zentrum für Eß-Störungen. Forschungsschwerpunkte: Psychoanalytische Pädagogik, Transgenerative Übertragung, Schizophrenie und Traum, experimentelle Traumforschung, Eßstörungen.

HOWARD SHEVRIN, M.D., Professor für Psychologie an den Fachbereichen Psychiatrie und Psychologie der University of Michigan, Lehranalytiker des Michigan Psychoanalytic Institute. Forschungen zu unbewußten Prozessen bzw. zu elektrophysiologischen Korrelaten von Psychopathologie und unbewußten Konflikten und zur Psychoanalyse als allgemeiner psychologischer Theorie.

INGE STRAUCH, Prof. Dr. phil., emeritierte Professorin für klinische Psychologie der Universität Zürich. Wegbereiterin der empirischen Traumforschung in Europa, Gründerin und Leiterin des Schlaflabors am Psychologischen Institut der Universität Zürich. Zahlreiche Veröffentlichungen zur Psychologie von Schlaf und Traum. Mitglied im wissenschaftlichen Beirat des Labors für Psychophysiologie (Freiburg).

PSYCHOANALYTISCHE BEITRÄGE
aus dem Sigmund-Freud-Institut

Band 1:

Herbert Bareuther, Karola Brede, Marion Ebert-Saleh
Kurt Grünberg, Stephan Hau (Hg.)

Traum, Affekt und Selbst

277 Seiten - € 19,00 - sFr 34,40
ISBN 3-89295-654-5

Seit 1991 werden im Sigmund-Freud-Institut regelmäßig Tagungen durchgeführt, die sich mit neuesten Ergebnissen psychoanalytischer Traumforschung auseinandersetzen. Bei der 4. internationalen Traumtagung „Traum, Affekt und Selbst" wurden u.a. die Fragen diskutiert: Wie erfolgt die Regulation von Affekten durch den Traum (und umgekehrt) und welche Auswirkungen haben diese Prozesse auf den Zustand des Selbst? Auf welche Weise kommt unser Selbstgefühl zustande, wie reorganisiert es sich, wie wahrt es seine Identität und wie verändert es sich? Hat das Träumen bezüglich der Affekte eine „natürliche" therapeutische Funktion? Unter welchen Bedingungen scheitert sie?

Beiträge von:

Heinrich Deserno, Andreas Hamburger, Ulrich Moser
Ernest Hartmann, Bas J.N. Schreuder, Harry Fiss, Mark Solms
Stephan Hau, Tamara Fischmann, Wolfgang Leuschner

---

edition diskord
Schwärzlocher Str. 104 B - 72070 Tübingen
Tel. 07071 – 40102 – Fax 44710
e-mail: ed.diskord@t-online.de
www.edition-diskord.de

PSYCHOANALYTISCHE BEITRÄGE
aus dem Sigmund-Freud-Institut

Band 3:

Wolfgang Leuschner, Stephan Hau, Tamara Fischmann

Die akustische Beeinflußbarkeit von Träumen

169 Seiten - € 14,00 - sFr 25,60
ISBN 3-89295-676-6

In diesem Band wird dargestellt, wie mit Hilfe eines Experiments akustische Reize in die Bilderwelt des Traums eingeschleust werden können. Versuche dieser Art werden seit Mitte der achtziger Jahre im Schlaflabor des Sigmund-Freud-Instituts durchgeführt. Die Ergebnisse dieser Untersuchungen machen deutlich, wie fruchtbar die Verwendung einer neuen Methode für die psychoanalytische Forschung sein kann. Die Versuche verschaffen nicht nur neue Erkenntnisse über die Entstehungsbedingungen von Träumen oder über die Verarbeitungsprozesse unbewußter Reize, sondern auch über die Beschaffenheit des Vorbewußten. Nachgewiesen werden kann die Existenz eines zweiten Wahrnehmungs- und Verarbeitungssystems, das unabhängig vom Bewußtsein existiert und einen eigenen Zugang zur Motilität hat. Die bei der akustischen Beeinflussung von Träumen beobachtbaren Prozesse ermöglichen schließlich wichtige Erkenntnisse zur Frage, wie Vergangenes erinnert wird.

---

edition diskord
Schwärzlocher Str. 104 B - 72070 Tübingen
Tel. 07071 – 40102 – Fax 44710
e-mail: ed.diskord@t-online.de
www.edition-diskord.de

PSYCHOANALYTISCHE BEITRÄGE
aus dem Sigmund-Freud-Institut

Band 2:
Herbert Bareuther, Karola Brede, Marion Ebert-Saleh
Kurt Grünberg, Stephan Hau (Hg.)
Plädoyers für die Trieblehre
Gegen die Verarmung sozialwissenschaftlichen Denkens
192 Seiten - € 14,00 - sFr 25,60 - ISBN 3-89295-671-5

Band 4:
Ingrid Kerz-Rühling und Tomas Plänkers (Hg.)
Sozialistische Diktatur und psychische Folgen
Psychoanalytisch-psychologische Untersuchungen
in Ostdeutschland und Tschechien
218 Seiten - € 16,00 - sFr 29,20 - ISBN 3-89295-686-3

Band 5:
Kurt Grünberg
Liebe nach Auschwitz. Die Zweite Generation
315 Seiten - € 19,00 - sFr 34,40 - ISBN 3-89295-683-9

Band 6:
Kurt Grünberg und Jürgen Straub (Hg.)
Unverlierbare Zeit
Psychosoziale Spätfolgen des Nationalsozialismus
bei Nachkommen von Opfern und Tätern
349 Seiten - € 22,00 - sFr 39,50 - ISBN 3-89295-710-X

Band 7:
Peter Nick
Zur Erkenntnisfigur des Beobachters
Entwurf einer anthropologischen Konzeption
des erkennenden Subjekts
220 Seiten - € 22,00 - sFr 39,50 - ISBN 3-89295-714-2

---

edition diskord
Schwärzlocher Str. 104 B - 72070 Tübingen